油气田企业
班组长培训教材

中国石油天然气集团公司人事部 编

石油工业出版社

内 容 提 要

本书共 10 章,以中国石油企业文化为切入点,主要介绍了班组长的能力与素质要求、班组团队建设、班组有效沟通、班组激励方法、班组执行力、压力管理、班组生产管理、班组 HSE 管理、常用法律法规等内容。本书内容紧密联系实际,案例丰富,具有很强的实用性和可操作性。

本书可作为油气田企业和相关培训机构的班组长培训用书,对班组管理有兴趣的油气田企业员工也可参考使用。

图书在版编目(CIP)数据

油气田企业班组长培训教材/中国石油天然气集团公司人事部编.
北京:石油工业出版社,2015.12
ISBN 978 – 7 – 5183 – 1055 – 5

Ⅰ. 油…
Ⅱ. 中…
Ⅲ. 石油企业 – 班组管理 – 技术培训 – 教材
Ⅳ. F407.226.6

中国版本图书馆 CIP 数据核字(2015)第 301493 号

出版发行:石油工业出版社
(北京安定门外安华里 2 区 1 号　100011)
网　　址:www.petropub.com
编辑部:(010)64269289
图书营销中心:(010)64523633
经　销:全国新华书店
印　刷:北京中石油彩色印刷有限责任公司

2015 年 12 月第 1 版　2020 年 1 月第 4 次印刷
710×1000 毫米　开本:1/16　印张:21.75
字数:420 千字
定价:56.00 元
(如出现印装质量问题,我社图书营销中心负责调换)

版权所有,翻印必究

《油气田企业班组长培训教材》编委会

主　　任：刘志华

副 主 任：金　华

委　　员：(排名不分先后，按姓氏笔画排列)

　　　　　王子云　王洪涛　王旭东　史东风
　　　　　付　军　江云涛　李孟洲　李超英
　　　　　吴晓敬　何　波　张　虎　张建国
　　　　　周　杰　周宝银　赵玉昆　郝庆华
　　　　　宣美乐　高淑民　崔贵维　阎　潮
　　　　　靳明三

编审人员

主　　编：史仲乾

副 主 编：董洪亮　徐进学　刘宁林

编写人员：(排名不分先后,按姓氏笔画排列)

　　　　　丁　蕾　于春新　王远鸿　王艳蕊　王　颖
　　　　　王　毅　文志娟　白睿涵　卢光辉　卢松兵
　　　　　冯松涛　冯晓军　巩玉政　刘　岩　刘念英
　　　　　刘艳杰　米小双　江智明　孙松印　折创伟
　　　　　杜　威　李玉香　李　峰　李崧菱　张冬梅
　　　　　张学礼　张建瑛　张　颖　陈立峰　陈志宏
　　　　　房国晨　赵博吉　姜振庄　栾开东　高玉春
　　　　　高东丽　梁海龙　谢海云　薛江波　薛　红
　　　　　薛彩龙　魏春杰

审定人员：(排名不分先后,按姓氏笔画排列)

　　　　　王维珍　全海涛　汤淑丽　孙　健　孙丽娟
　　　　　孙建富　李亚鹏　李　磊　杨永全　张　晔
　　　　　张会森　罗大明　金　卫　周自强　潘瑞生
　　　　　蔡金海

前言
FOREWORD

　　油气田企业班组管理工作关系着企业经营战略的顺利实施,班组管理水平的高低将直接影响着企业整体状况。班组长作为班组的具体管理者,既是企业生产一线的管理人,又是实现企业生产目标的具体执行人。因此,编写一部适合现代油气田企业班组长的培训教材,构建一套适合油气田企业自身发展规律的培训体系,使班组建设和班组管理与企业长远战略发展目标同步,打造和培养一支懂得管理、技术精良、作风过硬、勇于创新的高素质班组长队伍,就显得尤为重要。正是基于这种考虑,中国石油天然气集团公司人事部组织油气田企业中长期从事班组管理和班组长培训的骨干力量,编写了这本体现石油行业特点、符合油气田企业班组管理实际的班组长培训教材。

　　油气田企业的自身行业特点,决定了对班组长培训有其行业要求。班组长在经济变革、组织变革中的地位和作用发生了明显变化,培训教材要与时俱进,既要注重理论联系实际,在理论创新的同时兼具实践指导性,还要反映中国石油的"油味"。为此,本着统筹规划、协同开发、资源共享的原则,中国石油天然气集团公司人事部先后多次组织召开大纲审定会、审稿会,邀请行业的专家建言献策,并专门成立了以长庆油田分公司为主编单位、其他油气田企业共同参与的编写组,为本书的顺利开发奠定了坚实的基础。

　　本书共10章,以中国石油企业文化为切入点,主要介绍了班组长的能力与素质要求、班组团队建设、班组有效沟通、班组激励方法、班组执行力、压力管理、班组生产管理、班组 HSE 管理、常用法律法规等内容。本书的内容和语言风格紧密贴合油气田企业一线班组实际读者对象,引用了大量来自生产实际的案例,具有很强的实用性和可操作性。

　　本书编写分工如下:第一章由大庆油田有限责任公司与玉门油田分公司合编;第二章由大港油田分公司编写;第三章由长庆油田分公司与西南油气田分公司合

前言
FOREWORD

编;第四章由吉林油田分公司编写;第五章由长庆油田分公司与华北油田分公司合编;第六章由辽河油田分公司编写;第七章由新疆油田分公司与青海油田分公司合编;第八章由大庆油田有限责任公司、辽河油田分公司、塔里木油田分公司合编;第九章由塔里木油田分公司编写;第十章由华北油田分公司、冀东油田分公司合编;附录由吐哈油田分公司汇编。

特别感谢长庆油田分公司培训中心对本书编审工作做出的突出贡献。中国石油天然气集团公司思想政治工作部及其他相关单位对本书的编审工作也给予了大力支持,在此一并表示感谢。

由于编者水平有限,书中难免有不足之处,敬请读者批评指正。

编 者

2015 年 8 月

目 录
CONTENTS

第一章　中国石油企业文化 ·· 1
　第一节　石油工业的发展历程 ·· 1
　第二节　中国石油企业文化与优良传统 ··· 7

第二章　班组长的角色认知与素质要求 ··· 17
　第一节　油气田企业班组及其对班组长的意义 ··· 17
　第二节　班组长的角色认知 ··· 23
　第三节　班组长的能力素质要求 ··· 29

第三章　班组团队建设 ··· 45
　第一节　班组的组织建设 ·· 45
　第二节　构建高效团队 ··· 51

第四章　班组有效沟通 ··· 64
　第一节　沟通的常识 ·· 64
　第二节　有效沟通的含义、策略及涉及的礼仪 ··· 69
　第三节　班组管理的沟通技巧 ·· 77

第五章　班组激励 ··· 93
　第一节　管理要善用激励 ·· 93
　第二节　激励的技巧 ··· 103

第六章　班组执行力 ·· 115
　第一节　班组执行力概述 ·· 115
　第二节　班组执行不力的表现及原因 ··· 118
　第三节　班组执行力提升方法 ·· 129

第七章　压力管理 ··· 146
　第一节　油气田员工的工作及其工作压力 ··· 146

目录

CONTENTS

第二节　压力对健康与工作的影响 ·················· 152

第三节　缓解压力的主要方法 ·················· 156

第八章　班组生产管理 ·················· 166

第一节　班组生产运行管理 ·················· 166

第二节　班组的设备管理 ·················· 183

第三节　班组现场管理 ·················· 187

第四节　班组质量管理 ·················· 191

第九章　HSE 管理 ·················· 199

第一节　石油企业 HSE 管理体系概述 ·················· 199

第二节　班组 HSE 管理基本要求 ·················· 205

第三节　危害识别与隐患治理 ·················· 225

第四节　应急管理 ·················· 235

第十章　石油企业常用法律法规知识 ·················· 244

第一节　石油企业涉及的主要法律法规知识 ·················· 244

第二节　常见侵害石油企业利益的违法犯罪行为 ·················· 259

附录一　班组管理案例汇编 ·················· 274

附录二　班组管理经验分享 ·················· 292

参考文献 ·················· 334

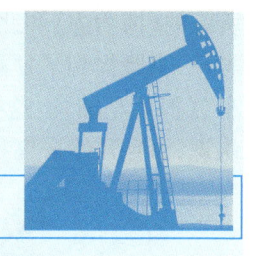

第一章　中国石油企业文化

石油一直被人们称为"黑色的金子"、"工业的血液"。我国是世界上最早发现和利用石油的国家之一,距今已有3000多年的历史,在技术上曾经创造过辉煌的成就,但石油成为中国现代能源生产的一个重要组成部分,则是在新中国建立以后。在几十年的创业历程中,我国的石油企业形成了独具石油特色的优良传统和精神财富,形成了特有的石油企业文化,鼓舞着一代又一代的石油人。

第一节　石油工业的发展历程

一、石油早期的使用与开采

1. 石油在我国的早期记载

我国最早发现石油的记录,源于西周时期(公元前11世纪至公元前771年)已编成的距今3000多年的《易经》。书中写道:"泽中有火","上火下泽"。这是对石油蒸气在湖泊池沼水面上起火现象的描述。

最早认识石油性能和记载石油产地的古籍是东汉文学家、历史学家班固所著的《汉书·地理志》。书中写道:"高奴县有洧水可燃。"高奴县是指现在的陕西延安一带,洧水是延河的一条支流。这里明确记载了石油的产地,并说明石油是水一般的液体,可以燃烧。

2. 石油在我国的早期利用

最早采集和利用石油的记载,是南朝范晔所著的《后汉书·郡国志》。此书在延寿县(当时的酒泉郡延寿县,即今甘肃省玉门一带)记载有:"县南有山,石出泉水,大如,燃之极明,不可食。县人谓之石漆。""石漆",当时即指石油。晋代张华所著的《博物志》和北魏地理学家郦道元所著的《水经注》也有类似的记载。《博物志》一书既提到了甘肃省玉门一带有"石漆",又指出这种石漆可以作为润滑油"膏车"(润滑车轴)。这些记载表明,我国古代人民不仅对石油的特性有了进一步的认识,而且开始采集和利用石油(图1-1)。

图1-1 石油在我国的采集与利用

我国古代人民,除了把石油用于机械润滑外,还用于照明和作为燃料使用。从唐朝段成武所著的《酉阳杂俎》一书中可见,当时我国已应用石油作为照明灯油了。随着生产力的发展,我国古代人民对石油的认识逐步加深,对石油的利用日益广泛。到了宋代,石油能被加工成固态制成品——石烛,宋朝著名的爱国诗人陆游(公元1125—1209年)在《老学庵笔记》中,就有用"石烛"照明的记述。

早在1400年以前,我国古代人民开始把石油用于战争,当时突厥统治者派兵包围攻打甘肃酒泉,当地军民把"火油"点燃,烧毁敌人的攻城工具,打退了敌人,保卫了酒泉城。石油用于战争,大大改变了战争进程。因此,到了五代(公元907—960年),石油在军事上的应用渐广。后梁(公元919年)时,就有把"火油"装在铁罐里,发射出去烧毁敌船的战例。此外,我国古代在火药配方中,开始使用石油产品沥青,以控制火药的燃烧速度。这一技术,比外国早了近1000年。

3. 石油在我国的早期采集

我国古代石油的采集也有着十分悠久的历史,晋代张华所著的《博物志》记载了四川地区从2000多年以前的秦代就开始凿井取气煮盐的情况(图1-2)。"临邛火井一所,纵广五尺,深二三丈","先以家火投之",再"取井火还煮井水"。据载此方法效果大,简单省事,被认为是手工业的一项重大发展。当时凿井是靠人工挖掘,公元1041年以后,钻井用的工具有了很大改进,方法也有所更新。据《蜀中广记》记载,东汉时期,"蜀始开筒井,用环刃凿如碗大,深者数十丈"。据古籍记载,古代在陕西、甘肃、新疆、四川、台湾等省发现了石油矿。据《台湾府志》记载,清朝咸丰十年,台湾新竹县发现了石油,一个名叫邱苟的人,挖坑3米,每天收集6千克左右石油,并用其点燃手提马灯。

图1-2 凿井取气煮盐

我国明代以后,石油开采技术逐渐流传到国外。明朝科学家宋应星所著的科学巨著《天工开物》,把长期流传下来的石油化学知识做了全面的总结,对石油的开采工艺做了系统的叙述。全书18卷,图文并茂,出版于明末崇祯十年,即公元1637年,是当时世界上仅有的一部化学工艺百科全书。我国古代石油开采的许多技术环节和技术项目,皆有赖于此书而得以流传。说明在那时,我国的石油钻井技术就达到了比较高的水平。

然而到19世纪下半叶,当美国、俄国等已经采用现代方法大规模开采石油的时候,中国还停留在土法捞油的状态。美国、俄国等在国内石油生产过剩的情况下,利用鸦片战争强加给中国的不平等条约,开始向中国输入石油。最先是从倾销煤油开始的,当时民间称作为"洋油"。"洋油"输入,对中国社会经济产生了巨大的负面影响。由于煤油灯逐步取代了以动物油做燃料的传统灯盏,因而豆油、菜籽油、棉籽油、花生油及蜡烛等销量日少,影响了农民收入,危害了白蜡生产和蜡烛制造业,使许多农民、白蜡生产者和挑运脚夫失去了生计,生活陷入极度贫困的境地。

同时,随着煤油倾销量不断加大,加剧了贸易中的不平等性质,造成对外贸易长期入超。外商在中国市场大量倾销煤油,换取大量低价农副产品、手工产品、丝绸及白银,从中获得巨额利润。

但是,从另外一个方面来讲,"煤油源源不断运进中国来,白银源源不断流到国外去",也刺激着中国近代石油工业的诞生,有利于促进社会经济的发展。

二、近代中国石油工业的迅速发展

近代我国石油工业的发展大致分为四个阶段,伴随着我国国力的发展、工业的进步,我国石油工业体系迅速崛起、不断完善,创造了举世瞩目的成就。

1. 海峡两岸共同开启近代石油工业发展

1878年,台湾组建了中国近代石油史上第一个钻井队,在苗栗钻了第一口油井,深约120米,日产油约750千克。抗日战争胜利后,一部分从事勘探开发和炼制事业的技术人员从玉门调往台北接管油田,成为中国台湾石油工业的奠基人。

中国大陆第一口油井诞生在陕北延长。1905年成立"延长石油厂",1907年打成中国陆上第一口油井——"延一井"(图1-3),结束了中国陆上不产油的历史。1944年毛泽东同志为延长石油厂厂长陈振夏题词"埋头苦干"。在玉门油矿开发之初,国民党代表翁文灏拜访中共代表周恩来,商量调用延长油矿钻机一事。周恩来当即表示"同心为国,决无疑义"。陕甘宁边区政府鼎力帮助拆运,成为国共合作的一段佳话。

图1-3 中国陆上第一口油井——"延一井"

但是,在1949年以前的72年间,石油工业的发展极其缓慢,仅发现陕北延长、甘肃玉门、新疆独山子、台湾苗栗等四个小油田,以及四川圣灯山、石油沟,台湾锦水、竹东等7个小气田,累计探明石油地质储量不到0.3亿吨,探明天然气地质储量不到4亿立方米。1949年石油产量仅为12万吨(其中一半为页岩油)。全国性的油气资源勘探尚未展开,石油工业的基础十分薄弱。

2. 新中国成立,石油工业迅速崛起

新中国成立后,迅速投入经济建设,举国奋起,百业待兴。党中央领导集体很快组建了石油工业的领导机构,伴随着新中国的发展壮大,我国石油工业在人力、物力、财力、技术都比较困难的情况下,快速恢复,从无到有、从小到大、从弱到强,迅速崛起,逐步形成了一个具有中国特色的完整的石油工业体系,取得了举世瞩目的成就。

1955年,经过努力,在新疆准噶尔盆地发现了储量上亿吨的克拉玛依油田和齐古油田,在柴达木盆地发现发冷湖油田、油泉子油田等,在四川盆地发现了南充油田、龙女寺油田等,取得了中国石油资源勘探的第一次重大突破。到1959年,玉门油矿已建成一个包括地质、钻井、开发、炼油、机械、科研、教育等在内的初具规模的石油天然气工业基地。当年生产原油140.5万吨,占全国原油产量的50.9%。玉门油田在开发建设中取得的丰富经验,为当时和以后全国石油工业的发展,提供了重要借鉴。他们立足发展自己,放眼全国,哪里有石油就到哪里去战斗,形成了著名的"玉门风格",为石油工业的发展立下了不可磨灭的功绩。

从20世纪50年代后期开始,对中国东部华北平原、松辽平原进行了石油普查。1959年9月26日,松基3井喷油,打响了新中国建设史上一场波澜壮阔的大庆石油会战,书写了一部民族自力更生、自强不息的创业史。由于当时的中国连续遭遇三年自然灾害,国际援助中断,国民经济发展受到严重挫折,在如此困难的时期,举国统筹,集中力量到困难的地区,在困难的条件下,仅用了3年多的时间,就组建了年产600万吨的大油田,从此实现了中国石油工业的历史性转折。发现大庆油田之后,国家将找油的重点从西部转移到东部,从此以后,石油工业的发展更加迅速了。

1963年,开辟渤海湾盆地石油勘探新区,也是采用石油大会战的办法,仅用两年多的时间,相继发现并开发了山东胜利、天津大港两个油田,迅速形成了新的石油工业基地。1963年,全国石油总量达到1949年的54倍,周恩来总理在第二届全国人大第四次会议上宣告:我国需要的石油,过去绝大多数依靠进口,现在已经基本自给,中国人民使用"洋油"的时代,即将一去不复返!

继发现松辽盆地地区之后,1962年在华北发现胜利油田,1964年发现大港油田,1973年发现辽河油田,1975年发现任丘油田,同时在其他不同区域共发现17个石油和天然气生产基地,至此,中国石油工业面貌焕然一新。

3. 改革开放,石油工业稳步发展

党的十一届三中全会后,全党工作重心转移到了社会主义现代化建设上来,中国石油工业在改革开放中进入了一个新的历史性发展时期。中国油气工业发展迅速,带来的历史性突破,使中国石油工业从东部到西部,从上游到下游,从海上到陆地,从内地到沿海,呈现出蓬勃发展的崭新局面,有力地支持了国民经济的持续快速发展。

1978年初,党中央国务院就决定在坚持独立自主、自力更生的原则下,同意中国海洋石油勘探开发开展对外合作。从1979年起,先后同18个国家70多个油气公司签订了145个合同,在渤海、黄海、东海、南海等海域全面展开勘探,有40多个构造发现了油气,中国自己钻探的辽东湾、北部湾、莺歌海等地区的储油构造中,发现了高产油气田。这展示了我国海域有良好的油气前景,对外合作勘探开发海域油气资源已取得可喜成绩。

20世纪80年代中期至今,是我国石油工业稳定发展的时期。1982年2月8日,国务院批准成立中国海洋石油总公司,负责实施中国海域石油对外合作,并赋予一系列特殊的政策,成为国内的"海上特区"。从1981年起,国务院决定对石油工业部实行1亿吨原油产量包干,陆上石油工业成为第一个实行全行业大包干的部门,在经济和技术上取得了显著效益和成果,创中国工业行业改革之先河。1983年2月,党中央、国务院批准成立中国石油化工总公司,对炼油、石油化工、化纤企业实行统一领导、统筹规划、统一管理,这对整合和充分利用全国石油资源具有深远的重要意义。

1988年9月,根据中国国内市场经济发展的需要和政府职能转换的要求,国家成立能源部,撤销石油工业部,成立中国石油天然气总公司。作为中国的一家大型国有企业,中国石油天然气总公司主要从事石油、天然气上游领域的生产业务,兼有部分政府管理、调控职能。这是石油工业从国家政府部门向经济实体转变的一次重大变革。

1998年7月,根据国际国内环境的变化和国务院组建国际化大集团、大公司的要求,国家对石油工业和石化工业实行进一步重组,形成上下游、内外贸、产供销一体化的经营实体,组建了中国石油天然气集团公司、中国石油化工集团公司和中国海洋石油总公司三大中国石油公司(图1-4)。随后,中国三大石油公司组建的股份公司相继在纽约、伦敦、香港成功上市,进入了国际资本市场,中国石油工业实现了持续、有效、较快、协调发展,成为国有大型企业的主力军,为稳定国内石油市场供应、保障国家石油安全和能源安全发挥了重要的作用。

其中,中国石油天然气集团公司(以下简称"中国石油")拥有大庆油田、长庆油田等14个大中型石油天然气生产企业和14家炼化企业;业务领域涉及石油天然气勘探开发、炼油化工、管道运输、油气炼化产品销售、石油工程技术服务、石油机械加工制造、石油贸易等多个领域,在中国石油天然气生产、加工和销售市场中占据主导地位。

图1-4 中国三大石油公司

经过多年的积累建设和17年的快速发展,中国石油继续通过实施战略发展,坚持创新驱动,注重质量效益,加快转变发展方式,持续完善科技创新体系,深化科技交流与合作,特别是针对制约主营业务发展的关键技术,加大实施项目攻关和现场试验力度,在常规和非常规油气资源勘探开发、炼油化工、工程技术、油气储运以及前沿技术研究等领域取得多项进展,有力支撑了公司主营业务的持续发展。

第二节 中国石油企业文化与优良传统

企业文化是一个企业在长期生产经营中倡导、积累,并经过筛选提炼成的,是企业的灵魂和潜在的生产力,是打造企业核心竞争力的战略举措。

我国石油工业的发展是百万石油大军在中国共产党的领导下艰苦奋斗、无私奉献的创业史。我国的石油工业为我国经济建设的发展提供了充足的石油资源和宝贵的物质财富,在几十年的创业历程中形成了独具石油特色的优良传统和精神财富,形成了中国石油企业文化。

一、中国石油企业文化的发展历程

中国石油企业一直以来都重视企业文化的建设,在伴随着石油工业发展的同时,经过广大员工的努力,逐步形成了具有中国特色的石油企业文化。

玉门油田作为我国石油工业的摇篮,早在20世纪50年代,就形成了以自力更生、艰苦奋斗、勤俭节约、多做贡献为主要内容的"玉门精神"。在玉门油田的恢复建设中,玉门石油工人发扬艰苦奋斗的"一厘钱"精神,在设备修造中的"穷捣鼓"精神,利用改制解决原材料不足的"找米下锅"精神,全员竭尽所能"小厂办大事"精神,修旧利废、挖潜改制的"再生产"精神。在此后进行的克拉玛依、柴达木、四川油田会战中,又形成了以顾全大局、艰苦奋斗、无私奉献为精髓的"柴达木精神"。

大庆油田是我国第一个独立发现和开发的大型油田,大庆油田的开发建设一直受到党和国家的高度重视,大庆精神以"铁人精神"为代表,是中国石油文化的代表,对我国石油工业的发展产生了深远的影响。1981年,在党中央第47号文件中,把大庆精神高度概括为:爱国、创业、求实、献身。大庆精神像一面红旗,不断激励和鼓舞着每一代石油人,大庆精神继承了早期石油开发者自力更生、艰苦奋斗和无私奉献的精神,又丰富和完善了石油企业的"开拓与献身"精神,丰富了企业文化的内涵。在大庆精神的感召下,培养了一代富有大庆精神的石油人,开发建设了胜利、辽河、华北、大港等我国一系列大型油田。

总的来说,我国的石油企业文化经历了三个时期:第一时期是以自力更生、艰苦奋斗、无私奉献、开拓创新的铁人精神为代表的企业文化,如玉门精神、柴达木精神和大庆精神;第二时期是改革开放后20多年的阶段,在这个时期石油业从陆地走向海洋、从东部走向西部,经历了重组改制、产业结构调整等巨变,是价值观念调整的阶段;第三时期是在21世纪,中国石油行业逐渐跻身于世界一流企业的行列,需要有一种先进、创新的进取精神来获得强劲的生命力去迎接世界范围错综复杂的挑战,从而实现公司的高速高效发展及成为世界一流的能源公司的伟大目标。

二、中国石油企业文化的内涵

石油文化伴随着石油工业半个多世纪的发展历程,积淀了丰富的内涵,已经成为中国石油巨大的无形资产,其内涵主要体现在以下几个方面。

1. 形成了以大庆精神为核心的"八字"企业精神

1981年,中共中央第47号文件,把集中体现石油工业光荣传统的大庆精神高度概括为"爱国、创业、求实、献身"。1990年2月江泽民同志视察大庆时,把"献身"表述为"奉献",并对大庆精神基本内涵进行了诠释。大庆精神是中国石油企业文化建设的核心和灵魂,激励了一代又一代石油人为了中国石油工业的发展和国家的繁荣富强而奋斗不息。在石油工业发展的各个历史时期,各石油企事业单位把大庆精神同本企业的实际结合起来,创造性地总结和提炼了既体现石油工业的光荣传统,又具有自身特色的企业精神。

铁人精神是大庆精神的人格化、具体化,其核心内涵是:"为国分忧、为民族争气"的爱国主义精神;"宁肯少活20年,拼命也要拿下大油田"的忘我拼搏精神;"有条件要上,没有条件创造条件也要上"的艰苦奋斗精神;"干工作要经得起子孙万代检查"、"为革命练一身硬功夫、真本事"的科学求实精神;"甘愿为党和人民当一辈子老黄牛"、埋头苦干的奉献精神。

2. 形成了人物典型及以大庆油田等为代表的企业典型

石油队伍英雄模范辈出,在 1960 年 7 月,大庆石油会战初期出现了以"铁人"王进喜为代表的"王、马、段、薛、朱"五面红旗,号召全体石油职工向他们学习。"五面红旗"中除了著名的"铁人"——1205 钻井队队长王进喜,还有 1202 钻井队队长马德仁、1206 钻井队队长段兴枝、采油队队长薛国邦、水电指挥部副大队长朱洪昌。"五面红旗"先进榜样的树立,鼓励了全体参战职工,对于加快油田开发、夺取石油大会战的胜利,产生了巨大的推动作用,经过全体大庆石油会战职工三年多的顽强拼搏,终于拿下了大油田。1997 年又涌现出了"新时期铁人"王启民、"铁人式的好工人"王为民、"铁人式的共产党员"王光荣、"中国青年的榜样"秦文贵等一大批在全国有重大影响的典型个人和以大庆 1205 钻井队、四川 111 钻井队、塔里木塔中作业区等为代表的典型集体。

3. 形成了"我为祖国献石油"的石油人的共同价值观

"有条件要上,没条件创造条件也要上"、"宁可少活 20 年,拼命也要拿下大油田"、"头戴铝盔走天涯,哪里有石油哪里就是我的家"、"只有荒凉的沙漠,没有荒凉的人生",这些激昂的口号形成了石油工人共同追求的价值观。石油人将继续继承发扬"我为祖国献石油"的价值观。

4. 形成了中国石油独特的企业理念

石油企业在长期的工作实践中形成了"岗位责任制的管理理念";"三老四严"、"四个一样"的作风理念;"有红旗就扛,有排头就站"的进取理念;为石油工业发展夯实了"基层建设、基础工作、基本功训练"的三基工作。

"岗位责任制的管理理念"起源于 1962 年 5 月 8 日大庆油田的一把火。大庆油田最早建成投产的"中一注水站"因管理不善酿成火灾,注水站全部被烧毁。大庆会战工委发动群众围绕"一把火烧出的问题"展开大讨论,提出了"从大量的、细小的、常见的工作入手,全面管好生产"的要求。通过摸索实践,逐步形成了岗位责任制、交接班制、巡回检查制、设备维修保养制、水质化验质量负责制、岗位练兵制、安全生产制、班组经济核算制等 8 大制度。1962 年 7—8 月,会战工委在北二注水站召开现场会,介绍他们创建岗位责任制的经验,自此岗位责任制在战区推广。

"三老四严"、"四个一样"就是指按照"当老实人、说老实话、办老实事"的要求,努力建设一支高素质的职工队伍;以"严格的要求、严密的组织、严肃的态度、严明的纪律",不断提高企业的管理水平。"四个一样"于 1963 年由李天照(图 1-5)任井长的采油一厂二矿五队 5-65 井组首创,得到周恩来总理的高度赞扬,并与"三老四严"一同写入当年颁布的《中华人民共和国石油工业部工作条例(草例)》,作为工作作风的主要内容颁发。"四个一样"是党的优良作风和解放军的"三大纪

图1-5 李天照

律八项注意"同油田会战具体实际相结合的产物,是大庆油田广大职工自觉坚持标准、严细成风的真实写照。"四个一样",即对待革命工作要做到:黑天和白天一个样;坏天气和好天气一个样;领导不在场和领导在场一个样;没有人检查和有人检查一个样。

5. 形成以石油特色教育基地为主的弘扬企业文化的重要阵地

从2004年开始,中国石油天然气集团公司分五批命名了153个"中国石油天然气集团公司企业精神教育基地"。此外,"松基三井"成了最年轻的国家文物保护单位,大庆油田的"铁人一口井"、克拉玛依油田的"黑油山"、长庆油田的"好汉坡"(图1-6)、塔里木油田的"塔中四井"和"克拉2井"等成为了一批具有重大纪念意义的企业形象标志。这些教育基地成为激发爱国情感、弘扬企业精神的重要阵地,陶冶道德情操、提升品德修养的重要场所,了解企业文化、掌握企业奋斗历史的重要课堂。

图1-6 长庆油田的"好汉坡"

在中国石油事业发展过程中,企业内外广大文艺工作者创作了大量具有浓郁石油气息的文学艺术精品,讴歌了石油人战天斗地、艰苦奋斗的光辉业绩。《我为祖国献石油》成为石油工业的代表歌曲,话剧《地质师》、大型歌舞剧《大漠的女儿》、电视连续剧《奠基者》先后获得国家"五个一"工程奖。电影《创业》《铁人王进喜》,电视剧《铁人》,歌曲《克拉玛依之歌》等优秀文艺作品享誉全国。这些优秀的石油文学艺术在弘扬先进文化、展示企业形象、凝聚职工队伍方面发挥了重要作用。

三、中国石油企业文化的特点

1. 军队文化

石油工业,从新中国成立以来,就和军人结下了不解缘,到 20 世纪 80 年代历任石油工业的领导人都是军人出身。在大庆石油会战、建设大油田时期,石油行业缺少大量的产业工人,1955 年石油工业部部长李聚奎同志在向毛泽东主席汇报克拉玛依一号井喷出原油时,向毛主席提出了将解放军第十九军五十七师改编为石油师的建议。从这点来说,石油文化是军队文化与产业文化相结合而产生的。从本质上说,石油文化是军队严整、规范、有序、顽强的作风的体现,军队的底蕴文化决定了石油人敢打、善打硬仗,连续作战,不怕艰难困苦,自然条件适应力强的作风。

2. 政治文化

石油作为国家的能源保障,对一个国家的经济有着举足轻重的作用。我国的石油产业从起步就受到了格外的关注。新中国成立之初,国家领导人就明确指出,要进行建设,石油是不可缺少的,石油在中国一直带有浓重的政治色彩,故而中国的石油又有"志气油"的称谓。从感情角度看,当年刘秉义先生一曲《我为祖国献石油》以及石油颂歌《克拉玛依之歌》等,不知激励了多少热血青年投身石油大军的行列,不知沸腾了多少中国人的热血,激励豪迈的旋律,也激发了石油人自豪的情结。从毛主席向全国发出"工业学大庆"的号召起,石油人便成为中华人民共和国工业界的精神骄子,同时也打上了强烈的政治烙印。

3. 会战文化

新中国经济建设的起步与发展在当时的条件下不能不利用全国人民扬眉吐气的精神资源、情感资源。采取运动的方式开展各种各样的会战,从各地抽调有生力量,运用"集中优势力量,各个歼灭敌人"的军事原理开展经济活动。从工业经济的复苏,到后来的三线建设,在 1979 年之前的整个经济发展过程中,会战是石油建设的主体方式,而这种方式在资金匮乏、基础几乎为零的条件下也只能是首选的方法。客观地看,苏联和中国等贫穷落后国家采取这种方式实现了经济发展时段的经济崛起,从而奠定国民经济的布局、框架及其后发展的基础。但是,就运动性的大会战而言,只有石油行业最为出名。

4. 榜样文化

榜样的力量是石油企业文化中十分耀眼的部分。其中,"铁人"王进喜与其他工业的工人英雄一道,登上天安门接受了共和国最高领导人的接见。他成为工人阶级的一面旗帜,在"王铁人"身上所表现出来的精神是国家精神的脊梁,也是当时面对贫困求发展的必需,当然这与石油的政治地位以及大庆油田是紧密相连的。王铁人在全国闻名的时候,石油内部被树立起来的铁人还有几位,他们共同构成了第一代石油人的榜样。与此同时,职工家属中掀起的"五把铁锹闹革命"的生活自救、创业立业,从另一层面上大大丰富了石油榜样的群体,他们的精神感召着百万石油大军以及全社会投身社会主义建设的热潮。

5. 开拓进取文化

勘探开发的不确定性注定了其开拓精神的产生和敢于承担责任的素质。由于勘探开发的对象是隐藏在地下几百米、几千米地层中的油气,不可能直观地认识,所以,勘探成功率高的也很难超过30%。而一口油井、一口探井下去就是几十万、上百万元的投资,因此,他们提出的"工作的对象在地下,斗争的对象在油层"的口号是完全可以理解的。他们的钻头只有大胆而不停地向地下的理想深处开拓进取,最终才能实现理想。职业的特点、方向锻造了石油人的开拓精神,另一方面则锻炼了石油人的承受能力和韧性,形成了石油人敢打敢拼的特征。

上述石油传统文化的历史定位及形成的个性化特征,都是当时一定社会环境下的产物,并对当时的石油工业发展起到了不可磨灭的历史功绩,整整影响了几代石油人为共和国的经济发展而献身于石油事业。今天,随着世界经济发展的节奏加快,当今石油行业所面临的环境改变,企业管理中的文化、方式等也必须随之改变。但这种改变绝不应当是简单意义上的形式增减,而是应该把它放在全国乃至全球的高度来加以思考。这既是现实发展的需要,更是中国石油企业面向未来的战略性思考。

四、中国石油天然气集团公司企业文化理念

随着石油工业的快速发展,中国石油企业文化也取得了丰硕成果。中国石油天然气集团公司形成了丰厚的企业文化积淀,培育了以"大庆精神"、"铁人精神"等为代表的优秀企业文化,激励了几代石油人艰苦奋斗、无私奉献,并在社会上产生了很大影响,成为中华民族优秀文化的重要组成部分,有力地促进了中国石油工业的发展。

1. 中国石油的企业标识与旗帜(司旗)

中国石油的企业标识图样为红黄两色构成的十等分花图形(图1-7)。其寓意为:标识色泽为红色和黄色,取中国国旗基本色并体现石油和天然气的行业特点;标识整体呈圆形,寓意中国石油全球化、国际化的发展战略;十等分的花瓣图

形,象征中国石油多项主营业务的集合;红色基底凸显方形一角,不仅体现中国石油的基础深厚,而且还寓意中国石油无限的凝聚力与创造力;外观呈花朵状,体现了中国石油注重环境、创造能源与环境和谐的社会责任;标识的中心太阳初升、光芒四射,象征着中国石油朝气蓬勃、前程似锦。

中国石油的企业旗帜(司旗)是企业形象传播系统的重要组成部分。对司旗进行良好的视觉形象规范,有利于中国石油形象的传播。标准组合的尺寸与比例,在实际制作中应严格遵守(图1-8)。旗帜规格:旗帜按尺寸分为1号(2.88米×1.92米)、2号(2.4米×1.6米)、3号(1.9米×1.2米)、4号(1.2米×0.96米)、5号(0.96米×0.64米),选用司旗时具体尺寸根据旗杆的高度选择;国旗必须放在中间,司旗放两边。

图1-7 中国石油企业标识　　图1-8 中国石油的企业旗帜(司旗)

2. 中国石油的企业宗旨

中国石油的企业宗旨为:"奉献能源,创造和谐"。这一宗旨是对中国石油积极履行三大责任、促进社会和谐发展的生动概括。

奉献能源:带着这种使命感,中国石油不断加大投资和技术创新力度,大力开发天然气,积极开发清洁能源和新能源,推动国家能源消费结构不断优化,加强国际油气合作,尽力满足社会发展对能源不断增长的需求,推动经济增长。

创造和谐:作为国有重要能源骨干企业,中国石油除了在最大限度上满足经济社会发展对油气的需求、保障国家能源安全外,还高度关注全球气候变化和生态环境恶化问题,关注企业社会责任,在经济、环境和社会三方面履行职责,回报国家和社会。以"环保优先、安全第一、质量至上、以人为本"为理念,中国石油在生产中努力打造"安全清洁、节约优质"的发展模式,确保工程、产品和服务质量,实现企业发展与资源环境社会相协调。大力倡导生态文明,努力创建环境友好型和资源节约型企业。

3. 中国石油的企业精神

中国石油的企业精神是:爱国、创业、求实、奉献。

爱国:爱岗敬业,产业报国,持续发展,为增强综合国力做贡献。
创业:艰苦奋斗,锐意进取,创业永恒,始终不渝地追求一流。
求实:讲求科学,实事求是,"三老四严",不断提高管理水平和科技水平。
奉献:职工奉献企业,企业回报社会、回报客户、回报职工、回报投资者。

4. 中国石油核心经营理念

中国石油的核心经营理念是:诚信、创新、业绩、和谐、安全。

"诚信、创新、业绩、和谐、安全"集中体现了中国石油天然气集团公司经营管理决策和行为的价值取向,是有机的统一整体。其中,诚信是基石,创新是动力,业绩是目标,和谐是保障,安全是前提。

1)诚信:立诚守信,言真行实

诚信是市场经济对企业的基本要求,中国石油视诚信为立身之本、发展之基、信誉之源。中国石油奉行全方位的诚信理念。企业管理者及职工都要讲诚信。不仅公司内部要讲诚信,在同客户和合作者交往中也要讲诚信。诚信集中体现在高标准的职业道德和商业道德上。

切实加强职工思想道德建设,坚持依法治企与以德治企相结合。教育职工忠诚于企业,保守商业秘密,严禁任何为谋取私利而损害企业利益的行为。积极倡导在企业内部以诚相待,团结协作,群策群力,共同奋斗。

坚持合法经营,依法纳税。不断提高产品质量和服务质量,努力使客户满意。遵循市场经济规律,坚持"诚实、信用"的原则,认真履行合同,恪守对外承诺,保证合作者的正当利益。确保对外披露信息的真实性,牢固树立诚信可靠、负责任的大企业形象。

2)创新:与时俱进,开拓创新

创新是企业发展的不竭动力,也是中国石油永葆生机的源泉。创新的根本要求是体现时代性,把握规律性,富于创造性。按照"发展要有新思路,改革要有新突破,开放要有新局面,各项工作要有新举措"的要求,努力提高中国石油全方位的创新能力。

大力倡导创新精神,积极营造尊重劳动、尊重知识、尊重人才、尊重创造的良好氛围,在实践中不断进行体制创新、机制创新、制度创新、管理创新、科技创新、产品创新以及其他各方面的创新活动,努力领先竞争对手,不断超越自我。

学习是创新的重要基础。中国石油努力构建学习型企业,提倡全员学习、终身学习,鼓励职工不断学习业务知识,提高自身素质,把学习当作提升企业价值和职工自身价值的重要途径。大力倡导并采取有效措施创造团队学习的氛围,做到信息共享、经验共享、技术共享、知识共享。

坚持走以信息化带动工业化、以工业化促进信息化的新型工业化道路。努力把中国石油建设成为主业突出、拥有更多自主知识产权和知名品牌、国际竞争力强的跨国企业集团。

3)业绩：业绩至上，创造卓越

业绩是企业一切生产经营结果的最终体现，是评价企业发展最关键的指标，是衡量单位和职工贡献的重要尺度。每个职工的业绩是构成公司业绩的基础，中国石油把业绩作为体现社会价值、提升企业价值和实现职工个人价值的结合点。

采取积极有效的步骤，建立和完善以业绩考核为核心的激励机制，明确并落实每个职工的目标和责任。通过制定科学合理的考核指标，严格考核兑现，形成企业在市场上以业绩论成败，职工在企业中以业绩论奖惩的氛围，激励企业和职工不断提高工作业绩，从而提升公司整体业绩。

积极倡导广大职工以昂扬向上的精神状态，努力追求卓越。把创造卓越的业绩作为中国石油永恒的目标和神圣的使命，以卓越的业绩展示公司强大的实力，以强大的实力在激烈的市场竞争中创造更加卓越的业绩，报效国家、奉献社会、回报职工。

4)和谐：团结协作，营造和谐

和谐是中国石油正常运营和持续发展的重要保障。内部和谐创造发展的动力，外部和谐提供良好的生存、发展环境。

进一步完善管理体制，根据效益最大化原则和业务发展的需要合理设置内部组织结构，合理划分各个管理层级的权利和义务，做到责、权、利相统一，信息沟通顺畅，组织运行高效。正确处理好企业与职工、整体与局部、近期与长远利益的关系，形成能够充分调动全体职工和各方面积极性的制度性安排。大力倡导融洽的人际关系，创造和谐愉悦的工作氛围。

充分保证公司、社会、客户、合作伙伴的正当利益。以理性竞争、合作双赢的理念正确处理与竞争对手的关系，营造和谐的发展环境。在力所能及的条件下，积极参与社会公益事业，辐射和带动当地经济、文化的发展，树立中国石油良好的公众形象。

5)安全：以人为本，安全第一

安全理念是既符合当前实际，又代表长远方向的文化理念。安全是中国石油创造优良业绩，实现全面、协调、可持续发展的前提。

中国石油充分尊重人的生命价值，把社会公众和广大职工的生命安全放在首位。同时，积极承担保护企业财产和人类赖以生存的自然环境的责任。积极倡导以人为本的安全文化,努力追求零事故目标。

持续改进工艺条件和环境,加强对变化着的环境中不安全因素的风险识别和风险预测,不断提高风险防范能力,努力消除各种事故隐患,实现本质安全。

坚持走可持续发展的道路,大力加强健康、安全、环保工作。通过合理开发和利用资源,努力提高资源利用效率,注重开发和生产清洁可靠的能源及化工产品,加强环境保护基础建设,保护和改善生态环境,最大限度地发挥资源的经济效益、社会效益和环境效益,促进人与自然的和谐,创造能源与环境的和谐。

第二章 班组长的角色认知与素质要求

班组是企业组织生产经营活动的基本单位,是企业最基层的生产管理组织。班组工作的好坏直接关系着企业经营的成败,只有班组充满了勃勃生机,企业才会有旺盛的活力,才能在激烈的市场竞争中长久地立于不败之地。班组长是生产任务的组织者和参与者,也是企业与生产员工的主要沟通桥梁,班组长管理能力的强弱,将直接影响生产进度和产品质量。

第一节 油气田企业班组及其对班组长的意义

"企业"一词,国内外并没有一个确切统一的定义,一般是指以盈利为目的,运用各种生产要素,向市场提供商品或服务,实行自主经营、自负盈亏、独立核算的法人或其他社会经济组织。在现代社会中,企业作为现代社会经济的基本细胞、发展生产力的主要执行者和完善生产关系的主要体现者,不再单纯是一个赢利性的经济组织和企业员工养家糊口、解决温饱的地方,还是企业员工实现自我价值、寻求精神追求和承担社会责任的"文化机构"和人性组织。

班组是在劳动分工的基础上,把生产过程中相互协同的同工种工人、相近工种或不同工种工人组织在一起从事生产活动的一种组织,是企业中基本作业单位、最基层的劳动和管理组织。

如上所述,油气田企业班组也不例外,它是油气田企业中最基本的作业单位。而作为一名班组长,不能只知"闷头干活",还要知道自己班组的工作,以及班组对于企业的价值和意义。这样做,除了可以让自己"眼明心亮"外,从职业发展的角度讲,还可以增强自身在组织中存在的使命感与价值感,如此心态下带领的班组,也会更具有活力和向心力。因此,班组长首先要了解自己所带领的班组在企业的组织结构中处于怎样的地位。

一、企业的组织结构及班组的地位

1. 企业的日常运营管理及组织结构

1）企业管理的基本知识

企业要实现赢利的目的，需要进行一系列不同领域、不同层面的有序管理。企业管理，是对企业的生产经营活动进行计划、组织、指挥、协调和控制等一系列职能的总称。各职能管理的含义如下：

计划（做什么）：确定工作目标，寻找达到目标的方法及措施。计划是企业管理各功能的龙头，起着决策、平衡、协调和统一指导企业各项活动的作用。

组织（谁去做）：按照计划所定的要求，调配适当的人力、物力、财力等，确保计划所要求的活动能顺利进行。

指挥（怎么做）：运用权力及影响力，促使员工履行职责。

控制（做得怎么样）：检查与考核计划实施的实际状况，必要时做适当的调整。

协调（工作和谁有关系）：大家配合一起做。

企业运营中的管理，有不同的分类方法：

按照管理对象划分，企业管理包括：人力资源管理、项目管理、资金管理、技术管理、市场管理等。

按照职能或者业务功能划分，企业管理包括：计划管理、生产管理、采购管理、销售管理、质量管理等。

按照层次划分，企业管理包括：决策层面的管理、经营层面的管理、执行层面的管理等。

为了有效、有序、协同地完成这些管理任务或管理工作，需要对企业的组织进行结构化的设计，不同行业、不同复杂程度、不同规模的企业，其组织结构也不尽相同。

2）企业的组织结构

组织结构是表明组织各部分排列顺序、空间位置、聚散状态、联系方式以及各要素之间相互关系的一种模式，是整个管理系统的"框架"。组织结构定义了工作任务的分工、分组和协调合作，是企业的流程运转、部门设置及职能规划等最基本的结构依据。

常见的组织结构形式包括直线制、职能制、直线职能制及矩阵制等。在油气田企业中，比较常见的一种组织结构形式是直线职能制。图2-1所示的某采油厂的组织结构即为直线职能制组织结构，体现了采油厂全体员工为了实现企业目标而进行分工协作。一方面，按照经营的业务类别划分成不同的业务单元，形成不同的层级结构,如业务单元第二采油区下辖采注组、维修组等;另一方面,为了完成组织目标,必须开展各项管理活动,以此为基础进行分析,按照一定的方式进行归并组合,形成不同的部门结构,以及由此而产生的职权结构,如人事科、生产运行科等部门。

如图2-1所示,位于组织结构底层的生产现场班组,是企业中基本作业单位,是企业内部最基层的劳动和管理组织。面对着如"山"一般压得人喘不过气来的各级部门,班组长总觉得自己"位微言轻"。那么,处于底端的企业班组,在企业管理中,究竟居于何位呢?

图2-1 某采油厂组织结构图(部分)

2. 油气田企业班组在企业中的地位

油气田企业是主营原油和天然气的勘探、开发的营利性组织,以某采油厂的组织结构图(图2-1)中的第二采油区的"采注组"为例,采注组的工作现场,便是油气田企业原油开采的实际行为的发生场地,油气田企业班组在企业中的地位,可以从两个方面来理解:

(1)管理阶层的角色在于给现场提供资源支持,现场位于管理结构的顶层(倒三角形),如图2-2所示。

在这种"以现场为中心"的管理模式下,"现场"位于组织内的顶端,是所有改善活动的场所,也是所有信息的来源。常规组织的其他各管理阶层的管理单位,如"生产运行科"、"油田管理科"、"物资管理站"等是为了提供现场必要的政策及其他资源的支援而存在,其他各管理阶层应该对现场事物的进展进行深入地接触和充分地了解,根据现场的特定需求及存在问题,对所提供的政策等方面的支援进行及时地调整。从这个角度来看，班组是油气田企业所有管理工作的中心，是企业效益的源泉，是产品质量管理的保证，是企业安全生产的主体，也是人才培养的大本营和企业文化的"发源地"。

（2）管理阶层的角色在于下达指令给现场，现场置于管理结构的底层（正三角形），如图2-3所示。

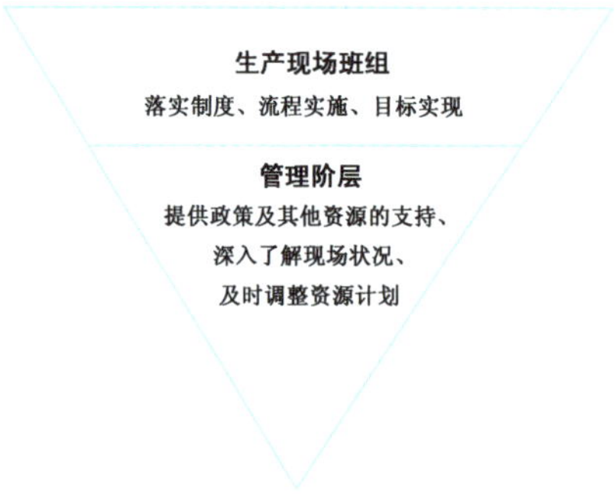

```
      生产现场班组
   落实制度、流程实施、目标实现

        管理阶层
   提供政策及其他资源的支持、
     深入了解现场状况、
      及时调整资源计划
```

```
        管理阶层
   制定目标、制度和流程，
     检查班组实施效果

      生产现场班组
   落实制度、流程实施、目标实现
```

图2-2　班组位于管理结构的顶层 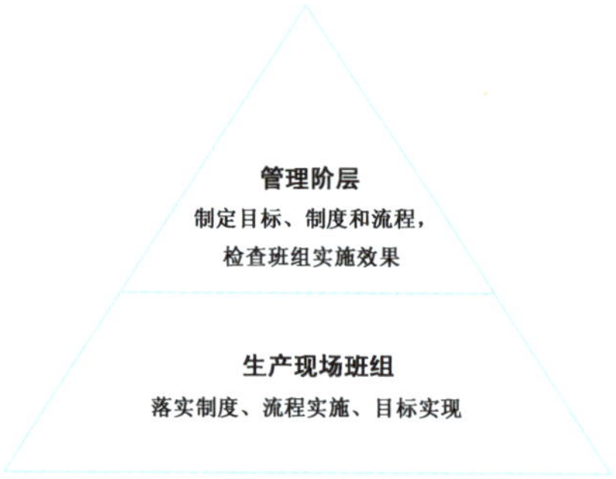　　　图2-3　班组位于管理结构的底层

在这种管理模式下，各管理阶层负责设立方针、目标和优先顺序，以及人力和金钱等资源分配，将各种指令传递到现场，现场班组负责各项管理制度的实施和目标的实现，其他管理阶层到现场检查制度实施的效果，这是一种"自上而下"达成企业目标的过程，称为"方针展开"。这种情况下，班组是企业最小的执行单位，主要负责生产管理流程中的实施与控制环节，是企业管理体系实现的终端环节，是企业各项制度落地的基础。

将两个角度综合起来理解，从组织结构的形式和企业管理运作的流程上来看，班组是油气田企业管理中对各项制度落实、流程实施和目标实现的最小执行单位，是被"大山压得喘不过气来"的被控制的"受气包"；从企业经营的目标与核心来看，班组是企业实现盈利的中心，其他管理工作均围绕现场提供服务与支持。因此，班组一方面要落实好各项制度，争取达成企业的各项指标；另一方面要主动反馈现场生产一线的真实信息，便于其他管理部门及时做出调整，提供恰当的资源。

二、油气田企业的班组对班组长的意义

平日里有些班组长会抱怨：

"当班组长和不当班组长有啥区别？还不都是干活拿工资？"

"当了班组长，操心的事一大堆，平白无故受许多累，工资又能比普通员工多多少？不值！"

有的班组长想"撂挑子"，觉得班组长的工作苦、管理难、权限小、受气多、收入低、待遇薄……先来看一看生产中的真实案例。

[案例 2-1]

他这样做聪明吗?

集输班长李健,聪明、健谈,业务能力也较强。当班组长三年了,工作不好也不坏。"我真的认为当班组长没什么意思。多吃苦多受累不说,就说班组管理吧,管严了,得罪人,遭骂;管松了,又会出娄子,领导不满意。再说了,芝麻大的官,没权也没钱,凑合着混呗。"的确,李健的精力能有一半用在工作上就不错了,听说私下里和朋友到郊区办厂了……不过,说实话,要真让李健辞职不干,丢掉国企的班组长工作,他还真舍不得。他明白,私人小厂底儿薄、抗风险能力低,说关门就关门。他的观点是当班组长要学会拿多少钱干多少事,干好了只是给领导添彩儿。为他人拼命,犯傻!有精力还不如自己干点什么,多赚钱才是真格的。

故事中的李健看似很聪明,不妨尝试做如下分析:第一,李健既想多赚钱,又不想丢掉本职工作,"脚踩两只船",早晚会有一天因为精力不济,赔了夫人又折兵;第二,个人利益与企业利益是一致的,只有干好本职工作,为企业创造效益,才会增加个人收入;第三,如果他把全部精力用于本职工作,把企业班组当成施展抱负的舞台,相信他的个人能力将会得到更大的提高,个人职业生涯将会得到更大的发展。如此看来,李建的这种做法既不是长久之计,又不能真正实现"效益最大化"。

在管理工作中人们经常会说,"管理管理,要想管,就要先理,要管好人事,就要先理好人心"。同样的道理,作为油气田企业的班组长,要想做好班组长的"事",先理好自己作为班组长的这颗"心",看一看班组对于班组长来讲,究竟意味着什么,真的是"除了这点工资外,啥也得不着"吗?

1. 班组是班组长的"责任田"和"一亩三分地"

说班组是班组长的"责任田",是指班组长对班组的各项生产目标的实现承担着责任,尽管班组长决定不了"种"什么,但是班组长要合理安排人力、物力资源,制定各项奖惩考核制度,激励班组成员团结一致,让这块"责任田"里的庄稼,长得更好,收成更多。在月末、季末、年末各阶段,各"责任田"的收成考核,无疑是班组长管理成效的大比拼。

按照责权对等原则,班组虽然在企业组织的底层,是企业生产的最小单元,但班组长是这个最小单元的领导,班组长对班组的管理就拥有"至高"权,班组长在自己的"一亩三分地",拥有资源的分配权、奖惩权和其他一些法定权。"我的地盘我做主",在班组长的"一亩三分地",班组长拥有班组事务管理的决策权。

虽说责权对等,这"田"和"地"的关系还十分微妙,有些班组长过度强调自己的"一亩三分地",可这"责任田"的收成却不见好;而一些低调的,根本看不出其

"地主"身份的班组长,"责任田"里却总是硕果累累。

2. 班组是班组长管理技能锻炼和提高的"实践基地"

近阶段许多企业在学习新主人翁精神,按照高贤峰的《新主人翁精神》中提到的"岗位股份制公司"理论来进行分析,班组长是这个"岗位股份制公司"的股东之一,是这个岗位的主人。班组长投入的是人力资本,表现为知识、经验、技能等,所得到的回报,除了薪水、社会保险和一切福利外,还有不断增长的新知识、新经验和新技能。

油气田企业中的班组长,一般是从普通操作岗位因出色的工作表现而被选拔上来的,其工作的性质,由原来生产一线直接的技术操作,转变为基层生产的现场管理;其工作内容涉及的范围,由原来管理流程中的一个点,开始变成了管理流程的一条闭合线——从生产计划的制定,到生产资源的安排,到生产过程中的协调与控制,再到生产结果与目标的比较与纠偏;其工作需要协调的相关方,由原来的班组内部,转变为班组与班组之间、上下级之间。

因此,可以说班组长的"官"虽然小,但班组长从这个小小的"岗位股份制公司"得到回报却很大,班组长是一名生产一线的普通员工管理生涯的起点,而班组对班组长而言,是班组长的管理技能得以锻炼和提高的"实践基地"。

3. 班组是班组长的"第二个家"

说班组是班组长的"第二个家",因为班组与家相比,有许多相似之处。

(1)从时间上来看,班组长一天中在家度过的时间,排在第一位,在班组中度过的时间,紧跟其后,排在第二位。

(2)人生发展有两大主线:家庭与事业。家庭是指自己这个小家的经营与发展状况。家庭是否幸福?家庭收入是否越来越多?事业则是指在班组中个人工作能力发挥与发展的状况。人际关系是否和谐?班组业绩与个人所得是否会有所增长?班组与家,地位有可比性。

(3)从人际关系的发展来看,班组与家有相似之处。我们常说,"家是心灵的港湾",亲人之间,相互扶持、相互依赖。班组也是一样,工作中谁的能力不足,需要找人带一带,甚至谁的家庭中有困难,需要班组长这个"一家之长"关心和照顾。在自己的小"家"里,会有父母争执、姑嫂不和、孩子不听话、父母对孩子的严责等问题;班组这个大"家"也是如此,会有班组成员间的矛盾与竞争、班组成员的任性随意,需要班组长对员工约束中带着耐心和爱心。大家与小家,都需要相互之间的理解、配合,都需要抱着平和的心、真诚的态度去沟通交流。

身为班组长,不仅仅是企业普通的一员,肩上更增添了责任和重担。班组长意味着什么?它意味着:班组长今后的成功不再单单依靠自身的专业知识和技术能力,以及个人付出和努力的程度,而是更多地和班组成员联系在一起,只有班组成员都把工作做好了,才有可能实现业绩目标,班组长已经是一个团队领导者了。

那么,班组长该如何带领自己的团队,在完成团队目标的同时,实现个人的成长呢?这就需要首先认清班组长在企业管理中所处的位置,做好班组长的角色认知。

第二节　班组长的角色认知

通过阅读本章第一节的内容,已经知道,企业需要纵横两个维度的管理相互配合,实现最终的盈利目标。横向,是不同职能部门间的协调与配合;纵向,是目标的层层传递、分解与实施。常言道,"在其位,谋其政,不在其位,不谋其政",班组长一职在企业的管理中居于怎样的地位?应该扮演着什么样的角色?本节内容,就首先从"角色认知"开始。

一、什么是角色认知

认知也被称为认识,是指人认识外界事物的过程,或者说是对作用于人的感觉器官的外界事物进行信息加工的过程。

角色认知是指角色扮演者对社会地位、作用及行为规范的实际认识和对社会其他角色关系的认识。任何一种角色行为只有在角色认知十分清晰的情况下,才能使角色很好地扮演。角色认知包括两个方面,一是对角色规范的认知,二是对角色评价的认知。

角色规范是指社会根据需要而期待角色应该达到的行为模式或行为标准。它是在长期的社会生活中形成的,并在个体的社会实践活动中表现出来,规范与个体在一定社会关系中所处的位置紧密相关,并成为调节人的行为的控制器。

从具体要求上角色规范可以分为正向规范和反向规范。正向规范是角色扮演者可以做、应当做和需要做的行为规定;反向规范则是角色扮演者不能做、不应当做的各项行为规定。

角色评价是人们将角色期望与角色行为进行比较的结果,而两者间差异越小,人们对角色行为的评价越高。人们会说某个演员演得惟妙惟肖,或演得不伦不类,这种评头品足就是角色评价。

角色评价分为他人评价与自我评价,自我评价在很大程度上依赖于他人评价。这如同演戏一样,观众的喝彩声一片,演员的自我评价也高;而观众反应冷淡,演员便知自己的表演有不足之处。通过角色评价,角色扮演者获得了对角色行为的信息反馈,从而不断地调节自己的角色行为,使之与角色期待一致。

结合上面的分析,对班组长角色的认知是成功扮演班组长这一角色的先决条件,身为班组长要对自己所扮演角色的地位、作用以及与其他社会角色的相互关系有清晰的认识。

二、班组长的角色地位及与其他角色的相互关系

要想对班组长的角色有清晰的认识,需要了解班组长在企业的管理层级中处于何位以及企业中各层级的管理者管理工作的重点有何不同。班组长的地位和工作重点界定了班组长角色应该表现出的角色行为。

1. 班组长在企业纵向管理层级中的地位及其管理的重点

在企业中,从纵向结构上划分为三个层次:决策层、管理层和执行层,如图2-4所示。

决策层是指总经理、董事长,负责企业战略的制定及重大决策的做出;管理层是指部长、科长、车间主任等,负责企业计划和目标的进一步细化以及制度和流程的制定;班组长位于最下面的执行层,也就是基层管理者,其他如工段长、队长、领班也都属于基层管理者,负责企业计划的实施和各项目标的达成。

图2-4 企业纵向的管理层次

各层管理者管理职责及侧重点,进一步总结如表2-1所示。

表2-1 企业中管理者的层级及管理的重点

层级	举例	管理任务	计划特性	管理的侧重点
决策层	董事长、总经理	制定目标、战略、发展方向	战略规划,3~5年,高度综合,做什么	目标管理
管理层	职能部门管理者,部长、科长、车间主任	制定工作流程、工作制度	战术计划,半年至2年,中等汇总,如何做	职能管理与目标管理
执行层	基层班组长	生产任务的安排、实施与目标的实现	运行管理计划,周或月,详尽,如何做得更好	团队管理

对照表2-1来看,对于上层决策层的管理者来讲,其主要任务是从组织整体利益出发,对整个组织实行统一指挥和综合管理,制定组织发展的战略方向和总体

目标。高层管理者及时准确了解国家政策与经济发展动态,分析企业内部、外部的优劣势信息,制订企业发展战略规划,用最通俗的话来说,高层的管理者要会"看天气"。

中层管理者处于企业组织结构中的中层位置,在决策层与执行层中间具有桥梁作用,是企业中重要的中枢系统。中层管理者在高层管理者制订发展战略规划时,是企业内部信息的提供者和战略规划的支持者,其主要职责是分项目标的制定、拟定和选择计划的实施方案、分配资源、协调上下级的活动、评价组织活动成果和制订纠偏措施等,中层管理者管理的重点在于目标管理和职能管理。

再看作为基层管理者的班组长,其主要职责就是按照规定的计划和程序,领导和协调基层员工的各项工作,安全完成生产任务,达成企业的各项目标。企业制订的各项目标经过层层分解细化,最终通过基层管理者带领操作层的员工逐步得以落实。因此,班组长需要辅导下级员工的工作、协调员工关系、带领团队实现企业制订的各项目标、完成企业的经济效益,其管理工作的重点在于团队管理。

2. 班组长与其他角色的相互关系

如图2-5所示,生产现场的班组长处在承上启下、起承转合的关键位置,面对不同阶层的人员,扮演着以下几种不同的角色。

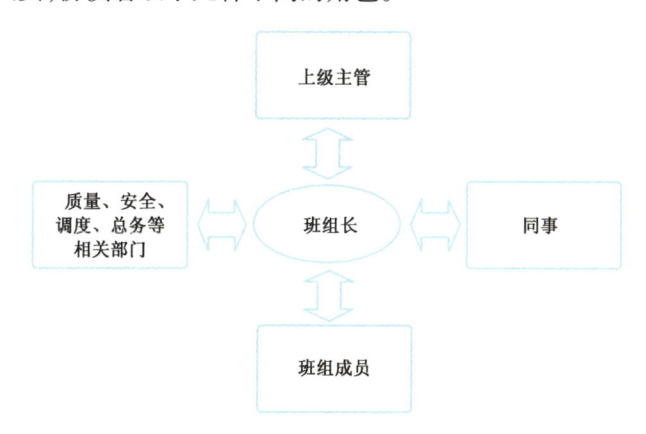

图2-5 班组长在生产现场的地位

(1)对上,班组长是上级主管人员的助手、任务的执行者。

站在上级主管领导的角度,身为基层管理者的班组长,是传达上级指令、分配生产任务的桥梁和纽带,既是上级主管领导所发出指令的执行者,又是上级主管领导自身业绩的辅助者。

(2)对下,班组长是决策者、上级代表、管理者、领导者、监督者、培训师、授权者。

对于自身所带领的班组团队来讲，班组长就是团队成员的领导者，是班组管理实务的决策者。班组长对团队成员的工作进行直接的分配与授权，对成员的行为直接进行领导、评价、纠正。班组长的言行，代表着上级主管领导的立场，是上级主管的代表，同时也是班组成员的培训师、领导者、监督者和授权者。

（3）横向，班组长是其他班组长的同事、协作者和竞争者。

对于同阶层的其他班组长而言，班组长之间是同事、协作者，也是竞争者。组织是一个系统，目标也具有整体性和关联性等特征，每一位班组长自身管辖范围内的工作，必然会和其他班组长管辖领域内的事务密切相关，相互之间只有良好的配合，才能有助于目标的实现；同时，处于同一层级的班组长，从个人职业生涯发展的历程上来看，向上提升和发展的空间还很大，相比之下，更加良好的业绩表现，无疑有助于迈入更高一层的管理者队伍。因此，同级的班组长之间既有合作，又存在竞争，适度良性的竞争，会更加有利于团队的整体业绩。

（4）对"外"，班组长是PDCA（计划、实施、检查、改进）流程中计划实施效果的被考核者和信息的反馈者。

这里的"外"，指的是"现场之外"。例如，企业内部的安全质量控制部门，作为企业的职能部门，在企业管理中承担着生产质量和安全管理控制计划、流程与目标的制订。目标与计划制订得是否合理，现场实施的实际状况究竟怎样，需要质量安全部门深入到生产现场，一方面检查班组对计划的实施和制度的落实程度，了解计划与现实之间的差距，督促班组努力实现预计目标；另一方面，改善原计划和目标，力求更贴合现场的实际。因此，对于现场之外的相关部门而言，班组长是计划实施过程中实际业绩的被考核方，又是现场信息的反馈方。

[案例2-2]

迎检，迎检

今天又到了每周末一次的"标准化特色班组创建促进会"，某采油站的张林站长一进会议室的门，就看到另一个站长李生愁眉苦脸地坐在会议桌旁，张林拍了拍李生的肩膀："咋了？老兄！"李生叹了口气，"唉，别说了，最近可忙坏了，你说，即使是没开展创建标准化特色班组活动的时候，也是三天一小检，七天一大检的，现在有了这个活动，这可倒好，从创建方案的参与制定，到什么学标杆、找差距、促管理、上水平，一桩桩、一件件，平白无故增添了好多负担。你看，再过一个月，油田管理科就要组织专业人员进行标准化特色班组的验收工作了，愁啊！"

张林一听，笑了，"老兄，上次开会的时候说了，主要从四个方面验收，听汇报讲解、看特点效果、考员工标准，再加上查基础管理与创建工作是否紧密结合。咱扎扎实实把工作做了，汇报的时候，现场管理工作中，咱们有问题就反映问题，咱有做得不到位的,他们提,咱们改。怕啥?"

上面案例中,从张林和李生的对话中不难看出,李生把其他管理部门的检查当成了负担,在"艰难度日";而张林对照标杆和标准,踏踏实实做好现场管理工作,把检查当成查找问题以及与其他管理部门进行反馈沟通的良机,这样管理的结果可想而知。

三、班组长角色认知的误区

班组长是上级与下级沟通的桥梁,是班组员工之间、上级领导与员工之间联系的纽带,日常工作中,常常出现班组长对自己的角色认识偏差的情况,对任务的实施和管理工作中的沟通产生不利的影响。

[案例2-3]

"体贴"下属的张丁山

张丁山是某采油厂第三采油区第二采注组的组长,手下带领着16名工人,平时和员工关系还可以,比较关心员工的困难。有一天,员工小李迟到5分钟被扣了30元,小李对着组长张丁山埋怨说:"咱们第三采油区的考勤制度怎么就比别的采油区严格?凭什么?"张丁山觉得员工的工资都不是很高,挣个钱不容易,回答说:"是啊,我也有这个感觉。"

在一次组长例会上,张丁山在例行汇报工作之后提出,我们的考勤制度太严格,员工挣这点钱不容易,员工负面情绪很大,这项制度需要调整。

领导听后,示意张丁山会后留下来"好好谈谈"……

张丁山的做法错在哪里?平时工作中班组长对自身角色的认知存在哪些误区?

1. 民意代表

当公司推行新制度时,工作制度与员工的意见和想法不一致时,班组长代表自己部门的员工反映意见,与上司谈判。案例中的张丁山就是如此,虽然很多时候,出发点是好的,关心下属,反映来自基层的呼声,但由于没有正确认识自己的角色,结果没有履行好自己的职责。

班组长是上级主管的代表,对战略层的精神要旨、目标任务,要内化于心、外化于行,有效督导落实。对于来自员工的牢骚懈怠,第一,不把自己当作"传话筒",而应当是"避震器",将牢骚转化成合理化建议,推进改革创新;第二应代表公司予以解释和说明,把压力转化成激励,激发员工的更大动力。

2. 向上错位

所谓向上错位，就是班组长在其主管领导已经做出了决策，并发出了指令之后，再替主管领导考虑决策的正确性、周密性和是否需要执行的问题，帮助主管领导再做一遍决策前的工作。

前面分析了各层级的管理者不同的管理任务和侧重点，作为班组长，要整理清楚自己的主要任务与职责范围，经营好自己的"责任田"，在自己的职权范围内做事，真正做到"在其位，谋其政"。超出职权范围的事情，不随便议论，不替上级主管决策，把上级主管布置的任务执行好，如果有想法和建议，可以通过正常的渠道反馈。

3. 自由人

所谓"自由人"是和"管理人"相对应的，也就是说，在某些场合，班组长会忘记自己基层管理者的身份，其行为言论，没有经过认真的思考，而是随心所欲，想议论谁就议论谁，甚至口无遮拦。

班组长是基层管理者，是班组长这一职务的代言人，一言一行、一举一动都是职务行为，要心里想着公司的利益和目标。

4. 职能错位

很多班组长都是技术岗位出身，到了管理岗位，还是把自己定位在以前的专业，习惯做自己喜欢做的事，而不是必须做的事。作为一名基层员工，需要的是找出自己喜欢的长项，把长项发挥到极致，这样可以收获工作的快乐和成就，而一旦被提拔到管理岗位，就需要善于发掘自己管理能力方面的短板，尽量弥补。班组长要试着把自己喜欢做、擅长做的事交给下属做，这样既可以培养、锻炼下属，又可以腾出时间，站在班组全局的立场，系统思考、处理班组事务。

5. 领主、官僚

中国有着几千年的"官本位"文化，有些班组长被提拔上来以后，认为我是"官"，在我这个"一亩三分地"，凡事我说了算，我就是管你们的；或者以势压人，你听也得听，不听也得听；或者高高在上、颐指气使；或者"玩弄权术"。这些都是"官僚"做法。班组长手中拥有组织赋予的岗位权力，但更要学会依靠自己的影响力去影响员工，而不是单单靠法定权力去强制员工服从自己的管理。

综上所述，班组长在企业中起着一个承上启下的作用。承上，对于公司的规章制度、决策以及目标任务，班组长是最具体的传达和落实者；启下，就是按照决策、目标要求带领其他员工具体地执行。因此，班组长能力的高低直接影响到企业政策与制度的实施，一个企业执行能力如何，关键在于处在执行层面的班组长如何领会高层的决策,并且结合本企业的特色和文化清晰传递给班组成员,带头认真地执行。

班组长一职经常被称为"兵头将尾","兵头"是指班组长是一个"官","将尾"是指班组长是个"芝麻官"。这一称号就造成很多班组长工作时不自信。但是通过上面的分析应该了解到,班组长管理的事项繁多且复杂,面对广大一线员工,站在企业管理的最前沿,是真正的现场之王。所以,班组长要充分认识到自己岗位的重要性,以"岗位股份公司"股东的身份,以岗位主人翁的心态,把正确的事做对。

第三节 班组长的能力素质要求

在了解本节内容之前,先阅读一个来自于生产基层的真实故事。

[案例2-4]

机会,给"有准备"的人

某采油厂的第二采油站有两个技术骨干,李泉(男)和文丽(女)。四年前他们同时进厂,参加过厂里举办的各种技能培训,学习积极认真,工作一直都很努力,技术过硬,对采油站的工作现场都很熟悉。

现任的站长被调到其他岗位,李泉和文丽成了领导和员工心目中站长候选人。领导找文丽谈话,文丽连连摇头:"我可干不了站长,今天这个闹情绪了,明天那个甩脸子了,我可操不了这份心。"而李泉表示了对领导的感谢,说自己工作中还有很多不足,希望领导多多帮助和教导。就这样,李泉成了采油站的站长。

"有心的"李泉平日的工作中一直在留意:站长平日的工作都有哪些?如何调配人员进行工作安排?怎样做可以受到员工的欢迎?他暗下决心,一定要做个杰出的站长!

可上任后没多久,李泉就深深地体会到,自己离"杰出"还有一段距离……

故事讲完了,有人会说,文丽真傻,机会来了不争取,白白地让给别人?班组长不都是技术骨干提起来的嘛,别人干得了,她文丽怎么就干不了?也有人说,李泉才傻呢,"没那金刚钻,别揽瓷器活",操那份闲心,多挣几个钱?

那么,究竟什么是能力素质?干好班组长一职,需要哪些能力素质?

一、能力素质的定义

关于什么是能力素质,并没有一个确切统一的定义。

美国社会心理学家戴维·麦克利兰(David C. McClelland)这样定义能力素质:

人的工作绩效由一些更根本、更潜在的因素决定,这些因素能够更好地预测人在特定职位上的工作绩效,这些"能区分在特定的工作岗位和组织环境中绩效水平的个人特征"就是"能力素质"。

美国薪酬协会对能力素质的定义是:能力素质就是个人所具有的一些潜在特质,而这些潜在特质是与其在工作或职位上的绩效表现相关的,同时也可依此来预期、反映其行为及绩效表现的好坏,例如动机、特质、技能、自我形象、社会角色、所拥有的知识等,这些因素在工作中会导致有效或杰出的绩效表现。能力素质还包括人们在思想、知识、才能等方面具备的基本条件及在思想上、工作上表现出来的态度和行为,是一定的思想观念、知识技术、工作态度、工作能力、身体状况等在人们行动上的综合反映。

尺有所短,寸有所长,每个人的能力素质各不相同,综上所述,对班组长岗位而言,班组长所需要具备的能力素质,就是为了完成班组长岗位职责,获得良好的绩效表现,在知识技术、思想观念、工作能力等方面所应具备的基本条件。要完成什么样的岗位职责,就应该具备完成这些职责相应的能力素质。因此,接下来了解一下班组长的岗位职责都有哪些。

二、班组长的岗位职责

和唱戏一样,生、旦、净、末、丑,角色不同,表演内容不同,所需要的技能也有所区别。表2-2列出了某采油厂的油水井管理组组长、采油站站长、采注组组长的具体的岗位职责,我们以此为例进行归纳、总结、整理,看一看班组长"唱的是什么戏",需要些什么素质和技能。

表2-2 某采油厂油水井管理组组长、采油站站长、采注组组长岗位职责分析

班组长岗位职责具体内容			班组长岗位职责归类
油水井管理组组长	采油站站长	采注组组长	
(1)负责本组油水井生产动态分析,全面掌握油水井生产情况; (2)负责本组日常生产协调工作,确保现场管理达标和基础资料录取的准确性	(1)负责本站生产现场规格化的组织实施工作; (2)负责本站各项资料的录取、整理、填写和审核工作	负责现场规格化、体系运行工作	现场生产任务的安排协调与管理,标准化现场管理
负责本组产量、成本、安全等主要业绩指标的完成工作	负责本站各项管理指标的完成工作	负责成本费用的控制	"3+1"(质量、成本、进度+安全)目标控制

续表

班组长岗位职责具体内容			班组长岗位职责归类
油水井管理组组长	采油站站长	采注组组长	
负责本组油水井设备设施维护保养管理及油水井干线的巡查工作	(1)负责本站油水井和油水干线的日常巡回检查工作； (2)负责本站生产系统工艺、设备、设施的日常检查、维护、保养等管理工作	(1)负责油水井护理措施的制订与落实； (2)负责设备设施、工具用具的管理工作	设备维护、保养与管理
(1)负责小组QHSE体系建设工作； (2)对本岗位的QHSE及内控与风险管理和企业保密工作负责	(1)负责监督并带头执行规章制度及安全技术操作规程； (2)参与HSE活动、检查、整改，执行安全标准程序； (3)推进安全文化建设，进行安全观察和沟通，分享安全经验，及时治理安全隐患工作； (4)对本岗位的QHSE及内控与风险管理和企业保密工作负责	(1)负责贯彻执行上级的各项方针、政策、法规和标准，并组织实施工作； (2)负责安全生产工作组织与安排	制度的落实与建设
(1)负责本组员工的日常管理和考核； (2)对成员思想动态了解和掌握，做到及时处理和汇报	(1)负责组织全站员工学习安全文化知识和安全技能培训，开展安全活动； (2)负责本站员工的业绩考核与兑现工作	(1)负责员工教育工作的落实； (2)负责技能竞赛、技能鉴定工作落实	班组成员管理与团队建设
(1)负责配合作业区搞好地面工艺系统维护及保养，掌握地面工艺系统及油水井筒工艺情况； (2)负责协助作业区领导搞好生产、管理、地质、工艺等分析工作	负责上级交办的其他各项工作	负责上级交办的其他各项工作	组织内部横向的协调、对上级工作的辅助

通过归类可以看出，尽管班组长具体的工作内容有所差别，但因班组长的工作都是在生产的现场，还是有较大的相似性，总体上看，班组长的职责可以归纳为以下几个方面：

(1)围绕生产现场：① 目标控制；② 生产资源(人、机、料、法、环五要素)的现场标准化管理。

(2)制度的落实与建设。

(3)班组团队建设。

(4)辅助上级工作以及横向之间的协作。

在此基础上,如果再进一步总结,可以把班组长的工作概括为两大类:第一,关于"管事"的——现场标准化管理、目标控制、制度的落实与建设;第二,关于"理人"的——班组团队建设、辅助上级工作及横向之间的协作。其中,班组团队建设工作,直接影响现场标准化管理、制度的落实等这些"管事"类工作的最终效果,因为所有的"事"都是通过"人"完成的,而"人"是有不同的个性特征、不同需求的开放个体,是截然不同于"机、料、法、环"的生产要素。

三、班组长能力素质要求的内容

通过学习本章前面内容,已经了解基层班组长在企业管理中的地位和工作职责,为了很好地履行这些职责,在职位上获得有效或杰出的绩效表现,基层班组长应具备以下几种能力素质,如图 2-6 所示。

图 2-6 基层班组长能力素质之"屋"

1. 班组长的基本素质

如图 2-6 所示,基层班组长要带领有着不同文化层次、不同修养的班组成员,完成经由组织层层分解下来的各项目标,"官小"责任大,工作任务重,压力大,有时还会遭受到批评、责备、不解,想在班组长职位上站稳脚跟,首先得具备以下几种最基本的个人素质,这些素质是基层班组长能力素质之"屋"的根基部分,若要房屋长久屹立,必须有坚实的基础。

1)良好的道德品质

道德是道和德的合成词,道是方向,德是素养。道德是一种社会意识形态,是人们共同生活及行为的准则与规范。道德往往代表着社会的正面价值取向,起判断行为正当与否的作用。道德是指以善恶为标准,通过社会舆论、内心信念和传统习惯来评价人的行为,调整人与人之间以及个人与社会之间相互关系的行动规范的总和。道德作用的发挥有待于道德功能的全面实施。道德具有调节、认识、教育、导向等功能。

人们常说"有德有才是正品,有德无才是次品,无德有才是废品"。德与才是相辅相成、辩证统一的,德和才好比汽车的方向盘和发动机,德是才的方向和灵魂,才是德前进的条件和基础。德与才又有着主次之分,相对于才而言,德更为根本,就生产现场而言,违章指挥、偷工减料、出工不出活等,就是因为"德"出了问题。

班组长要具备良好的道德素质,只有如此才能"以德服人",正所谓"才者,德之资也,德者,才之帅也"。也只有自己做到了,才能"理直气壮"地要求班组成员,带出一支有优良道德传统的班组团队,生产现场的质量、成本、进度和安全目标才有保证。

2)宽容大度的胸怀

在一个班组中,每个员工的脾气和性情都有所差别,有的员工直率、热情、精力充沛;有的员工安静、内向、善于忍耐;有的员工孤僻、敏感、非常情绪化;还有的员工反应迅速、善于交际等。再加上由于个人的经历、文化修养、年龄等方面的差异,班组成员在一起共事不可能在思想、观点上达成完全的一致,会出现不和谐的现象,甚至出现冲突和摩擦。

如果班组长遇事斤斤计较、争吵不休,就会影响工作。反过来如果懂得宽容下属,便能激发其积极性与创造力,产生巨大的感召力、凝聚力,创造一个和谐的人际环境,团结一致搞好工作。

宽容大度表现在以下几个方面:

第一,容得下人。容得下与自己意见不同的人,甚至反对过自己而又被事实证明是反对错了的人;容得下有缺点、犯过错误的人,满腔热情地帮助他们克服短处和不足。"待人以诚而去其诈,待人以宽而去其隘",互相信任不猜疑,在非原则问题上不纠缠、不搞小动作,努力营造宽松和谐的工作环境。

第二,听得进言。容许别人讲话,善于听进不同意见,容得下逆耳之言、批评之言。基层班组长的工作繁忙、辛苦,工作做得好,别人不一定会注意到,也不一定会及时得到表扬和肯定,但稍有疏忽、不慎或失误,班组成员可能会有抱怨或意见,上级领导则可能会批评或指责。班组长一方面要正确看待意见或批评,清楚地认识到,批评是出于对改进工作质量和提高工作效率的迫切要求,而非恶意的攻击。另一方面要有胸怀坦荡、虚心接受的胸襟和闻过即省、知错就改的精神与勇气,要把别人的批评指责当作检验工作质量与效率的重要标准之一,通过别人的批评意见来检讨自己言行的不当和工作的不足。对待各种方式的批评,认真倾听,仔细分析,有则改之,无则加勉,防患于未然。

3)稳定而乐观的情绪

情绪是指伴随着认知和意识过程产生的对外界事物态度的体验,是人脑对客观外界事物与主体需求之间关系的反应,是以个体需要为中介的一种心理活动。

情绪既是主观感受,又是客观生理反应,具有目的性,也是一种社会表达。情绪是多元的、复杂的综合事件。情绪构成理论认为,在情绪发生的时候,有五个基本元素必须在短时间内协调、同步地进行。

(1)认知评估:注意到外界发生的事件(或人物),认知系统自动评估这件事的感情色彩,因而触发接下来的情绪反应(例如,看到心爱的宠物死亡,主人的认知系统把这件事评估为对自身有重要意义的负面事件)。

(2)身体反应:情绪的生理构成,身体自动反应,使主体适应这一突发状况(例如,意识到死亡无法挽回,宠物的主人神经系统觉醒度降低,全身乏力,心跳频率变慢)。

(3)感受:人们体验到的主观感情(例如,在宠物死亡后,主人的身体和心理产生一系列反应,主观意识察觉到这些变化,把这些反应统称为"悲伤")。

(4)表达:面部和声音变化表现出这个人的情绪,这是为了向周围的人传达情绪主体对一件事的看法和他的行动意向(例如,看到宠物死亡,主人紧皱眉头,嘴角向下,哭泣)。对情绪的表达既有人类共通的成分,也有各自独有的成分。

(5)行动的倾向:情绪会产生动机(例如,悲伤的时候希望找人倾诉,愤怒的时候会做一些平时不会做的事)。

即使是班组内部的普通成员,在日常家庭生活和班组工作中,难免存在家庭的烦心事或者成员间的小摩擦,也需要调整自己的情绪,建立良好的人际互动与沟通关系。作为班组成员领导者的班组长,更要以"管理人"的身份,一方面要留意班组成员的情绪,做好对班组成员不良情绪疏导,不受其不良情绪的影响;另一方面要调整自己的情绪,培养稳定而乐观的情绪,在和谐的气氛中感染被领导者。班组成员心情愉快,工作称心如意、任劳任怨,就会使整个班组形成一个团结奋进的集体。

阅读下面的案例,学一学组长赵庆红的情绪调节技巧。

[案例2-5]

赵庆红的"一诉、一对"自我情绪调控法

某采油厂作业一区某个小站,员工小王丈夫长期生病,女儿还在上学,家庭经济比较困难,家务事也需要小王格外操心。组长赵庆红平时对她十分关心,给予了不少的照顾。

有一天小王在上夜班的时候,由于柱塞穿孔,造成减速箱进水,机油变质,按站上的考核制度,被扣了200元钱。小王在班前会上气冲冲地冲着赵庆红大声嚷嚷:"扣、扣、扣,就知道扣钱,还让不让人活了?"说完扬长而去。

赵庆红的第一反应是羞辱不安,散会后,她在纸上写下了自己下意识的反应(一诉,即自己向自己诉苦):

(1)枉费我平时对她那么照顾;

(2)这是厂里的制度,冲我喊什么;

(3)不知道她又怎么了,这么大情绪,我成她的出气筒了。

然后,她又写出了三个与此相对应的理智的想法(一对,与诉苦对应的理智想法):

(1)我对她照顾是我的事,她怎么对待我是她的事,不能因为我照顾了她,就要求她对我好;

(2)虽然是厂里的制度,可她是我班组的人,只能冲我这个组长喊;

(3)不能因为她的情绪不好而影响我的情绪,我得找她聊聊,找找具体的原因。

这样想来,赵庆红3分钟就平息了怒气。

4)强健的身体和充沛的精力

企业的班组长长期深入现场,有些岗位甚至还需要自己亲自操作,工作时间长、压力大、任务重、体力消耗大,没有较强健的身体,就难以适应现场安全生产工作的需要。"身体是革命的本钱",一个班组长,即使有再好的方案、思路、办法、措施和经验技术,如果没有强健的身体,就无法保证很好地完成使命。

因此,班组长在日常的生活中要进行适当的运动,饮食有规律,保持良好的睡眠和作息习惯,保持充沛的精力以应对繁重的工作带来的压力。

2. 班组长管事理人的八大能力

图2-6中,基层班组长能力素质之"屋"的根基之上,支撑整个房屋的墙、柱,是构成班组长工作能力的有力支柱,班组长日常工作的处理,均与这些能力密切相关。结合前面的分析,这里面包括"管事"和"理人"两方面的能力。

1)班组长的"管事"能力

首先来了解关于"管事"的能力,班组长要想处理好日常事务,需要自身逐渐增强以下四方面的能力,即专业技术能力、目标管理能力、问题解决能力和员工辅导能力。

(1)专业技术能力。

班组长的职位处于企业执行的底层,是从技术操作岗被直接提拔上来的,直接带领底层的操作人员完成生产任务,这就要求班组长在所管辖的班组范围内,对自己的业务(人员、机器、材料、方法、环境)娴熟,能够指导下属,并向上级提供合理的建议,帮助做出正确判断。同时,班组长若具备较强的专业技术能力,容易在班组成员中间建立威信,有利于政策的贯彻执行,是开展工作必须具备的能力。

(2)目标管理能力。

管理的前提是计划,计划的前提是目标。具体工作虽然一样,但目标明确与否,会产生不同的干劲和做法,导致不同的结果。

班组生产现场的管理几乎处处都会用到PDCA循环,"凡事预则立,不预则废",任何工作都应该从计划(P)开始,没有计划就不会有成功,计划是为实现目标而制定的,计划的完成是以一系列目标的实现为基础的。因此,在班组生产管理工作中,要执行计划(D),最重要的是搞好目标管理。

目标和目标管理是不同的。"目标"是一种期望或设计达到的结果,是名词性的;"目标管理"是通过设定不同方向和层级目标的方法,引导执行者追求目标的行为,能给予执行者成就感,激发执行者潜能,快速有效实现最终目标,是动词性的。另外,目标管理不是设定一个结果就可以了,还包括对结果的考核(C)和对考核结果的处置(A)。

在整个PDCA循环中,一切工作都是围绕"更好地实现目标"展开的。目标管理的过程,一方面可以实现员工的自我控制,另一方面可以有助于团队价值观的构建、引导,改进团队的合作。

因此,对于生产一线的班组长来讲,要主动学习有关目标管理的理论知识,将理论知识与现场实际相结合,有意识培养自己的目标管理能力,是实现班组业绩的有效手段和有力保证。

(3)问题解决能力。

班组长的重要职责之一还在于确保一线高效生产运营。一线生产一旦出现问题,如果不及时处理解决,将会引发后续环节一系列的问题和高额成本浪费,特别是对于生产型企业,其影响更大。

生产现场的问题大致可分为两大类,第一类是突发问题,这类问题要求班组长在平时建立问题防范体系,尽力消除诱因的出现,在问题出现后迅速反应、马上行动,考验的是班组长的风险防范与应变能力。第二类是多发、频发问题,这类问题往往因其"小"不容易引起足够的重视,尤其是现在的生产班组,往往还处在师傅带徒弟的经验管理阶段,面对许多现场问题,人们更多的是习惯了它们的存在,很少会想到如何去改善。随着时间的推移、环境和技术手段的变化,现场改善永无止境,这类问题需要班组长转换思维方式,调动班组成员的主动性和积极性,从管理制度入手,按照PDCA循环管理的步骤,群策群力,找出现场存在的问题,进一步分析问题、解决问题,在工作中持续改善,将现有问题变成未来有效的经验。这些,是优秀班组长必须具有的能力。

[案例2-6]

五米防护网

11月份的北方,某天清晨的气温骤降至1℃。员工小唐穿戴好劳保用品,准备上罐量油,"小唐,天气寒冷,扶梯和踏板都容易结霜,注意脚下别打滑啊!"工友们关心地嘱咐着他。

说者无心,听者有意。善于从细微处入手、发现现场问题并加以改善的站长耿旭马上在"隐患排查表"记下:沉降罐防护栏间隙进行加密,排除现场生产"物的不安全因素",让上罐量油人员高空作业心里踏实。

处理完手头的工作,耿旭找来员工,揣上卷尺,量好尺寸,领来龟甲网,一番裁剪安装工作后,一张长5米、高1米的防护网结结实实地"贴"在了护栏上,让人看着就觉得心里踏实(图2-7)。

图2-7 贴上防护网后的防护栏

案例中的耿旭消除掉了现场安全管理中的一项隐患,解决了一项现场管理中的问题。现场生产的安全管理要从消除人的不安全行为、现场物的不安全状态入手,但是这些都要依赖于现场作业人员有很强的安全意识,否则很难发现物的不安全状态,也很难禁止人的不安全行为。安全隐患之所以"隐",正是因为难于发现、易被忽视,人们常说,"发现不了问题是最大的问题"。像案例中的耿旭一样,若想改善现场管理,解决现场问题,首先就要打破想当然的心理,善于捕捉"蛛丝马迹",发现现场管理中存在的问题。

(4)员工辅导能力。

如前面所述,普通员工一旦被提拔到班组长岗位,就意味着,今后工作的业绩不再单纯依靠个人专业技术能力的强弱和个人吃苦耐劳的程度,更多地要依赖全组的共同努力。因此,创建优良班组,提升员工的个人工作技能和团队的整体协作能力就成了重中之重。班组长就像是班组这个"家"的家长,需要关心成员在心理和业绩两方面的成长,这一切,都要用到员工辅导这一技能。

"心态决定意识,意识决定行为",首先来了解一下关于班组成员的心理辅导能力。

班组成员心理或情绪方面的问题,一般来自以下几点:第一,业绩指标,使班组成员的压力增大;第二,成员的情商高低表现不一,情商低的员工,稍有不顺心的事,就会产生黑色情绪,在班组内蔓延;第三,长期从事单一枯燥的工作,使成员产生不安全感、倦怠感、无力感等心理不良感受。这些情绪和心理问题将导致企业的缺勤率增加、离职率增加、事故率增加,工作中的人际关系冲突增加,工作积极性下降,工作效率下降,最后业务指标整体下降。

[案例2-7]

"理解"+"展望",打开员工心结

某采油管理站,是所属作业区产量最高、油井最多、管理难度最大的基层站。该站新制定的《员工业绩薪酬考核办法》,按照岗位系数对员工进行内部考核,很多员工因为触及了自己的切身利益,反应异常强烈。

有一天,女管井工小白一把推开站长办公室的门,冲着站长曹玲一把鼻涕一把泪:"我是劳务工,本身工资就低,井上的活有的我根本就干不了,只有被扣工资的份,这管井工谁爱干谁干,我是不干了!"曹玲看到她情绪激动,给她端来一杯水放到面前,等她哭诉完了,语重心长地说:"其实,业绩考核呢,既是一种制度,也是一种激励的措施,如果不考核,有的人就会偷懒耍滑,不求上进,有的人付出很多,却得不到应有的回报。有了这样的考核制度,只要咱们肯付出,把自己的岗位技能提升上去,工资就一定都能拿回来!"听了站长的话,小白也认识到自己的不足,以前总想着,现场有些活干不了,自然会有别人干,反正又不影响工资,现在想一想,其实那些所谓干不了的活,勤学苦练,把技能提高上去,也没什么可怕的。想到这里,小白长长地舒了一口气,向曹玲保证说自己会"好好干"!

在这个案例中,站长面对管井工小白的哭诉,对小白的心理辅导工作做得非常到位,一方面向她表明站里人员的工作现状、制度制定的原因,请她理解;另一方面对她提出希望,"只要肯付出,提升技能,工资一定能拿回来",消除了小白对制度的抵触情绪,同时增加了自己肯干苦干、提高技能的决心。

除了心理辅导外,班组长还要对成员进行工作的辅导,为了顺利地展开日常业务而传授必要的知识及方法,以及经过深思熟虑后对员工指出其意识和行动上的不足之处,改善员工业绩的同时,提高班组的整体业绩。

因此班组长要具备一定的辅导能力,一方面辅导员工的心理,另一方面指导督促员工的工作,通过提升员工的职业素养和职业技能,控制员工与团队平衡,锻造员工与组织的和谐发展关系。

2)班组长的"理人"能力

上面所述,是关于班组长"把事情管好"应该具备的几项技能。班组长知道了如何组织人员、安排生产任务、按照计划逐步地实现逐级的分目标,可是任务还是要依靠班组成员通力合作来完成的,班组成员心里在想什么、谁适合什么样的任务、谁需要怎样的激励才能更好地完成任务、如何清晰完整地布置任务、如何向班组成员沟通反馈他们的绩效表现等一系列问题,仍旧困扰着班组长。这些问题如果处理不好,就会出现班组成员积极性缺失、班组长拢不住人心、顾此失彼等现象。

因此,新时期的班组长,除了"管好事",更要"理好人"。员工激励能力、人际关系处理能力、沟通表达能力以及班组团队建设能力,正是"理好人"的几项关键能力。

(1)员工激励能力。

激励是指用各种有效的方法激发员工的工作动机,调动员工的积极性和创造性,使员工努力去完成组织的任务、实现组织的目标。有效的激励会点燃员工的激情,促使他们的工作动机更加强烈,让他们产生超越自我和他人的欲望,并将潜在的巨大内驱力释放出来,为企业的远景目标奉献自己的热情。

有效的激励可以变"要我去做"为"我要去做",更能使员工体会到自己的重要性和工作的成就感,不仅不会削弱班组长的管理权力,反而能使班组成员更加愿意服从班组长的管理,从而会更加容易地安排工作。

因此优秀的班组长要学习管理学中的激励理论,将理论与实际工作相结合,平时留意、了解班组成员不同的需求,善于采用不同的方式激励员工。

(2)人际关系处理能力。

所谓人际关系,就是人与人之间心理上的关系或心理上的距离,它反映了个人与群体满足需要的心理状态。人际关系是在人与人之间发生社会性交往和协同活动的条件下产生的,会对个体的心理和行为产生深远的影响。

建立良好的人际关系的前提是人际吸引。人际吸引,即人与人之间产生的彼此注意、欣赏、倾慕等心理上的好感,是建立人际关系的重要基础,是人际关系开始建立时的一种必要条件。例如,人们可能因为彼此之间存在共同的态度、信念、价值观、兴趣、爱好,在彼此的心理上产生共鸣,由此拉近双方的心理距离;也可能由于双方的需要以及期望成为互补关系,会产生强烈的吸引力;或者双方在交往时相互间的赞同与接纳，进而产生心理上的接近与相互肯定，减少了人际交往中的摩擦与心理冲突。

斯坦福研究中心曾经发表一份调查报告：一个人赚的钱，12.5%来自知识，87.5%来自关系。

在好莱坞，流行一句话："一个人能否成功，不在于你知道什么，而是在于你认识谁。"

另外，班组长还要善于"察人心"，知道班组成员的兴趣、爱好、价值观、家庭状况等，处理人际关系问题时，从对方的角度出发，由情入理，更容易得人心。

(3) 沟通表达能力。

在班组长的日常工作中，沟通无处不在。例如，班组长月末、季末、年末的书面工作汇报；从上级主管那里接受生产任务，就生产的现状与问题等和主管领导交流探讨；班组长需要向班组成员分配工作任务，召开班前班后会和安全生产交流会等各种会议，成员的绩效沟通与反馈，成员情绪的疏导，等等。

班组长工作中的沟通具有多向性、全方位性和较强的目标性。有时需要班组长清晰、有条理、完整地表达自己的观点；有时需要班组长耐心地听、引导性地发问；有时需要班组长满怀情感地表达理解和关怀；有时又需要班组长冷静、理智、客观地对成员的工作绩效做出反馈……

一方面，有效的沟通与交流能为班组营造良好的外部和内部环境；另一方面，人们常说，"会干，还要会说"，在自己实干的基础上，能够通过不同情境下的沟通交流，可以让他人清楚地看到自己的业绩，会获得更多的成长机会和空间。因此，班组长在日常工作中应注意培养语言沟通表达能力和文字交流能力，根据不同的沟通对象、沟通内容、沟通目的，选择合适的沟通语言，做好沟通计划，尽量减少因沟通不畅带来的信息理解上的偏差和遗漏，营造良好的工作关系，提高工作效率。

(4) 班组团队建设能力。

1924年，美国芝加哥西部电器公司所属的霍桑工厂是一个制造电话交换机的工厂，具有较完善的娱乐设施、医疗制度和养老金制度，但工人们仍愤愤不平，生产成绩很不理想。为找出原因，美国国家研究委员会组织研究小组开展实验研究。通过研究，他们得出了几个重要的结论：

第一，工人是社会人，除了物质需要外，还有社会心理方面的需求，因此不能忽视社会和心理因素对工人工作积极性的影响，否定了当时科学管理学派认为金钱是刺激工人积极性的唯一动力的说法。

第二，企业中存在非正式的组织。企业成员在共同工作的过程中，相互之间必然产生共同的感情、态度和倾向,形成共同的行为准则和惯例,非正式组织独特的感情、规范和倾向,左右着成员的行为。非正式组织不仅存在而且与正式组织相互依存,对生产效率有重大影响。

第三,生产效率主要取决于工人的工作态度以及他和周围人的关系。提高生产效率的主要途径是提高工人的满足度,即工人对社会因素、人际关系的满足程度。如果满足度高,工作的积极性、主动性和协作精神就高,生产效率就高。

就像一首歌唱到的,"我把青春献石油",油气田企业的员工,一生中精力最充沛、奉献度最高的几十年,是在工作岗位上度过的,班组既是员工付出劳动、获取物质收入的场所,也是员工最重要的社交场所,是员工融入群体的主要路径。人具有社会性,除了在班组工作中获得物质回报之外,还希望能够得到认可、关怀、尊重、心灵的轻松愉悦。

这就需要班组长一方面为员工搭建成长的平台,坚持以人为本,关心员工、理解员工、尊重员工、激励员工;另一方面加强班组文化建设,把班组的精神、理念、价值观等这些文化层面的东西和班组生产的安全、质量等有机结合起来,形成独特的班组文化。因此,班组长的职业使命之一,就是打造一个高效的班组团队,达成组织目标的同时,让员工"乐业"。

3. 关系班组长未来发展的三项能力

前面讲述了班组长做好本职工作所必须具备的基本素质和管好事、理好人的八大能力。作为一名班组长,如果以发展的眼光,从职业生涯开发与规划的角度,想让自己的职业有一个很好的发展与提升的话,还需要锻炼提高以下几个方面的能力。

1)自我管理能力

所谓自我管理,就是指个体对自己本身,对自己的目标、思想、心理和行为等表现进行的管理,自己把自己组织起来,自己管理自己、自己约束自己、自己激励自己,最终实现自我奋斗目标的一个过程。

管理大师彼得·德鲁克在《21世纪的管理挑战》一书中谈到"自我管理"时,提到知识工作者实行自我管理必须回答的五大问题:我是谁(我的优势是什么? 我如何做事? 我的价值观是什么?),我属于哪里,我能做出什么贡献,我如何对维系自己的人际关系负责,我的下半生做什么。

尽管在《21世纪的管理挑战》一书中,彼得·德鲁克的这五大问题是对知识工作者提出的,但是就像每一个组织需要很好地规划、发展,组织中的干部梯队需要培养建设一样,组织中的成员也需要成长。这一切,都需要能够把员工个人成长的目标和企业的目标很好地结合起来,使员工在企业中找到与自己最契合的点,使工作变成自己快乐生活方式的重要部分，实现自身成长的同时，把对企业的贡献做到最大化。

班组长如果能清晰地回答这五大问题，就能够更深地认识自己和自己所处的组织环境，将自身的优势与企业的需求对应起来，营造良好的人际氛围，达成企业和个人的目标，规划好自己的人生，最终实现个人的成长。

班组位于企业的基层，是企业人才培养的大基地。"麻雀虽小，五脏俱全"，班组工作复杂而又系统，班组长一职既锻炼人的管理技能又颇具有挑战性。作为班组长，把自身的日常工作安排好之外，有意识地培养自己，让自己以发展的眼光和系统的思维方式，很好地对自己的人生进行规划和自我管理，会让自己收获更多，也会为企业贡献更多。自我管理技能，是一个人规划自己的人生，将组织需要和自身的特长相结合，更好地实现人生价值，更多地获得成就和快乐的规划能力。良好的自我管理技能，有助于班组长理清思路，更快地找到适合自己的发展方向。

2）时间管理能力

时间管理是指通过事先规划和运用一定的技巧、方法与工具实现对时间的灵活、有效运用，从而实现个人或组织的既定目标。

人生时间有限，而要做的事又太多。如何实现人生规划便成了具体又现实的问题，需要班组长对自己的时间实行有效管理。

有人把时间比作一个人从出生开始，就已经存在银行里总额既定的钱，整存零取，每人每天都有固定的一笔即期消费，过期失效。于是有人拿去挥霍豪赌；有人拿去做了公益慈善；也有人看着花花世界，本来想买自己中意的商品，却不想抱了一堆被商家忽悠推销的产品；当然，也有人撇开一切的诱惑和纠缠，所得如己所愿，数着自己的宝贝，哼着小曲进入梦乡，期待着第二天更好的收获……

班组长属于上述的哪一类人？如前面所述，班组长的事务杂而多，如果让班组长对自己的工作和生活状态进行描述，大多数的人会用"忙、盲、茫、累"四个字作为总结，四个字写尽了班组长的疲累与无奈，奔忙了一天倒头就睡，第二天睁开眼，一切照旧。

如何才能生活得更好，如己所愿？

身为班组长，面对上级安排的工作，不能只懂勤勤恳恳、循规蹈矩、机械死板地完成——可不可以寻找最佳方法，在有限的条件中最大限度地发挥才智的作用，将工作做到最完美？

身为班组长，面对难题，不能只是年复一年、按照师傅带徒弟的模式、机械地重复着手边的工作——可不可以借着问题，将工作上升到更高效的层面，问题解决后，自己也可"一劳永逸"？

身为班组长，面对杂乱的案头和无章的现场，不能视而不见、得过且过——可不可以让案头和现场有序,需要的东西,随手可得?

……

缺少系统性,便会看不到事物之间的相互联系,也就找不出问题的关键点;找不出问题的关键点,工作就缺少秩序和条理,必然会浪费时间。班组长是否会有"忙了一天却不知道忙什么了"的感觉?是否会有忙了一天的小事、杂事、急事,却有一件大事没办的经历?工作有序性,就体现在对时间的支配上,要有明确的目的性。因此,班组长要勤奋,固然没错,但"凡事预则立,不预则废",某种意义上计划比勤奋更重要。好计划的关键在于"有序",有序原则是时间管理的重要原则。例如,时间管理中提到的"80/20法则",就是一个对工作排序、对时间有效管理的工具。

因此,班组长除了勤奋工作外,要学习一些时间管理的技巧和方法,把自己要处理的工作做到计划有序,一方面可以把时间有效地利用起来,就能够抽出时间来娱乐、休闲、陪伴家人,享受工作的同时,享受生活,让工作真正变成生活的一部分;另一方面,可以把自己的才能和潜力全部发挥出来,在短时间内创造出更多的价值,业绩突出,就有可能赢得更多的成长机会。

3)学习力

班组长若想更好的发展,除需要自我管理能力、时间管理能力以外,还有一项重要的能力素质——学习力。

所谓学习力,就是学习动力、学习毅力和学习能力三要素的总和。学习力是个人、企业、组织学习的动力、毅力和能力的综合体现,是把知识资源转化为知识资本的能力。

学习动力是指自觉的内在驱动力,主要包括学习需要、学习情感和学习兴趣。

学习毅力,即学习意志,是指自觉地确定学习目标并支配其行为克服困难、实现预定学习目标的状态。它是学习行为的保持因素,在学习力中是一个不可或缺的要素。

学习能力是指由学习动力、学习毅力直接驱动而产生的接受新知识、新信息并用所接受的知识和信息分析问题、认识问题、解决问题的智力,主要包括感知力、记忆力、思维力、想象力等。相对于学习而言,它是基础性智力,是产生学习力的基础因素。

班组长在现任岗位上,工作与人际关系是否游刃有余?如何解决生产现场的诸多问题?是像鸵鸟把头埋进沙子里假装视而不见?还是像前面的自我管理和时间管理中提到的,分析各问题间的相互联系,查找根源,按照优先顺序做好计划,逐步解决?如果要解决,比班组长的时间管理问题更现实更具体的便是如何解决。这就需要班组长查找问题,通过各种途径寻找解决方法,并且要不厌其烦,一遍遍尝试、记录、改进……这些，首先需要班组长在学习动力和学习毅力的驱动下，主动地寻找、接受新知识、新信息，并把知识运用到实践中去。

　　按照自我管理规划逐步发展，班组长很有希望由于其突出的业绩，被提拔到更高一层的岗位上，那么，面对不同的环境、更高一级的问题和挑战，如何更快更好地适应新的岗位，一样需要班组长有很好的学习力，主动自发地学习，发现问题、分析问题、解决问题，实现自我超越。

第三章 班组团队建设

面对新经济形势下的竞争压力,传统的组织管理远远不能满足人尽其才、才尽其用的需要,而有着共同目标、成员间心理上彼此依存、行动上保持一致的团队恰巧弥补了组织的不足。

第一节 班组的组织建设

中国石油的班组作为企业各项生产经营活动的一线组织,具有野外作业、高危、高压、工作场所远离城市、实行倒班制度等行业特点,所以加强班组的组织建设,吸收先进理念,创新管理办法,打牢班组根基,实现班组管理的科学化、制度化、规范化,是实现企业管理现代化的一项重要工作,是国有资产监督管理委员会对中央企业的要求,也是中国石油近年来大力推进的一项重要工作。

一、班组组织建设的基本内涵

1. 组织

组织是为了实现某些特定的目标,在社会分工合作的基础上构成的人的集合,这样的集合并不是简单的毫无关联的个人加总,而是人们为了实现一定的目的,有意识协同劳动而产生的群体。

组织的构成要素是人,组织的基本要素是共同目标,组织的前提要素是结构,组织的载体要素是管理。

2. 班组组织建设

班组组织建设,主要是指通过队伍建设、制度建设、党工团建设等方式,使班组成为规范、高效的作业单元,使企业的管理根基得以持续夯实,最终带来企业安全、质量、成本、效率改善或提升的一项实践活动过程。油气田企业一般班组的组织架构如表3-1所示。

表 3－1　一般班组的组织架构

职位	工作职能
班(站)长	处于承上启下的重要位置,带领班组成员共同完成各项生产经营任务
副班(站)长	协助班(站)长抓好各项工作,在班(站)长不在的情况下,行使班(站)长职权
岗位操作员	服从班(站)长安排,做好业务范围内的各项工作

二、班组组织建设的内容

班组组织建设的内容是完善以班组长为核心的生产指挥、组织协调、岗位协作等职能,通过班组制度建设、党工团建设、队伍建设及自主管理,来保证班组的有效运转。

1. 班组长的选配

在现代企业中,班组长的作用极为重要,透过一个企业的班组状况,可以了解一个企业的整体管理水平,而一个企业的管理水平,也可以在一个班组中得到验证。因此,抓好班组长队伍的建设,是搞好班组建设、提升企业管理水平的关键。

1)班组长素质能力要求

具备思想素质好、业务技能精、组织协调能力强等特点。

2)班组长选拔方式

采取排序优选、竞聘、公推直选等方式。

2. 班组制度建设

建立班组制度主要是用以规范人的行为、提高人的素质,制度内容要权责分明、目标清晰、措施具体、奖惩得当,做到规范化管理和人性化管理的有机结合。制度建设的目的是要最终形成一套有效的、实用的、保证执行的制度作为班组管理的基础。

1)班组制度建设的特点

班组制度建设具有权威性、约束性、针对性、实用性、可操作性等特点。

2)班组制度建设的涵盖内容

班组制度建设涵盖班组工作的方方面面,主要包括岗位责任、安全生产、绩效考核、民主评议、学习培训、班务管理等方面内容。

3. 班组内的党工团建设

党工团工作是以党建为核心,以工团为平台和载体,形成的以关心帮助员工成长、成才,构建团队和谐氛围为基础的组织体系。党工团工作与企业经营管理密不可分,而班组是党工团工作的重要阵地。

1) 党建工作

党的基层组织是党的全部战斗力的基础,企业的各项方针政策,要靠基层党组织和基层班组去落实,广大员工群众的积极性,要靠基层党组织和基层班组去调动和发挥,这样才能实现既定的战略目标,维护企业的和谐稳定。

班组党建工作基本方法:将党的政治优势贯穿于班组建设之中,把党建工作融入班组日常管理,通过开展"党员示范岗"及在急、难、险、重任务中组织"党员先锋队"等方式,充分调动和发挥班组党员的模范带头作用,从而实现班组员工的意志和行为的统一、目标和价值观的统一。

班组党建工作的具体内容如下:

(1) 参与或召开支部党员大会、党小组会。

(2) 协助党支部、党小组开展党内各项活动。

(3) 加强党员的教育和管理。

2) 群团建设

企业群团组织是各自所联系群众利益的代表者和维护者,是党联系群众的桥梁和纽带。加强和改进新形势下的群团工作,充分发挥工会、共青团等群团组织独特的政治优势、组织优势、群众优势,有利于统筹协调各方面的利益关系,扩大党的群众基础,巩固党的执政地位,提高党控制全局和领导科学发展的能力和水平。

班组群团建设的基本内容如下:

(1) 开展合理化建议、"五小成果"等活动,提升班组技术创新能力。

(2) 通过不断建立健全职工书屋,配发文体用品、健身器材,以及开展群众性文化体育活动,活跃和丰富员工精神文化生活。

(3) 结合生产实际,组织开展"青年志愿者"、"青年突击队"、QC(质量控制)活动小组等青字品牌活动,引导班组成员培养积极向上的人生观、价值观。

(4) 通过开展岗位练兵、技术攻关活动,以及组织班组成员参加各类技能比赛等方式,全面提升班组员工的综合素质。

(5) 组织班组成员依法参与企业民主决策、民主管理、民主监督等工作,履行员工的合法权益。

4. 班组队伍建设

班组队伍建设的目的在于营造团结向上的班组氛围,打造有战斗力、有凝聚力的工作集体,它包含思想教育、技能培训、绩效管理三个方面的内容。

1) 思想教育

思想教育是政治工作的重要组成部分,它是依据人们思想和行为变化的规律,用先进的理论教育人、说服人,使之转变思想和行为,提高思想素质的实践活动。思想教育的基本任务在于引导和调动班组成员的主观能动性和工作积极性,使班组成员团结协作,均衡有效地进行生产管理。

思想教育的主要内容如下:

(1)爱国主义、集体主义、社会主义和大庆精神、铁人精神的再学习、再教育。

(2)职业道德教育和保密守纪教育。

(3)世界观、人生观、价值观教育。

(4)社会主义民主和法制教育。

(5)"形势、目标、任务、责任"主题教育。

(6)安全教育。

(7)廉洁从业教育。

(8)科学文化和业务知识教育。

2)技能培训

员工技能培训是班组建设的一项重点工作。员工技能培训,是指创造一个环境,使员工在这一环境中能够获得与学习和工作密切相关的知识、技能和态度。员工技能培训的目的就是建立结构合理、素质较高的员工队伍,充分发挥各类人才的积极性、主动性和创造性,从而增强企业整体的竞争力。

(1)指导思想。

全面培训、全员参与,重点培养、务求实效。

(2)基本方法。

岗前培训:包含新员工入厂培训、轮岗培训及岗位变更培训。

岗位培训:包含日常岗位练兵、"师带徒"培训、送外培训、远程培训等方式。

(3)关键环节。

① 注重营造"人人是学习之人"的环境,使班组成员在浓厚的学习氛围及工作环境中,向自我学习,向同事学习,向工作学习,不断挖掘潜能,实现自我超越。

② 要针对班组成员的短板,进行分类别的培训,通过选择正确的培训内容,因需施训,激发参与热情,增强培训效果。

3)绩效管理

绩效管理是一种针对员工的科学的评议考核指标体系,它强调组织目标和个人目标的一致性,强调组织和个人同步成长;绩效管理体现着"以人为本"的思想,包含绩效计划、绩效辅导、绩效考核与绩效反馈四个环节。

(1)绩效考核的作用。

① 帮助班组长提高管理水平,减轻管理压力。

② 使每名员工明确自己的工作重点、工作目标与方向。

③营造公平氛围,帮助员工改善个人业绩,促使员工提升个人能力,激发员工积极性,提升执行力。

(2)考核方式。

①按考评时间分类,可分为日常考评与定期考评。

②按考评主体分类,可分为直线考评、自我考评、同事考评。

5. 班组自主管理

班组自主管理,是以班组成员良好的思想、业务、技术素质和高度的主人翁意识为基础,以全面完成生产任务、全面提高经济效益和全面提高企业素质为基本目标,以自觉地、积极地、创造性地、优质高效地完成本职工作任务为主要内容,全员自我约束、自我控制、自我管理、自我完善的一种管理方法。

班组自主管理的意义如下:

(1)班组成员成为管理的主体,不靠检查,不靠监督,自觉按照标准干,跟着程序走。

(2)班组成员能够尽职尽责,管好自己应该管的事,运用现代化的科学技术手段,各尽所能,对自己岗位的生产要素进行优化控制。

(3)班组成员有效发挥潜能,不断创新管理理念、手段和方法,达到"满足人的愿望,挖掘人的潜能,促进人的发展,实现人的价值"的目标。

(4)促使班组各项工作步入有机协调、有章可循、结构合理、运转高效的良性循环阶段。

[案例3-1]

"4311"班组管理模式

为进一步理顺班组管理流程,某油田某作业区在班组组织建设过程中结合班组管理实际情况,瞄准班组的目标,把工作做精、做细、做深、做透,通过对自主管理的探索,总结出"4311"班组管理模式。"4",即开好四个会,每天一次班前会、每周一次班务会、每月一次民主生活会、每轮班一次交接会。"3",即设立三大员(资料管理员、设备管理员、HSE监督员),均由本班组员工轮流担任。"1",即写好一本日志。"1",即设置一块提示板。

"4311"班组管理模式建立了管理制度,规范了观念行为,形成了一套高效的管理模式。它结合了刚性管理和精细化管理,激发员工自动、自发参与班组管理。该模式既有"311"这样的"硬管理",明确"你应该做什么,必须要做什么";又有"4"这样的"软管理",凡事大家商量着来,都有发言权、建议权,有效践行民主集中制。"4311"班组管理模式能够让员工明确自身工作职责、内容,积极主动地、有目的性和创造性地工作,这样班组自然会凝聚成为一个有机整体。

三、班组组织的重点工作

一个班组只有形成一个密不可分的团队,使内部的人际、工作之间维持着良好关系,遇到困难才能团结在一起,共同克服挑战。班组组织建设要重点做好班组员工的合理配置、员工执行力建设等几项工作。

1. 班组人员配置

(1)合理配置班组成员的几点要求。

① 综合考虑每位成员的年龄、性格、特长、经历,进行合理搭配、合理分工,确保每个成员都能发挥各自的专长和积极性。

② 每个成员要确保工作量,适当扩大工作范围,有充分的工作负荷。

③ 每个成员都有明确的责任。

(2)班组人员配置的基本步骤。

① 通过直接任命、公推直选、双选和竞聘等多种手段将人品正、技术精、能力强的员工选拔到班组长岗位,使其既担任一线生产组织的核心角色,也担任上下沟通的桥梁角色。

② 班组长合理分配班组内部工作,充分根据班组成员的专业、特点、爱好、年龄、健康状况、家庭情况等做好合理的工作安排,使其能够最大限度地发挥自己的才干。

[案例3-2]

"双选"机制

为营造良好的班组氛围,实现人力资源的优化组合,某油田某作业区从班组建设的源头抓起,推行"站长选择站员、站员选择站长"的"双选"机制,即在确定了站长的基础上,按照自愿选择、尊重意愿、适当调配的原则,站长选择与自己目标一致、合作默契的站员,站员则结合自身优势、特点,积极向站长推荐自己,最终根据双方意愿,成为共事的搭档,实现人力资源的最佳组合。

"双选"机制明确了"落选人员即进入考核期或待岗期,通过定期测评、考试,合格后安排上岗"的要求,落选人员处于考核期或待岗期也将直接影响奖金收入。这种良性竞争机制打破了滋生"懒瘤"和"病毒"的"温床",逐步使员工意识到只有立足岗位、干好工作才能适应企业发展的需求,才能在竞争中不被淘汰,从思想深处扭转了员工"满足现状"、"吃老本"的状态,树立起"不进步就淘汰"的危机思想。

"双选"机制是一种建立在以人为本的基础上,择优选配的良性竞争机制,它牢牢把握住了班组长这个"支点",通过激发班组长的能动性,发挥班组长的感召力,撬动并带动了整个团队的活力。"双选"过后,"喊不动"、"有事找班长"、"撂挑子"的现象得到扼制,员工的士气被激发,班组长的干劲被调动,班组自然呈现一片和谐之气、团结之气、进取之气。

2. 员工执行力建设

执行力就是达成目标的能力,作为生产最前沿的班组,执行是其最根本的使命。班组员工的执行力建设,目的是要促进执行工作到位、落实生产指令到位、精细管理到位。

(1)提升班组员工执行力的方法。

① 加强目标管理,确定明确的执行目标,并将总目标分解成目标链。

② 注重工作计划分析,确定执行步骤、标准、方法和技巧。

③ 协调组织资源,做好工作分配,利用一切可以利用的生产资料和环境因素。

④ 做好执行的进度跟进和管理、过程控制工作,及时反馈执行效果。

⑤ 善于对执行的结果及时总结和评估。

(2)加强员工执行力建设要注意以下几个问题。

① 注意奖惩分明。

② 开展"自我批评、自我反省"工作。

③ 要做到"有制度可依,有制度必依,执行制度必严,违反制度必究",使员工行为成为习惯。

④ 要用优良的文化加以引导。

第二节 构建高效团队

比尔·盖茨说过:"大成功靠团队,小成功靠个人。"我国也有"一个篱笆三个桩,一个好汉三个帮"的俗语,只有每一颗珍珠串成串,才能形成闪光的项链。油气田企业班组长作为一线生产的直接组织者、指挥者和执行者,肩负着保证生产经营任务完成的重任。我国有句俗语:"人心齐,泰山移。"所以班组长要提高班组总体绩效、实现企业生产经营目标,就要构建高效的班组团队,从而凝聚人心,聚拢人力,提高企业的核心竞争力。要构建高效团队,首先得认识什么是团队。

一、正确认识团队

1. 什么是真正的团队

团队,英文为Team,是由两个或两个以上的人组成的共同体,合理利用每一个成员的知识和技能协同工作、解决问题,达到共同的目标。它的特点是,团队内成员间在心理上有一定联系,彼此之间产生相互影响。

团队的整体绩效要大于团队各个成员个人绩效之和,这是团队的基本特征,也是团队存在的原因与结果。一个企业要具有较强的竞争优势,在激烈的市场竞争中生存、发展、壮大,一定要创建一个和谐、完善的团队,成员间要达成共识、团结、默契,才可以形成一股无坚不摧的力量。

2. 团队和群体的区别

团队与群体是不同的,群体可以因为事项而聚集到一起,而团队则不仅有着共同的目标,而且渗透着一种团队精神,所以建设一个团队并不是一件容易的事。团队和群体的最大区别在于,团队成员有共同愿景,个人服从于团队,团队成员间彼此信任、承担义务。

3. 团队不同于传统的组织

传统组织主要通过交流信息、经验和看法,达成成员之间的相互影响,只要求每个人尽职尽责,而不要求共同承担责任,不仅不互相补台,甚至常常出现互相拆台的现象,而团队成员之间不仅能力上互补,心理上也互相依存,形成了荣辱与共、共同进退的理念。过去传统组织认为一招鲜、吃遍天,教会徒弟、饿死师傅,而现在团队讲究的是赠人玫瑰,手留余香。传统组织只是规定完成任务,没有符合理想、认同感较强的业绩目标,做法显得冷硬,而团队则注重和谐氛围的营造。二者的具体区别见表3-2。

表3-2 传统组织与团队的区别

内容	传统组织	团队
决策方面	以领导决策为主,专断情况多	集体决策及成员参与决策
组织方面	强调严格分工、等级制度与硬性规章	职责划分灵活,成员彼此平等,行为准则有弹性
领导方面	强调命令与服从,少有民主	强调民主与自我管理
控制方面	重视监督、惩罚与强制	强调共同目标下的自我督导
文化方面	重视各安其位、严格执行、绝对服从	重视互相帮助、互相协作、活力热忱

二、认真体味团队

1. 团队的作用

在非洲的大草原上,如果见到成群的羚羊在拼命奔跑,那一定是狮群来了;如果见到成群的羚羊、狮子都在四处逃窜躲避,那就是象群发怒了;如果见到成千上万的羚羊、狮子和大象集体逃命,那一定是蚂蚁军团来了。蚂蚁是何等的渺小微弱，任何人都可以随意处置它，但它们一旦与伙伴精诚协作，就能变成巨人；势如卷席，勇不可当，团结奋进，无坚不摧，这就是由一个个弱小生命构成的团队力量！这正是团队的价值所在！

1）团队成员的通力合作可以提高组织效率

团队成员间相互关心、相互帮助，不用把时间花在怎样界定责任上，能进一步节省内耗。团队成员人人具有主人翁的责任感，并努力自觉地维护团队的集体荣誉。通过其成员的共同努力能够产生积极的协同作用，团队成员努力的结果使团队的绩效水平远大于个体成员绩效的总和。

2）团队的协同合作有利于资源共享

一个有凝聚力的团队，员工有较强的认同感、共同的价值观、高涨的士气并团结友爱，团队成员自愿地将自己的聪明才智贡献给团队。它跨越了时间和空间的障碍，让每一位团队成员都可以随时随地的接触和管理自己与整个团队的资源，从而在团队成员之间构筑起资源共享的渠道，使整个团队的办公空间被无限扩大，使团队团结得更紧密。通过图书馆、休假会、产品质量信息公布会、学习交流会、不同部门和不同场合的多种交流会等资源共享举措，成功地将员工们的自身技能、智慧和头脑风暴纳入企业资源，使每一位团队成员都享受到了充分的资源支持，使他们可以没有后顾之忧地彼此切磋、彼此学习，从而获得不断提高的机会，以及获得和提供友善帮助的机会。一位理智的团队成员会做到资源共享，这样可以让自己更清楚团队的实际情况，有利于认清团队工作的目标，从而促进自己工作的积极性，并开创出一片新气象。

3）提高决策能力

管理就是决策。决策实质上是为完成组织使命和目标，通过科学预测、正确分析，果断、大胆、明智地采取有效举措的过程。团队成员团结一心，工作快捷有效，领导就有较多的时间做战略决策，从而提高领导决策效率和能力。

在团队里，班组成员的合作提升了成员的士气，创造出良好的工作氛围，增强了心理上的安全感，同时得到了交往的满足感；班组成员的人人参与，既调动了大家的积极性，又使个体获得满足的成就感。

2. 团队的要素

要清楚，并不是随便一群蚂蚁就能产生如此巨大的威力，只有具备一定的基本要素，构成真正的团队才会拥有势如破竹的威势。犹如炒菜要先备料，建设团队，必须先掌握团队的要素。那么一个团队又有哪些基本要素呢？

1）有共同目标

目即眼睛；标即标杆；目标即眼睛看得见的标杆。由此可见，目标是一个组织在一定的时间内奋力争取达到的、所希望的预期成果。它能使团队里的每个人的行为都朝着一定的方向而努力,从而最终实现目标。团队应该有一个既定的目标,为团队成员导航,知道要向何处去,没有目标团队就没有存在的价值。因为,团队共同目标是团队决策的前提,是团队合作的旗帜,是团队运作的核心动力。

2)成员间相互依赖、默契关心

没有完美的个人,只有完美的团队。每个人都有缺点,但是形成团队以后,成员之间可以相互协作、取长补短,只有这样才会达到完美的程度。

3)成员有团队意识、归属感、认同感

如果每个人都认定了一件事,那么内心深处他们就认同了这种意识,从而有了归属感,行为上也就有了一致性。团队意识使得人们有了向心力、凝聚力。

4)强烈的责任心

大家都知道:责任重于泰山!责任,是指分内应做的事情,即必须履行的职责和义务。责任心是指对事情能敢于负责、主动负责的态度,并能主动去履行个人应尽的职责和义务,超出他人期望。拥有既有能力又富有责任感和落实精神的人,才是所有企业和组织腾飞的基石。

5)良好的沟通

及时、有效的沟通,不仅可以交流信息、看法、经验,促进成员共同进步、指导团队成员采取一致的行动,更能促使团队成员迅速、准确地理解彼此的意图和想法,从而避免误解的产生。

班组长要在班组内部营造一种开放坦诚的沟通气氛,使员工之间能够充分沟通意见,每个员工不仅能自由地发表个人的意见,还能倾听和接受其他员工的意见,通过相互沟通,消除隔阂,增进了解。

6)出色的领导

在团队中,领导者的作用至关重要。人们常说:一头狮子领导的一群绵羊可以打败一只绵羊领导的一群狮子,正好印证了"火车跑得快,全靠车头带"这句话。出色的领导者能够为团队指明前进的方向,带领大家共同度过最艰难的时期,鼓舞团队成员的士气,激发他们更大的潜能,发挥更好的作用。

7)和谐的氛围

建立良好的企业文化氛围和人际关系,可以使员工感到来企业上班,就好像回家一样。好的氛围和人际关系是推动规范化管理的润滑剂。

三、构建高效团队的方法

管理大师罗伯特·凯利认为:企业的成功靠团队,而不是靠个人。堡垒最易从内部攻破,企业成员如果不能团结协作,不仅不能形成战斗的堡垒,往往会出现堡垒里的战斗。如何才能构建高效的班组团队是油气田企业应该重视的问题。身为团队的领导者、组织者的班组长怎样激发班组成员的热情,营造和谐的班组氛围,高效地完成生产任务,是值得深思的问题。

1. 认识班组团队建设的成熟度

在实际的工作中,要想有效地建立班组团队,首先应该了解团队的现况如何,即"团队成熟度",根据不同的成熟度,要运用不同的对策。团队建设可以分为以下几个阶段,如图3-1所示。

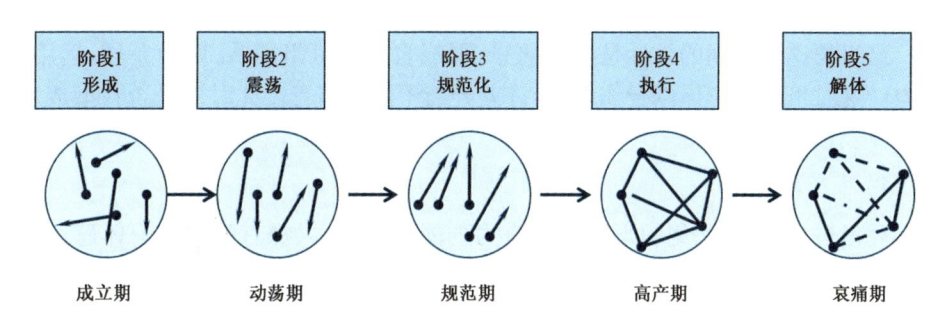

图3-1 团队建设的五个阶段

1) 成立期

班组团队建立初期,班组成员刚刚汇聚在一起,动机、需求与特性还保持着个体的风格,都尽量维护着自己的个性。此阶段缺乏共同的目标,彼此之间的了解与信赖度不足,或者对于规矩尚未形成共同看法,这时矛盾很多,内耗很多,一致性很少,虽然花很多力气,仍然产生不了明显效果。从混乱中理顺头绪是这一阶段的特征。

班组长们这一时期的目标是立即掌握团队,让成员快速进入状态,以确保工作顺利开展。此阶段班组长的管理风格就是要"控制",要快速建立必要的规范,不需要完美,但需要能尽快让团队进入轨道。目标由班组长设立但要合理,清晰直接地告知班组成员你的想法与目的,不能让成员自己想象或猜测,否则理解和执行起来容易走样。

2) 动荡期

这一阶段,班组成员逐渐了解班组长的想法与组织的目标,互相之间由熟悉而产生默契,对于组织的规矩也渐渐了解,违规的事项逐渐减少,但是主要的决策与问题,需要班组长的指示才能进行,班组长一般非常辛苦,如果其他事务繁忙,极有可能耽误决策的进度。开始产生共识与积极参与是这一阶段的特征。

班组长这一时期的目标是挑选、培养班组核心成员,建立更广泛的授权与更清晰的权责划分。此时期的班组长能授权下属直接进行决策,但要定期检查并维持必要的监督。在逐渐授权的过程中,要同时注意控制,不能一下子放太多,否则回收权力时会导致士气受挫,配合培训是此时期很重要的事情。

3) 规范期

建立开放的氛围,允许班组成员提出不同的意见与看法,甚至鼓励建设性的冲突,目标由班组长制定转变为班组成员的共同参与;班组成员之间互相信赖、坦诚相见,规范由外在限制变成内在承诺。此时期班组成员成为一体,愿意为团队奉献,创意源源不断。班组成员可以公开表达不同意见是这一阶段的特征。

班组长这一时期的目标是建立愿景,形成自主化班组团队,调和差异,运用创造力。这时班组长应该以身作则,容许差异与不同的声音。此时期是否转型成功,是企业长远发展的关键。

4) 高产期

凭借过去的努力,组织形成强而有力的团队,所有人都有强烈的一体感,班组爆发前所未有的潜能,创造出非凡的成果,并且能以合理的成本,高度满足企业的需求。品尝甜美果实是这一阶段的特征。

班组长这一时期的目标是保持成长的动力,避免老化。运用系统思考,综观全局,并保持危机意识,持续学习,持续成长。

5) 哀痛期

班组经过长期的协作,彼此非常默契,可以轻松高效地实现产能。长期的成功使得班组成员开始懈怠,甚至骄傲自满,渐渐地不愿接受对方的意见,行动力和配合效果也大不如从前。满足现状是这一阶段的特征。

班组长在这一时期应重新界定新的目标,重新调整团队结构,重新确定新的"游戏规则",消除坏的团队习惯。

2. 了解成员个性,尊重成员角色差异

认识了团队的发展阶段,只是创建班组团队的前提。要想构建高效的班组团队,班组长还需要熟知每个成员的个性并尊重其角色差异,经营人心、体察人性,使班组成员同心同德,坚决地执行上级命令并创造性地完成任务。

1) 了解班组成员的个性

班组长在开展生产现场管理时,必须对班组的成员有所了解。不仅要熟知他们的年龄结构、知识结构、专业结构、素质结构,更要掌握他们的性格结构。因为只有体察人性,才能经营人心。可是身为班组长的你了解你的下属吗?

其实从小时候开始,每个人就是不一样的。虽然每个人的行为变化万千,但行

为背后的性格却有规律可循。班组长只有快速了解对方的性格模式,达成一种默契度,才可以把合适的人放在适合的位置上,为开展班组工作做一个很好的铺垫。所以,在一个团队中首先要承认个体的差异性,组建团队就要从了解团队成员的个性开始。

[案例3-3]

气质各异的班组成员

某采油班下午上班时有四人迟到了,王班长很生气。张军一到现场就被王班长拦住查问原因,张军很急躁,辩解说:"班长的表走得太快了,而且路上堵车了。"最后他们大吵起来。随后到来的薛姐一看那边吵得那么热闹,趁人不注意,悄悄地从侧面溜到工作岗位默默地干起活来。迟到的老温也被班长一顿痛斥,老温想:"骂就骂吧,谁让我迟到了呢,等他骂完情绪稳定了,我再和他解释解释吧。"林妹妹比较好面子,被班长骂后就自怨自艾:"我怎么这么倒霉,就迟到了一会,被骂成这样,真是干啥啥不顺。"

心理学把人分为:胆汁质、多血质、黏液质、抑郁质四种气质类型。案例中张军是胆汁质的气质,好冲动,情感发生快、强烈而持久,动作迅速而强烈,对自己的言行不能控制,反应速度快,但不灵活。小林是抑郁质的气质,性情脆弱,情感发生缓慢而持久,动作迟钝、柔弱易倦。在行为方面表现为动作迟缓,胆小,不喜欢抛头露面,反应迟钝。薛姐是多血质的气质,情绪不稳定,情感的发生迅速而易变,思维语言迅速而敏捷、活泼好动,适应性强,善于交际,待人热情,学习上领会问题快,但也表现出轻率、不忠诚等。老温是黏液质的气质,性情沉静,情感发生缓慢而微弱、不外露,动作迟缓,易抑制,沉默寡言。身为班组长的管理者要熟知你的手下的性格类型,采取不同的方式与他们交流沟通,这样因人而异,才可以因势利导,避免矛盾与冲突的产生。

2) 团队中的不同角色

社会生活和工作中,每一个人都在扮演不同的角色。生活里,面对父母我们是子女,面对子女我们又是父母;职场上,面对上级我们是下级,面对下级我们又是上级。企业作为一个团队,更是由不同的角色组成。一项国际性研究表明,团队中一般有八种不同的角色,他们是:实干者、协调者、推进者、创新者、信息者、监督者、凝聚者、完善者。团队中有了创新者,他可以不断地给团队未来的发展、管理及信息技术方面带来创新,使这个团队能不断地吸纳新的内容往前走;团队中有了监督者,使得团队规则的维护、成员之间的正常交流以及管理是否得当有了人的监督。完美者的挑剔,可以使工作能够非常完美。

团队中,每个成员所扮演的角色各有不同,也就是说,一个团队总是由不同的角色组成的。

3)每一个角色都很重要

任何企业中的团队都是为了完成一个共同的任务目标组成的。在进行拔河赛时,比赛双方各自都要有一个人喊号子,而这个人往往是比赛获胜的关键。大家听到他的号子声就会一起使劲形成合力。这个喊号子的人就是拔河团队中的协调者。同样,一个团队中也不能缺少推进者、创新者、信息者、监督者、凝聚者、完善者。因此,在一个团队中,每一种角色都十分重要。班组长应该尊重班组团队中角色的差异,因为有差异才可以互补,合作才能创造完美的班组团队。团队成员不能因为某一种角色人数多,或在某一时间"出了力",就认为自己重要,别人不重要。团队角色是平等的,是没有等级之分的。

4)个人可以不完美,但团队可以完美

相传佛教创始人释迦牟尼曾问他的弟子:"一滴水怎样才能不干涸?"弟子们面面相觑,无法回答。释迦牟尼说:"把它放到大海里去。"个人再完美,也就是一滴水;一个团队、一个优秀的团队才是大海。一个有高度竞争力的组织,包括企业,要有完美的团队。事实上,一个汇聚了大量精英的团队往往都不是一流的团队,精英的强烈个性和对实现团队目标次要环节的轻视完全可能使团队成为一盘散沙。

班组长在建立团队时,要力求设计合理的团队结构,让每个人的能力得到发挥。没有完美的个人,只有完美的团队,唯有建立健全的团队,企业才能立于不败之地。

5)尊重团队的角色差异

团队中每一个角色都是优点和缺点相伴相生的。如"创新者",他们勇于创新、充满聪明和智慧,但是他们也免不了存在高高在上、瞧不起别人的问题;如"实干者",团队的收获离不开他们的耕耘,他们勤勤恳恳、任劳任怨、脚踏实地,但是,他们也免不了有应变能力不强、墨守成规、不思进取等方面的缺点。那么,要组建高绩效的团队,团队领导就必须要用人之长、容人之短。团队是由一群并不完美的人组成的,团队领导并不是让团队成员没有缺点,而是设法充分发挥团队成员各自的优点。这形成的不仅是真正的团队,而且是一支高绩效的团队。

优秀的班组长要能善于主动补位。管理理论中的木桶原理告诉我们:木桶装水多少取决于最低的那块板。在一个高效、出色的领导团队中,领导者要注意相互沟通、学会协调、相互配合,尤其是要学会主动补位。班组长应该认识到,团队可以通过不同角色的组合达至完美;让班组中的每一个成员都能具有很好的协作精神,充分发挥班组成员之间优势互补作用,让全体班组成员尽可能地发挥各自的才能,实现 $1+1>2$ 的效果。

6)合作可以弥补不足

有一个瞎子和一个瘸子,想从大森林里出来。瞎子看不见,瘸子走不动。能走路的瞎子背着瘸子往前走,让瘸子指路。最后,他们终于走出了大森林。这则寓言告诉我们,团队的成员各有差异,正因为不同才需要合作,通过合作来弥补各自的不足,就可以形成一个完美的团队。

企业班组在激烈的市场竞争中要想立足发展,就需要根据班组每个成员的特点,给他们找到一个用武之地,从而提高工作效率,增强企业的核心竞争力。

总之,班组长要想构建一个高效的团队,除了要认识班组团队建设的成熟度、了解成员个性、尊重成员角色差异外,还要做到以下几方面:

(1)用精神指引,加强班组文化建设。

"企"字以"人"字当头,预示企业管理应该以人为本。人的问题如果解决不好,企业就会停止不前,企业之间的竞争最终是人才的竞争。对企业而言,一个个人才就像一颗颗晶莹圆润的珍珠,企业不但要把最大最好的珍珠挑出来,而且要有自己的"一条线",能够把这一颗颗零散的珍珠串起来,串成一条精美的项链。如果没有这条线,珍珠再大、再多还是一盘散沙,它们起的作用不过是以一当十的匹夫之勇。那么,这条线是什么呢?就是能把众人凝聚在一起,步调一致,为了共同目标而努力的团队精神。油气田企业大多地理位置偏僻、井站分散、生活条件较为艰苦、员工情绪波动比较大,尤其需要加强班组文化的建设,通过舒适、轻松的人文环境,留住人才、凝聚人心。

① 体味团队精神。在一些班组中人们会觉得心情舒畅,干劲十足,大家的协作性很强,能够创造出骄人的业绩;在另外一些班组中人们会钩心斗角,心情压抑,业绩惨淡。这就是班组文化或者说是团队精神的影响。班组团队精神就是针对班组共同的目标,在班组中表现出的一种符合团队成员理想的、大家认同感很强的思维意识和一般心理状态,即指班组团队的成员为了班组的利益和目标而相互协作、尽心尽力的意愿和作风,是大局意识、协作精神和服务精神的集中体现。班组精神确立了班组成员行为的基调和志向,使上下同心同德、尽职尽责。班组长应该尊重个人兴趣、发挥个人特长,把班组利益与个体利益统一起来,协同合作达成班组目标。班组长必须要让班组成员之间彼此信任、包容、补台、谦让,协同合作,强调团队合力,注重整体优势,远离个人英雄主义,使班组团队精神成为团队的灵魂。

[案例3-4]

团队建设"两大工程"

某油田井区党支部实施"两大工程"全面加强团队精神建设。第一,铸强"战斗"堡垒,创造一流业绩。从学习教育机制、管理监督机制、联系和服务群众机制、参与机制入手,建立健全"党员长期受教育,永葆先进性"的长效机制。第二,高扬"鲜红"旗帜,培育一流队伍。建立党员责任区——压担子、设立党员示范岗——做表率,推行党员亮牌管理——亮身份、开展党员承诺活动——树形象,发挥党员的示范带头作用。

通过这"两大工程",深入学习,全面对标,积极创标,全面推行"对标管理",铸造"争先创优"的团队精神。

② 共塑团队精神。班组长塑造班组团队精神,就是让班组每个成员保持整体的一致性、协调性,提高班组的凝聚力。塑造团队精神的首要前提是相同的利益,即团队的目标必须是大家利益的综合体,能够代表团队中大多数成员的利益,这是基础。为此,班组长必须首先理顺班组成员之间的利益关系,让每一个班组成员都明白班组的目标是什么,自己在为这个团队目标奋斗中将得到什么利益。其次,必须对班组团队成员的行为、心理规律有一个科学的认识,这是团队精神价值得以产生的源泉。最后,领导和机制问题。班组长必须营造公平公正的氛围,创建公平公正的机制,要树正气、聚人气、鼓士气。楚汉争霸中,市井泼皮无赖刘邦之所以能打败力拔山兮气盖世又出身于名门将相之后的项羽,主要依赖于刘邦建立了一个人才各得其所、才能适得其用的团队,并且大家在团队中取得了各自既得的利益,故而战无不胜、所向披靡。所以,团队精神的培养,一是要领导者以身作则。二是要建章立制。三是要摆正班组长的位置,认识你自己。四是要学会尊重他人,正确处理好人际关系。

班组文化是企业文化的一部分,是班组管理的灵魂,是班组建设的主要内容,更是团队精神的体现。班组长一方面要关注班组理念的塑造,另一方面加强班组行为建设,双管齐下,实现统一班组员工意志、激励员工为目标全力奋斗的目的。建设班组文化时,可以向先进学习,向模范学习。

[案例 3-5]

建设班组特色文化

优秀的班组文化,各具特色。例如,1205 钻井队"生当做铁人,永驻石油魂"的英雄文化、油建十一中队"建设精品工程,塑造精彩人生"的行为文化、星火一次变电所"聚是一团火,散是满天星"的星火文化、龙庆收费管理所"一人如百人,百人像一人"的服务文化、井田实业公司丰收园"小不看小,穷不认穷,难不畏难"的种子文化等。

任何班组和企业文化与精神都不是凭空出现的,都是在长期的生活和教育中不断地培养规范出来的。班组团队精神的发挥有利于营造和谐的工作氛围。

(2)凭氛围感染,加强班组组织建设。

班组建设中,应坚持以人为本,工作中讲协作,生活上讲互助,推进亲情管理,落实班务公开,保障员工的知情权、参与权和监督权,做到尊重人、理解人、关心人、帮助人,努力形成员工关系和谐、工作协调、互助互爱的良好氛围,创建和谐型班组。和谐团队鼓励个人充分展现聪明才智,同时团队成员之间拥有共同的价值观,以共同的意志和行为准则行事,团结一致,最终实现企业运营绩效的最大化。

班组长如果平时待人和蔼可亲,时时体贴关怀下属,与员工的关系十分融洽,那么他的影响力往往比较大。如果与下属关系比较紧张,那么就会造成双方的心理距离,产生负面的影响。班组长必须克服官僚主义的领导作风,改进工作方法,做到从感情入手,动之以情、晓之以理,以取得彼此感情上的沟通。可以说,企业的进步、发展离不开高效能的团队,而一个团结、健康、和谐的团队才能具有强大凝聚力、战斗力,如图3-2所示。

图3-2 某油田第一采油厂的作业区团队建设

① 营造互信的气氛。营造互信的氛围是班组长的重要任务之一。要想赢得别人的信任首先要诚实、正直、廉洁、不欺骗、不夸大;愿意跟别人分享信息,哪怕是错误的信息;个人的一贯表现都要一样,从而可以透过行为揣测反应;以一种有尊严、光明正大的态度待人。诚实、公开、一致、尊重这四点只要违反了其中一个,互信关系就不复存在,甚至会受到毁灭性打击。信任是合作的基础和前提,互信能够提高团队合作。所以,营造互信的氛围对班组建设至关重要。

[案例3-6]

王班长的独角戏

在一次会议上,学习完公司的新文件后,班长王海照例让大家都谈谈自己的想法,大部分人摇摇头。摇头的次数多了,王海也渐渐明白,每次这样的询问只是一个程序,没有人会真的提出问题与疑惑。但是,像这样唱"独角戏"的时候久了,他也觉得尴尬起来。这样表面上你好我好大家好,但是沉默不语的团队,真的是一支互信团队吗?

一个互信的班组,首先要让班组成员感觉到安全,愿意分享自己真实的想法和感受,同时人与人之间也能够彼此接纳,相互鼓励与分享;其次,能够使班组员工对班组目标有较高的认可,认同工作的价值,有较高的工作投入,同时相互影响,最终提高班组的整体效能。

② 营造成长的环境。只有不断学习,才能跟上潮流。作为班组长,要率先垂范,以身作则,为人表率,给下属树立一个好的榜样。班组成员有不同的需求,要根据他们的需求确定培训方案。在自己的"球员"而不是"外援"身上下工夫。

班组长要做好班组组织建设还要抓住重点、统筹安排,团结骨干、依靠群众,关心组员、从严治组,掌握信息、善于决策,勇于创新、开拓进取,积极鼓动、以理服人,尽力成为下属的教练,提供知识和指导,全神贯注地开发队员的能力和意愿,而不仅仅是记录员工的表现。当然要规范班组组织,仅仅凭借文化建设和氛围营造是远远不够的,还需要依靠强有力的制度的约束。

(3)借制度规范,加强班组制度建设。

俗话说"没有规矩无法成方圆",车子不按照车道驾驶,马路上就会一片混乱。组织中缺乏规范更会引起各种不同的问题,报销缺乏制度、休假没有清晰的规定、奖惩没有标准,不仅会造成困扰、混乱,也会引起猜测、不信任。当然建立制度很容易,如何推行彻底则很困难。班组长必须有能力建立合理、有利于组织的制度,并且促使团队成员认同、遵从。在动态情况中,运用各种方式,以促使团队目标趋于一致,建立良好团队关系,以及建立制度的能力是班组长的首要能力。使用的技巧有沟通、协调、任务分配、目标设定、激励、教导、评价、适当批评、建议、授权、开会、奖惩等。要充分利用和发挥团队所有成员的个体优势做好班组工作,所以,必须善用团队的各种资源,才能在有限的资源下创造最佳的工作绩效。从班组长开始就要严格地遵守企业的规章制度,自己先树立起这种规章制度的威严,再要求下面的人去遵守这种规章制度。班组长通过建立健全监督制度、班组会议制度,促使大家向着共同的方向努力,实现班组目标任务。

[案例3-7]

制度约束行为

某采油厂推行"能级管理"管理制度。将"发现能力、使用能力、开发能力"作为管理对象和管理核心,引导员工通过提升自身能力回报企业、树立以"能"为本的价值取向,在全厂推行了"以能定级、岗能匹配、按能取酬、依能培训"的"能级管理"评价机制。

这种制度在坚持"以人为本"理念的基础上,以"岗位能级管理"为载体,立足长远发展,提升了企业核心竞争能力。这种创新工作思路和方法,规范了员工的行为,激励了员工的士气,增强了企业的竞争优势。

(4)让目标引航,加强班组业务建设。

心理学家马斯洛说,杰出团队的显著特征,便是具有共同的愿景与目标。共同愿景是团队和组织的旗帜与灵魂。管理者必须有坚定的目标。

孔子说"君子不器",即君子不能用具体的器物来衡量,可以因势而变、随器成型,团队是拥有一个共同目标,并能够用最理想的状态来面对和解决所遇到的任何问题和困难的群体。建立高绩效的优秀班组的首要任务就是确立目标,目标是班组这个团队运作的核心动力。没有目标的团队只会走一步看一步,处于投机和侥幸的不确定状态中,就像汪洋中的一条船,不仅会迷失方向,也难免会触礁。目标是发展团队合作的一面旗帜。班组目标的实现关系到班组全体成员的利益,自然也是鼓舞大家斗志、协调大家行动的关键因素。

班组长必须明确一个观念,人们不会为别人的目标而工作,只会为了自己的梦想去努力。班组长不仅要有坚定的目标,还要影响、教育好下属。班组目标定出来了以后,班组长一定要通过会议、个别沟通、张贴公告等各种渠道让所有的班组成员都知道。班组长必须在员工的个人目标与班组的集体目标之间找到一个平衡点,形成团队的目标,获得集体的认可,激发大家的热情,引导下属的行为,顺利完成上级下达的任务。

一个企业就像一部机器,机器的正常运转需要每个部件的相互配合,缺一不可,否则,就会影响到整个企业的效率,使整个团队处于瘫痪状态。一个班组的战斗力,不仅取决于每一名班组成员的能力,也取决于成员与成员之间的相互协作、相互配合,这样才能均衡、紧密地结合形成一个强大的整体。团队具有强大的生命力,需要班组成员共同努力,用实际行动打造更高绩效的班组团队。

第四章　班组有效沟通

良好的沟通是建立和谐人际关系、促进企业发展的基石。而作为油气田企业的基层班组要想取得更好的业绩,沟通是必不可少的。班组有效地沟通能消除员工间的疑惑,化解存在的问题,统一思想认识,合理地利用资源,提高班组的凝聚力和战斗力,从而高质高效地推动企业顺利发展。

第一节　沟通的常识

一、沟通的含义

1. 沟通的定义

沟,即水道;通,即贯通、往来、通晓、通过、通知……因为有沟,所以要通。现实中把沟通理解为:为了一个设定的目标,把信息、思想、情感在个人或群体间进行传播,并且达成共识的过程。

沟通是班组成员进行思想交流、增进了解、取得信任的一种交流活动。沟通是双向的、互动的反馈和理解的过程。沟通的目的不在于沟通的本身,而在于沟通的结果。为了提升班组的沟通效果,必须正确运用对方易懂的语言、文字,用成员之间能接受的、意思明确的、感情真挚的语言进行传递,让对方准确地理解自己的意图。沟通不仅追求被人理解,也追求理解别人,保证实现双方的合作共赢。

2. 沟通的过程

沟通就是发送者凭借一定的媒介(渠道)将信息发送给既定的对象(即接收者),并寻求反馈以达到相互理解的过程。

如图4-1所示,任何的沟通都是发送者将信息传递到接收者的过程,但是发送信息的内容可以多种多样,如想法、目标、观点、环境、时间等。具体过程包括:

(1)发出者发出信息。信息发出者出于某种原因,希望接收者了解某个信息,发送者首先要明确自己要发的沟通内容。

（2）编码。编码就是把信息转化为对方能理解的文字、语言、图表、照片、手势等。要发出信息只有编码才能传递。

（3）传递信息。通过对方能接收的通道传递给接收者，根据选择编码的方式不同，决定传递的方式。可以是口头的、书面的，还可以是形体动作等。

（4）解码。接收者将通道中编码的信息翻译成他能够理解的形式。解码的过程包括接收、译码和理解三个环节。

（5）反馈。接收者将其理解的信息再返回发送者，发送者对反馈的信息加以核实并做出必要的修正。反馈的过程只是信息沟通的逆过程，它包括信息沟通的几个环节：发出信息—编码—传递信息—解码和再反馈。反馈构成了信息的双向沟通。

图4-1 沟通的过程

3. 沟通的障碍

管理实践证明：人们70%以上的工作时间是在和人打交道，工作中的阻碍70%以上的原因是由沟通不畅造成的。

影响沟通效果的因素有很多，如沟通者的态度、沟通的方式、沟通的语言、沟通的准备及沟通的时机和地点。如图4-2所示，影响有效沟通的因素主要有三个方面：发出者的障碍、接收者的障碍和沟通渠道的障碍。

图4-2 沟通的障碍

1)发出者的障碍

发出者的障碍,一是认识不清,如对接收者不了解、对信息不清楚、对主旨不明白,或者沟通的用词错误、词不达意,表述上过于咬文嚼字、过于啰嗦或不善言辞、口齿不清。二是发送不当,如选错时间、选错方法、选错地方、选错信息或是对接收方的反应不灵敏。三是态度不好,如排斥信息、排斥接收者,自己仓促潦草、言行不一,只要别人听自己的。

2)接收方的障碍

接收方的障碍,一是听不清楚,如噪声太大、心不在焉、身体不适。二是听不进去,如不喜欢听、不想接受、自以为是、情绪障碍。三是听不明白,如过于复杂、引起混淆、先入为主。

3)沟通渠道的障碍

沟通渠道的障碍,一是认知性的障碍,如知识、经验、问题、目标、现状、观念的不同造成认知上的障碍。二是情绪性的障碍,如感情、气氛、态度、动机、目的方面的情绪性造成的障碍。例如,有个人请客,看看时间过了,还有一大半的客人没来。主人心里很焦急,便说:"怎么搞的,该来的客人还不来?"一些敏感的客人听到了,心想:"该来的没来,那我们是不该来的啰?"于是悄悄地走了。主人一看又走掉好几位客人,越发着急了,便说:"怎么这些不该走的客人,反倒走了呢?"剩下的客人一听,又想:"走了的是不该走的,那我们这些没走的倒是该走的了!"于是又都走了。最后只剩下一个跟主人较亲近的朋友,看了这种尴尬的场面,就劝他说:"你说话前应该先考虑一下,否则说错了,就不容易收回来了。"主人大叫冤枉,急忙解释说:"我并不是叫他们走哇!"朋友听了大为恼火,说:"不是叫他们走,那就是叫我走了。"说完,头也不回地离开了。

4. 沟通的方式

根据不同的标准,沟通可以分为不同的类型。例如,正式沟通与非正式沟通;下行沟通、上行沟通与平行沟通;书面沟通与口头沟通;单向沟通与双向沟通;语言沟通与非语言沟通(图4-3)。

二、沟通的必要性

班组内部有分工、有合作,在合作中就需要员工之间、员工与班组长之间互相沟通。通过沟通协调,可以充分利用有效资源,减少不必要的损失和安全事故,达到节约成本、提高工作效率的目的,同时还能激发员工的工作热情。所以说沟通在生产操作中非常必要。

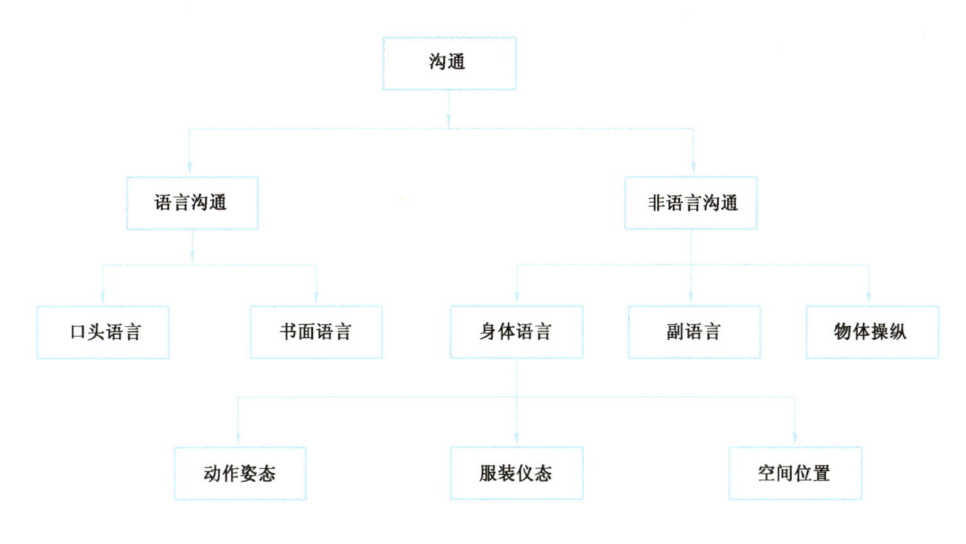

```
                              沟通
                ┌──────────────┴──────────────┐
             语言沟通                      非语言沟通
          ┌─────┴─────┐           ┌──────────┼──────────┐
       口头语言    书面语言      身体语言      副语言     物体操纵
                          ┌─────────┼─────────┐
                       动作姿态   服装仪态   空间位置
```

图 4-3 沟通的方式

1. 能减少意外损失

[案例 4-1]

及时沟通的作用

某厂采油九队 10 号井组建立了一套班组管理制度:每名员工值班时发现异常现象,能处理的自己处理,不能处理的必须及时和当班的领导进行沟通。一天老李师傅值班,夜间听到 H9-2 井出现刺耳的声响,李师傅感觉不对劲,马上和队里值班领导进行沟通。值班人员及时赶到现场,经查看是抽油杆断裂并掉到井里,井内有严重的回压波动,才发出不正常的声音。根据判断结果,值班人员马上停井并关了生产阀门。由于沟通及时,结果油喷出不多,没有造成大面积的污染事故,给队里减少了损失,队里就此事不但表扬了李师傅,并且还奖励了他,老大哥开心地笑了。从此以后,他每次夜班交接时,都把夜间发现的异常现象向白班的同事如实地汇报和说明,工作非常积极认真。

李师傅在当班时遵守值班规则,没有脱岗,发生异常现象能及时和队里沟通,减少了不必要的意外损失。他的行为也带动了其他员工在工作时尽职尽责、坚守岗位,自己解决不了的问题及时沟通。

2. 获得机会与资源

沟通可以获得更多的机会与资源,降低犯错误的概率和减少摸索的时间,得到更多人的支持、协助和认可,增强个人影响力,大大地缩短成功的时间。相反,许多人有明确的目标与计划,有好的观念与想法,有特殊的才华和能力,但就是因为缺乏良好的沟通能力和人际关系,而受到他人的排挤或误解,得不到需要的协助和资源,因而加倍延长了成功的时间或增加了在此过程中的种种不必要的挫折,甚而抱憾终生。

[案例4－2]

信息不畅的后果

某井组地理位置很偏远,离厂部大约百里以上,交通闭塞,信息不畅。员工一待就是十天半月,每天看到的人很少。这种特殊原因,影响了员工小马报考职称考试,当小马知道考试时间时已经来不及了,结果耽误了一年。对一名工人来说,升一级是一个不小的变化,小马因信息不畅,失去了一年的机会。

造成损失的原因是:第一,班组管理不完善,对员工自然状况了解不够,平时与员工沟通较少;第二,员工小马平时与人沟通得少,没有把自己的要求、想法和组织说明;第三,班组与上级组织的信息传达受阻。作为班组长,在完成生产任务的同时应该把员工的发展放在第一位,因为班组长只有关心爱护员工,才能激发员工的积极性和创造性。

3. 调解员工的矛盾

在一个班组,由于人员构成不同,个人的价值目标不同,容易出现沟通不当或缺少沟通的现象,而使工之间在工作生活中产生误解与矛盾,影响班组的和谐。

[案例4－3]

"节假日"加班带来的矛盾

某采油队五号井组是由四名女子组成的班组,其中一名女员工(张某)平日里出勤不够,自己的任务完不成。可是一到节假日上班就非常积极,因为节假日加班工资多,一天顶三天,张某的行为太自私,因此引起班组人员的不满。

一次队里开始岗检了,小李和小王说:"咱俩这次不帮助小张干,多干奖金也不多拿,只完成咱俩自己的。"结果岗检不合格,扣了班组的奖金。大家都不高兴,不愿意理小张。

小张说:"岗检和我没关系,加班是上面给的,我又没抢别人的。"

班长说:"加班是按班组给的不是按人头的,你多得别人就得少得,这次班组扣奖金主要是你影响的。小张,咱们是一个集体,就得考虑集体的利益,加班费人人都想得,但是不是人人都有,应该均衡一下,平时大家帮你干,你在报酬面前就应该让一让,我们帮助你是为了咱们四个人,你不多干还要多占,你觉得合适吗?"

小张听了班长的话,觉得班长说得很有道理,惭愧地说:"我听班长的安排。"

后来在班长的协调下,四个人坐在一起,心平气和地进行沟通,把工作又重新进行分工,把全年的节假日算一下,根据队里给的名额平均分摊,自己的活自己干,特殊情况完不成的大家共同完成。班长说:"咱们要有集体观念,齐心协力才能达到共赢。"

俗话说"三个女人一台戏",尤其是涉及个人利益的事更难解决。因此作为女子班组的班组长,沟通协调能力是十分重要的。在现实工作中要学习掌握沟通的技巧,学会协调,对涉及个人利益的敏感问题,一定要公开透明,对可能出现的问题要预先想好沟通对策,合理安排沟通流程,才能达到事半功倍的效果。

第二节 有效沟通的含义、策略及涉及的礼仪

一、有效沟通的含义

有效沟通是指信息发出者在恰当的时机和适宜的场合,用得体的方式传递信息、表达思想感情,并被信息接收者正确地理解、执行,使双方达成共识的过程。

要达到有效沟通须具备两个必要条件:首先,信息发送者清晰地表达信息的内涵,以便信息接收者能正确理解;其次,信息发送者重视信息接收者的反应并根据其反应及时修正信息的传递,免除不必要的误解。两者缺一不可。

[案例4-4]

小王的变化

小王是班组里的一名新员工,是大学毕业新分来的,文化水平很高,还有特长。自从来到井组,他就不是太高兴,干活也不主动,总是心事重重。班长看在眼里,有一天班长觉得应该和她谈谈。班长问:"小王,自从分到井组你好像就不高兴,有什么心事能和大哥说说吗?"

小王:"第一,我学的专业和工作不符,第二,工资也不高,第三,分到这么偏远荒凉的地方,什么时候才是个头?"

班长:"就为这个呀!你还小,困难是暂时的,你的基础那么好,只要努力将来会有发展的!"

小王:"哎!我怎么努力?一没人,二没钱。"

班长：""事实不是你想的那样，你真有能力的话，机会多得是。""

小王：""是这样吗？""

班长：""比如说厂里的各种比赛，就可以给人提供发展的机会。""

小王：""我也不懂技术，也不会操作，现学需要很长时间。""

班长：""这都不是问题，关键看你是否肯吃苦，咱们队里有一名员工小吴，就是一个普通工人，没学历、文化基础差，可是他不耻下问，虚心请教，勤学苦练，在厂级大赛取得名次，在精神上、物质上都得到收获，大家都对他刮目相看。你从现在起，先开始学理论知识，然后再和老师傅学操作，把时间利用好，多充实自己，把你的优势发挥出来，在实践中体现你的价值。如果你总是忧愁痛苦，不去主动提高自己，你的青春年华很快就会失去的，你和别人的差距也会越来越大，与其等待机会还不如去努力寻找机会。""

小王豁然开朗，感觉到自己的想法不正确，应该改变思想认识，别人能做的事我为什么不能做。自这以后，她努力学习，虚心向老师傅请教。功夫不负有心人，她经过努力顺利通过初级职业技能鉴定资格考试；参加厂里读书比赛获前三名；场内干部招聘考试获得第一名。

有效沟通的基本要求是要有积极的心态主动关心对方。当班组长看到员工情绪不稳定、积极性不高时，首先应该从关心的角度去了解他，问清楚是什么事情影响了他，需要怎样的帮助，在对方心里产生信赖感，让他认为你是真心诚意的在帮助他，而不是按着自己的意愿去强迫他。沟通有一种潜意识，它占的比重为99%，也就是说有效的沟通必须建立在有感情、真诚的基础上。特别是对待文化层次较高、思想波动大的人，要经常进行沟通，及时了解对方的变化，在生活上关心他，在工作中帮助引导他，发现他工作中的好做法及时给予高度评价和赞美，使其热爱生活、热爱工作，对未来充满信心和乐趣，这样沟通才有效果。

二、有效沟通的策略

1. 事先准备

有效沟通事先要有清晰的沟通主线及明确的沟通主题。一是明确对谁说，熟悉沟通的对象。虽然你说得很好，但你选错了对象，自然也达不到沟通的目的。二是知道说什么，要突出主题，就是要明确沟通的目的。如果目的不明确，自己不知道说什么，别人也不可能明白，自然也就达不到沟通的目的。三是怎么说，就是要掌握沟通的方法。沟通就是要用对方听得懂的语言——包括语调、文字、肢体语言、多媒体技术等载体让信息接收者有效接收。四是什么时间说，即在对方处于良好状态下进行沟通。如果沟通对象正紧张地忙于工作，你要求他与你商量下次合作的事情,显然不合时宜。所以,要想达到有效沟通,必须掌握好沟通的时间,把握好沟通的火候。

2. 确认需求

有效沟通不仅自己要把内容表达清楚,还要知道对方需要什么,只有充分了解对方的想法和要求时,双方才能达成共识。这就需要学会倾听对方的意见,及时地提问与反馈,知道对方是否理解谈话的内容及看法。

1) 积极聆听

聆听,意味着谦虚好学,尊重别人,站在对方的立场上考虑问题。对高于自己、有优点的人,能够以仰望的眼光去倾听,对于低于自己、有缺点的人,则能俯首,放下架子,给予关怀和爱护,去聆听他们的苦衷、困惑、疼痛和祈求。所以聆听时要用心和脑去听,要设身处地地去听,聆听的目的就是为了最后做出满意的回答。"听"有两个要求,首先要给对方留出讲话的时间;其次,听话听音,也就是说,对方讲话时不要打断,不要冷漠,不要漫不经心,要有绝对耐心,不随便插话。尽可能排除不必要的干扰,控制好情绪,保持冷静的心理,不要与对方争论或妄加批评;设法使交谈轻松,使讲话人感到舒畅,消除拘谨等不良情绪;鼓励对方讲下去,以便充分地了解对方,达到双方共同接受的结果。

积极聆听的技巧:倾听回应、提问问题、重复内容、归纳总结、表达感受。例如,"好,我也是这样认为的"、"你说的真不错"。当你没有听清楚的时候,要及时提问,及时表达感受,例如,"这一点我不是很明白,我可不可以这样认为……"

2) 有效提问

由于沟通有很多的枝节成分在参与,有时候就使沟通变得难以把握其要领,出现不少误会和笑话。为了避免出现障碍或偏差,在你没听清楚,或者没有理解时,要及时确认一下,一定要完全理解对方所要表达的意思,提问时要尽量少问为什么、少问带引导性的问题和一次问多个问题,这样对方很难接受,达不到沟通的目的。

3. 阐述观点

阐述观点时要开宗明义,要坚持一个非常重要的原则,即属性、作用、益处(Feature Advantage Benefit,FAB)原则,明确本次沟通所要解决的主题,统一双方的认识。同时态度要诚实,在沟通时正确使用语言,要做到准确易懂、简明扼要,当出现危机时,要善于解围。沟通结束时既要让沟通对象深思,又要引导对方陈述问题的态度与方向。一般来说,要切中主题、稳健、中肯,避免下绝对性的结论。

4. 处理异议

在沟通中遇到异议时,首先要了解对方的某些观点,然后找出对你有利的观点,再顺着这个观点发挥下去说服对方。也可以采取一种借力打力的方法,这种方法不是要强行说服对方,而是用对方的观点去说服对方。例如,有员工不愿意学习新知识,总是强调"自己学历低,学习没有什么用"。这时就可以借力打力地说,"正因为你学历低,所以才需要学习,为以后工作和发展奠定基础"。

5. 达成协议

沟通结束以后一定要形成一个双方或者多方都共同承认的一个协议,只有形成了这个协议才是完成了一次沟通。可以用这样的话来总结:"非常感谢,通过刚才的交流我们达成了……的协议",或者是"您看,是这样的一个协议吗"。

三、有效沟通中的礼仪

班组沟通中也不乏对礼仪的要求,讲究礼仪可以帮助人们实现理想、走向成功,可以促进班组员工团结互助、敬业爱岗、诚实守信,也可以增强员工的竞争实力,从而推动各项事业的发展。

1. 礼仪的含义及功能

1)礼仪的含义

礼仪是指人们在社会交往中,为了互相尊重而约定俗成、共同认可的行为规范和程序,它是礼节和仪式的总称,涉及穿着、交往、沟通等内容。礼仪是一个人综合素质的外在表现,是人际交往的艺术,也是人际沟通的技巧,具体表现为礼貌、礼节、仪表、仪式等,如表4-1所示。

表4-1 礼貌、礼节、仪表、仪式

礼貌	礼节	仪表	仪式
礼貌是人与人之间交往中,通过言谈、表情、举止等表示敬重和友好的行为,体现了一个人的修养、品质和文明程度	礼节通常是指人们在交际场合,相互表示尊重、友好的惯用形式。礼节是礼貌的具体表现方式,有了礼貌,必然需要具体的礼节	仪表通常是指人的外表,包括容貌、姿态、风度、服饰等。仪表是一个人德才学识等各方面内在修养的外在表现,是人们交往中的"第一形象"	仪式是人们在人际交往中,自始至终地以一定的、约定俗成的程序、方式来表现的律己、敬人的完整行为

礼仪是企业形象、文化、员工素质修养的综合体现。礼仪不仅是一种交往的艺术,还是一种非常重要的沟通技巧和规范。礼仪不但可以用来约束人类的欲望,保证社会秩序,实现人际关系的和谐,还可以为个人或企业创造经济价值,为将来的发展打基础。

2)礼仪的功能

一是沟通的功能,在交往中相互能够遵守礼仪规范,就能使沟通顺利进行,并得到良好的沟通效果;二是协调的功能,双方在交往中相互尊重、友好合作,可以避免冲突和障碍;三是维护的功能,礼仪是社会进步的一种反应,是社会文明的标志;四是教育的功能,通过教育规范人们的交往行为,宣传文明风尚,协调人际关系,创造和谐的氛围。

2. 班组迎检时的基本礼仪

平日里班组会面临一些迎检工作,如果在接人待物时着装不妥、礼数不周、说话无分寸,难免会带来一些不必要的麻烦,同时对班组工作的开展也会带来或多或少的影响。

1)仪表

仪表,即一个人的外部表情,是人们提升交往水平的外在形式,这种形式主要通过人的容貌、举止、姿态、风度等展示个人的沟通技巧和艺术。

在迎检时班组员工的仪表要遵循三个原则:第一要整洁,即穿着要干净得体,要考虑场合、环境。员工上班时间应该穿着符合岗位规定的工作装、工作鞋,还要戴安全帽,衣扣要扣紧,不能敞袖,不能挽袖,不能穿拖鞋、高跟鞋、短裤和背心等不符合场合的服装,给对方留下一个好印象。第二要自然,沟通时自然大方,才能显出你的风度气质和能力。第三要互动,善于跟交谈对象互动,让对方能听懂你说的话,并且及时反馈。

2)仪态

仪态,即姿态,是指人们在交往时肢体所呈现出的各种姿态,它包括举止动作、神态表情和相对静止的体态。

人们的面部表情,体态变化,行、走、站、立、举手投足都可以表达思想感情。仪态是表现一个人涵养的一面镜子,也是构成一个人外在美的主要因素。不同的仪态显示人们不同的精神状态和文化教养,传递不同的信息,因此仪态又被称为体态语。

在迎检时班组员工仪态主要体现在以下五个方面:

(1)坐立行,有站姿、坐姿、步态等。要求"坐相、站相、站姿、坐姿、走姿"要规范,要体现自然协调的美,要符合实际工作的需要。油气田企业员工大部分是野外作业,他们的姿态要与岗位要求相符合,必须符合操作规程,减少安全事故。

(2)面带微笑。微笑是人类最美的语言,人们通过微笑把友善、热情表现出来,不卑不亢,落落大方。笑的种类有多种,如微笑、含笑、大笑、狂笑、冷笑、苦笑,笑要根据场景、根据对象,当笑则笑,不该笑就别笑。微笑要自然、要规范、要协调、要美观,这是交往沟通最重要的方面。

(3)眼神。在日常工作和交往中,要做到目中有人,要养成注视对方的习惯。

注视别人时目光应友善,采用平视,必要的时候仰视,与人目光交流时间3~5秒,其他时间看嘴巴和眼部中间的位置,注视对方的时间是对方与你相处时间的1/3。

(4)语言。语言是人们沟通时的主要工具,要讲普通话。声音大小应根据听者距离远近适当调整。语调语速应根据表达的情意不同而变化。沟通时要热情,正确称呼,要讲文明话,少用俗语、脏语,特别是员工之间沟通时应多用规范语言,不要贬低奚落别人,要相互尊重,对方说话时不要打断对方、不要补充对方、不要质疑对方、更不要纠正对方。员工与员工之间不要非议公司,不要涉及公司秘密,不要在背后议论和诽谤领导、同行和同事,少谈论格调不高的话题。另外,在不太熟悉的情况下沟通时,一般情况下不要问收入、不要问年龄、不要问婚姻家庭、不要问健康问题、不要问个人经历。

(5)举止。古人云,腹有诗书气自华。一个人的举止动作实际上是教养、风度和魅力的体现。举止动作要美观、规范,特别是沟通时的手势动作要自然优雅。一般交往时特别忌讳"一指禅",不要用一个指头指别人;引路时,要五指并拢,稍有弯曲,要符合工作和沟通的场景。

3. 班组迎检时的基本社交礼仪

社交礼仪是指人们在人际交往过程中所具备的基本素质、交际能力等。人们通过社交可以沟通心灵,建立深厚友谊,取得支持与帮助,也可以互通信息,共享资源,对取得事业成功有促进作用。

1)介绍礼仪

迎检或有外来访客时,难免会有不同身份、不同性别、不同年龄段的人出现,如何介绍自己、如何介绍他人?这就要求班组员工要有一定的介绍礼仪知识了。介绍基本上分为自我介绍和介绍他人。

(1)介绍自己的要求:表情庄重,举止规范,时间适宜(最多不宜超过2分钟),右手五指伸直并拢,用手掌按自己的左胸。介绍时,应目视对方或大家,表情要亲切坦然。注意不要用大拇指指着自己,也不要用食指指点别人。内容要恰当,表达要清晰,一般说"您好!我叫×××,我来自×××"。

(2)介绍他人的要求:手势要掌心向上,手背向下,四指伸直并拢,拇指张开,手腕与前臂成一直线,以肘关节为轴,整个手臂略弯曲,手掌基本上抬至肩的高度,并指向被介绍的一方,面带微笑,目视被介绍的一方,同时兼顾客人。

在介绍顺序上,一般遵循将"卑者"首先介绍给"尊者"的原则,即先把地位低者介绍给地位高者;若难以判断,可把年轻的介绍给年长的;在自己公司和其他公司的关系上,可把本公司的人介绍给别的公司的人;在男女间的介绍上,应先把男性介绍给女性;男女地位、年龄有很大差别时,若女性年轻,可先把女性介绍给男性;将主人介绍给客人,将本国人介绍给外国人。

2)握手礼仪

握手,一般在见面、祝贺、慰问、告别等情况下使用。握手时,手要洁净、干燥和温暖。先问候再握手。伸出右手,手掌呈垂直状态,五指并用,握手3秒左右。不要用左手握手。与多人握手时,遵循先尊后卑、先长后幼、先女后男的原则。若戴手套,先脱手套再握手,切忌戴着手套握手或握完手后擦手。

握手时注视对方,不要旁顾他人、他物。用力要适度,切忌手脏、手湿、手凉和用力过大。与异性握手时要用力轻、时间短,不可长时间握手和紧握手。掌心向上,以示谦虚和尊重,切忌掌心向下(图4-4)。

图4-4 握手礼

3)鞠躬礼仪

鞠躬是中国、日本、韩国、朝鲜等国家传统的、普遍使用的一种礼节。鞠躬主要表达"弯身行礼,以示恭敬"的意思。此种礼节一般是下级对上级或同级之间、学生向老师、晚辈向长辈、服务人员向宾客表达由衷的敬意。

鞠躬的动作要领:行鞠躬礼时面对客人,并拢双脚,视线由对方脸上落至自己的脚前1.5米处(15°礼)或脚前1米处(30°礼)。

男性双手放在身体两侧,女性双手合起放在身体前面。鞠躬时必须伸直腰、脚跟靠拢、双脚尖处微微分开,目视对方。然后将伸直的腰背,由腰开始的上身向前弯曲。鞠躬时,弯腰速度适中,之后抬头直腰,动作可慢慢做,这样令人感觉很舒服。

鞠躬的程度不同,表达不同的意思。例如,弯15°左右,表示致谢;弯30°左右,表示诚恳和歉意;弯45°以上,表示忏悔、改过和谢罪(图4-5)。

有一种容易与鞠躬混同的礼仪,即"欠身礼"。这里"欠"字的意思是"身体(多指上身)稍微向上移动"。作为礼节的"欠身"就叫"欠身礼",是指坐着的人为向来到身边的人或路过身边的人,表示恭敬或友好,而稍微抬一下身子,做出要站起来的姿势(图4-6)。

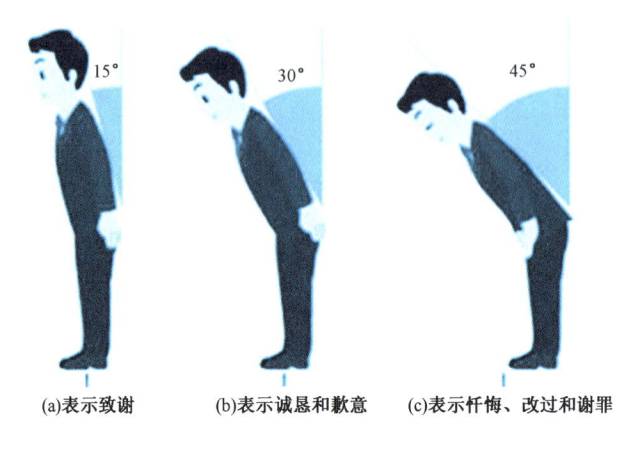

(a)表示致谢　　(b)表示诚恳和歉意　　(c)表示忏悔、改过和谢罪

图4-5　鞠躬的程度

图4-6　欠身礼

4)引导礼仪

在走廊引路:应走在客人的左前方的2、3步处。引路人走在走廊的左侧,让客人走在路中央,要与客人的步伐保持一致,引路时要注意客人,适当地做些介绍。

在楼梯间引路:让客人走在正方向(右侧),引路人走在左侧,途中要注意引导提醒客人,拐弯处或楼梯台阶应使用手势,并提醒"这边请"或"注意楼梯"等。两人行,右为尊,三人同行中为尊,四人不能并排走,前排为尊。

搭乘电梯：电梯没有其他人时，在客人之前进入电梯，按住"开"的按钮，请客人进入后再进入电梯，到大厅时，按住"开"的按钮，请客人先下；电梯内有人时，客人、领导优先。电梯内，先上电梯的人应靠后面站，以免妨碍他人上电梯。电梯内不可以大声喧哗或嬉笑吵闹。电梯内有很多人时，后进的人应面向电梯门站立。

礼仪既是形象，也是纽带，传递着尊敬友好的信息，是人际交往乃至友谊发展、心灵沟通的前提，关系到交往的成败。班组员工的行为举止、仪表、仪态都代表员工的综合素质，也是企业形象的外在反映，为了提升班组的工作绩效和和谐人际关系，必须规范员工的行为，使员工遵守礼仪，注重品德修养。

第三节　班组管理的沟通技巧

班组管理的过程就是沟通协调的过程，就是班组长与上级领导、下级员工、平级人员之间的有效沟通。通过沟通使班组员工目标明确，思想统一，达到人尽其才、物尽其用的目的，发挥员工的最大潜能，最终保质保量地完成上级下达的生产计划指标。

一、班组长与各级之间的沟通

班组长与各级（上下左右前后）的沟通是一个全方位的沟通体系。所谓上下，是指上级和下属间的沟通，左右是指与相关部门或者相关岗位的沟通，前后指的是前道工序或者前面的岗位和后面的流程岗位之间的沟通。

1．班组长与上级的沟通

上级与下级，他们有各自的责任与目标，也有各自的艰难与苦恼，谁都有一本难念的经。班组长作为下属，不必对上级领导心怀敌意或产生疑惧心理，说穿了，上级就是负有比自己更重责任的职员而已。因此只有在心中对上级有个正确的认识，不高看或低看上级，才能克服心理障碍，大胆与上级相处，轻松行走于职场。

1）与上级沟通的四个原则

（1）了解上级意图。

班组长应当了解上级对企业的发展意图和对自己所在班组的战略要求，只有这样，才能在沟通的时候和上级达成最广泛的一致。

（2）能够承担自己的职责。

在管理实践中，很多班组长执行力不到位，不能够将领导的决策执行到位，根源就在于班组长缺乏责任心，没有把自己岗位上应尽的责任做到位。

(3)寻求领导反馈。

作为班组长,一个重要的责任就是将下面员工和生产的实际情况反馈给领导,支持领导的决策,同时将领导的决策落实到具体的执行过程中,要能够流程化、可操作化。

(4)同领导风格相匹配。

诸多案例都表明,班组长与上级沟通失败是由于跟领导的风格不匹配。每个人都有他自己的性格、爱好等特点,不同的上级,也都有不同的性格。

① 沉默型上级。班组长得学会从他的只言片语中找到他的要求以及他对你的评价。这就要求你在平时得多注意"少说话,多做事"。

② 挑刺型上级。这样的上级,很难让他说一个好字。就算你尽力了,并自我感觉良好,但他还是会随时提出你的小缺点来。在他眼中,没有最好,只有更好。和这种上级相处,班组长得力求完美、完美、更完美,但事实上这是很不现实的,所以你在向他汇报一项工作的时候,尽量让他知道这是在他的带领之下完成的,有什么指示,一定会按领导的意思去办。

③ 固执型上级。在这种类型的上级手下做事,班组长们请记住一条,他发脾气的时候千万别吱声,等他说完了,你再说,一定按照他的要求去办。

④ 外向型上级。能同这种上级相处,还算比较幸运。因为原则上这类上级一般不会给你穿小鞋,所以你在尽力完成本职工作的时候,不用花很多时间去猜测上级是怎么样一个人,你该如何去做。一般他认为你做得不对,会随时提出来。

⑤ 鼓励型上级。这种上级胸怀一般是很宽阔的,就算是你一不小心犯了一个小错误,他也会原谅你,而且他还会适时地对你说:年轻人,慢慢来。如果哪次你做得还可以,他会说:不错!当然,你只有看他眼神,才知道他想表扬谁。

⑥ 笑里藏刀型上级。同这类上级相处,是一件非常令人头疼的事情,除了小心翼翼做好他所交代的事情外,还得留意分辨微笑背后的另一种含义。

⑦ 爱大声嚷嚷的上级。做这种上级的下属,必须要在他交代什么时候完成、怎么完成、要达到什么效果的时候,努力记好他所说的每一个字,如果你一不留神,他会让全单位的人都知道你的办事能力如何如何……当然,你工作出色,他还是会充当"播报员"这一角色的。因此与这种上级相处,你一定要努力、努力、再努力。

⑧ 与你称兄道弟的上级。这种上级的观点是"兄弟归兄弟,但工作是工作",所以你可以在除工作以外的地方揣摩他的想法。但当你真正犯了一些小错误的时候,他还是会帮忙解围的。如果你真的犯了大错误的话,谁也帮不了你。

2)获得上级赏识的方法

(1)了解上级。

班组长应该努力学习充实自己,了解上级的语言、性格,准确及时明白领导的意图,让上级轻松。

（2）主动与上级进行沟通。

自动报告你的工作进度,让上级知道。把上级需要的信息主动汇报给上级,让上级放心。

（3）把自己的优点展示出来。

让上级看到自己的能力和优点,提出自己对问题的看法和理解,让领导省心。

（4）抓住关键时刻,解决重要问题。

对自己的业务,主动提出改善计划,让上级省心。不忙的时候主动帮助他人,让上级放心。

（5）把上级不愿或不便承担的事情接过来。

对上级的询问有问必答,而且回答清楚,让上级放心。

（6）坚决执行上级的决定。

毫无怨言地接受任务,让上级满意。接受批评,不犯同样错误,让上司省心。

3）与上级相处要把握好分寸

下属在与领导相处时,如何才能把握好分寸,是每个班组长在工作中所面临的一个最现实的问题。

（1）以职责为先,处理好上与下的关系。

班组长作为下属必须认清职责,严守职责,履行好职责。

一是要认清形势。与领导相处,前提是必须认清单位的建设形势,认清领导的要求和需要,认清周围的人际氛围和个人状态。但是,这并不是要求班组长刻意迎合领导,一味附和上级,而是要求我们在工作上严格地按照职责界定,对领导关注的工作、当前单位的重大事项进行积极的关注和思考,提出创造性建议,或是在领导遇到问题需要支援时,可以及时帮其解决,从而引起领导的高度重视,赢得领导的信任。

二是要增强职责意识。工作上的职责意识就是要求班组长时刻保持清醒的职责概念,对领导担负的职责、个人承担的任务及所要达到的目标心中有数。在工作中不能随意超越领导的管理范围,但对自己分内的工作要用心、上心,对领导交办的各项任务要积极办理,创造性地落实,高质量地完成,这是建立良好关系的职责需要。

三是要摆正位置。相对于领导而言,班组长处在接受、被领导、被指挥的位置,要为领导当好帮手,做好助手,打好下手。为此,班组长必须摆正位置,认真工作;努力实践,从具体事干起,谋事不乱事,促进工作而不拖延工作。

（2）以事业为先,处理好进与退的关系。

身为下属,班组长还应坚持以大局为重、集体利益为重的原则,把握尺度,适时进退。

一是坚持原则。下属与领导相处时,要有明确的是非标准,才能把握住与领导相处的分寸,不偏离正确的轨道。

二是在事业上该进就进,决不退让。进,是为谋求更大的发展;退,是为今后的发展打基础。路遥知马力,日久见人心。一旦领导明白下属的用意,就会更加器重下属。

三是适可而止,该退就退。当与领导在某项工作上存在较大争议,虽尽力争取,仍不能使领导理解时,则应考虑领导的心理状况,只要不是原则问题,就忍一时、退一步,决不能得理不饶人,借口为了工作而伤害彼此的感情。

(3)以原则为先,处理好远与近的关系。

与领导相处,若把握不好彼此关系的远近尺度,天长日久就会造成周围群众和领导的误解。

一是应坚持相处原则,把握与领导接触的度。班组长必须根据实际情况和个人的具体工作,该近时能贴得上去,该远时能敬而远之,认认真真守好自己的"责任田"。

二是要把握好与领导接触的频率。过小或过大都是不可取的。过小,双方沟通不够,在情感上不能形成同舟共济的同向心理,思想上也很难达到默契和保持一致。过大,容易引起领导的反感,造成他人误解,给人一种讨好上级的嫌疑。

三是要掌握好交往距离。既不能偏向某一领导,也不能疏远某一领导,而应一视同仁,对谁都积极服从和配合,不远不近,不卑不亢,等距离接触。否则,厚此薄彼,势必造成一方领导对此下级重视,而另一方领导对此下级疏远的状况,从而影响工作和个人的进步。

(4)以实干为先,处理好得与失的关系。

班组长应调整好心态,正确看待个人利益上的得与失,多从大局上考虑。

一是端正名利观。不斤斤计较,不患得患失。只有以豁达的心胸、高尚的心智,处理好工作和利益上的得与失,与领导相处才会坦然无私,心底纯净。

二是事业心要强。首先班组长自己要干好。工作上实干的劲头、开拓创新的勇气、无私奉献的精神、不畏困难知难而上的毅力,是领导认识自己、了解自己的基本因素,也是与领导和谐、融洽相处的前提条件。

三是要有积极协作的精神。团结能够形成合力,协作能够展现集体智慧。任何领导都不喜欢挑拨离间、蓄意生事的人,而对团结意识强、协作精神好、乐于助人、善于团结人、有凝聚力和办事能力的人总是倍加赞赏。具备这些素质的下属与领导相处也总能游刃有余。

总之,与上级沟通交流时,要尊重上级,但不怕上级。事先整理好要谈的内容,以轻重缓急记入笔记;要有数据观念,不可乱讲,好好听取上级的指示并做笔记;不发牢骚,不要只提出问题,而不提出解决问题的方案;与上级意见相左时,应选对时机,不宜在上级忙时沟通;工作之中,应不断进行报告,报告是建立上下级关系的基础。

4)接受上级批评要领

工作挨骂,人之常情,班组长应该表现出应有的气量,不要顶嘴,也不要不在乎。了解上级在骂什么,改过就是,把骂当成教导。上级不讲理时,这边听,那边出,心中想着快乐之事,但表面上装出反省的样子,找人倾诉一番,不要压在心中。次日要早到单位,以最好的精神与上级和同事打招呼,不要有恨意,不要装可怜。

与领导相处,忌讳冲撞上级,顾上不顾下,唯唯诺诺,恃才傲物,过于亲密,过于疏远。

5)向领导请示与汇报的技巧

(1)聆听命令。

班组长要能辨别出是领导的一时快语还是真正的命令,听清楚让谁、在哪个地方、做什么、怎么做、什么时间做、做到什么程度,以提高沟通效率。

(2)探讨可行性。

在领导做决定之前,尽量影响他,一旦命令下发,先表态坚决执行,如果有不理解的地方,私底下和领导探讨具体的可行性方案。

(3)拟订工作计划。

古人云:凡事预则立,不预则废。要想提高工作绩效,提前制订可行性计划是必不可少的环节,这会使行动有依据。

(4)事中及时汇报。

领导需要随时掌握工作的进程和动态,作为下属的班组长应及时向领导汇报情况,让领导放心。

(5)事后重视总结。

"君子博学而日参醒乎已,则智明而行无过矣"。善于总结过去的人,同样的错误不会犯第二次,可以提高工作绩效。

2. 班组长与下级的沟通

1)班组长与下属相处的"三 A"原则

美国当代人际关系学家莱斯·布吉林经过多年的研究实践,总结出受人欢迎的三大秘诀,即接受(Accept)他人、赞同(Agree)他人、赏识(Appreciate)他人,简称

"三A"法则。其实任何人都希望被人接受、尊重、得到赏识,班组长要明白,下属只要能从你那里得到这些美好的东西,他就会感到你的友善,你也会因此受到他的欢迎。

(1)接受下属。

下属工作的目的一是为了获得经济报酬,二是为了满足精神需求。下属如果能感觉到领导的认可、接纳和关心,就会把自己作为大家庭的一员,从而激发起可贵的主人翁意识。如果下属都能找到归属感,班组的凝聚力就会大大增强,领导者的影响力也会明显提升。作为班组长,一定要清楚地认识到下属需要什么。

(2)赞同下属。

对下属适时、适度地赞同是一种领导艺术,是不需要成本的激励手段。下属都希望听到领导的赞美,获得领导的赞同,这样下属会感到自己是重要的、有价值的,从而产生更强的敬业感和责任感。班组长如果能注意到下属点滴的进步、良好的行为并加以表扬,这种行为就会得以强化,以后会重复发生;如果班组长对下属的有效行为视而不见,这种行为就可能渐渐减弱直至消失。赞美是人际关系中最有效的润滑剂,是班组长与下属情感沟通的纽带。上级对下属的认同和赞美,必将获得下属的信任与友谊,从而增进彼此的理解与合作,班组长的影响力也会在不知不觉中得以提升。

(3)赏识下属。

赏识比赞同具有更深刻的内涵,饱含着领导者由对下属人格、工作能力等的信任而生发的对下属的无限期望,期望下属有更出色的表现,承担更有挑战性的工作,负更多的责任,这无疑会对下属产生极大的激励作用。赏识激发出的成就欲不仅会使下属工作充满活力,提高工作效率,而且也能真正确立班组长在下属心目中的地位,融洽上下级关系,提升领导效能。

2)与下属相处的六个要点

(1)树立良好的个人形象。

班组长的形象,从下属那里可以反映出来,如果你想有一个好的领导形象,就必须从平时的一言一行到对工作的负责态度以及对下属无微不至的关心做起。当自己有错误时,最好不要掩饰,人们尊敬的是那些直截了当地承认错误并能迅速改正的领导人;当你的下属有工作成果时,一定不要把荣誉占为己有,而且要公开表彰有成就的下属。当周围的人都说你是一个好人并像对待好人那样待你,那么,你的管理工作就会得心应手了。

(2)拥有幽默感。

如果你说话诙谐,并能在合适的场合与普通员工有分寸地幽默一下,能使你与他人更加融洽。幽默感能使你充满活力和魅力,使你变得亲切和讨人喜欢。

(3)防止与下属关系过于亲密。

班组长要把工作关系与私人关系分开,一视同仁地去指导和要求所有下属的工作,切忌给他人你只宠信某一两个人的感觉,否则你的号召力将化为乌有。

(4)处理好与年长下属的关系。

年长的人怕被人遗忘,担心不被人尊重,请你记住这一点。应该在适当的场合向老职工多年来为班组所做的贡献致谢,但是当他们犯错误时,不能因资历比你高就迁就他,否则他将一犯再犯,不服从管理。

(5)不要过于挑剔你的下属。

不要把别人不愿干的事一股脑儿地推在某个下属身上,不要老挑他工作中的毛病。你要记住,如果你认定他是一个游手好闲不成器的人,那么他就会破罐破摔,真正成为你所认为的那种人,至少在你的面前是这样。因为他也认定,无论他怎么努力也不会再改变你对他的看法。

(6)不要用权力压迫下属。

如果你时常威胁人,将会导致下属的抱怨和不满,甚至引起怨恨。王石曾经说过:权力可以迫使人们做事,但是不能让人自觉自愿地做事。

3)如何表扬员工

没有什么比赞扬一个人更能获得人的心。班组长表扬员工,员工赞扬员工,都会令自己的人际关系变得亲善。赞美是需要学习的一门特别技巧,表扬一个人决不要面面俱到,那就像说假话一样令人感到虚伪。

(1)及时称赞员工。

班组长要针对具体某件事及时赞美员工。赞美到点上,能使被赞美者更清楚地意识到自己因何事得到了赞美,从而把这件事做得更好,还可避免其他员工产生嫉妒心理。所以,要用欣赏的眼光随时寻找员工的闪光点。

(2)赞美对方引以为荣的事。

班组长表扬下属时,言辞要准确,态度要由衷,神情要专注,事情要具体。表扬时,中间要停顿一下,先是表明你很重视这件事,并认真看待对方的表现。例如,"××,我发现你在休息时向老员工耐心咨询业务,这让我很开心,(停顿)如果新员工都像你一样好学,你们很快就可以通过考试上岗了"。

(3)善于从小事上称赞。

班组长要能找出下属值得关注的细节,并要善于发现小事的重大意义,不要用大道理,也不要拔高,那令人不舒服。要想使自己能在对别人的赞扬中体现独到之处,就在平时留心观察、细心思考,找出值得重视的地方,及时赞扬。

除了直接表扬以外,还可以用其他的方法。例如,间接的赞美,即假借别人的口来赞美一个人,这样既传达了第三者的善意,也能表明自己的赞同立场。通过赞美与对方有密切联系的人、事或物,来折射对一个人的赞美之意。赞扬他人的人品时,要注意不要乱做比较,更不能拿别人的人品做比较,以免弄巧成拙。特别值得注意的是,要用心才能准确发现别人的优点,不用心或拿起话就说,都容易使赞扬成为讽刺。绝对不能犯的错误:用"有风度"、"有水平"、"很漂亮"赞美遇到的一切人,结果没有一个人认为自己受到了重视。相反,假如他恰好不那么漂亮,还会认为是受到了讥讽。

4)如何批评员工

批评是推动工作的武器,也是班组长在工作中经常使用的、行之有效的一种管理方法,而批评艺术,将直接关系到批评效果,所以要讲究批评艺术。批评艺术,包括运用者的态度、批评程度,也包括批评的内容和方法。

(1)批评内容要客观。

班组长要想保证批评内容的客观,首先,要调查了解实际情况,不能偏听偏信。其次,要尊重事实,对事不对人。再次,要先听听对方的辩白。错误,总是有主观原因,也有客观原因。先听听对方的辩白有利于了解事情的真相,也有利于掌握被批评者的态度。最后,批评要明确指出错误的所在、错误的原因及纠正的方法。

(2)批评态度要端正。

班组长批评下属的端正态度主要表现在五个方面:第一,批评要有诚意;第二,不能轻视被批评者;第三,不可以权压人;第四,不可任意发脾气;第五,不可背后批评人。

(3)批评程度要适度。

首先,批评不可夸张;其次,班组长要主动承担责任;再次,不要批评已经认错的人。

(4)批评时机要成熟。

批评同办任何事情一样,如果失掉了适当时机,效果就会减半或收到反效果。

(5)批评方式要幽默。

班组长批评自己的下属时,可用些富有哲理的故事、双关语、形象的比喻等,启发受批评者思考,增进感情交流,使批评不但达到教育对方的目的,同时也能创造出轻松、愉快的气氛。

3. 班组长平级之间的沟通

在平行沟通中,管理者应当特别注意尊重彼此,经常换位思考,要做到平等互利、礼让对方,同时,还要能知己知彼,多听取对方正确的意见。在沟通过程中把握好时机,相互协作,这样处在一条命令链的同级和相关部门才能做到同步和高效地完成工作。

1）同事之间的相处

同事是与自己一起工作的人，与同事相处得如何，直接关系到自己的工作、事业的进步与发展。如果同事之间关系融洽、和谐，人们就会感到心情愉快，有利于工作的顺利进行，从而促进事业的发展。反之，同事关系紧张，相互拆台，经常发生摩擦，就会影响正常的工作和生活，阻碍事业的正常发展。班组长处理好同事关系，应注意以下几点：

（1）尊重同事。

同事关系不同于亲友关系，它不是以亲情为纽带的社会关系，而是以工作为纽带的，一旦失礼，创伤难以愈合。所以，班组长处理好与同事之间的关系，最重要的是尊重对方。

（2）物质上的往来应一清二楚。

同事之间可能有相互借钱、借物或馈赠礼品等物质上的往来，但切忌马虎，每一项都应记得清楚明白，即使是小的款项，也应记在备忘录上，以提醒自己及时归还，以免遗忘，引起误会。向同事借钱、借物，应主动给对方打张借条，以增进同事对自己的信任。在物质利益方面无论是有意或者无意地占对方的便宜，都会在对方的心理上引起不快，从而降低自己在对方心目中的人格。

（3）对同事的困难表示关心。

同事的困难，通常首先会选择亲朋帮助，但作为同事，应主动问讯。对力所能及的事应尽力帮忙，这样，会增进双方之间的感情，使关系更加融洽。

（4）不在背后议论同事的隐私。

每个人都有"隐私"，隐私与个人的名誉密切相关，背后议论他人的隐私，会损害他人的名誉，引起双方关系的紧张甚至恶化，因而是一种不光彩的、有害的行为。

（5）对自己的失误或同事间的误会，应主动道歉说明。

同事之间经常相处，一时的失误在所难免。如果出现失误，应主动向对方道歉，取得对方的谅解；对双方的误会应主动向对方说明，不可小肚鸡肠，耿耿于怀。

2）同事相处的雷区

现代社会竞争日益激烈，而企业就是竞争的战场，在这个战场上存在着雷区。如果对这些雷区一无所知，一不小心就会触雷受伤。

（1）不要把自己当作专家。

企业里的同事具有各种专业特长，即使所学正好是一个冷门，也不要因此把自己当作专家。

（2）不要把自己当成别人的精神领袖。

大家在从事同一种工作或者为同一个目标工作的时候，往往会产生一些工作上的冲突,这种冲突的根源多是由观念和行为方式上的差异造成的。这种差异随处可见,要化解由此引发的矛盾,就必须从工作的角度来沟通。班组长如果想站在精神领袖的位置来处理这些问题,往往会使问题扩大化和复杂化,甚至引起同事的抵触情绪,进而影响同事间的感情。

(3)不要把情绪带到单位。

每个人每天都会有不同的情绪,班组长如果把这些情绪带到单位里,无疑会向同事透露很多信息。这些不确定的信息有时会引起别人的好奇和猜测,甚至把别人的注意力引向你的隐私。另外,班组长的消极情绪也会对其他同事产生心理暗示,将整个企业引入沉闷的气氛当中。这种气氛反过来又可能加重你原有的消极情绪。所以,上班之前,要先释放情绪负担。

(4)不要轻易使用"肯定不行"这个词。

在企业里,"肯定不行"这句话也许是最令人讨厌的。因为当一位同事向你咨询一个问题时,他是在寻求帮助或者心理上的支持,其内心是希望这件事"能行"。此时,如果你断然否定他,就在无意间伤害了他。有些问题,不管它本身对不对,但对提问题的人要尊重。

(5)不要加入"小圈子"。

单位里,有时会出现各种各样的圈子,圈内人往往以此为荣,但这是十分危险的。如果形成一个圈子,圈内人势必会对圈外人有一种排斥心态,这种排斥心态在同事中引起的第一个心理反应就是反感。所以,当你得到圈内利益时,你也同时疏远了圈外更多的同事,最终会在同事间产生对抗,破坏公司的工作气氛。

(6)不要主动去"关心"别人的工作。

大家虽然都在一个企业里,但是各有各的职责范围。权责明确是许多上级对下属的要求,而现实中许多人在工作之余却爱不由自主地去"关心"别人的工作。虽然你也许是善意的,但是你在"关心"别人工作的同时,往往要表明自己的观点,这种观点未必会被同事完全接受,有时还可能会影响同事的思路。

二、班组长常用的沟通方式

1. 班前会议

有些班组长说:"我总觉得企业讲究的就是产量,要的就是利益,有开会的时间,不如早点干活儿,多创造利益呢!"一些员工也说:"开什么班前会,还得让我早来那么长时间,听那些不干活的人唠唠叨叨,有时还批评人,真烦死了!"真是这样吗?为什么企业要求班组每天必须要开班前会?有必要吗?

1)什么是班前会

班前会是指以班为单位,在开始工作之前,在指定的地方,大家集合在一起,班长进行点名,传达公司的有关要求和精神,分析前一天的工作状况和布置当天的工作任务,并在结束时齐喊安全口号的一种会议形式。班前会是企业基层管理的重要组成部分,是班组长向下级传达上层的意见、布置工作任务、检讨工作绩效的主要途径。

2）为什么要召开班前会

（1）安全的需要。

班组长用很短的时间开班前会,将作业场所潜在和上班遗留的危险因素给职工们讲清楚,不仅能提高职工对危险的认识、对工艺流程的重视和临场解决问题的能力,还能使职工养成检查安全隐患和预防事故的习惯,提高自主保安全的意识,更有利于生产的顺利进行。

把大家集中起来开班前会,还能观察每个员工的精神状态,有利于消除人的不安全行为所引发的事故。

（2）工作的需要。

班前会是班组工作开始之前召开的会议,是对当班工作的统筹和安排,让每位员工清楚自己的工作任务,对工作顺利完成具有非常重要的作用。

（3）管理的需要。

班前会是班组长向员工进行工作教导、激励工作热情的手段,也是班组长发挥个人魅力和树立威信的最佳场合。生产人员通过参与班前会,可以培养良好的工作习惯,适应公司的氛围,改变不良行为,使自己陈旧观念与思想得到更新,并由此提升个人的价值观。

班前会是人员点到的场所、作业指示的场所、活动安排的场所、唤起注意的场所、信息交流的场所、生产总结的场所、培训教育的场所,在现场管理中具有重要的作用,即使占用了工作时间,班组长也要坚持实施。

3）如何开好班前会

有时虽然开班前会的出发点是好的,但是经常一不留神就容易使会议走样。

[案例4-5]

马拉松式的会议

某车间正在开周例会:"有关质量的问题呢,我们就说到这儿。还有就是上次会议中我们谈到但没有解决的问题,那就是和设备科的沟通问题,我建议每周我们开例会时,请设备科的一位同志来参加,这样就可以让设备科的同志了解我们的苦衷了。其实要了解我们苦衷的不仅是设备科,还有质检科,如果质检科的同志能参加我们的例会,质量的问题也就能顺利解决了。还有安全问题,大家……"这位主任还在滔滔不绝,在座的员工们早已听得毫无兴趣,或在打瞌睡,或在小声聊天。

[案例 4-6]

发牢骚的会议

某班组正在召开成本分析会。班长:"这个月咱班的消耗指标一直名列前茅,大家一起找找原因。""我看问题在设备,设备总出故障,产量上不去,消耗指标肯定高。"小张先表态。"就是,机器老化,早该淘汰了!"小李接话。"咳,领导才不考虑这些呢!我听说姚书记又到欧洲考察去了。"小赵说。"是吗?刘厂长不是才从美国回来吗?"

从上述案例看,员工常常会经历这样的会议,领导在台上长篇大论、滔滔不绝,下面听会者不是在打瞌睡,就是在窃窃私语,甚至在看报纸、打电话。也有这样的时候,看似讨论得很热闹,却离题越来越远。本来是想解决问题,或就某一问题达成一致,两个小时下来大家却忘了本来的目的,发了一顿牢骚,听了一些花边新闻,聊了一些张长李短。

(1)注意三项基本常识。

① 说什么。

要开会,总要有话题,说什么是班组长要准备的第一件事。这就要求班组长掌握生产经营各方面的基本现状和问题,做到心中有数、针对性强。如你要提高安全要求、质量要求,就要知道安全、质量的隐患点,这是开好班前会的前提。

② 如何说。

首先,班组长要事先理好顺序,做到重点突出、无漏项。其次,要注意发言简洁,控制会议时间。再次,发言要具有鼓舞士气的作用,注意是动员会,不是泄气会。对于不和谐的声音,要正面引导,站在集体的利益上做思想工作。

③ 会议内容有可操作性。

会议内容不能停留在一般要求上,一是派活要到岗,二是指标具有可考核性,三是会议内容要有记录。

(2)具备四项基本技能。

班前会看似一小会儿,但对保证每天的生产正常运行十分重要,想要达到良好的效果,班组长们需要具备四项基本技能。

① 搜集分析现场生产工作信息的能力。做到及时全面掌握生产现场状况,并能发现问题。

② 抓住现场管理重点,并有较强概述问题的能力。一个班组长不知道先管什么,后管什么,不知道哪些是自己亲自抓的,哪些是别人协作的,管理现场将会很混

乱。应了解现场各种管理的法规和制度,并会应用。

③ 表达和沟通能力。开会要演讲,要和员工面对面沟通,一定的表达和沟通能力是班组长必备的。

④ 简单的文字表达能力。能够写会议总结和简单的汇报材料,能检查台账并发现问题。

(3)开好班前会的技巧。

在班前会上,班组长应用简短的语言布置工作,提醒班组成员注意操作安全。有时,班组一些新的任务和新的情况,也会在班前会中向班组成员明确。开好班前会主要从以下六个方面着手:

① 做好班前会的准备工作。班组长应全面掌握当班的任务、工作状况、人员动态及前一班组的遗留问题等情况。

② 布置工作时应分工明确,任务落实到人头,使每一名班组成员都清楚地知道自己要做哪些工作。

③ 明确一天工作任务的完成程度,细化、量化工作任务。

④ 强调重点的工作环节,尤其是安全环节。班前会不强调安全,班组成员在工作中就容易产生麻痹思想,违章蛮干。即使职工都有牢固的安全生产意识,班组长在安排工作时也不能只讲任务落实,不讲安全注意事项。

⑤ 配合科学、合理、严格的考核措施。明确指出考核项目与考核指标,将其与班组成员的工作态度、工作情况及今后的奖惩制度挂钩。

⑥ 语言要谨慎、严肃、有责任感。班组长应该使用鼓励性的语言结束班前会。

班组长要保持良好的精神面貌。班前会是一天工作的开始,良好的精神和愉快的心情能有效地减轻班组成员的工作负担。通过班前会制度,使员工的安全意识、质量意识、服务意识和专业素质得到提高,从而使工作现场规范化。班前会要突出三查(查仪表、查安全、查精神状态)、三交(交任务、交安全、交技术)的主题。

4)班前会的具体操作

(1)发出号令集合人员。

班前会站姿要求是脚跟并拢,脚尖分开呈60°,挺胸、收腹、腰直、肩平,双臂在体前交叉,两手相握准备点名,班组长面对员工。

(2)人员报数点到。

班组长点名时,员工应答"到"。通过报数声音以及目视的方法来确认员工的精神状态。

(3)整理队列。

班组长点完名后,要进行整理队列训练,喊立正、稍息、向右看齐等口令,员工要按照口令进行相应动作。

（4）班前排查。

班前会上班组长要做好"三查"工作。

查仪表：检查工作服、工作帽穿戴情况，有无不符合要求情况；以整理劳保用品穿戴的方式进行检查，首先检查袖口、领口、劳保鞋。

查安全：检查安全帽、安全带、防护眼镜等防护用品是否佩戴正确。

查精神状态：要做到察言观色，观察员工有没有休息好、班前是否饮酒、身体有无不适、情绪有无波动等不利于工作的状态，确保员工精神饱满、心情舒畅。

（5）总结前班工作。

班组长总结前一天工作情况，对出现的问题或存在的隐患进行点评、分析，并表扬、鼓励在前一天工作中表现突出的员工，倡导大家向其学习。

（6）安排当班工作。

班站长安排当班的工作内容包括：下达任务指标、安排工作分工、提出品质要求及控制要点、强调工作要项和改善事宜、适度解答员工疑问。主要做好"三交"工作。

交任务：做到工作任务目标明确，员工对干什么、如何干、达到何种质量标准明明白白、清清楚楚，明确本班要完成的工作指标并分工到个人，增强当班员工完成工作任务的信心和决心。

交安全：介绍当天作业的内容和部位，分析存在的安全隐患，制定防范措施并逐项交代，落实责任人。

交技术：对当天作业的工艺及技术要求进行交代，要求逐项、逐条讲清、讲透，让员工掌握工作的要点。

（7）通报上级指示事项。

班组长宣贯、重申厂规厂纪，传达公司的有关决定，动员参加公司的管理活动，传达主管部门的工作指令，通报相关部门反馈的信息。

（8）集体呼号。

例如，班长喊"从我做起不违章、遵章守纪保安全"，组员齐和"加油"，可以振奋精神，使员工以饱满的精神状态投入工作。

（9）宣布作业开始。

最后，班组长应加重语气询问员工"对完成今天的工作有没有信心"。班前会议的时间以10分钟左右为宜。整队检查仪容约占1/5时间；讲解约占3/5时间；答问约占1/5时间。班组长可以灵活安排，用心开好每一次班前会，让员工精神饱满地工作。

2. 口头汇报工作

[案例 4-7]

要学会汇报工作

某公司领导到一个优秀班组去检查工作时,突然要求听班组长口头汇报班组生产情况和管理状况。但此班组日常汇报多由班组技术员进行,班组长缺乏相应的口头总结能力,结果在"脱稿"汇报时,乱了"阵脚",重点工作没有详细讲解,当前工作汇报得不清晰,表达不理想,汇报的结果当然不能让人满意。

作为班组长一定要主动、如实、经常地向领导汇报工作。有些班组长认为领导把活给我了,就不用管了,最后看结果不就行了吗？领导没叫我去汇报,我总往领导那里跑人家不烦吗？其实不然,领导愿意通过班组长的汇报,及时了解各项工作的进展情况,并给予新的指示。发现问题及时解决,以免小问题变成大问题,同时他也需要知道工作的最终结果,并对下属做出评价。汇报行为本身就体现了对上级的尊重,表示你眼里有他。有时忙起来,他想不起来叫你去汇报,但你这样做了他嘴上不说,心里对你会更为认可,也对你为工作的付出印象更加深刻,你还可以及时得到领导的帮助和理解,何乐而不为呢？可为什么有的人说话领导就容易接受,有的人却经常碰钉子呢？这就需要掌握口头汇报的方法与技巧。

1) 口头汇报的概念

把领导需要的信息和本身所掌握的信息,有效地转达并共享或支援决策就是汇报。善于汇报的人是值得信赖的人。直接面对上级,信息真实、水分少,有利于真抓实干,减少投机取巧,有利于个人的语言和文字表达水平的提高,这些都是口头汇报的优势。

2) 口头汇报的技巧

(1) 不要在领导准备外出时、领导正要吃饭时、领导心情不好时、领导正忙时汇报工作。

(2) 口头汇报的时机很重要。做好计划时、中间报告、出现紧急情况时、工作完成时是理想的汇报时机。

班组长汇报之前要考虑这样的几个问题:我这次找领导谈话主要想达到什么目的？领导此时最想听什么？领导布置工作时是怎么说的？情况发生了什么变化？我现在的工作成效与领导当初的要求有什么距离？什么原因造成的？下一步该采取些什么措施？

3) 口头汇报的原则

(1) 先说结论。

(2)简洁、正确。

(3)事实与主观的感想、臆测要区别开来。汇报工作时,应客观、准确。尽量不带突出个人、自我评价的色彩。

(4)不要遗漏重点。紧扣主题,不要杂乱,汇报时不要漫无边际、杂乱无章。汇报的问题一定要有顺序,轻重缓急有所侧重。应尽量紧紧扣住所要阐明的中心问题,简明、有条有理。切忌罗列太多琐碎的数字,要表现得信心十足,不能犹豫、含糊。

(5)成功、失败都要明言。班组长要注意领导反应,并及时反馈。汇报时一定要注意观察领导的反应,领导听不明白时及时补充,领导不爱听时就别多啰嗦,有疑问要及时反馈。

4)口头汇报的方法

(1)要向给你指示的人汇报。

(2)从结果说起。

(3)说明造成这个结果的原因。

(4)对经过加以说明。

(5)最后说明本人的意见。

(6)把事实和个人看法加以区别说明。

(7)拿出事实根据和资料来说明。

(8)业务过程中出现的困难也要报告。

3. 口头指挥

1)口头指挥的形式

(1)面对面地下达命令,指挥工作。

(2)通过电话下达命令,指挥工作。

(3)通过他人转达命令,指挥工作。

2)口头指挥的技巧

(1)命令要简洁、准确,尽可能使用专业语言,不能产生误会。

(2)指挥要及时,避免延误,且一般要限定执行时间、完成时限,并留有余地。

(3)指令必须是可执行的,并具有可操作性。

(4)对一件事情多次的指挥命令要确保前后一致,不要自相矛盾。上级部门要统一指挥、步调一致、口径一致。

交流和沟通是班组管理的基础,是增强班组凝聚力的重要手段。要时刻牢记:沟通是建立在"以心换心"的基础上的,真诚是最能打动人的。未来的竞争是管理的竞争,竞争的焦点在于每个社会组织内部成员之间及与外部组织的有效沟通上。

第五章　班组激励

两军对垒,将军们运筹帷幄,谁在硝烟弥漫的战场上浴血奋战?是士兵。激烈的市场竞争中,企业家制定宏伟战略,最终由谁来实现?是员工。作为"兵头将尾"的班组长正是一线战斗的直接组织者和指挥者。班组长的任务是正确运用激励的方法,充分地调动员工的积极性和创造性,让大家自觉自愿地带着愉悦感工作,提高企业的整体绩效。

第一节　管理要善用激励

激励对于班组长来说是一项很重要的技能。激励源于科学的理论,但最终要实现的话,它又是一门艺术,这种艺术源于管理者对自身实践的知识、理论升华以后,经过体验变成自己的东西的过程。管理中的理论都是通过点点滴滴的管理实践体现出来的。

一、认识激励

美国哈佛大学教授威廉·詹姆斯通过研究发现,在缺乏激励的组织环境中,员工的潜力只发挥出20%～30%,而在良好的激励环境中,同样的员工可以发挥出80%～90%的潜力,效率增加了3～4倍。所以,在企业班组管理中,每一位员工都需要被激励。

1. 激励的概念

所谓激励,就是激发和鼓励的意思。企业中的激励具体是指以物质和精神等外部诱因来满足员工的需要,激发员工的工作动机,使之产生实现组织目标的特定行为过程。激励的过程如图5-1所示。

班组管理中的激励,就是在班组生产过程中,根据员工的实际需求,采用激励的理论和方法,满足员工的合理需要,激发勉励职工奋发向上,最大限度地发挥职工积极主动为企业服务的潜能。班组管理就是班组长利用他人或者和他人一起共

```
人的需要 → 人的动机 → 目标导向行为 → 目标行为
         ↑            
组织目标 → 设置目标
```

图 5-1 激励的过程

同完成需要完成的任务,简单一句话就是:用人成事!要想别人愿意为你所用,就需要班组长们真正关心那些每天和你共同度过八小时甚至更多时间的员工。你还要以身作则,因为大家朝夕相处,每个人的一举一动大家都看在眼里、记在心间,所以班组长应该起到表率作用。这不仅可以让组员效仿,还是衡量班组长是否合格的基本标准,因为管理者只有"自治"才能"善治"。你拥有了为大家服务的优良品质,大家就会为你创造奇迹。永远记住:你需要你的员工远远超过他们需要你,因为你的绩效主要来自于他们的工作,而不仅仅只是你个人的努力。同时一旦发现有下属做对了什么,马上就为此表扬他,让他为了维持一个好名声而更加用心工作。想想看,受到表扬后,你是更松懈了,还是更加努力了呢?身为管理者,你给多少人写过表扬信?要知道,这些信件的意义比任何奖励都要持久。

人的大脑一般只发挥出15%的潜力,身体大约能够发挥出40%～50%的潜力。激励他人和自我激励的目的就是调动我们身上的潜能。因此,优秀的班组长需要具有激发员工最佳潜能的能力——除了帮助他们调整心态、客观评估以及积极褒奖这些重要方法以外,还要能够让员工树立信心、建立自尊。班组长的工作实际上就是做到让你的员工愉快地、带着满足感去工作。

2. 人员激励的特点

[案例 5-1]

一条腿的烤鸭

元旦前夕,张班长突然心血来潮,于是交代班里的小李,替每一位同事准备一只烤鸭,让大家都能过一个愉快的元旦。他心想:"今年班组经营得不错,元旦嘛,大家要吃烤鸭,拿班组经费请客,让大家高高兴兴地过个节。"

张班长第二天上班,发现有两只烤鸭,被摔在他办公室的门口。他觉得既讶异又迷惑,于是便问小李到底发生了什么事情。小李回答说:"他们俩都嫌自己的烤鸭比别人的小,很生气,于是就……其实烤鸭哪有什么大小,实在是太过分了……"

激励所产生的积极效果毋庸置疑,但在管理实践中,激励并不总是具有积极意义,激励有时也会起到相反的作用,所以了解激励的特点是很有必要的。

1) 以人为中心

班组生产中涉及的主要因素是人、机、料、法、环等,其中机、料、法、环等事项都是人做的,所以归根结底,要处理好事情,先要解决好人的问题。能被直接激励的主要对象只能是人,并且激励需要以人的心理需求作为出发点,但人的心理又是一种看不见、摸不着的东西,只有通过在其作用下的行为表现来加以观察。班组长和员工朝夕相处时就需要多留心,通过察言观色等方法了解他们内心世界的真实想法。

2) 需求是动态的

人在一定条件下会产生动机与行为,而这些动机和行为的程度并不是固定不变的,它们受多种主观因素的影响,在不同的时间、不同的环境里,其表现必然不同,所以必须从动态的角度去认识这个问题。班组长可以根据那时、那地、那景的需要来有效激励下属。比如说,刚刚上班的青年员工,有高涨的工作热情,最想得到的是领导的认可和指导;实习期满,初步技能已经掌握,也有一些工作经验,他们这时候可能会开始关注工资待遇的问题;再过几年,积累的经验渐渐丰富,技能非常的娴熟,可能会更加关注有无更多更好的发展机会。所以,班组长应该密切关注员工在不同时期的思想动态,及时沟通协调,解决好员工的困惑,激发他们的潜能,提高班组整体绩效。

3) 对象是差异的

[案例 5－2]

差异化的激励

刘姐领导的采气班的几个年轻人,最近让她很是头疼。小李来自贫困的农村,家里有生病的奶奶、上学的弟弟妹妹,经济压力非常大;城里来的小王是家里的独生子,爸爸妈妈都在机关上班,条件比较优越,从小娇生惯养吃不了苦;小杜是油田子弟,父母都在一线工作,虽然早已习惯了全家分居各处的生活,但是缺少工作的热情;有着高干家庭背景的小丽只是下现场走个过场,很快会调离生产一线。这些年轻人虽然表面上一团和气,但是时不时也是暗流涌动,危机四伏,怎么调动这些年轻人的积极性,提升班组凝聚力,让刘姐焦虑不已。

激励的对象是有差异的,需求也就不同,而且不同的人对激励的心理承受力不同,因此班组长对班组内不同的成员应该采取不同的激励方法。例如,对待小李除了心理关怀外,还要注意关注他的物质需求;培养小王吃苦耐劳的能力;激发小杜的工作热情;教育小丽明白"在其位谋其政"的道理。

4)能力是有限的

人的能力是有限的,激励不能超过人的生理和能力的限度,适度的激励才能达到激励的效果。鞭打快牛的做法虽然可以取得一定的成效,但是班组长必须明白,一个人的能力和耐力都是有限度的,不应该只是一味地让能者多劳,时间长了容易挫伤努力工作的员工的热情。

3. 人员激励的功能

1)激励可以促进组织目标的实现

通过激励可以把组织所需要的人才吸引过来,提高组织的凝聚力。个人目标及个人利益是职工行为的基本动力。他们与组织的目标有时是一致的,有时是不一致的。当两者发生背离时,个人目标往往会干扰组织目标的实现。班组激励的功能就是以班组成员个人的目的和需要的满足为前提,诱导职工把个人目标与组织的整体目标统一起来,只有实现组织目标才能达成个人目标,激发和推动职工为完成工作任务做出贡献,从而促使个人目标与组织整体目标的共同实现。通过激励可以协调个人目标与组织目标的不一致性,在二者之间寻找一个平衡点,以培养"厂兴我荣,厂衰我耻"的共同意识。

2)激励可以提高员工素质和工作绩效

通过激励可以充分调动员工的积极性、主动性,使人的潜能得到最大限度的发挥,如提高劳动效率、超额完成任务、改进服务态度等。通过激励可以进一步激发员工的创造性,从而提高工作的绩效,通过激励也有利于提高员工的整体素质。

3)激励有助于形成良好的集体观念与社会影响

激励有助于增强组织的凝聚力,促进内部各组成部分的协调统一。任何组织都是由各个个体、工作群体及各种非正式群体组成的有机结构。为保证组织整体能够有效、协调地运转,除用良好的组织结构和严格的规章制度外,还需运用激励的方法,根据职工的不同需要,分别满足他们的物质需要、精神需要、尊重需要、社交需要等多方面的要求,以鼓舞员工士气、协调人际关系,进而增强组织的凝聚力和向心力,促进各部门、各单位之间的密切协作。

4. 激励应遵循的原则

(1)组织目标的设置与满足员工的需要应尽量保持一致。

(2)激励方案要有可变性。不能因为一组特定的激励手段产生了较好的效果,就把激励方案固定下来。随着时间的推移、场景的转换、人员的变更,激励方案也要随之而变。

(3)激励要因人制宜。采取灵活的方针,针对不同的个体采取差异化的激励手段,让大家各取所需,使激励更具针对性。

(4)理顺个体与群体的关系。激励手段应以个体为中心,但不能忽视群体的影响。处理好个体与群体的关系,让多数人去影响少数人。各位班组长必须明确一个观念:管理并不是班组长一个人的专利,而应该是全员的行为,让每一位员工都参与进来,显然比班组长事必躬亲的效果要好得多。

(5)掌握好激励的时间和力度。激励要掌握好时机,在不同时间,其作用与效果是不一样的。对待大多数员工一定要注意激励的及时性,因为很多事情都是有时效性的,时间一长,员工的印象都淡漠了,激励效果容易减弱。同时,激励要注意力度,既不能过轻,也不能过重。

二、善用激励

1. 激励理论

激励主要是分析人的内在需求和动机如何推动行为。激励理论主要有马斯洛的需要层次理论、赫茨伯格的双因素理论、佛隆的期望理论和亚当斯的公平理论。

1)马斯洛的需要层次理论

马斯洛需求层次理论是一个影响很大的激励理论。在该理论出现以前,企业里是人适应机器,后来马斯洛提出,人的潜能应当得到重视,应当重视员工的价值实现,由此引发了人本主义的思潮。

马斯洛的需要层次理论提出,人的需求分为五个层级:

第一个层级是基本的生理需要;

第二个层级是安全需要;

第三个层级是归属与爱的需要,或者称为社会交往的需要;

第四个层级是尊重与审美的需要;

第五个层级是自我实现的需要。

具体需求特点如图5-2所示。

马斯洛的需要层次理论指出,人的需求是不断变化、逐级上升的,当基本的生理需求得到满足后,他的安全需求就会上升为主导需求,而当安全需求被满足后又会有归属和爱的需要,依此类推。当前一种需求得到满足时,后一种需求就会浮现出来,占据主导地位,这种对需求的分层是马斯

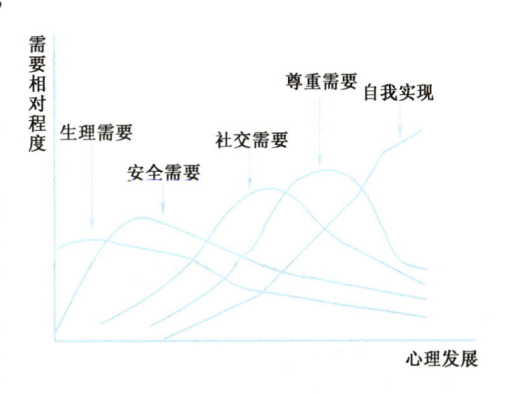

图5-2 人的需求特点

洛的创新之处，是一种将管理学和心理学完美结合的产物。因为这种需求的层次涉及社会的每一个人，任何一个人的需求都不外乎这几个层次，以及在这几个层次上的动态调整。班组长了解这个理论，就可以根据员工不同时期的需求采取不同的激励方法，从而有效调动员工的工作积极性。

2）赫茨伯格的双因素理论

双因素理论是由美国心理学家赫茨伯格（Frederick Hertzberg）提出的，他和他的助手们在美国匹兹堡地区对二百名工程师、会计师进行了调查访问。访问主要围绕两个问题：在工作中，哪些事项是让他们感到满意的，并估计这种积极情绪持续多长时间；又有哪些事项是让他们感到不满意的，并估计这种消极情绪持续多长时间。赫茨伯格发现，使职工感到满意的都是属于工作本身或者工作内容方面；使职工感到不满的，都是属于工作环境或者工作关系方面。他把前者称为激励因素，后者称为保健因素。双因素理论是激励因素和保健因素理论的简称。该理论认为，激发人动机的因素有保健因素和激励因素。保健因素好似物质激励，而激励因素好似精神激励。如果一个人的积极性按100%计算，用物质激励只能提高其60%的积极性，而另外40%的积极性要靠精神激励，尤其是年轻的员工，更多地要通过精神激励来承认他的价值、尊重他。作为一名班组长，应该通过自己手中的权力把这两种激励方法有机地密切结合，调动员工的主观能动性和工作积极性。领导对员工的赏识是一种成本最低的激励方式，有时一个眼神、动作都会给员工以极大的激励。例如，"小李你干得不错"，听到这句话，小李一上午的心情一定会非常好。上级一个赞许的目光，甚至在适当的场合对下级轻轻拍一拍肩膀，会让下级觉得自己的工作得到了上级的充分肯定。

3）佛隆的期望理论

期望理论是一种过程型的激励理论，它是由佛隆（V H Vroom）提出的，该理论认为，人的固定要求决定了他的行为和行为方式，即人之所以愿意从事某项工作并达成组织目标，是因为这些工作和组织目标会帮助他们达成自己的目标、满足自己某方面的需要。

期望理论的公式：

$$激励的效果 = \sum 效价 \times 期望值$$

效价是指个人对他所从事的工作和所要达到的目标的估价。期望值也叫期望概率，在日常生活中，一个人往往根据过去的经验来判断一定行为能够导致某种结果或者满足某种需要的可能性。一个人对某个目标，如果他的估计完全可能实现，这时概率为最大（值为1）；反之，如果他估计完全不可能实现时，那么这时的概率为最小（值为0）。激励效果的大小取决于受激励者心目中的效价，就是他对目标价值的评估值和他认为实现目标的概率值的乘积。

这个理论告诉班组长在激励的过程中,无论是奖励还是惩罚,都要清楚你的激励措施在员工心目中的效价有多大,期望值有多高,不要泛泛地抓各种激励措施,而应当抓多数组织成员认为效价最大的激励措施。期望概率要适当,过高容易产生挫折;太低,又会减小激发力量。只有这样,才能使措施更加符合班组实际情况,激励的效果才可能最好。因为同一项政策在不同的员工身上会产生不同的作用,班组长应在条件和权力允许的范围内适当调整奖励措施,因人而异地制定一些奖励机制,调动员工的积极主动性。

4)亚当斯的公平理论

公平理论是由美国的管理心理学家亚当斯(J S Adams)提出的,亚当斯的这一理论主要是为了解决报酬分配的合理性、公平性。

在日常的工作生活中,人们都喜欢去和别人比较。这包括两种情况:第一种情况是纵向比较,自己同自己的过去进行比较,看看现在的状况和以前相比是否有进步。第二种情况是横向比较,与自己条件相当的人比较,看看投入和收益是否均衡,如果不均衡的话就会产生不公平感,感觉到内疚。而在大多数的情况下,人们更多的是进行横向比较,由于每个人都有自己的心智模式,会按照自己的思路考虑问题,总觉得自己是对的,如果发现自己的投入和收益与对方相比有差距的话,立刻会产生不公平感。公平理论指出,每个人都会自觉或者不自觉地把自己付出的投入和所获报酬相比,同其他人在这方面的收支做比较,又同自己过去在这方面的收支做历史比较。如果这种比较表明收支相等,他会感到自己受到公平的待遇,因而心情舒畅,努力工作;否则,则相反。这就要求班组长在日常管理中尽量做到公开、公正,让员工获得公平感。

2. 激励的要求

首先,了解员工的需要是一切激励措施的前提。不同类型的员工,其主导型的需要是不同的。班组长在实践中应该根据不同层次的需要,采取相应的组织措施,以引导和控制人的行为,使之与企业的需要尽可能地保持一致。

其次,重视员工的需要也体现"以人为本"的管理思想。班组长应该把了解员工的需要作为一项重要的思想工作来进行,并且采取一些科学的调查手段,不能仅仅限于谈心、观察等经验性手段。

最后,给员工创造一个良好的工作环境,让员工满意,无疑会激发员工的工作热情,充分发挥其自身才能,从而给公司带来效益。

3. 激励的程序

1）了解需要

了解需要的强度、需要的结构及满足需要的方法，增强激励的针对性和有效性。

2）情况分析

主要对影响个人行为的环境进行分析，以便掌握真实情况，制定科学、有效的激励方案，实现组织目标。

3）利益兼顾

兼顾组织、团体和个人的利益，在三者之间找到一个平衡点。

4）目标协调

实现企业目标的同时，必须满足员工的个人目标。

4. 激励手段的选择和运用

（1）运用工资、奖金、福利等手段进行激励。

（2）运用目标管理的方法进行激励。目标管理的功能在于通过目标的设置来激发人们的动机，指导人们的行为，使个人的需要、期望与企业的目标挂钩，以调动人的积极性。

（3）运用员工的成就感进行激励。

（4）运用企业团队精神进行激励。

5. 班组激励的误区

班组激励误区是指班组长对班组成员实施行为的过程中，致使员工动作失常，行为扭曲，动力反向，从而导致激励失效或思想认识出现偏差。班组激励常见的误区有以下几点。

1）激励就是奖励

班组长往往只考虑正面的奖励措施，而忽视或根本就不考虑约束和惩罚措施。有些班组长可能也制定一些约束处罚措施，但碍于各种原因，没有坚决执行而流于形式，难以达到预期效果。字面上看，激励有激发、鼓励、诱导、驱使之意，所以只要有助于激发、鼓励、诱导、驱使员工的措施都可以称为激励。激励包括激发和约束两层含义。

2）把同样的激励手段用于所有的员工

"一刀切"地对所有员工采用同样的激励手段，结果会适得其反。管理者必须明白，没有相同的员工，不同阶段，员工有不同需求。管理者不但要掌握激励理论，更应该根据自身所处的位置因地制宜地对激励理论做相应的变更,针对不同的情况采取不同的激励手段,有效地激励员工为组织的目标而努力工作。

3)希望照顾到每个员工的"平均主义"

平均主义的大锅饭做法,无法真正调动大家的积极性。班组长应该严格按照车间的考核标准对班组成员进行考核、评估,公平、公正、公开地评价每一个人的工作业绩,使每一个员工的付出与回报相当,使他们感觉受到了公平对待。评估过程要公开,评估结果要公布,同时严格与奖罚、培训制度挂钩。激励的公平合理也构成一个强有力的激励因素。

[案例 5-3]

平均主义的危害

采油班的李班长很是头疼。年底分配班组的年终奖时,由于担心多寡不均会造成大家的不满,于是采取平均分配的办法,大家一样多。没想到奖金一发下去,大家便炸了锅。不干活的暗自窃喜,干活的不满意,干得多的更不满意。这种干多干少一个样的做法严重挫伤了员工的积极性。

4)只要能满足员工的需要就能有效地激励员工

人们由需要而产生动机,由动机而产生行为,由行为而产生效果。由效果不一定产生激励。要分析职工需求的合理性,在确保组织目标实现的同时,使每一位员工的积极性都能得到发挥,每个员工都能得到激励。

5)激励必须绝对公平

针对这一现象,解决的最好办法是根本改变公平的观念。公正未必公平,是解开两难的观念突破。在认识上,大家通常把公平视为常态,实际上,不公平才是常态。所以,应该激励的人,才给予激励;不应该激励的人,不必给予激励。同样的,应该激励的时候,才能实施激励;不应该激励的时候,坚决不能激励。用合理的不公平来取代绝对的公平,应该是可行而且有效的方式。

6)只注重物质奖励

人的需要是多种多样的,因而激励方式也是多种多样的,物质激励只是其中之一。一般来说,人们都很重视物质激励,但真正长久而深入人心的是情感和实现自我价值的激励。

产生误区的原因有很多,如社会情境的误导、思想认识的不对头、具体操作的不对路、对班组成员的实际需要把握的不确切等。班组长应该广泛了解、认真分析、区别对待,紧紧围绕激励的核心内容,采取切实有效的方式走出激励的误区。

6. 激励的核心内容

需要是激励的根源,是职工努力工作的源泉。当职工的需要被满足时,职工就能被激励,就会有工作积极性,而职工的需要不能得到满足时,他就不会被激励,也就没有工作积极性。

1)依靠人

承认人在生产中的决定性作用,必须依靠人。依靠人的基础是相信人。人的本质是勤奋的、向上的,绝大多数是以企业利益、以班组荣誉为重的,所以班组长们应该相信他们。

[案例 5-4]

危难时刻显身手

一天夜里十点多,由于前线井场发生井喷事故,需要紧急装载化工料运往现场。这时,虽然化工班的人员早已下班,分散各处休息、娱乐,但一得到消息大家迅速赶到现场,立即无怨无悔地投入到化工料的装载工作中。这让身为化工班班长的小刘感到很欣慰。

2)关心人

保障职工的合法权益和正当利益不受到损害,是班组长带好队伍的一个重要工作内容。关心职工是带好职工的保证。能去关心职工,关心他们的疾苦、关心他们的正当利益、关心他们的合法权益,本身就是对他们的理解和信任,其延伸必然是对他们的相信和依靠。当然对于有些职工的不合理要求和非正当的利益追求,应该明辨是非,予以制止和引导。

[案例 5-5]

大家的贴心姐姐

王姐是采油班的班长,由于她的年龄较长,平日里总像大姐姐一样关心着班里的小妹妹们。看到谁情绪低落了,赶紧问问怎么了;发现谁与谁产生矛盾了,马上去调节调节;知道谁家里有困难了,立刻协调休假让回去看看……有麻烦姐妹共同面对、有问题大家一起解决,班里和睦得犹如一家人。

3)教育人

人的本质是勤奋和向上的,但环境和条件无时不在影响着人的各种观念,从而左右着人的思维行动,所以班组长应该利用各种激励方法去引导和教育职工,最终把他们的行为纳入到组织所需要的行为规范中来。

4）培养人

只使用不培养，仅是利用型的短期行为，不利于企业的长足发展。对职工理想、信念和技术、技能的培养，为班组成员提供学习、提高的机会，是班组长应尽的责任。

[案例 5-6]

注意培养人的王班长

大学毕业三年就当上班长的小王，非常重视班里员工的成长，一有机会就向上级为他们争取外出学习和参观的机会。仅仅用了两年的时间就让班里的年轻人全部出去学习了一遍。人员的外出学习，短期内好像加重了大家的工作量，但是经过学习，他们带回来的新知识、新技能大大提高了工作效率，很好地提高了班组的整体绩效。

第二节　激励的技巧

激励作为管理手段很讲究方法技巧，班组长要历练激励技巧，点燃员工的工作激情，提高工作效率。

一、物质激励和精神激励的技巧

1. 物质激励的技巧

[案例 5-7]

小关爱，大激励

8月的一天，某采油作业区采油站的班组领导发现新分来的员工杨华自带饭菜。询问情况得知杨华是回族，不能吃站里提供的食物，每天都需自带饭菜上班。班组领导就专为杨华配备了一套崭新的餐具和炊具，方便他自己配餐。杨华感动地说："这样的集体，很暖心，我一定好好干。"

采油站的班组领导虽然只是为少数民族员工配备了一套专门的餐具和炊具，但这个小小的物质激励就足以暖心，足以激励员工的干劲和向心力。物质激励就是运用物质的手段使受激励者得到物质上的满足，从而进一步调动其积极性、主动性和创造性。班组长在运用物质激励手段时要注意公开、公正和差别化。班组长基于节约激励成本和实现激励效用最大化的原则,打破激励制度的"大锅饭",做到差别激励(需要层次差别激励;年龄、性别差别激励;职业差别激励;贡献差别激励;量身定制激励等),常会收到奇效。

2. 精神激励的技巧

作为班组长,没有很大的物质激励权力,运用更多的是无形的精神激励方法。精神激励是以满足人的精神需要为着眼点的一种内在激励方法,相对于物质激励,精神激励的影响更为持久深远。一是它可以满足员工深层次的需要;二是精神激励带来的满足感、成就感和荣誉感,可以使员工产生深刻的认同感,自觉地与企业形成同甘苦共命运的共同体,从而凝聚人心,形成合力;三是有效的精神激励能够在员工中形成具有企业特色的组织道德和组织风气,塑造良好的、积极向上的企业文化氛围,进而潜移默化地推动每一个员工做出良好的自我约束、自我激励行为。精神激励方式主要有以下几种。

1) 情感激励的技巧

[案例 5-8]

联系员工,解困暖心

留107采油站开展"联系员工"活动,要求每位班组领导都要联系三名以上员工,联系对象主要为先进典型、经济困难职工、新分大学生、重点岗位人员等。4月的一天,留107采油站班站长老袁带着几名干部员工去看望本站员工小刘的父亲。老人常年瘫痪在床,生活不能自理。大家帮忙打扫卫生、清洗衣物。老袁关切询问老人身体状况和困难,按老人的需要专门为小刘调整班次以方便照顾。虽然还面临着诸多困难,但小刘和父亲都感激不已,小刘工作更努力了。

[案例 5-9]

手足情深,雪夜送补给

油田单位的井站大多在野外,生产生活条件相当艰苦,有时遇到停水停电,生活补给就会供应不足。每当遇到这种情况,一些小站的职工常常连热饭菜都吃不上。2014年11月初,连续下了三场大雪,气温降到了零下18℃。12日下午,某增压站职工打电话报告说米、面、油等生活补给用完了。刚刚完成扫线工作的站领导老姜匆匆吃完晚饭,赶到15千米外的镇上买了六七十斤米、面、菜、肉等补给品,连夜送往增压站。车行驶到离增压站还有 4 千米的时候,一个下坡路段被积雪掩埋了,车过不去,老姜就背起补给徒步前行。坡底积雪已经齐腰深,寒风吹起的雪打到脸上犹如刀割一样,左肩扛累了换右肩,他就这样一步一步艰难地走到增压站。站上的两名员工看着老姜眉毛和帽子上厚厚的霜雪,禁不住热泪盈眶,久久地拉住老姜的手说不出话来。

留 107 采油站班组领导主动与困难员工小刘结成帮扶对子、某作业区的班组领导雪夜送补给,不仅解决了员工的实际困难,也成了暖人心、聚人心的班组传承。班组长要尊重和关心下属,时刻以下属为本,多点"人情味",使下属真正感受到班组给予的温暖。班组长要善于运用情感激励这一方法,关心员工成长,解除员工思想疙瘩,努力解决员工生产生活中遇到的实际问题,充分调动员工的工作积极性和创造性。

2)文化激励的技巧

[案例 5-10]

文化暖心,文化励人

二连分公司阿南作业区阿一联合站通过多年实践凝练出了独具特色的"家园文化"、"田园式文化"和"爱心文化"等团队文化和团队价值观,深受员工欢迎。阿一联合站的班组为缓解员工思乡之情,开展"家园文化",在岗位上放置家人照片,张贴温馨小故事、小散文,使员工的工作环境更加温馨舒适,充满家的味道。为提高员工物质文化生活,开展"田园式文化",利用空闲土地种植花草树木及农作物,缓解枯燥生活,美化工作环境,还丰富了餐桌。开展"爱心文化",组织"送温暖、献爱心"活动,帮助身边需要帮助的人、关心关爱孤寡老人、为困难员工捐款、结对贫困牧户。团队文化聚合力,这些特色团队文化对构建该作业区"和谐大站"的意义重大(图 5-3)。

团队文化是推动企业发展的原动力。阿南作业区阿一联合站地处广袤草原,远离城市和家人,生活单一,思念亲人。班组开展"家园文化"、"田园式文化"和"爱心文化",较好缓解了员工的思乡之情,使班组文化起到了较好的导向功能和凝聚功能,改善了员工的精神状态,提高了员工的职业自豪感、岗位荣誉感和企业归属感,有效提高了生产效率。班组长要注意,班组文化也是员工的一种待遇,班组文化要有明确的激励指向,用良好的环境体现班组文化,用班组价值观同化全体员工。

3)尊重激励的技巧

"经营之神"松下幸之助这样告诉他的领导层:"要想很好地激发员工的积极

图 5-3 阿南作业区的文化激励

性、责任感,那么你们就要拿出激励的武器——尊重。"他自己就是这样做的。每次看见辛勤工作的员工,他就会端上一杯亲手沏的茶水递给员工,并说:"你辛苦了,喝口水吧!"这样一个简单的动作,就让员工心里暖潮涌动,不知让多少员工感到了被尊重、被重视。

像松下幸之助这样的公司高层领导都会为普通员工端茶递水,道声"辛苦",这是对员工工作的最大肯定和尊重,这一方法成本低、成效大,而且其效果远比物质上的激励来得更持久、更有效。班组长要用好尊重激励的法宝,尤其尊重员工的创造性建议,能激发出员工想做事、想创新、想创造的积极性。对于尊重激励,班组长要注意以下技巧:随时随处给下属留面子;尊重每位员工;对能人更要尊崇;不妨用请求的语气下命令;不能狂傲自大;不要斥责,也不要质问;尊重个性即是保护创造性;尊重下属的个人爱好和兴趣。

4)宽容激励的技巧

宽容是激励员工的一种有效方式,班组长要修炼宽容品质。宽容不仅能使员工感到亲切、温暖和友好,获得安全感,更能化为启动员工积极性的钥匙,激励员工自省、自律、自强。对于宽容激励,班组长要注意以下几点:宽宏大量是做班组长的基本素质;原谅别人就是在为自己铺路;给犯错误者一个改正的机会,得理而饶人更易征服下属;对下属的冒犯不妨装装"糊涂";善待"异己"可迅速"收拢"人心;容许失败就等于鼓励创新;要能容人之短、用人所长。

二、正激励与负激励的技巧

正激励是指班组长对员工的肯定、承认、赞扬、奖赏、信任等具有正面意义的激励方法。在激励策略中,它与负激励相对应。负激励是指班组长对员工的否定、约束、冷落、批评、惩罚等具有负面意义的激励方法。正激励与负激励都是必要而有效的,正确的行为用正激励去强化,错误的行为只能用负激励去避免。通过树立正面的榜样和反面的典型,扶正祛邪,形成一种良好的风范,就会产生无形的正面行为规范,能够使班组的行为导向更积极、更富有生气。正激励与负激励的几种类型及运用技巧如下。

1. 赞美激励的技巧

对于性格特点、文化背景、生活经历等不同的员工,有时给员工 1 分钟赞美比批评 10 分钟要管用。适时而真诚地称赞员工,告诉员工"干得不错",是班组长在管理中运用正激励技巧的秘密武器。赞美不仅可以培养、提高员工的自信心,还可唤起员工乐于工作的激情。

2. 信任激励的技巧

经常会听到班组长抱怨:"不是我不信任他,只是……"言外之意,都是对员工不称心、不放心。所以,事无巨细,总喜欢亲力亲为,其实这是对他人不信任的一种表现。信任,对于员工而言,是一种最好的激励;而对于班组长而言,则代表敢于授权的能力和包容他人的胸怀。每个人都有不太一致的个性,就像孙悟空,一方面本领高强,能降妖捉怪,另一方面也很难脱离一些"猴气",上蹿下跳,并无半点斯文,争强好斗,时不时惹出点祸事来。班组长的责任不是发现员工的缺点,而是发现他们各自的优点,并帮助他们扬长避短。所以信任激励至少要做到两个方面,一是包容员工个性,二是要大胆授权,切断自己怀疑下属的后路,鼓励下属尝试。只有建立在包容和授权基础上的信任,才是真正的信任,否则信任就是一张无用的空头支票,是无法购买到员工发自内心的工作热情的。班组长信任员工,就相当于帮助员工做出了"我能够胜任,我可以做好"的承诺,并从上级的角度认可、接受员工的这种承诺,因而员工会自动自发、不懈努力,以兑现这种基于上司信任的承诺,做到不负重托与期望。

3. 榜样激励的技巧

[案例 5-11]

靳占忠和他的创新团队

靳占忠师傅(图 5-4)是华北油田采油二厂作业大队工具工。30 多年扎根油井作业一线,潜心技改革新,累计为企业创效 1.16 亿元。先后获得"中国石油·榜样"、河北省"十大金牌工人"、河北省优秀共产党员、全国"五一劳动奖章"等荣誉,2010 年 4 月被国务院授予"全国劳动模范"。靳师傅的事迹鼓舞着一批青年员工投身技术创新。靳占忠先后与 28 名青年员工结成师徒对子,带徒弟、传技艺,他的徒弟中有19人30次在各级技能比赛中获奖,先后完成110多个攻关项目,获国家实用新型专利26项,有3个徒弟分别被中国石油天然气集团公司、华北油田公司聘为技能专家。岔北作业区集输工、青年技师陶帅自从拜靳师傅为师后,创新创效发明不断,先后发明了"输油泵进口管线加装软连接"、"注水泵柱塞扶正器"等革新成果,近年又研制出柱塞泵取阀器,为厂里节约支出10多万元。作业大队青年员工黄树、黄祥、孙连会等创新团队成员在靳师傅的带动下,研究的"超高压双级轴向柱塞试压泵试压系统改造"、"注灰搅拌池改造"等10多项创新成果已应用于生产现场,"井下工具试压操作间试压装置改造"、"井口安全护板"等多项成果在生产中起到了显著效果。

图5-4 靳占忠(左)与徒弟孙连会(右)来到霸州废旧钢铁市场淘宝

榜样的力量是无穷的。靳占忠带动他的创新团队用丰硕的成果使更多的基层员工爱上了革新创效。班组长要为员工树立行为标杆,就应该以身边的人和事作为榜样,往往正激励效果明显。同时,榜样被贴了标签之后,在他人的监督下,他们会更加严格要求自己,起到榜样的带头作用。

4. 惩戒激励的技巧

[案例5-12]

"严中细"的惩戒激励

10月的一天,早上刚一上班,前来接班的岗位长老才就给夜班交班员工"找茬"。"小刘,你们班巡检不到位。1号脱水泵电动机接地线有松动现象,生产区域卫生有死角,设备管线上有尘土……"老才一口气说出了交班现场的几个问题,要求立即整改,否则不予接班。交班员工小刘红着脸有点不好意思。老才接着说:"不是我为难你,严格执行交接班制度是为了设备的正常运转,为了我们这个岗位的安全生产,更重要的是为咱们自己营造安全的生产环境,这是必需的。"经双方同往现场细致全面检查,员工小刘整改了存在问题,老才顺利接班。

一名优秀、成熟的班组领导既要善于赞扬、鼓励员工的先进和优点,又要善于鞭策、指出员工的落后和缺点。案例中的岗位长老才严格执行"三级监督交接模式",即员工面对面交接、岗位长监督交接、站长抽查交接,使员工对设备的运行和备用情况、资料记录情况了然于心,真正做到逐一交接,不留死角。岗位长"严中细"的管理风格对员工小刘来说有这么一回就足以使他警戒终生了。没有规矩不成方圆。相对于赞扬而言,批评惩戒属于负激励方式,是一种逆向激励员工的艺术。惩戒的作用不仅在于教育其本人更加真实而深刻地认识自己,更重要的是让其他人引以为戒,通过适度的外在压力使员工产生趋避意识。有效的、成功的、具有激励性质的批评,可以改变、塑造一个人,可以将一个人引向成功。反之,如果运用不当,只会用尖刻的语言奚落、讽刺、挖苦员工,就会使员工体会不到工作的乐趣,自信被打击,从此一蹶不振,失去前进和向上的动力,工作质量降低。批评的真正目的并不在于批得对方体无完肤,彻底地打倒对方,而是纠正对方的错误。因此,艺术的批评不应伤害对方,而是通过批评激励他,使对方做出更好的业绩。

三、内激励与外激励的技巧

内激励是要班组长激发员工的主动精神和职业热情,主要通过目标愿景引领、兴趣激发、职业道德教育等方式实现自觉自律的工作信念。外激励是班组长运用环境条件、职业规范、规章制度、竞争等来制约员工的惰性,进而提高员工工作意愿。下面列举几项内激励与外激励的具体形式及技巧。

1. 目标激励的技巧

目标激励是对员工行为有着强烈内激励的措施。班组长通过设置适当的目标,激发员工不断前进的欲望,可以有效诱发、导向和激励员工的行为,调动员工的积极性。目标激励要做到:制定目标时要做到具体而清晰;让员工对企业前途充满信心;用共同目标愿景引领全体员工;把握"跳一跳,够得着"的原则;要规划出目标的实施步骤;平衡长期目标和短期任务;从个人目标上升到共同目标;让员工参与目标的制定工作;避免"目标置换"现象的发生。

2. 兴趣激励的技巧

认同工作本身的内在价值与意义是员工努力工作的内驱力。班组长要把工作变成员工的兴趣，首先要为员工讲清工作的内在意义和价值。兴趣激励的具体技巧有：提供工作设计；工作内容多元化；开放信息渠道；岗位轮换；培养复合型人才等。

3. 竞争激励的技巧

[案例 5-13]

"竞"出精品课

渤海石油职业学院党校教育处，主要负责油田公司党员干部培训、政策理论宣讲和《思想纵横》杂志编辑等任务。他们的思想理念是"以为争位、以位促为"，一直坚持着"竞课"的竞争机制。每当中央或公司有新的宣讲任务下达，党校领导李锋就组织讲师团的老师们共同认真学习宣讲内容、领悟宣讲精神，然后让大家分头备课，再然后公开竞课，一起投票选出此题目的最优宣传员，最后，其他老师都为最终胜出者修改完善教案和宣讲内容。这一"竞课"机制充分调动了大家的积极性和创造性，党校教育处虽然仅有员工11人，但两年内共承担宣讲任务98场次，受众近万人。2014年承办了公司形势任务教育，政策宣讲，支部书记、处级干部和科级干部轮训等54个培训班，共轮训党员干部4500余人，荣获2015年中国石油华北油田分公司先进单位，3名教师被评为河北省委讲师团系统优秀理论教员。

竞争是增强组织活力的无形按钮，党校领导在讲师团内部建立"竞课"竞争机制，摆一个擂台，让大家分别上台较量，用积极、健康、向上的引导和激励充分调动员工的积极性、主动性、创造性和争先创优意识，全面地提升课程质量、提高组织活力。班组长要善于运用竞争激励方法快速高效地激发士气，让员工永远处于竞争状态。活力与创造力是淘汰出来的，要善于用"鲶鱼式"人物制造危机感，用"危机"激活团队的潜力，引导良性竞争，避免恶性竞争。

4. 规章制度激励的技巧

[案例 5-14]

刚性管理制度，构建长效机制

"基础不牢，地动山摇。要想让安全根基打得牢，最根本的是紧贴实际需要，用刚性制度规范员工安全行为，构建完善的安全生产长效机制。"第四采油厂永清采油作业区永清天然气处理站站长郭胜勇如是说。该站立足实际,健全完善了一套以 HSE 为基础的安全规章制度,编制并向每位员工发放了包括"内部薪酬分配与业绩挂钩考核办法"、"员工培训管理办法"、"操作员工考核细则"等 7 项内容的《永清站管理制度汇编》。永清站还实施"安全操作等级制",将日常生产操作按危险程度、操作难度、造成事故危害程度,划分为 A、B、C、D 四个等级,每个等级对应相应的安全措施,杜绝了违章操作现象的发生。永清站还有别具特色的"安全巡回检查拨表制",让员工时刻绷紧安全弦,在全站重点危险部位设置了两种定做的"安全巡回检查拨表牌",作为检查当班员工、安全监督员巡检情况的依据。除此以外,他们还制定了"一日一清工作写实制度"、"员工操作卡制度"、"六交六清制度"(图 5-5)、"应急演练常态化"等安全管理办法,并要求员工在岗位长和技术干部的带领下每周走一遍生产工艺流程,每月默画一张工艺流程图,每季度检验一次学习效果,通过眼看、手摸、耳听,提高操作技能。

图 5-5　班长交班时对员工进行未完工交代

"管理靠制度、操作靠规程、工作靠标准",永清天然气处理站的"安全操作等级制"、"安全巡回检查拨表制"、"一日一清工作写实制"、"员工操作卡制"、"六交六清制"、"应急演练常态化"等安全管理办法,让大家行有所依、做有所据、干有所保,实现了基础管理规范化、现场管理精细化、员工操作标准化,确保了超前消除设备不良状况苗头,提前发现设备存在的隐患,做好预防性工作。

四、因人制宜激励的技巧

行为学认为,激励可激发人的潜能,使其内心渴求成功。班组长应掌握因人制宜的激励技巧,因为人的需求因人而异,只有灵活、有差异的激励技巧才能产生激励的力量,收到比较理想的激励效果。根据人格类型,一般来说,员工的类型有四种:指挥型、关系型、智力型、工兵型。对不同类型的员工须采取不同的激励技巧。

1. 对指挥型员工的激励技巧

在每一个企业里,指挥型的员工都很常见,他们总喜欢命令别人去做事情,而自己却待在一旁指手画脚。工作做得出色,他们就到领导面前邀功;工作做得不好,却把责任推到别人身上。这不仅反映出了这种类型的员工缺少责任心,而且还大大抑制了其他员工的积极性。对于这些员工,班组长可采取以下技巧:

(1)不等他们来邀功,就亲自来到他们面前赞扬他们的效率,使对方情不自禁地继续工作。

(2)班组长要在领导能力上胜过他们,使他们服气,不敢再妄加指挥别人。

(3)帮助他们通融人际关系。

(4)工作中,告诉他们还有许多不足的地方需要弥补,而不要指责他们。

(5)派遣同样喜欢指挥别人的员工与他们合作。

(6)提前为他们安排好工作,不让他们发现,使他们觉得是自己安排了自己的工作。

(7)让他们先按自己的意思做事,不要告诉他们怎么做。

(8)当他们指挥别人遭到拒绝的时候,了解一下他们的想法。

2. 对关系型员工的激励技巧

有些员工在工作上关注的对象是人的因素,觉得自己的工作目标就是打通人际关系,目标激励对于他们根本用不上。对于这种类型的员工,班组长应采取下列的激励技巧:

(1)和他们交谈要注意多谈一谈他们的个人生活,使他们感受到尊重。

(2)在分配任务的时候,鼓励他们放手去工作。

(3)时常给予关怀,使他们有安全感。

(4)在开会或谈话时,应给予他们与别的员工一起分享感受的机会。

(5)尊重他们提出的意见,不要轻易拒绝他们。

(6)给他们安排工作时,要说明该工作的重要性,这样会使他们加倍努力。

3. 对智力型员工的激励技巧

在班组中会有这样的员工,他们喜欢一个人静静地思考、喜欢别人用数字来说服他们、喜欢用事实证明自我,这样的员工就是智力型员工。班组长在激励这部分员工的时候,应掌握以下技巧:

(1)认真对待他们的思考能力,对他们提供的数字表示感兴趣。

(2)给出他们完成工作目标的标准,以防他们因过于追求结果的完美而失败。

（3）当他们犯错后，班组长最好不用直接批评的方式来激励，而是从侧面来说明，这样他们能从思考中发现错误。

（4）最好摆出事实的根据来打动他们，因为他们不喜欢猜想。

（5）只要班组长真心对待他们，他们一定会感受到诚意，这样比运用沟通技巧更重要。

（6）当他们和班组长的想法不一致的时候，最好避免和他们争执。

（7）如果他们有突出的表现时，班组长要及时给予表扬，因为他们非常注重自己努力思考得到的结论，不希望别人泼冷水。

4. 对工兵型员工的激励技巧

在企业里，一提起工兵型的员工，大家马上会想到头戴蓝色贝雷帽、身穿迷彩服、手拿铁锹、埋头苦干、任劳任怨的士兵。事实也是如此，工兵型的员工做事都很谨慎，处理程序也是一丝不苟。对于这样的员工，班组长可采用以下激励技巧：

（1）全力支持和尊重他们的工作，因为他们对工作很谨慎，不会出大错。

（2）对于工兵型员工，最好运用"薪酬激励"制度，以奖励他们的勤勉，使其继续保持高质量的工作。

（3）帮助他们出主意、想办法。

（4）鼓励他们与其他员工一起分享成功的结果。

五、因时制宜激励的技巧

[案例 5－15]

及时就无遗憾

文 31 采油站的外输岗员工李庆辉父亲突患重病，母亲早逝的她想在父亲病床前多尽点孝道。可当时正值学生放寒假，是员工休假的高峰期，自己岗位已经有一名员工休假外出，岗位长正在顶班，岗位人员紧张，小李不好意思提出休假。"子欲孝而亲不待。换位思考，这遗憾是人一辈子的伤，永远不能弥补。"班站长李绪波主动找到李庆辉，让她安心回家照顾父亲。班站长和站其他领导协调，把已经从外输岗调到热炉岗的一名员工，临时调到外输岗替她值班。李庆辉的父亲一个月后病故，班站长又召集站上的员工帮忙料理后事。每每提起这件事，李庆辉都禁不住眼圈发红："是大家让我没有在父亲走前这段时间留下遗憾……"

文 31 采油站班组领导对员工"及时雨"般的细致入微的关爱和帮助是激励人心的"红飘带"，员工们的心留在了站里，情倾注到了各自的岗位上，员工个个精气神高涨。大家都把站当成家，相互关心爱护，都想让这个"家"各项工作走在单位前面,成为单位的"龙头"。古人云:"事之难易,不在大小,务在知时。"激励时机是指为取得最佳的激励效果而进行激励的时间。激励时机适当,才能有效地发挥激励的作用。超前的激励可能会使员工感到无足轻重;迟来的激励可能会让员工觉得多此一举,使激励失去意义。激励如同化学实验中的催化剂,何时该用、何时不该用,都要根据具体场合、情势进行具体分析,灵活运用、及时修正激励技巧。例如,单独相处,不易引起面子上的难堪,班组长就可以对员工循循善诱、忠言劝诫,员工多会欣然接受;而在公共场合,要给足员工面子,否则会适得其反,尤其应重视性别和关系亲疏。再如,在上次表扬一段时间后再表扬;在员工最渴望某种需求时能适时地满足他;在气氛最佳时表扬;不要在人们把一件事快要忘记时才去激励。

第六章 班组执行力

　　微软总裁比尔·盖茨曾说,在未来的十年内,我们所面临的挑战就是执行力。任何一个企业,要发展并站稳脚跟,靠的是先进的生产力,先进生产力要依靠科学的管理。班组是企业进行经营活动的最基层组织,企业所有制度执行的落脚点和基础都在班组,各项经济技术指标最终要靠班组来完成,各项规章制度、工艺规程、工作标准、管理标准要靠班组来贯彻,原始记录要靠班组来提供,企业的各项专业管理要靠班组来落实。因此,提升班组执行力,将是石油企业发展的重中之重。

第一节　班组执行力概述

　　制定正确的战略固然重要,但更重要的是战略的执行。在管理领域,"执行"的意义主要有两种,一是对规划的实施,前提是已经有了规划;二是完成某种困难的事情或变革。在中国,"执行"本来不是常用的叫法,习惯上叫"落实"。

一、执行力与班组执行力

1. 执行力

　　执行力最早是由拉里·博西迪和拉姆查兰提出的。2003 年,在他们的著作《执行》一书中,明确提出执行力,并给出了他们的界定:执行力不仅是一个战术层面上的问题,也是一个战略层面上的问题,它是一个系统工程,更是一门学问,它必须充分融入一个公司,渗透到它的战略、目标、文化等各个方面。

　　之后,美国资深的企业家保罗·托马斯和企业管理学家大卫·伯恩提出,执行力不只是那些能够完成或者不能够被完成的东西,它是一整套非常具体的行为和技术,它们能帮助公司在任何情况下得以建立和维系自身的竞争优势。执行本身就是一门学问,因为人们永远不可能通过思考而养成一种新的实践习惯,而只能通过实践来学会一种新的思考方式。执行力在企业竞争中具有举足轻重的地位。

我国在借鉴国外先进经验的基础上，不断寻求适合我们自己的执行力模式。通过总结，执行力包括个体执行力和组织执行力。个体执行力是指一个人的执行力或某一件事的执行力等，就是按质、按量、按时完成自己的工作任务，将想法变成行动，将行动变成结果，把想干的事干成功的能力。组织执行力是指企业组织在达成目标过程中，对所有影响最终目标达成效果的因素进行规范、控制及整合运用的能力，也就是将长期战略一步步落到实处的能力。

2. 班组执行力

班组执行力就是由班组成员组成的团队的执行力，具体是指班组长如何贯彻落实上级的决定、各项规章制度，带领班组成员完成生产计划，在保证质量和效益的基础上高效率完成任务，并对各岗位进行严格的监督、检查及纠正在执行过程存在的偏差及执行不力的情况。

在企业中，对班组执行的要求不仅仅是完成工作任务，而是高质量高效率地完成任务。例如，一名员工在接受班长任务之后，尽管完成了自己的工作任务，但却没有在规定时间内完成，这也不能体现执行的高效性。所谓高效执行，是指有目标、有计划地运用科学方法、手段或策略让任务或所应做到的事高质量、高效率地得到运行，并最终达成目标。因此，高效的执行力是通过一套有效的管理方法、科学的工作流程把决策转化为效益、成果的关键。

二、班组执行力的重要性

1. 高效执行力是实现班组最终目标的保证

一个班组的成功是要靠出色的执行力来做保证的。如果没有高效的执行力，那么即使这个班组有再好的工作目标、再好的管理机制、再细的管理制度，也只能是沙盘上的宏伟蓝图、贴在墙壁上的标语、挂在口边的伟大口号，永远不会实现。一位管理学家说，成功的企业，20%靠策略，80%靠企业各层的执行力。通过高效的执行，企业的战略和目标才能得以实现。

2. 高效执行力是贯彻落实决策部署的保证

2014年中国石油天然气集团公司（以下简称"中国石油"）成立了全面深化改革领导小组，并做了相关重大决策部署，而能否实现具体目标，贯彻落实决策部署，最终还要取决于各分公司、二级单位及基层执行的好坏，落实是否到位。但是如果没有牢固的执行理念和强劲的执行力，决策部署的落实就会大打折扣。只有在工作中加大执行力度，决策部署才不会成为一纸空文，才会为企业的发展打下坚实的基石；只有在工作中加大执行力度，远景目标才能得以实现，管理体系才能有效运行,企业成功才能不是梦想。可见,执行力是企业管理成败的关键,是企业成功的根本保证,加大执行力的建设已经成为企业刻不容缓的责任和义务。而对于石油企业的基层班组来说,执行力建设就显得更为重要。

3. 高效执行力是提升班组工作效率的保证

从著名的"雁行理论"中可知,大雁编队飞行能产生一种空气动力的作用,一群编成"人"字队形飞行的大雁,要比具有同样能量而单独飞行的大雁多飞70%的路程,也就是说,编队飞行的大雁能够借助团队的力量飞得更远。一个班组,如果每个成员在自己的岗位上能提升10%工作效率,那么理论上讲,10个人的班组就可以提升300%。作为一个班组来说,班组的工作是需要全员配合来完成的,班组就像一个大型机床,班组成员就是这个机床的各个齿轮,只有每个齿轮都运转起来,整个机床才能良性运转。油田企业的制度决定了班组是一群不同工龄、专业、经验及背景的人,为了达到一个共同的目标而组合在一起的团队。只有班组中每个成员自觉承担起一定的责任,真正明确和履行各自的岗位职责,在其位、谋其政,心往一处想,劲往一处使,班组的工作效率才会提升。

三、班组执行力的构成要素

企业最终执行者是班组长和员工,无论是对于个体还是整个组织来说,执行力都主要包括执行动力、执行能力和执行保障三个方面的要素。这三个方面的要素,既是相辅相成的,又是相互促进的。首先,要想高效地完成一项工作,就必须有较强的执行动力,在执行动力的促进下,端正执行态度,并不断提升执行能力,高效完成工作任务,而这一切又必须有制度的保障。

1. 执行力的动力源泉——工作态度

高效执行的前提是执行个体具有较强的执行动力,主要体现就是积极的工作态度,积极主动的工作和消极被动的工作的结果显然是不同的。工作积极主动的人在执行的过程中,会尽一切努力和想尽一切办法把工作做好,并且能充分发挥主观能动性和具有较强的责任感。例如,阿基勃特,作为美国标准石油公司一名普通员工,他在早期的工作中,每次出差住宾馆的时候,在签名后面都会写上一句话:"每桶四美元标准石油"。他在为自己的企业做宣传,他的老板洛克菲勒非常认同他的这种做法,也非常赏识这样积极主动工作的年轻人,通过多年的努力,阿基勃特最终成为美国标准石油公司的第二任董事长。可以说,在企业中,有能力的人很多,但是能端正工作态度、积极主动地去为企业工作、贡献自己的一份力量的人,才是企业所需要的人才。否则,拥有再强的技能,而不去执行,对于企业来说也是毫无用处的。

员工的执行动力来自于对企业,尤其是企业的管理者的判断。因为,作为企业员工来说,如果他的管理者能够让他感受到公平,那么这个员工在这个企业的幸福指数就会比较高,因为他的努力得到上级的认同和认可,他会继续按照企业所制定的目标去执行。

2. 执行力的能力基础——知识技能

企业班组的执行能力包括人员的素质与技能,无论是班组长还是班组成员,都需要不断丰富自己的知识和提升自己的技能。技能欠缺的人,不能较好地胜任所从事的工作,需要在工作中不断磨炼自己和不断提升自己。

班组长要明确自己的工作职责,准确进行角色定位,要具备一定的理论基础和较为丰富的工作经验,这样才能更好地指挥本组员工科学有效完成工作任务。同时,班组成员也要具有过硬的技能素质与能力。态度是基础,能力是关键,二者缺一不可,相辅相成。如果只有一腔热血,但是欠缺相关技术与技能,同样不能完成工作任务和实现既定的目标。

3. 执行力的落实保障——制度保障

在企业中,员工执行好与不好,落实得到位还是不到位,是需要制度来提供保障的。企业的各项规章制度、标准、机制都要健全。企业的制度包括企业各项规章制度,如监督考核制度、奖惩激励机制等。

企业的执行力是一个纷繁复杂的管理过程的表现形式,并且这种过程会随着企业的发展而变得更加复杂,要保持和提高执行力,企业就必须借助于系统的作用,必须建立科学、完善的管理制度。只有通过规范化的制度来完善整体策略规划,促使员工按照制度的要求规范行为,才能实现用制度来调动企业员工的工作状态。企业需要用制度统一员工与组织的执行力。执行力,在现代企业的运作过程中,并不是简单地由个人来达成,而是由组织来达成。用制度把问题的解决方法固化,有利于企业将战略转化为企业组织能力。强化执行力,必须靠制度作保障。制度在一定程度上表现了企业管理者的意志,这种意志带有强迫性和责任感,并要求每一个员工去遵守。

第二节 班组执行不力的表现及原因

一、班组执行不力的表现

在企业实际工作中,人们会发现,同样的任务有的人能做,有的人不能做,同样的要求有的人能干成,有的人干不成,同样的事情,有的人干得好,有的人干得一般,追究其原因就是执行力问题。执行不力有很多种表现,通过对油气田 30 个二级单位的班组长调查,问卷结果显示,以下三种执行不力表现在企业中存在比较广泛。

1. 消极执行

消极执行就是对班组任务不求进取的、消沉的执行。工作上习惯推脱应付,对于上级领导安排的任务能推就推,愿意就执行,不愿意就不执行,行动迟缓,如果实在推不掉,也是拖拖拉拉。有的员工还存在"不敢碰硬"的问题,当他们发现接到的任务在完成的过程中会存在一定的问题,这时候由于消极的态度使然,就没有及时地向上级反馈相关信息,导致执行失败。

[案例 6-1]

工人小江的变化

"小江,好好干,再过三个月我退休了,这班长肯定是你的,你现在赶快多锻炼锻炼自己。"班长老王看着小江那干劲十足的样子,打心里高兴,还不时地鼓励他。

"呵呵,王哥你又拿我开涮。"小江笑着应付着,手底下却更卖力了。

"小江这阵子跟变个人似的,干啥都任劳任怨,站上脏活累活抢着干,看来这小子肯定要接老王的班了。"班组其他人私底下都这么议论。

上文提到的小江是××采油厂作业三区 14 号站的一名大班工人,班长老王还有三个月就要退休了,最近表现突出的小江是班组里大家公认的最有可能的接班人。

三个月很快到了,但作业区领导却调来了邻站的老吴接任班长,小江没有如愿以偿。

"小江,都几点了,你怎么还在睡觉,下午井巡了没有?"新班长老吴推开更衣室门发现了睡觉的小江,生气地问。

"急啥呀,晚去会儿能死人呀!"小江揉着眼睛,嘟囔着走向了井场。

然而,随着空降班长老吴的到来,班上的人都说小江又变了。

案例中的小江在班长更换这一段时间里,工作态度发生了质的变化。老班长的退休使他对班长这一职位有了憧憬,但随着空降班长老吴的到来,击碎了他的班长梦,同时击碎了他的工作热情。从案例中不难看出,小江的工作态度从根本上就是消极的,只是在班长这一职位的激励下才有了暂时的积极表现,可以预见,即使他接任了班长一职,当退热后,也会在未来的工作中回到消极的状态,这也是领导没有让他接班的原因。

2. 形式执行

形式执行是指搞形式主义,做面子工作。例如领导检查前,会花大量时间去补写各种资料及会议记录,为的就是应付检查,而没有起到真正指导实践工作的作用,浪费了时间和精力。

[案例6-2]

假报表风波

"小张,幸亏你学习回来了,早会通知明天公司来检查,你快检查下咱们的报表,看看有没有写得不规整的,帮着弄弄,要快呀。"开完早会回来,某联合站输油班班长小吴就急三火四地招呼资料员小张。

"吴哥,你看看这报表,怎么都写成这样了,我怎么改呀。"资料员小张翻看着报表,无奈地问道。

"你也知道,他们都是大老粗,这几天你不在,我忙着换泵也没顾上检查报表,你先按上月的改改吧,不行晚上加个班,先把明天检查应付过去。"

"又改报表,真倒霉,刚回来就得加班!"小张不情愿地接过报表。

"小吴,你们班组这几个月的报表质量提高很快呀。"生产副经理翻着报表,欣慰地说。

"咦,你们岗1号外输泵扩容投运了吗?"

"完事了,昨天投运的,忙活快一个礼拜才换完。"小吴回答道。

"是吗? 那你这报表上怎么1号外输泵一直在运行呀? 换了大泵,这电流、压力都不变吗? 这报表到底怎么回事?"生产副经理老王脸沉了下来。

"我,我……"小吴脸上渗出了汗珠。

小吴因此被停职一个月,并在全公司大会上做了检查。

小吴在工作中投机取巧、欺上瞒下的做法是油田企业部分班组长存在的陋习,只做表面工作,平时管理松散,为迎检而大张旗鼓,虽然有时可以瞒过领导,但面对细心的人还是会露马脚,更严重的是这样的做法会给生产调节带来隐患,甚至会丧失发现安全隐患的最佳时机,导致事故的发生。同时,这种只做表面文章的形式执行,会使班组执行力降低,人心涣散。

3. 低效执行

企业管理中存在的一大弊病就是效率低下,在班组中同样存在这样的问题。一项工作任务下达后,不能在规定的时间范围内完成,耗时长、效率低。

[案例 6-3]

一次漫长的抢修

"小黄,快拿上工具跟我走,14 号站 43035 号井停了,队长要求尽快复产。"一进屋,新任电工班长小宋就催促道。

"只带工具就行呀?"学徒小黄问道。

"嗯,先去看下再说。"小宋嘴上应着,心里有些懊悔:早上问下队长故障现象就好了,幸好 14 号站 43035 号井离队部近。

"小黄,电笔借我一下,我的不知道什么时候断了呢。"小宋接过电笔仔细检查起来。

"小黄,回去取下万用表吧,估计是交流接触器线圈烧了。"

"真是线圈坏了,小黄,你再辛苦下,取个 40A 的接触器来。"

"小黄,还得辛苦下,把套筒扳手取来,这个螺栓活动扳手打不上。"

"小黄,取两个熔断器来,熔断器也烧了。"

"师父,您一次都列出来吧,我腿都溜细了!"小黄哭丧着脸,嘟囔着往回走。

终于,在小黄第七次回来后,井转起来了,时钟指在了中午 12 点 40 分的位置。

可以看出,案例中的小宋班长接到命令后会马上执行,应该是一个执行力很强的人,但通过分析又会发现,小宋班长执行效率很低,原本 1 个小时的抢修任务,在他的指挥下竟然干了 4 个小时,影响了工作的进度。

石油一线的班组中,类似的"小宋班长"大有人在,他们在工作之前不善于准备和筹划,不做事前调查和分析,喜欢摸着石头过河。接到任务或命令就"张弓上弦",急于射击,甚至连靶子都没有看清就已经把箭射了出去,结果"十射九不中"。

"庖丁解牛"这个故事想必大家都不陌生,厨师在分割一头壮牛之前,需要做好所有的准备工作。前期潜心钻研牛体构造,把屠刀在磨刀石上反复打磨锋利,然后深吸一口气,目测下刀的基准尺寸,再用手找准下刀的部位,顺着牛体本来的肌理结构,劈开筋骨间大的空隙,在骨节间的空穴使刀,这样骨肉就容易分离,还不会磨损刀刃。工作中要想获得高效率,工作前细致周到的准备是必不可少的。

效率,就是以正确的方式做事。众所周知,完成一项工作的方法很多,但效率最高的,也就是最正确的方法只有一个。因此,要做到高效的执行,一定不要盲目着手,而是先要进行一番筹划、做好充分准备,创造完成工作的有利条件,这样会大大提高办事效率,要知道"磨刀不误砍柴工"。

二、班组执行不力的原因

1. 工作职责不明确

执行力体现的是达成目标的能力,如果员工的工作目标本身就是模糊的,方向是不明确的,那么员工就不知道自己应该去做什么、自己的岗位职责具体包括哪些工作。这样就不能很好地履行自己的职责,影响执行效果。

[案例6-4]

到底该谁"挖漏"

小张是某采油作业区17号站新进员工,刚参加工作,积极上进,总是想要在工作中有所表现。为了尽快熟悉工艺流程,工作空闲时小张都主动去各井学习。

一天,在学习中,他发现45042号井的管线有渗漏的现象,于是急忙跑去告诉站长。

"你看值班室谁在,喊个人去库房拿铁锹先去挖漏,我干完手里的活就过去。"站长听了后对小张说。

"刘姐、吴哥,45042号井的管线漏了,站长让我喊你们去挖漏。"小张着急地看着值班室正在谈笑的两人。

"我资料还没写完呢,你先去吧。"刘姐走向办公桌,拿出了报表。

"我得去量油,完事我就去。"老吴拿起工具出了门。

小张无奈地取了铁锹,独自走向45042号井。

"早知道这样,还不如干完活休息会儿,以后再也不多嘴了,这可好,发现问题好心去汇报,却成了我自己的事了。"1个小时过去了,也没见人来帮忙,小张越挖越是觉得郁闷。

案例中的小张原本是一个积极主动、想在工作中有所表现的上进青年,利用工作之余学习管路流程,发现隐患后及时向站长汇报,但为什么最后产生了消极情绪呢?

可以看出,站长对于临时工作的安排太随意,分工不明确,导致小张在组织工作时班组成员不配合,最终整个任务无法执行,原本三个人的工作,却成了发现隐患及时汇报的小张自己的活,这种职责不清、目标不明确的情况会严重影响年轻人的工作态度。因此,工作职责不明确是导致班组执行不力的重要原因之一。

在油气田一线班站,由于生产性质导致"挖漏"这样的临时生产任务较为普遍,因此如何在发生类似生产任务时有效地组织排险,是检验班组执行力的有效手段。这就要求一线班组长要正确认识临时生产任务的组织与分工。只有在任务执行前明确工作职责,才不会出现产生消极情绪的"小张"、偷奸耍滑的"刘姐"和磨洋工的"老吴"。

2. 工作态度不积极

在实际班组管理中,管理员工的最大困难就来自于员工工作态度不积极,很多时候员工不仅仅要完成分内的工作任务,同时还要完成一些临时安排的工作,这时候就需要在完成自己工作任务的基础上,付出自己的其他时间。这时候如果员工没有一个积极的工作态度,就会容易心生不满,大大影响执行效果,也很难把工作做好。

[案例6-5]

难管的"80、90"后

某班组有两个作业经验丰富的外雇工被辞退,取而代之的是两名"80、90后"的年轻员工。作为班长,张某对他们付出了多于其他组员的耐心和热情,利用各种机会教他们基本的技术技能。可是,新员工却敷衍应付,下次遇到同种情况还是不会,几个月下来,连一些基本的工具配件还没有认全。某日,工作量较大,一直到凌晨还没完成,90后李某开始懈怠。张班长安排他去擦工具,几个小时过去了,其他人已经把当天的工作量完成了,而李某还没有干完。张班长生气了:"让你干最轻巧简单的活儿,这么久了这点活还没干完?"李某却甩身离开,张班长见此状况十分无奈。

在油气田企业中不乏这样的员工,认为干好干坏一个样,干和不干一个样,态度十分消极,并且在执行的时候认为做得差不多就行,没有对自己进行严格要求。这样执行就会存在偏差,影响执行效果,也很难把工作做好。

张班长的"无奈",估计很多班长会遇到。班组人员是流动的,需要不断补充血液,绝大多数"80、90后"身上缺少工作的积极性、主动性,责任感相对较差,尤其是一线的脏活、累活对从小生活优越的年轻人来说的确是个挑战。如何调动青年员工工作的积极性,成为班组长一项长期而艰巨的任务。

3. 素质技能不过关

在班组工作中,常常会出现这样的情况,同样的一项工作任务在同样的工作环境和资源条件下,由于执行个体的不同,执行的结果也是不同的,而这是与执行人员自身的素质与技能密切相关的。企业中各项工作的操作者必须靠人来完成,因此,执行者的自身素质与技能决定最终的执行效果。尤其是管理者,如果没有过硬的素质与技能的话,就不能以身作则,起到模范带头作用。

[案例6-6]

小郭站长的"困惑"

郭站长所带领的班站,是某采油厂有名的标杆班站、明星班组。这些年来,随着众多荣誉的纷至沓来,郭班长对班站建设的目标也越加远大,对工作的要求标准也越加严格。

"井口密封盒底下油污没擦净,大四通底下的螺栓帽四周有污垢,井场这样子可不行,你俩再重擦一遍。"

"工作日志又漏项了?这都学多长时间了呀,咋还记不住?下次再填写不全,月底考核就不合格了。"

"早就和你说过要把井况资料记住了,哪次都得现查,太耽误时间了。"

虽然工作仍在进行着,但是郭站长的心里却十分困惑:"大家都在采油站工作这么长时间了,怎么什么事都得我操心呀?就不能自己主动把活干好了,干漂亮了?"

郭站长"困惑"的原因从表面上看是员工的工作没有达到他的要求标准,需要员工加倍努力工作,但究其根源,是由于班组长和员工的工作目标不一致,素质技能水平不一样,且又沟通协调不善,造成了对工作标准认识上的差异。郭某身为班组长可以通过提高工作标准等方式来建设班站,然而却没有考虑员工的素质技能水平,没有系统地组织班组成员现场培训、明确工作标准,从而导致其对员工工作不细致的"困惑",同时也导致员工对站长所提要求的"困惑"。最终,使整个班组执行力大打折扣,误工误时。

4. 人员分配不合理

班组长一个重要的职责就是如何分配好本组的员工,由于每个班组中有多个岗位,每个岗位职责不同,对于每位员工的要求也就不同。如果把员工安排到不适合他的岗位上的话,后果不堪设想。例如,一名员工刚入职不久,对于本班组的各项工作掌握的不是很全面,如果把这样的员工放在关键岗位上,如果遇到紧急事件的话,他的处理能力是有限的。因此,要根据不同的岗位需求,来安排最合适的人,这样才能发挥每个员工的最大效能。

[案例6-7]

胡班长的工作安排

"今天咱班活不多,王松和张明把3号配电间1号污水泵的变频器检查下,夜班反映这台变频器总偷停。输油泵房和掺油泵房的灯不亮,刘刚和李晓海去修一下，我去检查施工现场用电。大家操作时一定要注意安全！好了，开工，速去速回。"新任电工班长小胡，轻松地安排完工作任务走向施工场地。

"没病吧，让咱俩去换灯泡，那俩新来的高个小年轻不用，咱俩还得去库房借大梯子。"刘刚边走边不满地嘟囔着。

"胡哥，你快来一下，1号污水泵的变频器冒烟了！"刚检查一半，胡班长就接到了王松的电话。

"这是怎么回事？"小胡生气地问。

"我们发现变频器进出口线都有烧糊的地方，就拆下来重新压了线鼻子，结果接回去后，一送电就冒烟了。"张明怯怯地说。

"这是怎么接的，进出线怎么接反了呢？你们拆下来时没做记号呀！好好一台变频器就这么给烧了！"小胡也傻眼了。

在上面的案例中，小胡班长并没有认识到合理安排生产任务的重要性。他没有具体分析各项工作的特点和技能水平要求，只是按自己的想法随意去分配，安排个子矮、有经验的老工人去爬高检修照明，而把排除变频器故障这种技术性很强的工作分配给了没有工作经验、技能水平低的新工人。结果简单的照明维修因为个子矮，被人为地增加了工作难度，而故障变频器的小毛病因为维修人员的小失误导致大面积损坏，甚至报废。试想如果小胡在分配工作时先分析各项工作的特点和技能水平要求，然后再根据班组成员的特点合理分配任务，还会产生这样的结局么？所以班组长在选人用人的时候，必须根据员工的特长来安排工作，根据每个人的才能和特点分配任务。

5. 工作流程不完善

班组在执行前如果没有目标计划，就会导致盲目执行，效率低下。在执行过程中缺少跟踪和检查，就难以发现和解决执行中出现的问题，组织的目标也就难以实现。如果检查不到位，也就是说只要做了，做得好与坏没人管。或者是更有甚者缺乏大局观念，不能自觉地贯彻上级要求，而是随心所欲、各取所需，对自己有利的就执行，不利的就不执行，搞"上有政策，下有对策"，一旦出现问题就找借口推卸责任，不能从团队利益出发共同完成既定任务。还有的只顾眼前指标，不管长远发展，导致上级的指示精神在执行中失真走样甚至是背道而驰。对于这些问题，如果不能在执行过程中发现并解决，就不能高效地完成工作任务。在执行结束后，如果没有进行评估与反馈，就无法进行后期的评估及修正。如果没有科学的绩效评估，员工就会认为执行好坏都一样，大大影响了执行效果。

[案例6-8]

刘班长的人员调整

某联合站输油岗共有19人,分三班轮值,新任班长刘某通过两个月的观察,为方便管理,没有和大家商量便制定了人员调整方案并对外公布。

"技术不行、不勤快、不听话的人怎么全弄到我这了?"

"我们几个人在一起配合很长时间了,彼此熟悉、默契。突然打乱,对安全不利。"

"班次打乱,牵涉大家利益,要开会表决通过才行。"

方案公布后,班组成员意见强烈,有近一半的职工反对。结果,刘班长此次的人员调整被暂时搁置。

可以看出来,这个案例中刘班长最大的问题就是工作流程问题。他在制定方案前没有进行全方位的调研,没有深入了解每个员工的想法、工作能力等,他的方案出台后员工意见很大,导致人员调整失败。因此,在新方案公布前,班组长应将方案同副班长以及值班班长进行讨论、协调。同时,在进行此项工作前还要跟上级汇报一下,征询上级的意见。只有明确工作流程,制定合理的工作方案,才会更加符合员工的真实意愿。

6. 沟通渠道不畅通

通过对油气田30个二级单位的班组长进行问卷调查,调查结果显示,在油气田班组管理中有70%左右的问题,是由于沟通不畅导致的。沟通成为影响执行的一个重要因素。例如,指令从上级传达到基层员工,在这个过程中就会存在一定的沟通障碍,对于员工来说如果没有正确地理解这个指令,即理解不到位,执行就不能到位。

[案例6-9]

新晋班长的"苦恼"

李某是某班新晋班组长,按照年龄来说,在班里年纪最小,其他组员工龄都比李某长,因此刚开始,李某遭到了一些组员的排挤。一日,李某让一名组员去车间办公室把劳保用品取来,连续跟他说了三遍,他都没有动地方,到第四次时,李某非常气愤了,以生硬的语气质问道:"你是拿还是不拿啊?"虽然组员后来取来了劳保用品,但他是非常不情愿的,他说:"凭什么,什么事情都让我干!"

上面这个案例给我们的启示是在班组沟通中,一定要注意沟通方法和技巧。尤其是班组长在与下级沟通时,一定要学会站在对方角度考虑问题,换位思考一下,如果自己被比自己资历浅的人叫去干活,心里也肯定有所不悦。因此,在以后的工作中,班组长要和班组成员经常沟通,并且以身作则,起到模范带头作用,这样才能更好地指挥班组其他成员,提升整个班组的工作效率。

7. 制度不执行

在油气田企业中,不乏各种规章制度,墙上、手册上随处可见。但是,规章制度上了墙,不代表入了心,也不代表这些规章制度能很好地规范员工的实践。如果每位员工不能很好地去理解和执行规章制度的话,规章制度就毫无用处。如果一个制度本身制定不合理,那么员工必然会对这些制度产生怨言,执行这些制度的动力就不足。一旦制度执行过程中出现一点问题,员工就有了不执行制度的理由,从而拒绝执行,最终导致制度执行不力。

[案例 6-10]

检验班的一次谈话

以下是某公司阀门检验班的班组长在检验区与检验员赵某的谈话。

班组长:"我发现你并没有按照标准作业书规定的所有检验项目进行检验,这样一旦出现问题就是批量的,你这么做是为什么呢?"

赵某:"这批阀门的生产商与我们常年合作,质量一直没有问题,主要检验项目没有质量问题,也就没有必要全部项目都检查了。再说,全部项目都检查,消耗了时间,会降低工作效率的。"

班组长:"是的,这家生产商的阀门质量比较稳定,但是我们不能保证会不会出现异常。环境、材料、模具的因素,都会导致制工件的不良,而这种不良随时都可能产生。我们只有严格执行标准,才能保证质量。"

赵某:"我知道了,全面检查是一定要执行的。要减少检查的时间,只有靠提高我们的检查技能了。"

通过上面这个案例反映出在企业班组中,员工在执行的过程中,没有参照具体的标准制度进行检验,有制度而没有执行,制度就形同虚设,如同废纸,如果不及时纠正这样的错误行为,导致的后果将不堪设想,严重影响班组生产运行,使执行力大打折扣。

长期以来,许多企业已经具有了比较完备的企业制度,但是具体操作起来,会发现这些制度的可操作性是比较差的。一个好的制度应该是简洁明了,容易被人接受的。制度就是游戏规则,一个队员犯规,就把一个人换下来,两个犯规,就把两个队员都换下来,如果全体队员都犯规,那就是规则有问题了。如果规章制度本身不健全、不完善,这时候就需要根据具体的班组实际情况来进行修改和调整。例如,制定规章制度的人不是具体执行的人,那这个规章制度的适用性就要在实践中进行不断地验证和总结,再不断加以修正和规范。总之,标准本身是否科学,制度本身是否规范,这些都影响执行效果。

有时企业会通过各种报表的填写来约束员工的行为,或通过各种考核制度企图达到改善企业执行力的目的,但往往事与愿违。企业一些制度相当于给执行者头上戴了一个紧箍,也进一步增加了执行者逆反心理,最后导致员工敷衍了事,使企业的规定流于形式。所以企业在设计相关的制度和规定时一定要本着这样一个原则,就是所有的制度和规定都是为了帮助员工更好地工作,是为了提供方便而不是为了约束,是为了规范其行为而不是一种负担。制定的制度一定要实用,有针对性和可操作性。有时我们会发现当企业把国外先进管理制度全盘照搬、生搬硬套,结果导致了水土不服。什么是最好的?适合自己的才是最好的。针对性和可行性是制定制度时必须要考虑的两个原则。

企业要提高制度的可执行性,做到既可执行,又有很好的管理效果,而不是按照某种智能模式将规定写出来就万事大吉了。要知道,缺乏可执行性的管理制度一点用处都没有,相反还会起负作用。在油气田企业中,许多制度之所以得不到执行,是因为制度本身缺乏人情味或不够合理。

8. 奖惩激励不规范

美国管理专家米契尔·拉伯福曾说过:"我们宣布讲究实绩,注重实效,却往往激励了那些专会做表面文章、投机取巧的人。"

有这样一则寓言:从前,一个渔夫在船上看见一条蛇口中含着一只青蛙,青蛙正痛苦地挣扎。渔夫非常同情青蛙的处境,就把青蛙从蛇的口中救出来并放了生,这时渔夫又觉得有些对不起饥饿的蛇,出于同情,渔夫把自己珍藏的酒滴了几滴给蛇喝了,蛇愉快地游走了。渔夫为自己的行为感到高兴。正当渔夫沉浸在自我陶醉中时,听到了船头有拍打声,渔夫探头一望,大吃一惊,因为他发现那条蛇正抬头看着自己,嘴里含着两只青蛙。

这则寓言给我们的启示是有时奖励不该奖励的行为,会造成误导。蛇在捉到青蛙后,渔夫奖励了几滴酒,这样蛇就会以为,捉住更多的青蛙会得到更多的酒。这样,就会事与愿违,不该激励的行为被激励了,执行就会出现偏差。

激励机制最重要的就是确定奖励什么、惩罚什么。企业在进行奖励的时候,具体对象都是企业中业绩突出的个人,希望能通过这种奖励来激励其他的个人。这样才能带动整个团队提升执行力,否则,不仅起不到奖励的作用,还会适得其反。

第三节　班组执行力提升方法

一、有效执行的基本原则

1. 利益原则

企业的目的是为了获取经济利益,只有获利的企业才能生存。员工所有的行动都必须围绕着这个原则。班组长一定要懂得这个道理,并把它贯彻到自己的工作实践中。优秀的班组长一定是对企业忠心耿耿的,自己所做的一切都是为企业创造更高的效益。如果班组长的工作不能为企业带来利益,无论他是多么的辛苦,做的事有多繁杂、有多伟大,都不是一个合格的管理者。如果班组长有了令人刮目相看的业绩,那他的下属会很受鼓舞。他们会以其为榜样,努力地为提高业绩而工作。对员工的工作业绩的衡量标准,也同样以利益原则为中心,能带来利益的行为才是有效的。

2. 20/80 的聚集原则

著名的 20/80 法则指出,在因与果、投入与产出、努力与收获之间,本来就存在着不平衡的关系。典型的情况是,80% 的收获来自 20% 的努力。所以,管理者在执行的时候,要遵循 20/80 的聚集原则。具体到管理上就是管理无技巧,越简单越好。

在企业经营和组织管理上,要使之获得高效,最有效的方式就是简洁。当企业处于一个纷繁复杂的环境时,采取从简切入、化繁为简、以简驭繁的思路和方法,往往可以避免繁中添乱,巧妙地化解矛盾,从而起到奇效。

3. 开发原则

一个企业要从根本上提升执行力,必须对人力资源进行开发,要重视对员工的培训。企业最大的成本是拥有一批没有充分发挥能力的员工,企业最大的潜力是把员工的积极性调动起来。为了挖掘员工的潜能,提高员工执行的质量,企业必须针对自己本身的特点,为各个层次、各个领域的员工量体裁衣地制订培训计划和培训内容。内部员工的培训,能使员工以更高的热情、对企业更大的忠诚以及更高的效率完成他的任务。

4. 分层原则

如果能够提拔那些注重执行的人,就会逐渐建立起一种执行力文化。在工作中,管理者要讲究层次,分清轻重缓急。在管理员工时也同样如此,对表现不同的员工加以区别对待。有的员工对待工作兢兢业业,埋头苦干,从不抱怨,对这些注重执行的人,要进行提拔。相反,有的员工说起来头头是道,但就是不愿意付出辛苦和努力、脚踏实地地去干事,还振振有词地为自己寻找借口,对这样的人要坚决清除。

有的领导在用人上也一味追求平衡,没有层次,没有重点,片面强调一视同仁、一碗水端平。优秀者不敢重赏,不敢重用;庸劣者不敢重罚,不敢重处。结果是前者心怀沮丧,后者无所鞭策。以表面上的平等造成了事实上更大的不平等,以牺牲优良、牺牲效率为代价来迎合庸劣。

对表现不同的员工进行区别对待,提拔执行力强的人,实际上是企业给所有员工传递的一个重要信息:企业提倡的是一种求实苦干的精神,反对投机取巧,反对浮躁。逐渐地,企业里就会建立起一种执行力文化。

5. 事实与数据原则

为了有效地促进员工的工作热情和干劲,并对他们的工作业绩做出评价,管理者应对员工实行定期或不定期的考核。考核的标准有很多,但必须以事实和数据为原则。员工为公司做出了多大的贡献,取得了多少成绩,主要看他做成了什么,有什么样的事实,有多少可能量化的数据。如一个营销员工,他的销售额是多少。除了事实和数据,别的都不能作为考核的依据。企业在不同的时期有不同的工作重点,员工的工作围绕着企业的工作重点展开,企业强调什么,就把它纳入员工工作业绩的考核内容。这样对员工是一个很大的促进,也给员工一个导向,告诉员工该段时间的工作要求。

6. 杠杆原则

一个班组就是一个团队,班组的良好运转需要班组成员团结合作、协调一致,形成一股合力。在这个班组中,班组长是带头人。班组长需要身体力行,给广大员工做一个表率,同时也要发挥自己领导者角色:善于指挥别人做事,把合适的人安排在合适的岗位上,让合适的人去做合适的事。所以,会执行的班组长不是凡事自己做,而是善于指挥和激励别人。

班组长要有效地指挥员工做事,如果单靠命令的方式,不是说不可以,但是这样的效果是可想而知的,没有人喜欢被别人命令或者强制去干事情,即使是自己愿意做的事情。一个人只有乐意去做某件事情时,才能把事情办得最好。班组长要做到这一点,就可以使用杠杆原则。只要找到一个支点,班组长就可以用这支杠杆去撬动整个班组。这个杠杆原则其实就是激励原则。班组长要在班组中建立起一套行之有效的激励体系,通过它能奖优罚劣。只要建立起这套体系,班组的执行力肯定会有一个质的提高。

二、提升执行力技巧与方法

1. 实施目标管理,明确工作职责

目标是企业前进的动力,没有目标的企业会迷失方向,执行缺少了目标,就谈不上什么执行。目标管理是指管理者围绕企业的发展确定相关目标,并对目标的开展与执行进行一系列的管理活动。打造高效执行力班组,首要任务就是明确目标,有了目标,才能确定具体工作,确定每位员工的具体工作职责。对于目标来说,制定切实可行的目标才有实践指导意义。

1)制定目标的原则

企业中存在这样的误区,就是目标是由高层制定的,与普通员工无关。往往高层制定目标后,员工在执行的过程中会有抵触情绪。由于员工工作在一线,对实际工作更为了解,因此,目标的制定,要让员工也参与进来。这样,目标才会更加实际有效。那么,制定科学合理的目标要遵守五个原则:明确、可量化、可执行、符合实际、有时限。

员工目标的制定一定要明确,有较强的方向性,对自己进行合理的定位之后选择适合自己的目标;同时这个目标还要符合实际,并且是在某个时间段内完成的可以量化的指标。因为过高的目标,会让员工感觉到不可企及,打消员工的生产积极性,当然目标也不能制定的太低,造成不必要的资源闲置。在此基础上,还要学会分解目标,通过层层分解来明确自己在什么阶段要完成什么样的工作任务,并去逐步实施完成。

2)学会分解目标

有了明确合理的目标,还要将这个目标进行分解,分解成一系列的子目标,并把这些目标融入每一个员工的心中,落实到每一个员工的行为中。目标分解包括空间目标分解和时间目标分解。空间目标分解就是将组织总目标分解为部门目标、个体目标,一级一级分解下去,这样各级目标才能得到有效落实。目标的分解要求在保证企业目标实现的前提下层层分解,并在分解过程中上下沟通,达成共识,如图6-1所示(以辽河油田分公司为例)。

对中国石油来说,组织总目标是建设综合性国际能源公司。对中国石油分公司之一的辽河油田分公司(以下简称"辽河油田")来说,将总目标分解为:到2015年末实现"双千"奋斗目标,既千万吨产量规模和千亿元经济规模。通过目标的分解,逐步实现分目标,从而实现总体目标,如图6-1所示。

```
┌─────────────────────────────┐        ┌─────────────────────────────┐
│   中国石油天然气集团公司目标    │   ➤    │      辽河油田分公司目标        │
│ 2015年末基本建成综合性国际能源公司│        │  2015年末实现"双千"奋斗目标    │
└─────────────────────────────┘        └─────────────────────────────┘
```

图 6-1　中国石油天然气集团公司空间目标分解图

同时,对辽河油田来说,组织总目标是实现"双千"奋斗目标。而对各二级单位来说,要将组织目标进行分解,通过实现各分目标来最终实现组织总目标,如图 6-2 所示。

```
┌─────────────────────────────┐        ┌─────────────────────────────┐
│      辽河油田分公司目标        │   ➤    │        欢喜岭采油厂          │
│   2014年实现千万吨原油稳产     │        │  2014年实现115万吨原油稳产    │
└─────────────────────────────┘        └─────────────────────────────┘
```

图 6-2　辽河油田空间目标分解图

欢喜岭采油厂将辽河油田组织总目标 1000 万吨产量规模进行分解,具体为年产 115 万吨,通过完成分目标进一步实现辽河油田 1000 万吨原油产量的组织总目标。

时间目标分解是将总目标按照时间段划分为长期目标、中期目标和短期目标。短期目标是未来近一两年要实现的目标,中期目标是未来 5 年要实现的目标,而长期目标是未来 10 年要实现的目标。中国石油的短期、中长期目标如图 6-3 所示。

```
┌─────────────────────────────┐        ┌─────────────────────────────┐
│  中国石油天然气集团公司短期目标  │   ➤    │  中国石油天然气集团公司中长   │
│                             │        │  期目标                      │
│ "十二五"末基本建成综合性国际能源公司│        │ "十三五"末全面建成世界水平    │
│                             │        │  的综合性国际能源公司         │
└─────────────────────────────┘        └─────────────────────────────┘
```

图 6-3　时间目标分解图

中国石油在 2015 年年末要实现的目标是基本建成综合性国际能源公司,而到 2020 年年末要实现的中长期目标是全面建成世界水平的综合性国际能源公司,实现三个 60% 和两个倍增。具体为:中国石油国内外油气作业产量达到全国油气需求量的 60%;国内油气产量占全国总产量的 60%;海外油气作业产量占公司总产量的 60%;企业增加值、员工人均收入到 2020 年实现倍增。"三个 60%、两个倍增"是一个紧密联系的有机体。前者是责任、是目标,表达了中国石油要和兄弟能源企业一起为全面建成小康社会做贡献的决心和信心。后者是科学发展,是质量效益,体现了要把企业发展创新成果惠及员工的责任和义务。以此作为中国石油全面建成综合性国际能源公司的量化指标,既是一种庄严的承诺,又是一种自信和力量。可以看到,"十二五"与"十三五"中国石油总体目标虽然只是"基本建成"和"全面建成"的区别,但是具体的量化指标是不同的,因此,通过时间上的分解,来明确如何有效地完成最终目标,实现有质量、高效益、可持续发展。

3)确定关键目标

总目标分解成多个相互关联的分目标后,就要确定哪些是重点的目标,并按照目标的轻重缓急分配资源来实现。因为无论是班组管理人员还是员工精力都是有限的,很难同时控制全部目标的实施。通常,组织总目标中的80%目标都是辅助性目标,这些目标对目标的实现只有20%的影响,而其余20%的目标对总目标的实现却有80%的影响。班组领导者如果能做到集中精力抓好20%的目标,同时兼顾其他目标就可以高质量地完成任务了。

在确定关键目标后,要及时掌握关键目标实施情况的相关信息,发现实施中的存在的问题,采取措施加以解决,保证重点工作的完成。一旦确定关键目标后,就要给予高度重视。那么对于一个班组来说,每一天的工作会有很多,重要工作也可能会有几个,那么如何设定好优先顺序,先做什么,后做什么,就需要将工作按照紧急、不紧急以及重要、不重要分为四大类。

把每天的工作按照重要性和紧急性划分为四个象限,第一象限是重要紧急事件,第二象限是重要不紧急事件,第三象限是紧急不重要事件,第四象限是不重要不紧急事件。对于重要紧急事件,要马上去做,并且自己要进行实时跟踪和检查。对于重要不紧急事件,应该有计划地去做。通常在工作中重要不紧急的事相对较多,因此,要科学制定计划、合理安排时间、有效率地完成工作任务。对于紧急不重要事件,可以委托给别人去做,这时就需要学会如何授权了。对于不重要不紧急事件,从全局角度考虑,可以不去做,不会影响整体工作进程。

4)及时调整目标

企业有时不能完成预定目标,不一定就是目标制定得不合理,有可能是企业内部潜在的因素阻碍了企业目标的实现,所以,当企业未达到既定目标时,要先了解实际情况,积极找出问题并加以解决。应该根据企业的内部环境和外部环境的变化及时调整目标。

5)制定工作计划

明确关键目标后,还要制定计划。计划要具有很强的指导性、规范性和约束性。无论什么样的计划,无论在原条件下多么合理的计划,随着时间的推移和环境的变化,都有可能出现与现有或假设的条件不协调的情况,在这种情况下,计划体系的建立必须考虑计划的适应性。如果在计划执行过程中,客观情况发生了变化,就要适时地予以修订。所以计划既要有指导性,也要有动态性。同时,由于计划制定的问题和执行过程中的变化,员工间的计划难免会出现冲突、不协调,这就需要加强计划的沟通和协调,需要有相应的机构来协调各方的计划和执行情况。

6) 明确工作职责

班组在明确目标后,要明确成员分工,确定员工责任,对于每一个分目标都有确定的责任主体。明确工作职责后,让每位员工清楚地知道自己应该干什么,什么工作是自己分内的事,这样就避免了责任推诿的现象,大大提升了整个班组的工作效率。

[案例6-11]

分班后的轻松

某采油厂采油三区301队前24号计量站共有3名计量女工,每天需进行油井计量、调整配注、传输报表、打扫卫生等工作,内容有主有次、繁杂琐碎。尤其目前油水井挖潜等各种举措频繁,几名女工每天上班不免"眉毛胡子一把抓",去量量油,抓扫帚扫两下地,也不知道到底谁应该对哪项工作负责。针对这一问题,该站站长重新细分班次,合理安排工作量,明确女工各自岗位职责。根据具体工作量将3名女计量员分成三班:主班、副班和闲班。主班负最主要责任,包括油水井计量、传输报表;副班协助主班进行另一计量间量油工作,负责交接班的值班室等操作间卫生;女工每月法定休息日可安排在自己闲班日,若上岗可根据站长安排及实际需要干些零活。

从此,该站女工岗位井然有序,各项工作都落实到人,收效显著。

2. 端正工作态度,积极主动工作

在实际的执行过程中,应该如何培养正确的执行态度呢?心理学研究发现,人总是用自己的态度来观察一切的,并会按照自己的认识而采取特有的行为。尤其是在企业组织里,管理者需要注意员工在态度上的变化。如果员工保持友善而良好的态度,具有较强的责任心,那么该员工的工作就会顺利完成,业绩良好,这样使班组管理更加容易。但如果员工因以往经验持有消极态度,或者受组织外部环境的影响,这时,如何培养这部分员工养成健康积极的工作态度是组织管理人员的一项重要工作,直接关系到企业组织执行力的强弱。

1) 调动员工工作积极性

具体主要从以下三个方面来调动员工的积极性:

(1)要加强员工政治思想教育。定期召开班组会议,教育职工热爱企业,热爱本职岗位,以公司为家,发扬主人翁精神。只有职工热爱自己的公司,热爱自己的班组,才能使员工们团结一心,积极工作。

(2)要实行民主集中制。管理者在处理工作中存在的问题时,要充分发扬民主作风,耐心倾听员工意见和建议。对所提意见和建议,无论正确与否、有益与否,作为领导者都得认真听取,这样才使员工对领导产生信赖感。领导者听取员工们所提意见和建议,然后集中员工们的智慧,做出正确的决定。它可以调动员工们的积极性,使员工产生对本职工作的责任感,从而自觉地完成各项任务。

(3)要以身作则。领导者在管理工作中,应带头遵守制定的规章制度,遵纪守法。在工作中既要当好指挥员,又要当好战斗员,那么你的一言一行必然就会有号召力、有影响力,它将对员工起到潜移默化的效果,无论你安排员工做任何工作,他们会积极主动地完成任务。班组长以身作则、身先士卒、勇担重任,在班组中的影响和作用是极为重要的,往往能够在困难的时候激发组织成员的斗志。例如,作为一名新上任的班组长,前期身先士卒地开展工作往往胜过指手画脚;或是当一个班组有一项重大的工作任务时,班组长也应该身先士卒,鼓舞士气,让员工感受到自己"不是一个人在战斗"。只有这样,员工才能真心实意地拥护你、爱戴你、追随你,并迅速成长。

[案例 6–12]

身先士卒的好班长

2014年夏天,华13号站瓦口开裂,保温层脱落,得重新保温。停炉之后,待炉膛温度降到40~50℃,站长刘金来二话不说,带头钻进炉膛,他和员工先把瓦口原来破损的保温层扒下来,按原来的位置一层一层叠好,用白钢钉固定住。他让员工准备好新的保温材料,调好高温水泥,抹在高温岩棉上,有时不好抹,就用双手把缝隙填补上。炉膛里温度很高,灰尘较大,一般员工在里面待一会都会很难受,可他都是坚持一个多小时才出来透口气,尽管双手已经沾满了玻璃丝,衣服湿了又干,干了又湿,又满脸黑灰,可他一点怨言都没有。清理出来的东西在地上七零八散,他来不及休息,第一时间进行清理,做好环保工作。此项工作,为公司节约了3000~5000元。

站长刘金来在瓦口保温的过程中首先钻进炉膛,自身的表率就是一道无声的命令,所以,其他员工才会更加卖力。在日常的工作中,班组长就是要扮演好兵头将尾的角色,安排、布置好班组成员的任务,在完成任务的过程中,及时发现问题、解决问题,提高协作能力,起到表率作用,带动其他员工工作积极性。

2）培养工作责任心

在责任的培养中,最重要的是培养员工的职业道德,有职业道德的人通常是有责任心的。缺乏职业道德,无论其能力如何,都将是一个难以令人满意的员工。岗位责任很重要,它是员工考核的重要参照,但如果只强调岗位责任,可能会给组织的合作带来消极影响,甚至出现"各人自扫门前雪"的局面。组织需要明确员工岗位职责。在具体的责任文化建设中,组织可以从以下方面考虑:首先,组织应明确对社会、员工的利益相关者的责任,建立完善的管理模式,明确责任和利益的关系,并制度化。其次,作为班组长,带头倡导、落实能够被员工认同的"责任文化",确保各项制度得到有力地贯彻和实施,不打折扣,规范、改进自己的行为,发挥团队领导者的影响作用,宣传责任意识的重要性,并指导员工认识责任文化,具体帮助和监督下属。

可以说,班组长的工作直接影响到企业战略的落实情况,直接左右着企业规章制度实施的情况,没有责任心的班组长一定带不出有责任心的员工。对于企业来说,每一项工作任务都需要承担相应的责任,班组长一定要有责任担当的精神。工作中不要利用借口来推卸自己的责任,如果成为习惯,就不能正视自己的不足,也就不能从失败中总结经验教训,不能取得进步。因此,在工作中要尽职尽责,积极主动完成工作任务,并影响和带动周围的人去工作。只有勇于承担责任才能赢得员工的信任,得到别人的帮助和支持,在履行责任的过程中增长才干和经验,获得组织的承认和赞誉。要想更好地承担责任,首先能够对上级的指令有很好的理解力和执行力,上级下达任务、命令后,能够很好地贯彻执行。

3. 加强技能培养,提高技能水平

作为企业员工,需要不断丰富自己的知识和提升自己的技能。技能欠缺的人,需要在工作岗位上不断磨炼自己和不断提升自己。但从组织角度上来说,提升员工技能水平的最有效办法主要包括以下几个方面。

1）内部培训

对于一个班组来说,员工的技术水平参差不齐,为提高队伍的整体素质,应该加强对员工的培训,制定科学合理的培训方案及培训考核计划,不仅要加强对白班人员的培训,还要加强对夜班员工的教育培训力度。班组长和技术骨干要学习各项操作技能和应急措施,提高自己解决生产难题和应对突发事件的能力,通过以老带新、以先进带动后进的培训机制,签订师带徒合同,制定带徒标准和带徒目标,形成一个学习技术的浓厚氛围。提升全员技能水平,通过培训学习及老师傅的言传身教,不断积累工作经验,从而达到所从事岗位的标准和要求。员工只有掌握过硬的技术,才能保证安全生产。

[案例 6-13]

"目视化"的培训

某作业区 6 号站(图 6-4)所管理的锅炉为扎克锅炉,属于新工艺,全站人员在鲁鹏的带领下,学习理论知识,逐条、逐步分析启、停炉各项操作,使每名员工都能够独立顶岗。水处理工艺复杂,各类气动阀繁多,他就把各号气动阀做好相应的号码标牌,员工在技能培训中和实际工作中能够做到一目了然,提高了学习和工作的效果,全站也因此形成良好的学习氛围。

图 6-4 某作业区"目视化"培训图

2) 技能竞赛

对于企业员工来说,要学习新知识,提升新技能,可以通过"技能竞赛"的方式来进行学习,员工利用业余时间去学习与本岗位相关的知识与技能。通过技能竞赛,掌握更多更全面的知识,拓宽自己的知识面,提升自身的技能水平。图 6-5 为某油田第七届员工职业技能竞赛现场,这种大型的职工技能竞赛活动他们每两年举办一次,竞赛分为实际操作和理论知识两部分。每个二级单位都积极参加,认真备赛,通过技能竞赛,提升了个人的专业素质与技能,通过竞赛的平台,更好地为企业选拔优秀的人才。

3) 职工大讲堂

在油气田企业中,班组中的工人技师、老师傅和岗位能手具有丰富的经验和扎实的理论基础知识,通过结合岗位技能和工作经验,组织职工进行技术学习、分析

图6-5　某油田职业技能竞赛

解决生产中的疑难问题,每季度或每月进行一次固定培训学习,从而提高班组成员素质与技能。

[案例6-14]

个人强不算强,集体素质强才是真的强

某采油厂女子采油站,目前有员工13人,其中有女员工9人。该站始终把提升员工岗位技能作为重要目标,充分发挥站长技术优势,实现员工学习兴趣、技术素质、安全技能三方面同步提升的良好效果。充分发挥"领头雁"的榜样示范作用,引领激励团队学习。该站的带头人张萍是响当当的技术人才,是采油厂少有的女技能专家、青年岗位能手。工作实践中,她创造性地开辟了"技术讲堂",由张萍亲自为员工讲授采油管理基础知识和实际操作经验,在"你问我答"互动式学习过程中,姐妹们的学习热情和技术技能得到了大幅度提升。

4)外出学习

针对班组具体实际,选派几名技术过硬的员工外出学习,引领、鼓励员工对岗位的专业知识和先进技术进行学习,从而达到知识型员工的培育,使队伍的战斗力和技能素质得到有效提高。

5）岗位练兵

[案例 6-15]

"学"与"练"

某站在站长的带领下，开展岗位每天一练、每周一评、每月一考试的练兵活动。通过练兵台，努力提高员工技术操作水平，强化员工的应急能力。生产中有很多事故是在紧急情况下，由于员工技术素质不过硬、误操作酿成的。通过该活动，让员工能正确判断、准确处理生产中出现的异常现象，实现企业和员工都平安。

对于一个班组来说，要使自己的员工能胜任站上的任何一个岗位，就需要技能要求高标准、全面化。在日常技术培训中，要拓宽培训渠道，创新培训载体，实施现场培训、事例培训等，实现一专多能，定期在班站内进行岗位轮换。

4. 科学组织分工，激发员工潜能

通过对油气田企业的 30 个二级单位优秀班组长的问卷调查统计，90% 的班组长认为当前本班组人员数量够用。对于本班组所承担的工作任务，班组成员的数量是可以保证完成工作任务的。但是，在班组中仍存在执行力不强、任务完成质量不高的问题。通过总结，可以发现，在班组中，每位员工没有发挥最大效能，有时甚至造成了人力资源浪费，这样就大大影响了工作效率。因此，要做到知人善任，量才任用，科学组织分工，激发员工潜能，最大限度发挥员工的价值，这样才能更好地为企业服务。

1）了解员工

对于企业来说重要的三个核心流程分别是人员流程、战略流程和运营流程。人员流程是指用正确的人做事；战略流程是指做正确的事；运营流程是指正确地做事。在这三个流程里面，最重要的就是人员流程，就是如何用正确的人做事，因为战略流程和运营流程都是由人的要素决定的。

对于油气田企业来说，班组长如何把正确的人安排在适合他的岗位上，需要班组长多花费时间关注员工，了解员工。因为每个员工都拥有不同的气质类型、性格特点，每个员工的工作能力及特长也不同。例如，有的员工工作起来雷厉风行，效率较高；有的员工则非常细心，谨小慎微；有的员工擅长处理人际关系；有的员工则喜欢默默工作。因此，班组长要通过观察、沟通与交流，了解员工所具备的知识、经验与水平，掌握他们的能力与特长，在此基础上，安排适合他们的工作，这样才会事半功倍，提升企业组织工作效率。

2）分配员工

员工是最终执行的人，人才是企业的根本，是企业最宝贵的资源。因此，选择什么样的人才为企业工作，已经成为企业生存与发展的决定因素。也就是说，企业员工的素质高低极大影响了企业的执行力。企业在挑选人才的时候，要根据自己的实际执行人才的标准，并有所侧重。

企业的人才有时就像企业生产产品所需要的材料一样，需要十分合适，如果所选的人才不合适，就无法满足企业的需要。让合适的人做合适的事，才能突出有效执行的能力，否则就很难达到目的。人的执行力是有界限的，某人在某方面表现很好并不表明他也胜任另一项工作。大部分管理者的成功，都在于他们能够让合适的人做适合他的事，能找到拥有执行能力的人，最大限度发挥人才的资源优势和潜力。

3）注重内部员工的提升

有时企业在总是抱怨基层组织缺乏高素质技能型人才。其实，在企业中，要想提高执行力，内部提升是寻求人才的好方法。这样既可以激励内部员工，又有利于员工的成长，而在选拔的时候要着重考查他的落实能力及务实精神，从而使企业建设一条科学的人才输送渠道。

5. 改善工作流程，提高执行效能

流程是组织控制的基础，是实现组织规范化管理的重要工具，是组织执行力形成的基础，离开了流程，就等于离开了管理控制系统的建立和优化。它的核心是管理的标准化和程序化，就是让不同的人，在不同的时间地点，做同样的事情，能得到相同的结果。在企业中，员工执行好与不好，落实得到位还是不到位，需要有完善的工作流程。科学的工作流程是高效执行的保障。

作为油气田企业，尤其是基层组织，应该通过不断发展、完善优秀的业务流程来提高组织的落实力，以保持企业的竞争优势。业务流程并不是具体业务活动凑在一起的"大杂烩"，而是按照一定的组织程序连接起来的一连串业务活动。也就是说，各项业务活动的开展必须事先经过设计，保持结构上的连贯性。业务流程需要设计一个总体框架，在这个框架下确定需要完成的各项工作，然后将这些工作进行细分，确定具体的落实者、实施时间、操作地点。有些业务活动还涉及不同的部门，要相互协作才能完成。企业如果不以业务流程方式加以管理，势必造成落实方式的混乱。

1）执行前，有目标有计划

执行开始前，需要对于执行任务有充分的了解和认知，在明晰目标的基础上再进行计划的制定，并且还要根据工作任务的轻重缓急来决定先做什么、后做什么。

对企业的员工来说,应该清楚地了解具体工作流程是什么?自己属于企业里的哪个业务流程?实施这个业务流程要达到什么目的?自己应该干什么、怎么干、达到什么标准?要真正把业务流程烂熟于心,真正做到忙碌而不盲目,从而能够把手中的活儿做得更细一些、更规范一些、更完美一些。

2)执行中,有组织有控制

执行过程中,要持续关注、跟踪和检查。对每一项工作都要进行过程控制,对过程中的每一个环节都要做到有效控制,对于员工在执行过程中出现的问题和困难,可以及时发现并解决。作为班组长,如何对员工完成的工作和任务进行检查呢?首先,检查工作事先要有准备,做出一个详尽的计划,人员如何分配、时间如何安排、实现什么目标、采取哪些方法步骤,都应该事先讨论声明,才能科学地进行分工,各司其职;其次,检查工作要有明确的标准,做到有章可循;最后,对于检查来说,主要采取跟踪检查和阶段检查相结合的方式。

3)执行后,有评估有反馈

执行结束后,要设立反馈机制,做好评估工作。评估是执行反馈的关键,是执行改进的起点。执行评估与执行力提升的互动与融合,最终提升了整个组织的执行力。执行本身是一个过程与结果的结合体,执行评估是有效提升执行力的管理基础。如果执行过程合理,就坚持按照原流程实施,如果没能保质保量完成任务,那么就要及时发现问题,总结经验和教训,哪些地方做得好,哪些地方做得不好,在分析原因的基础上,有效修正,实施流程优化。

下面这个案例反映的就是当工作流程不科学、不合理的时候,如何进行流程的优化。

[案例6-16]

流程的优化

2013年7月,某公司维修队班长刘东发现,清洗车间的抽油杆时,由于流程所限,极易发生"卡杆"现象,存在伤人及设备受损等隐患。刘东带领班组员工经过几天的研究,找出了最佳解决办法,在检测间找到一个既适合人员安全操作又有空间摆放检测平台的最佳位置,将抽油杆全部用煮锅清洗后直接运往检测车间检测,这样既避免了员工室外操作,又减少了抽油杆运行距离,消除了安全隐患,降低了能耗,减少了人工成本,增加了生产效率。经过一个月的改造,新抽油杆检测工艺投入使用,经过一年的使用,安全系数提高了,能耗降低了,生产效率提高一倍以上,年均节约费用6.6万元。

总之,通过流程的优化,使工作流程更加科学合理,将复杂的过程简单化、简单化的因素流程化、流程化的因素框架化,从而大大提升了组织的执行力。流程优化的过程如图6-6所示。

图6-6 流程优化过程图

6. 畅通沟通渠道,实现有效沟通

在班组管理中,实现有效沟通,才能提高执行力。班组长既要积极与上级沟通,又要对下级负责,同时还要做好横向沟通,并在实践中不断提高班组长的沟通能力。班组的沟通主要目的就是要建立班组长和员工之间开放、自由、充分的沟通机制,建立班组与班组、领导与员工、员工与员工之间的沟通渠道,打破交流障碍,营造良好的沟通氛围。

7. 健全规章制度,完善奖惩机制

提高执行力,需要有制度的保障,有了制度,还需要管理者与员工的常抓不懈,养成好的工作习惯,按照制度去执行,这样才能发挥制度的保障作用。

1)建立健全制度并加以落实

班组制定的各项规章制度是一个班站的内部法规,是班组日常管理行为的重要依据,它可以使班组实现规范化管理运行。要对以往建立的制度认真地清理,对已经过时的、不起作用的制度要予以废除,对相互矛盾的重新整合,对空白的进行填补。另外,要将有缺陷、有漏洞的制度进行修改完善,征集员工的意见,做好宣传与监督,让员工知晓制度的内容,从而促使员工在日常工作中能严格按照制度执行。通过严格的制度管理,打破"人管人"的旧模式,实行"制度管人"的管理方式,在班站内营造一种积极向上的氛围,公平、公正、公开地执行相关标准制度。

制度的制定是让员工有约束自己行为的准则,它能否产生效用的关键在于落实。再好的制度如果落实不到位,也只能是完美的"空中楼阁",华而不实。所以在制定制度时要以能否落实为落脚点,这样制度才能发挥出它应有的作用。因此,落实制度时班组长需要注意以下问题:

(1)班组长自己要起到带头作用。如果班组长都没有严格遵守规章制度的话,那么员工就会把制度当成"儿戏","只许州官放火,不许百姓点灯"的做法,是绝对要不得的。

(2)要建立群众及监督机制。及时惩罚"破窗之人"是一个好办法,这样才能及时修补好被打破的窗户。只有这样,才能保证员工都能很好地去遵守规章制度。

(3)要建立起全员遵守规章制度的氛围。在班组中形成了"遵守规章制度可敬,违反规章制度可耻"的氛围,这样就没有人敢去触犯它了。这需要长期对员工进行职业道德及敬业精神的教育,并且让他们看到,遵守规章制度在班组内就会受到奖励,违反规章制度就会受到相应的惩罚。

2)实施有效的奖惩机制

对于班组来说,班组长要掌握有效奖惩的方法和原则,这样才能大大提升整个班组的执行力,通过有效奖励来调动员工的工作积极性。具体激励的方法包括物质激励、精神激励、行为激励和知识激励等。对于惩罚来说,班组长在批评员工前,一定让员工知道什么是对的,什么是错的,什么是企业提倡的,什么是企业禁止的。如果员工不知道,是班组长的失职,如果班组长三令五申,员工还是这样做,那就得及时惩戒了。批评惩戒要及时,让员工知道自己哪里做错了,因为什么受到惩罚,这样,下次就会避免犯同样的错误。班组长在批评的时候要做到公平、公正,让员工心服口服。

[案例6-17]

主动上交的罚款

某油田油气集输公司渤海输油分公司某站现有员工23人,由于分公司人员调整,新调来一名站长。该站长对各班组进行了解以后,制订了《班站日常管理制度》。某日,站内组织了一次集体劳动,各班长通知在家休息的员工次日要上班,对站内各岗位进行环境卫生清扫。结果有一名员工因有事没来,事后该员工主动向站长上交罚款100元。

健全的奖惩机制是强化企业执行力的有效手段。奖惩机制是企业将其战略和设想转化为具体事实的手段。如果企业内部奖惩机制不健全,企业员工干与不干、干好与干坏一个样,就必然会导致企业执行力低下。将健全的奖惩机制与企业战略计划的执行情况紧密联系起来,就能通过强化企业成员的执行力来强化企业整体的执行力。

8. 构建执行文化,营造敬业氛围

通用电气前CEO韦尔奇说:"文化因素,才是维持生产力增长的最终动力,也是没有权限的动力来源。"企业文化是指企业的环境或个性及其他所有的方方面面。从根本上说,企业文化就是企业成员所共享的价值观念和行为规范的综合。企业文化体现在生产、管理、运营的全过程,每一个环节都会充分地体现出来,从企业的精神、企业的战略、企业的追求、企业的管理方式、企业的形象及员工风貌、管理的风格等方面都可以看到。由此看来,要想让企业形成执行力,将企业塑造成一个执行力组织,就必须首先在企业内部建立起一种执行力文化。

1)构建企业执行文化

当前,有些企业,无论是民企,还是国企,实行军队管理,向解放军学习。为什么要向解放军学习呢?主要原因就是军队在执行环节上的刚性美和落实力工作中的完美效果。所以一些企业建立了半军事化、准军事化的企业文化,其目的也是要营造这样一种氛围,收到执行的良好效果。所以把工作落实到位,一个很重要的环节就是创建具有落实力的企业文化。文化对于企业来说是一种软实力,是一种软性约束,而它产生的效果则是员工们完成的一个又一个的硬指标。

企业执行文化的构建需要企业管理者大力的倡导和员工的支持。构建强有力的执行文化,必须与企业的实际相结合。企业文化是一种力量,对于企业的发展发挥着越来越重要的作用,企业间的竞争最根本的就是文化的竞争,谁拥有文化优势,谁就拥有竞争优势、效益优势和发展优势。只有将执行力融入企业文化当中来,并成为企业文化的组成部分,才能使公司中的每一个人都能理解并深入践行,这样才能使执行力发挥作用。在企业中,无论是组织管理者还是普通员工,都需要有全员执行的理念。

企业应从以下几方面入手建立执行文化:

(1)讲求速度:崇尚行动雷厉风行,允许小的失误。

(2)团队协作:沟通直接,拒绝烦琐,各司其职,分工合作。

(3)责任导向:提倡"领导问责",出了问题要找出其原因并分清主要责任,只有这样才能更好地树立起责任心。

(4)绩效导向:拒绝无作为,关注结果,赏罚分明。

(5)用人文化:知人善任,人尽其才。

(6)爱心文化:相互尊重、相互鼓励、乐于分享、共同成长。

2)营造班组敬业氛围

一个工作岗位,既是一个人赖以生存和发展的基础保障,也是社会存在和发展的需要,每个人都希望从事自己喜欢的职业,同时还要求工作环境好、待遇高。但多数人从事的并不是自己向往的工作,尤其是油气田一线工作,"脏、苦、累"更是对员工的考验。油气田企业班组不是所有的员工都具有敬业精神,一些员工不安心本职工作,对工作敷衍了事,有的只求完成任务,不管工作质量,有的尽管技能水平很高,但在工作中仍经常出差错。在这种情况下,如果没有"干一行,爱一行"的精神,就很难做好工作。因此,管理者应该帮助这些员工培养工作热情,养成敬业的精神。

[案例 6-18]

周末加班的张师傅

　　运输二大队修保车间修理一班今年就要退休的修理工张师傅,从事汽车修理工作已经 30 余年,在周末总能看到他忙碌的身影,用他的话说:"老了,快退休了,这以后啊想忙都没机会喽!周末待家里也没啥事就过来帮把手。"修理工张师傅快退休了还参加周末加班,是多年来养成的敬业习惯,与大家相处时间长,班组成员感情比较深,小家庭氛围浓厚,体现出了较强的执行力。

　　员工的敬业精神表现为对工作的热爱和忠诚,一个员工热爱并忠于他的本职工作,就会尽心尽力,发挥自己的最大潜力。

　　总之,执行力是提升企业核心竞争力的最有效途径。面对复杂的市场竞争环境,中国石油要想实现战略部署、目标与方针,就必须通过提高基层执行力,打造企业核心竞争力。同时,执行力提升是一个循序渐进的过程,在这个过程中,要坚持常抓不懈,从上至下严格要求,打造班组高效执行力,最终实现中国石油有质量、有效益、可持续的发展。

第七章　压力管理

每个人都不可避免地感觉到压力,适当的紧张和压力是实现期望、完成任务的动力。适当的压力有利于健康,也有利于人的生存、发展,但是任何事情都强调"适度",压力过大不但使人精神过度紧张,也会影响到人的身心发展,过重的压力会妨碍人的心理健康、蓄积不良情绪,甚至使人有自杀的冲动。完全超脱于压力之外是不可能的,也不利于人的成长。因此,压力管理也就成为一个必要的行为,学会有效的压力管理是学会身心健康技巧的标志。

第一节　油气田员工的工作及其工作压力

一、油气田员工的工作性质与工作环境

油气田工业是国民经济发展的基础,油气田企业在一个相当长的时期都将作为"国家队"(或完全国有,或国家控股)而客观存在,战斗在油气田战线上的企业员工肩负着国计民生、国家战略、国家安全和人民幸福的神圣使命。

油气田企业不同于一般的工业企业,由于其资源的不可再生性、管理的流动性、争夺的国际性、地位的特殊性等而使油气田员工具有其自身的工作性质和工作环境。

1. 工作性质与工作特点

1)生产过程及方式的特殊性

油气田企业属于多工种的综合性企业,生产过程有其特殊性。油气田企业的生产过程是从寻找油气资源开始,到生产出油气田工业产品——原油和天然气的整个过程。它包括了油气资源的勘探、钻井、录井、测井、油(气)田建设、采油(气)、井下作业、油气集输等。地质勘探、钻井、试油、采油(气)、井下作业及地面工程建设等都是野外分散作业,工作强度大,工作条件、自然环境条件一般都比较

差,经常会受到一些自然环境变化的侵扰,因此,事故频率高,而且往往由于救援不及时导致伤亡扩大、灾害蔓延。

2) 产品的危险性

油气田企业的主要产品是原油、天然气、液化天然气和少量天然汽油,这些产品易燃、易爆、易蒸发、易聚集静电。液体产品蒸发或气体产品与空气混合到一定的比例时,即可形成爆炸性气体,若遇明火会立即发生爆炸,从而造成极大的破坏。这些产品还带有一定的毒性,如发生大量泄漏或不合理排放,将会造成人、畜及生物中毒,甚至形成公害。

3) 工作的艰苦性

油气田大多分布在边疆、沙漠、戈壁、草原、高山,这些地方远离大城市,交通不便,环境恶劣,生活艰苦。特别是工作在勘探、钻井、采油(气)一线工地上的员工,尽管随着时代的发展,现场条件有所改善,但工作环境仍然十分艰苦。有的员工住的是列车房和简易工棚,吃的是盒饭,晴天一身汗,雨天一身泥,风雨无阻;物质文化生活贫乏,顾不了家,赡养老人和教育子女都无从谈起;有的员工工作在海洋钻井平台,一上岗就是一个月乃至几个月,远离家庭、远离亲人、远离朋友,吃喝拉撒睡都在偏远的工作岗位,生活十分艰苦和单调;还有的员工远离祖国,远离亲人,工作在国外。这些地方不仅生活艰苦,而且随时都有生命的危险。油气田企业员工在国外遭绑架的事件时有发生。如2007年1月26日,我国9名油气田员工在尼日利亚河被武装人员劫持。

2. 工作环境

1) 野外环境

野外环境是指油气田企业员工在油气田开采工作中,在露天完成工作任务时的特定场所。野外环境一般有戈壁野外环境、沼泽野外环境、沙漠野外环境、荒原野外环境、高原野外环境、农田乡村野外环境等。它们都具有距生活区域较远、工作区域人烟稀少、受地理环境和气候恶劣因素影响、工作环境艰苦等特点,并且具有一定的危险性、特殊性和复杂性。因此,野外环境下工作一般是由两人以上共同完成特指和特定的工作任务。例如,新疆油气田地处沙漠油井的采油工,油气田企业的钻井工、试油工、测试工等工种的工作就是在不同野外环境下完成的。

2) 嘈杂环境

嘈杂环境是指油气田企业员工在完成工作任务时受到噪声、机器轰鸣等影响的场所。嘈杂环境一般有室内操作台、机器操作间、泵房、钻井和修井平台等。它们都具有工作性质单一、重复性操作、操作工序复杂、安全要求高及职业病高发等特点,并且具有很大的危险性和噪声对人体的损伤性。例如,采油厂的注水泵工在泵房操作、钻井工人在钻井操作时所处的嘈杂的工作环境。

3）污染多发环境

污染多发环境是指油气田企业员工在油气田开采工作中,在完成工作任务时受到噪声、有毒有害液体和气体及放射源所造成的伤害和环境影响的工作场所。污染多发环境一般有室内化验操作台、机器操作间、泵房、钻井和修井平台及配液点等。它们都具有工作性质单一、重复性操作、操作工序复杂、安全要求高及职业病高发等特点,并且具有很大的危险性、辐射性、污染性和损伤性。

例如,油田测试员工在操作测井仪器时有受到放射性元素伤害的危险;泵工在泵房受到超出正常音量的噪声的损害;油气田化学药剂调配员工在化学药剂调配中受到有毒有害液体的伤害;地处天然气超标地区的采气工受到有毒有害气体的伤害等工作环境。

4）不同人文环境

不同人文环境是指油气田企业员工在油气田开采工作中,在不同的民族地区不同风俗习惯、不同语言文字的场所中,进行工作的环境。在不同人文环境中,员工一般存在着语言交流困难、风俗习惯不同的实际问题,给实际工作带来一定的难度,但他们都具有相互融合交流、相互学习提高、求同存异共同发展、获取共同工作目标等特点,并且具有很强的适应性。例如,新疆油气田员工在维吾尔族、哈萨克族、蒙古族、回族等多个少数民族员工共同生活、共同劳动、共同开发油气田的特殊人文环境下进行工作。

二、油气田员工的工作压力

1. 压力的基本知识

小小的巧克力曲奇饼会带来什么压力呢？如果每天吃两块,作为正常饮食的组成部分,那就没有压力。如果一个月不吃甜食,然后吃了一整条双层的巧克力软糖,那就有问题了。身体适应不了这么多糖分,这就产生了压力。据调查,43%的成年人遭受着压力对健康的影响,75%～90%的疾病都是因为与压力相关的问题而引发的失调。同样,任何反常事情的发生都会对身体造成压力。有些压力的感觉不错,甚至非常好。没有丝毫压力的生活必将无聊至极。事实上,压力并非坏事,但也并非总是好事。如果压力发生得过于频繁或者持续时间太长,就会引发严重的健康问题。

那么什么是压力呢？压力就是指当人去适应由周围环境引起的刺激时,人的身体或者精神上的生理反应,它可能对人的心理和生理健康状况产生积极或者消极的影响。压力有很多形式,有些明显,有些剧烈,有些是阶段性的,有些则持续不断。

1)当生活改变时——急性压力

急性压力是最显著的压力形式。当生活变化时,即生活中出现你不熟悉的事物,包括饮食的变化、锻炼习惯的变化、工作的变化、周围人群的变化,就会产生急性压力。急性压力是身体平衡的扰乱因素。

无论是物理变化(如感冒病毒、扭伤的脚踝),还是化学变化(如药物治疗的副作用),或是情绪变化(如婚姻、孩子的独立、配偶的死亡),只要目前的状况发生改变,平衡就会被打破,人的身体和情绪被迫离开了预期的轨道,就会产生压力。

2)当生活成为过山车的时候——阶段性压力

阶段性压力就像很多急性压力,或者说很多生活变化,在一段时期内同时发生。遭受阶段性压力的人都有某些悲痛的经历。他们常常过于劳累,显得紧张、急躁、愤怒和焦虑。

3)当生活变质时——慢性压力

慢性压力和急性压力差别很大,尽管两者的长期影响相差无几。慢性压力与变化无关,而是长期持续的身体、情绪和精神的压力。例如,某人常年生活贫苦,这就是慢性压力。患有关节炎、偏头痛等慢性疾病的人也是慢性压力的影响对象。不健全的家庭生活以及让你憎恶的工作环境是慢性压力的引发因素。根深蒂固的自我仇恨和较低的自尊也是慢性压力的来源。

任何形式的压力都会引发生理、情绪、感情及精神上的螺旋式损伤,包括疾病、抑郁、焦虑、崩溃等症状。压力过大是很危险的,不仅会磨灭生活中的乐趣,还可能置人于死地,如心脏病突发、暴力攻击、自杀、中风,以及某些研究中提到的癌症。

2. 人人都有压力

几乎每个人都经历过不同种类的压力,很多人每天都承受着慢性压力,或者持续的规律性的压力。有些人将压力处理得很好,即使面对极端的压力也镇定自若;有些人在别人看来微不足道的压力之下也会全线崩溃。差别在哪里呢?

有些人可能学过控制情感过程的技能,可是很多研究者认为,人们具有遗传的压力忍耐力。有些人能够承受巨大的压力,他们必须在压力之下才能发挥出最佳水平。而有些人则需要在低的压力环境中,才能有效地工作。

无论如何,人们都时不时地遇到压力。现在越来越多的人始终处在压力之中,由此造成的影响也超出了个人层面。压力已经成为很多人的一种生活方式,但是,这并不意味着应该对压力坐视不理,任其损伤身体、情绪和精神。虽然你不能对别人的压力做些什么(除非你是导致压力的原因),你却可以控制自己生活中的压力

（也是不让自己给别人造成压力的好办法）。

3. 油气田企业员工的压力来源

1）上产任务异常繁重

随着油气田企业的迅猛发展、开采规模的不断加大,这就意味着油气田员工无论是工作时间还是劳动强度都将有所增加,同时油气田作业属于高危行业,安全生产要求非常高,无形中增大了员工的工作压力；由于行业的特殊性,油气田单位多实行轮班制,长期夜班导致生物钟紊乱,三餐不准时导致不同程度的消化道疾病出现,给员工的身心健康造成不同程度的损害；新技术、新知识的不断更新,竞争的进一步加剧,"累"已成为油气田企业员工的普遍现状,长期如此将导致他们的精神极度紧张,并且容易疲劳,无疑这也给员工构成巨大的心理压力。

2）考核评价和工作环境的压力

员工具体的工作压力,主要来自于企业组织的考核评价管理与自我实现的矛盾。由于绩效考核的细化,员工在完成工作任务和业绩指标方面压力大幅度增加,同时在职称、职务晋升和收入等方面的竞争日趋激烈,使员工的工作和学习任务加大,所带来的紧张感增加。怕被竞争淘汰、怕收入水平降低,这种压力极易影响工作状态和思想情绪。年轻员工数量增多,对艰苦环境的适应力和与人协作的能力较差。多种用工形式使得员工间收入、福利等不均衡,负面情绪增多。工作任务随机性强,生产大忙季节一线单位和机关部门工作量增大,时间要求紧,质量要求高,需要加班加点,容易造成员工心理紧张、情绪失控,长期处于高度紧张状态之下,自然会对身心承受力造成重压,积之成疾,聚之成患。

3）安全责任的压力

企业安全生产的压力较大,尤其在生产一线从事管理和操作的员工反应尤为强烈。安全管理是油气田管理的重中之重,在生产一线安全责任是员工最大的责任。员工的心理素质在安全上体现的最敏感、最明显,因为怕出事故、怕打断企业的安全记录、怕因事故影响企业声誉等压力而影响工作精力和注意力,这在某种程度上也成为诱发事故的原因。油气田一线员工生产节奏快,工作压力大,随时需要加班加点,休息不能正常保证,工作紧张的现象非常突出。工作紧张容易造成心理紧张、情绪失控,而在这种状态下更容易发生一些意想不到的事故。近几年发生的安全事故绝大部分是员工违章造成的,源于员工安全意识淡薄、安全素质不高,反映出员工存在一方面怕出事故、怕安全事故否决一切业绩、怕因事故影响企业声誉等心理压力,一方面还存在侥幸型心理、习惯型心理、从众型心理和麻痹型心理等不良安全心理,这种心理矛盾很大程度地影响工作精力和注意力,成为导致不安全行为的重要原因。安全要求给管理者的压力很大,因而管理人员很容易产生心理危机。

4）夫妻家庭关系紧张

油气田企业的工作区域大多高度分散。很多油气田员工特别是基层员工夫妇,要么两个都在野外、要么一个在后勤一个在野外、要么分属不同单位,轮休时不能同时进行,家属想探视,但多数倒班点却没有可供夫妻居住的场所,有些员工几个月甚至更长的时间才能与亲人相聚。长期的两地分居阻碍了夫妻间的正常交流,很多夫妻一年里与配偶的交流沟通次数还不如一同上班的同事多,这给夫妻间的感情带来不小的冲击,聚少离多致使夫妻关系紧张异常;同时较短的轮休时间也使得员工照顾了家庭却照顾不了老人,很多员工与老人在一起的时间很少,无法很好地照顾和孝敬他们,这就使得员工对家庭、对老人产生持久的焦虑和无比的愧疚感。

5）子女教育缺失

油气田企业的很多员工,一家三口分属不同地方,子女要么交由爷爷奶奶照顾,要么完全依赖父母一方进行,产生了"生而不能养"的现象。随着孩子不断长大,子女教育问题突显出来,无论是隔代养还是一方养都会因为父母双方或一方在孩子成长岁月里角色的缺失而使得子女性格、学习生活习惯等方面存在或多或少的问题和不足,作为父母就会对子女产生一种很深的愧疚感,无形中也增添了员工的压力。

6）工作地点偏远

油气田企业地区跨度大,很多作业区块要么是大山深沟,要么是茫茫戈壁。工作地点多在野外,有的甚至在国外,远离家乡,远离大中小城市,交通不便,信息获取滞后,外围自然环境恶劣。这种封闭、孤寂的工作环境使员工在生理、心理上长期处于孤独紧张的状态,容易引发工作懈怠,从而大大增加工作上的失误,引发安全生产责任事故。

7）薪酬待遇存在差异

油气田企业员工按身份形成的三种用工形式,决定了他们的工资、奖金、福利存在着较大差异,而且壁垒分明,不可逾越。市场化员工和劳务派遣工,他们虽然与合同化员工从事着相同的工作,却享有不同的薪酬福利待遇和后勤保障制度,薪酬收入只与身份有关而与员工的工作努力程度、工作技能无关,这种差别使员工的工作积极性受到挫折和压抑。另外,基层员工职业生涯发展也多受身份限制,晋升机会十分有限,形成长期在自己岗位上原地踏步的局面,这种状态易产生职业倦怠感,这样不但影响他们的工作积极性,而且也会给他们带来经济和心理上的双重压力。

除此以外,还有员工自我心理调节能力不足、油气田企业改革和职业竞争、人际关系失调等因素造成的压力。

就油气田企业员工压力问题,对长庆油田分公司采油厂部分员工进行专门调查发现,让员工感到压力大的因素(所占比重)为:工作环境恶劣(23.7%)、报酬差异(22.2%)、升迁机会少(17.9%)、工作安全系数不高(15.3%)、培训机会少(10.8%)、家庭不美满和不幸福(10.1%);与工作压力大相关的一系列生理与心理症状在基层员工身上表现(所占比重)为:烦躁易怒(70.5%)、疲惫不堪(62.7%)、心情沮丧(37.6%)、职业倦怠(33.1%)、挫折感强(28.6%)、悲观失望(16.5%)。

第二节　压力对健康与工作的影响

一、压力对人的影响

1. 正面影响

一个人平时跳过一条水沟时很吃力,如果遇见一只猛虎在他身后穷追不舍,就会一跃而过。有了压力才有了驱动力。所以,当一个人有了欲望或出现紧迫感的时候,压力就随之而来,人生潜能也会得到更大发挥。同时,有压力还说明自己还没有放弃自己,人生轨迹还朝着既定目标前进。这就是压力的正面作用。

俗话说有压力才有动力,正确地对待压力,就会把压力转化成动力。例如,油气田企业对于员工的工作往往是要求严格的,这种严要求在给员工带来压力的同时,如果正确地运用,也会使这种压力变成激励员工把工作做得更好的动力。

在日常工作中,井站班组长经常对下面的员工说:"这个地方要仔细了,如果严格按操作流程进行,今天的目标一定能完成。"而班组长的每一个目标都比过去的目标高,这就是一个预期的压力,班组长利用这种压力让班组成员产生动力,提高兴奋度,更有信心地迎接挑战,实现目标。所以说适当地运用预期压力会让员工产生兴奋感或挑战感。

就算在日常生活中,父母教育子女时常常让他们做一些事,如擦桌子、倒垃圾,父母们会把这件事情描述得非常重要。例如,"你能把桌子擦干净可真了不起","很多小朋友做不到,但你能做到"。父母们使用这种方式是期望小孩有这种压力的时候会很细致、很愉悦地做这件事,所以良性的压力还有一种引导作用,可以使人关注细节,把事情做得准确。

2. 负面影响

压力的结果既可以是正面的,也可以是负面的,这取决于压力的大小和一个人对压力的承受程度。一个处于长期压力之下的人就像一个齿轮转动过快的汽车,引擎会过早报废,人的身体也同样如此。压力过大的影响会在人的心理、生理、行为等方面反映出来。

1)压力过大的心理症状

(1)焦虑、紧张、迷惑、烦躁、敏感、喜怒无常;

(2)道德和情感准则削弱;

(3)感情压抑,兴趣和热情减少,厌倦工作;

(4)意志消沉,自信心不足,出现悲观失望和无助的心理;

(5)短期和长期记忆力减退;

(6)精神疲劳,错觉和思维混乱增加。

压力在心理上的这些迹象,表明头脑处于混乱状态,根本无法正常运转,更不用说达到最佳状态了。而这就是有害压力所带来的结果,它使我们无力去做想做的事情,也使我们无法成为想成为的人。

2)压力过大的生理症状

(1)心率加快、血压增高;

(2)身体疲劳,肌肉紧张(尤其是头、颈、肩、背等);

(3)汗流量增加,恶心,胸闷,头痛;

(4)有疑病症,睡眠不好;

(5)皮肤干燥、有斑点和刺痛感(皮肤对压力特别敏感);

(6)消化系统出现问题,如胃痛、消化不良或溃疡扩散。

以上反应可能是暂时性的,用不了多久就会消失,但是如果它们持续下去的话,表明在过长时间内所承受的压力过高,这就会给人的身体带来严重的危害。

3)压力过大的行为症状

(1)工作懈怠、能力降低,错误率增加且不愿意承担责任;

(2)放纵自己,吸烟、酗酒、过度饮食甚至纵情声色;

(3)没胃口,吃得少,体重迅速下降;

(4)孤僻、抑郁、自闭、烦躁不安或出现稀奇古怪的行为、无性格特征的行为;

(5)冒险行为增加,包括不顾后果的驾车和赌博;

(6)攻击、侵犯他人,破坏公共财产;

(7) 与家庭和朋友的关系恶化;
(8) 自杀或企图自杀。

二、压力对工作的影响

在当前社会转型时期,油气田事业快速发展,勘探、开发、炼化、销售、储运等板块,经历着前所未有的考验。随着改革的深入、机构人员的调整,行业内部工作节奏越来越快,工作标准越来越高,职工承受的工作压力也越来越大。这些压力会对工作效率、质量和安全造成不良影响,甚至激化成严重的社会问题。

1. 降低工作效率

压力对工作效率的影响有利有弊。适度的压力能有效激发个人的活力,给企业带来高效益,但随着竞争的加剧,员工工作压力不断加大,工作压力的负面影响也日趋严峻。由工作压力过大而引发的一系列问题凸显出来,引起越来越多管理部门的重视。

工作压力超过了临界点,就会破坏了人们平衡的生活和工作方式,员工的工作满意度就会下降,工作效率也随之降低。管理者压力过大,会产生害怕担当的心理,工作不求有功但求无过,并不追求更好的效益。操作者压力过大,会高度紧张,容易出差错,难以应付工作,无法标准操作和及时解决问题,带来的后果就是消极的、损害性的,工作的整体水平和效率难以提升。

2. 产生安全隐患

从目前我国安全事故发生的原因来看,绝大多数安全事故的发生都与人为因素有关。其中,从业人员心理素质与履行工作职责之间的矛盾,是引发我国各类安全事故的主要原因之一。

从业人员的任何一种遵章守纪行为,都是在一定的心理活动指导下产生的,而且都是心理活动的外在表现,紧张心理、侥幸心理等,都是形成不安全行为而导致伤害事故发生的原因。

工作压力是一种情绪和心理感受,如果得不到有效的管理,就会引发各种问题。一是精力无法集中。神情恍惚、反应迟钝或焦虑不安、情绪不稳易激动、记忆力减退,不能更细致、准确地完成操作。二是产生疲劳症状。头昏脑涨,食欲不振,四肢乏力,腰酸背疼,不能适应劳动负荷量。长期从事单调作业而不适应的员工,导致身心健康水平下降、劳动生产能力下降、工伤事故增多等。三是工作兴趣降低。注意力分散、烦躁易怒、心情沮丧、悲观失望,这些消极情绪会导致责任心减弱,操作不到位,回避危险能力差,事故率随之增加。

[案例 7-1]

"重生产"心理导致盲目抢工期,员工命归西

2015年3月3日,某采油厂修井大队在某井站起洗管柱施工,施工过程中,一直在被催促"抓紧时间"、"时间第一"……作业时,起出方钻杆和第一根立柱后,在第二根中间管柱接头刚出平台时,管柱遇卡,大绳断开,游动大钩将二层平台的一半砸落,将正在二层平台操作的作业工带下摔伤,送医院抢救无效后死亡。

从这个案例中可以看出,悲剧就是在一种浮躁气氛下,盲目抢工期而发生的。

3. 影响团队和谐

压力过大会使人不快乐,负面情绪充斥大脑,产生不安、忧郁、挫折、紧张、罪恶感与孤独感,会让人的心情变得异常烦躁且喜怒无常,容易使人与周围人的矛盾冲突增多,易于攻击他人。这种恶性循环若不及时制止,造成员工自我评价低,对批评过于敏感,团队意识淡化,为一点点小事斤斤计较,甚至大吵大闹,影响工作进度,降低工作效率,给周围的人带来更大的压力。

另外,员工的压力,相当一部分是来自于管理的压力,如果管理者不懂得减压疏导,就会让他的消极情绪在群体里蔓延开来,在处理重大问题的时候往往会出现犹豫不决等情况,无法做出正常的决策,对人的心理、生理、行为和认知产生不良影响,导致消极行为,并传染给每一名员工,很大程度上削弱了员工的士气,影响到整个团队的团结和谐。

4. 阻碍企业发展

员工是企业最宝贵的资源。企业提质增效的关键是人,现代企业在知识经济时代以人为本的管理原则已经成为企业公认的准则。

人的需求可能引起神经活跃,随之而来的是增加了人的警觉程度,从而对人们的工作业绩有着"激活"的特征,这种激活主要来源于外力对人的心理、生理的唤醒,激起更高的需要和动机,从而使人以更激昂的情绪进入到工作之中,为人的行动提供巨大的动力,诱发人们创造更多更好的业绩。

工作压力在一定的条件下可提高工作绩效,但在另一种情况下却导致人们工作绩效的下降。在实际工作中,适度的压力使员工具有饱满的工作热情,积极主动地、开创性地开展工作,而过度的压力使员工懈怠并引发某些疾病。正视工作压力中存在的负面并采取恰当的措施,才能使员工永远保持激情与活力,从而为企业创造出最大的效益。如果对员工过大的工作压力视而不见,它必将会成为制约企业发展的瓶颈。

为了预防和减少压力对员工个人和企业造成的消极影响,发挥其积极效应,油气田企业员工压力疏导与管理工作已刻不容缓。

第三节　缓解压力的主要方法

要舒缓压力,就得进行有效的压力管理。所谓压力管理,包含两方面的内容,一是针对压力源造成的问题本身去处理,二是处理压力所造成的反应,即情绪、行为以及生理等方面的缓解。简言之是以管理为目的,并有组织有计划地对压力产生行为进行有效的预防和干预。

因此,压力管理可分为压力诊断和压力缓解两个步骤。

一、压力诊断

压力就像一把双刃剑,有时能促人奋进,挖掘潜力,有时又会给人们造成困扰。人们总是希望压力带来的礼物再多一些,而造成的伤害少之又少。正所谓"有的"才能"放矢",在调节压力之前,需要先识别压力的存在,评定压力的程度。压力并不是隐形的,它的出现、存在总会留下一些痕迹,这些蛛丝马迹就是我们识别压力的重要线索。压力对人的影响是有迹可寻的,每个人都是一部压力预警信号发布器,会向外发送三种压力预警信号:身体信号、心理信号、行为信号。

1. 压力信号检测——身体信号

请你仔细回想最近半个月来自己的身体发生的一些变化,或是存在的一些困扰,如果存在表7-1中所述的问题就在对应项后打"√",没有就打"×"。

表7-1　压力信号检测表——身体信号

信号	是否存在	信号	是否存在
心率加快		溃疡	
血压增高		肠胃绞痛	
心悸头晕		便秘	
呼吸急促		腹泻	
胸闷、气短		易生病	
出冷汗		肌肉紧张、疼痛	
头痛、偏头痛		掉发	
身体疲劳		睡觉磨牙	
入睡困难		口干舌燥	
失眠多梦		口腔溃疡	
四肢冰冷		脸上长痘	
尿频		月经失调	

检测到的信号越多,表明你所承受的压力越大。

2. 压力信号检测——心理信号

请你仔细回想最近半个月来自己的心理发生的一些变化,或是存在的一些困扰,如果存在表 7 - 2 中所述的问题就在对应项后打"√",没有就打"×"。

表 7 - 2 压力信号检测表——心里信号

信号	是否存在	信号	是否存在
神经紧绷		情绪低落	
烦躁不安		感到压抑	
爱生气		不自信	
情绪过敏		感到无助	
迷茫		感到孤独	
健忘		感到受挫	
优柔寡断		不想和别人交流	
注意力难以集中		工作热情下降	
注意范围缩小		厌烦工作	

检测到的信号越多,表明你所承受的压力越大。

3. 压力信号检测——行为信号

请你仔细回想最近半个月来自己的行为发生的一些变化,或是存在的一些困扰,如果存在表 7 - 3 中下面所述的问题就在对应项后打"√",没有就打"×"。

表 7 - 3 压力信号检测表——行为信号

信号	是否存在	信号	是否存在
工作效率下降		与家人和朋友疏远	
工作错误增加		与身边人关系恶化	
反应速度减慢		语言问题增加	
拖延工作		说话音量变大	
逃避工作		抽烟	
不愿深入工作		酗酒	
缺勤		暴饮暴食	
想跳槽		冒险行为增加	
几乎无法继续工作		出现破坏行为	
易发生争执		有自杀念头或行为	

检测到的信号越多,表明你所承受的压力越大。

二、压力疏导

如前所述,与油气田企业员工容易发生的几种心理问题相对应的心理需求概括起来主要有:稳定的收入、适当的报酬、升迁的机会、安全的环境、较多的培训机会、家庭的美满和幸福等。因此,进行有效的压力管理可以从两方面入手,一是从管理层面建立起有利于减压的社会支持体系;二是从员工个人层面学会处理问题和学会身心调节。

1. 企业组织层面的压力管理策略

油气田企业员工的多种压力源,尤其是工作任务要求、角色要求,都是由油气田企业管理者控制的,因此要想有效地进行压力管理,作为管理层就必须要运用各种管理方法对员工心理压力进行调整和改变。

1)普及心理保健知识

对员工普及心理健康知识有利于员工及时了解与掌握自己的心理状态,以便及早地做自我调适,树立积极心态。首先,班组可以订阅关于心理健康的杂志、期刊,利用报纸、电视、网络等形式向员工普及心理健康知识;对员工普遍的、常见的心理问题,可以编写一些指导书,告诉他们员工的健康心理是怎么样的、员工要怎么样做情绪的主人、如何使家庭和睦等相关常识。其次,作为管理者还要定期或不定期地对员工心理问题与行为障碍,采取有效的措施进行干预与指导。

[案例7-2]

手持打火机的女工

某采油厂宝山作业区,一位年纪偏大的女工因无法照顾家庭想要调换工作,几次打报告都没有结果,于是手持打火机爬到作业区油罐上,严重影响了作业区的正常工作。

如果管理者提早做调研、提早做沟通,这样的事情是完全可以避免的。

2)优化工作环境,完善员工福利制度

不良的工作环境会给员工造成压力。油气田企业的大部分井站都分布在一些荒山野岭,员工长期分散在所驻守的井站,远离城市,生活单调。荒凉的环境需要人文的抚慰,管理者就要减轻或消除恶劣的工作环境给员工带来的不适,根据企业的实际情况逐步改善员工的工作环境,给予最大的人文关怀,提高员工的安全感和舒适度,从而缓解工作压力。例如,从活跃员工业余生活出发,组织送图书报刊、送文化设施、送文艺节目进井站等活动;从改善员工生活条件出发,给井站配发电冰箱、淋浴器等生活设施,稳步构建井站员工关爱帮扶体系;从保障员工身体健康出发,组织基层巡回医疗、健康咨询和体检,建立员工医疗绿色通道;从关爱员工家庭出发,落实员工劳动保障制度,科学安排倒班制度,合理安排员工的休息与休假,有条件的单位还可以开办"夫妻公寓",安排其家属到驻地探视,使员工安心工作。这些以人为本的保障措施,能有效缓解员工的精神压力,促进其心理健康的成长。

[案例 7-3]

冬日里,暖暖的幸福

"换了新的壁挂炉后,值班室再也不会忽冷忽热了。""呵呵,不用担心半夜停暖了,真好!"2014 年 12 月 17 日,某公司 3 号配气站一台新的壁挂炉,让岗位员工们感受到暖暖的幸福,这种幸福感不仅仅来自于室内上升的温度,还因为企业、组织对基层、对员工的真诚关切。

入冬以来,为 3 号配气站供暖的壁挂炉却经常处于报警停止状态,不能正常供暖。站队长看在眼里,急在心头,多次联系厂家维修人员进行维修,可是每次修好后过一段时间又出现故障。

天气渐渐冷了,气温也开始大幅下降。面对这种情况,站队长连日跟厂家联系协调,终于换了一个新的壁挂炉,并监督厂家调试壁挂炉运行正常,直到凌晨 1 点多,才拖着疲惫的身躯下班回家。

为员工办好事、办实事,给予员工最及时、最真挚的帮助,是缓解员工压力的方法之一。

[案例 7-4]

"户外读书客"

某天中午,在采油某厂第一采油作业区巡检三班的中心站,员工张梅吃完饭像往常一样,开始在中心站的书柜上查找自己喜欢的书籍。她仔细阅读书脊上的书名,偶尔拉出一本大略地翻上几页,看看是不是自己喜欢的内容。休息室里的其他同事也在读着自己带来的书刊。正午的阳光从中心站大玻璃窗照进来,整个休息室的氛围显得既融洽、又从容不迫。没错!他们正是那群"户外读书客"。

时光追溯到两年前,午饭后大家总是"高声谈笑",气氛"热烈"。但自从前年厂里开展读书活动以来,变化在悄然间进行。

起初,班上将油田公司配发的新书摆上书架的时候,并没有引起任何人的注意。偶尔的一天,吃完午饭,张梅想找点有意义的事做,于是她走到书柜前开始毫无目的地翻阅起来,一本名叫《给自己治病》的书吸引了她的目光。这是一本养生书籍,张梅对这本书很有兴趣,临近退休的她,想有个丰富多彩的退休生活。这下,张梅可有事做了。每天午饭后都要读上几页,一年多过去,张梅不但从书中学到了不少养生知识,还养成了午后读书的好习惯。

大家这才发现,原来油田公司送来的书不光是技术书籍,还有文史、哲学、传记等很多种类。这么多种类的图书,总有一本适合自己,于是,越来越多的员工开始到书柜前找寻自己喜欢的书。

给站区配图书,对调节员工烦躁不安的心理有很大促进作用。

3)加强员工岗位技能和心理健康方面的培训

(1)增强员工岗位技能培训。

目前大多数油气田单位推行数字化生产管理,新产品、新工艺、新技术不断增多,员工的知识体系如果不能更新,势必会对员工完成工作任务产生压力。所以有计划、有组织地对员工进行技能培训,可以提高他们的工作技能,使得员工工作起来得心应手,从而减少员工对完成工作的压力。

(2)加强员工人际交流与沟通培训。

油气田企业的员工大多数是一个人或几个人驻守井站。如新疆油气田石西作业区、彩南作业区位于古尔班通古特沙漠腹地,远离市区,在人际的交流与沟通中有一定的欠缺,不利于建立和谐的人际关系。随着网络的发展,许多年轻员工沉迷于网上虚幻世界,这对工作的开展以及人格发展上都有不同程度的不利影响。

在和谐的人际关系中,受人接纳、有所归属,能够帮助员工实现与他人交往的需要,满足员工的亲和需求,转移员工对工作压力事件的注意力,从而培养积极心态,这就要求管理者要在这方面加大培训力度。

[案例7-5]

某油田公司的团体箱庭疗法课程

某油田公司从2014年开始,在班组长培训中增加团体箱庭疗法课程,此课程对于改善团体的人际互动、促进团体和个体的成长等都有很好的疗效。该公司经过11期的班组长培训试点,取得了一定成果,学员反馈效果良好。图7-1和图7-2是部分培训学员箱庭作品。

4)开辟员工心理诉求渠道

油气田企业的员工大多工作地点偏远,几乎与周边社会相隔离,封闭、孤寂的工作环境使他们与人交流的机会很少,心中的苦闷、工作上的不适应、家庭情感方面的烦恼都找不到合适的人或合适的渠道去诉说,久而久之会对生理或心理产生

图 7-1 团体箱庭作品 五彩缤纷的世界

图 7-2 团体箱庭作品 家园

不良影响。因此,油气田管理者不妨建立相应的内部沟通渠道,让员工的心里话有处可说,负面情绪有处可诉;也可尝试开办心理诊所,为员工提供心理咨询服务,同时要定期开展员工心理需求调查,及时发现问题,进行有针对性的解决。例如,新疆油田试点 EAP(员工心理援助)体系,开展了一系列活动、讲座,设计研发了"开心影院"、"快乐书吧"、"胡杨姐妹沙龙"和安全心理训练等项目工具箱,带领员工在观影、读书的时候进行自我认知和管理,对重塑健康心灵起到了良好的作用的同时,还减轻了来自家庭以及工作方面的压力,让员工能够全神贯注地投入到自己的职业生涯中,充分发挥自身的创造力及工作热情。

5)积极鼓励员工养成良好的、健康的生活方式

通过健身、运动不仅保持员工的生理健康(这是心理健康的基础),而且还可使员工的工作压力很大程度上得到释放和宣泄。例如,青海油田某厂积极鼓励员工加入各类健康工程协会,并专门为员工联系锻炼场地,带动他们积极参与体育锻炼,抓住几个成效明显的典型,以点带面进行宣传,收效明显。

[案例7-6]

"踢毽子"比赛

"方哥,你是在踢毽子还是在踢足球?""哈哈哈哈!穿的靴子太笨重,不灵活!""冉师傅,踢给我,看我给你们表演一下!""大家不要乱踢,别踢到人了!"某公司某作业区运行三班踢毽子比赛在一阵阵笑声中拉开了序幕。为了缓解班组员工在日常工作中的压力,第三党小组组长、班长商量举办一次"工作中尽享欢乐"的踢毽子比赛,既让大家在工作中释放了压力,又可以增进班组员工之间的友谊。当班长将这个决定告诉大家后,全班人员高兴地鼓掌通过。

利用中午饭后的休息时间,班组人员聚集在值班点的空地上围成一个圈开始踢毽子。只见毽子在空中一起一落上下飞舞、忽高忽低、忽近忽远;再看踢毽子的人更是千姿百态,有的步伐矫健、稳稳当当;有的则是手舞足蹈、手忙脚乱。踢得好的人沾沾自喜、洋洋得意;踢不好的人则埋怨地说道:"靴子太重,不灵活,毽子太轻,影响发挥!"

直到一个个满头大汗时,比赛才得以圆满结束。班组"活宝"方哥一边擦汗一边说道:"这踢毽子还挺费体力,这一会儿,我就踢得大腿酸、屁股疼!幸好明天是周末,好好在家养养!""你就这点出息,就你踢毽子那姿势,摇臂摆尾的,不知道的人还以为你在跳迪斯科呢!""哈哈哈哈……"全班人员欢快的笑声在小站的上空飘荡着。

合理利用时间,适当运动不仅有利于身心放松,而且有利于加强班组的凝聚力。员工们的压力在欢声笑语中得到了释放。

2. 员工个人层面的压力缓释与疏导

从员工个人层面讲,缓解压力就是要学会处理问题和学会身心调节。

1)解决产生压力问题的根源

有了压力就不要去逃避,要勇敢地面对。因此,缓解压力,首先就是解决产生压力问题的根源,具体问题,具体分析;问题来了莫怕,攻克它就是,骨头太硬莫怕,

啃下它就是。要努力争取以最有效的方式处理外界要求,将负面压力转为正面动力。

若已完全尽力,短时间内问题仍未克服,则表示问题本身处理难度很高,有可能需要长期奋战不懈,除了必须培养坚韧不拔的斗志之外,可能还需要其他的精神力量支持。或者,实在无法达成的目标,不要再勉强,选择放弃,因为放弃是一种自我超越的人生智慧,让自己活得洒脱一些,压力自然随风而逝。

2)进行心态调节

一般来讲,压力所带来的负面影响往往与不良的心态与消极的情绪有关,只要员工调整好自己的心态,管理好自己的情绪,那么压力的负面影响就会有所减缓。人不是被事情本身所困扰而是被他对事情的看法所困扰,如果不能改变引起自己压力的事情,不妨改变一下自己对这些事情的认知。学会积极正向思维方式,养成辩证思维习惯。或许,某些带给我们很大压力的问题或事情,是因为我们人为地将它夸大了:"事情原来并没有想象的那么糟糕"、"还有很多可以回旋的余地"、"即使是一败涂地,也还有重新站起来的机会"。

3)学会自我解压

自我解压的方式有很多种,每个人可以按照自己的性格特征、脾气喜好,选择适合于自己的解压方法,从而起到身心愉悦、减缓压力的作用。

(1)活动释放法。

活动释放法就是借其他活动把紧张情绪所积聚起来的能量释放出来,是使紧张情绪得以松弛、缓和的一种调适的方法。例如,遇到挫折和不顺心的事情时,可以找人猛踢一场足球;在空地上高速地冲刺;约几个人爬山,在高处大声叫喊,直到满头大汗、气喘吁吁,心态也就自然平静下来。

(2)表情调适法。

表情调适法是有意识地改变自己的面部表情和姿态表情以调适情绪的一种方法。具体的有以下策略:一是加快走路的速度,使忧郁的心情开朗起来;二是洪亮的声调,可以增强自信心;三是内部微笑技术,发自内心地对自己笑,能提高自身的能量水平,为取得优异成绩做准备。

(3)音乐调适法。

音乐调适法是指借助于情绪色彩鲜明的音乐来控制情绪状态的方法。现代医学证明,音乐能调整神经系统的机能,解除肌肉紧张、改善注意力、消除焦虑、紧张等消极情绪。不同风格的音乐会对人产生不同的影响。如压力过大时不妨听听艾加尔的《威风凛凛》;若想增强自信心可以听听海顿的《创世纪》;做错了事需要净化心灵时就听听舒曼的《梦幻曲》;心情忧郁的人可以倾听具有美感的音乐,如莫扎特的《第九十交响曲》;消极悲观时宜多听宏伟粗犷、令人振奋的音乐,如瓦格纳的《众神的黄昏》；失眠的人可选择节奏徐缓、和声悦耳的音乐，如莫扎特的《催眠曲》。

4）学会适度宣泄

当心中的消极情绪不断淤积时，最好的方法是宣泄部分压力。当然宣泄时要把握好"度"，否则会过犹不及，不管以什么样的方式进行宣泄，只要不触犯法律、不违背道德、不伤害他人，都是可以采用的。合理适度的宣泄方式有：

（1）找人倾诉。

也就是将心中的不愉快理智地、及时地向亲朋好友诉说出来，以便得到他们的理解、开导和安慰，"一吐为快"乃是消除烦恼最简洁而有效的方法。当你把心中的一些话和事淋漓尽致地诉说出来以后，就会觉得精神上轻松了许多，有一种如释重负之感，这就是倾诉所起到的积极作用。

（2）自我宣泄。

哭是人类的一种本能，是不愉快情绪的一种直接流露，它是眼泪、表情、声音以及其他感受的机体体现。每个人都会有挫折感，这是很正常的，当遭受到莫大的委屈和不幸时，痛哭一场，往往是可以收到积极的心理效果的，它能够把由委屈和不幸在身体中产生的有害物质通过眼泪排泄出来，从而调节人的情绪，维持心理平衡。

（3）高级宣泄。

之所以称为"高级"，是因为这种方法更加能体现高素质人群的特征，如写日记、博文等。在日记里记录自己的"辛酸"故事是一种很好的选择，它不仅记录了自己的心路历程，而且将自己的压力和情绪通过文字宣泄了出去，是缓解压力的有效做法。

5）以健康的生活方式减缓压力

面对压力，很多员工往往会借助抽烟喝酒、暴饮暴食、疯狂购物或是超负荷加班等一些消极方式来应付，结果引起生活没有规律、起居无常、饮食无度，导致身体适应能力受到破坏，引起功能失调，进而引起或强化了心理压力。健康良好生活习惯的养成会有助于压力的缓解。

（1）饮食得当。

平常应选择能够改善消极情绪的膳食，让食物帮助打理不佳情绪，减轻工作压力，消除心理障碍。例如，含糖量高的食物对忧郁、紧张和易怒行为或心理状态有缓解作用；新鲜香蕉里含有一种类似化学"信使"的物质，使人的心境变得安宁、快活；心理压力过重、情绪欠佳时，体内消耗的维生素 C 会比平常多 8 倍，此时要多食用一些富含维 C 的食物，如苹果、西红柿、猕猴桃、辣椒等；无名火攻上心头，无缘无故地想发脾气的时候，多吃一些富含钙质的食品，如牛奶、豆腐等，它们能起到平和的作用。

(2) 高质量睡眠。

压力过大的人,多数睡眠质量不佳或根本就睡不着,在压力大的时候,一个人的睡眠周期被自动打断,如果长时间自动打破睡眠周期,就会严重影响健康。可采取的办法有:不要轻易吃安眠药、营造有利于睡眠的环境、养成有规律的睡眠习惯。

6) 营造和谐的人际关系

缓冲假设认为,人处在压力下时,才需要社会支持,因为它能使我们免受压力的破坏性效应。工作中有压力是不可避免的,无论面对压力时是"或战或逃",只要想在工作上取得成功,任何人都必须与他人建立良好的关系,搭建自己的人际脉络。

想要搭建自己和谐的人际网络,就必须从全局考虑,平衡好与上级领导的关系,与同事好友的关系和与家人的关系。

生活不是一个人的生活,工作更不是一个人的工作,我们需要朋友的陪伴,需要友情,需要爱。在工作中,与他人保持良好的关系,相处融洽、和谐,对每一个人来说都很重要。和谐的人际关系能够消除工作中的压力。

第八章 班组生产管理

  生产管理,就是企业对生产活动的管理。它是指企业按照预定的经营目标和经营计划,充分利用人力、物力和财力等完成生产任务的整个过程。班组生产管理是指运用有效的管理方法和手段,按照生产客观要求科学优化班组生产管理要素,合理组织班组成员安全、优质、高效、全面地完成生产任务的一系列控制活动。本章以采油班组为例讲述班组生产管理的相关内容。

第一节 班组生产运行管理

  生产运行管理是企业经营管理的核心职能之一,是企业创造价值的主要环节,是企业竞争力的源泉。企业的竞争优势需要有一个低成本、高效率、高品质和高柔性的生产运行做后盾和保障。

一、认识班组生产运行管理

1. 班组生产运行管理的概念

  所谓班组生产运行管理,是指有计划、组织、指挥、监督和调节的班组生产活动,它是对班组生产系统的设置和运行的各项管理工作的总称。具体地讲,采油班组生产运行管理就是按矿队制定下发的生产管理规章制度和流程,对班组各岗位活动进行合理有序组织,保证其能够安全平稳顺利进行的过程,从而实现全部生产受控。

  班组生产运行管理主要有五大目标,即高效、低耗、灵活、准时、完成生产任务。
高效:按计划开展生产活动,按时高质量完成生产任务;
低耗:力争人力、物力、财力消耗最少,实现最低成本;
灵活:随时应对对象的变化,完成生产任务;
准时:在指定的时间,按要求的数量和质量,完成生产任务;

完成生产任务:使完成的任务达到企业的要求,使产品和服务质量达到客户满意的水平。

2. 班组生产运行管理的主要内容

班组生产活动主要有六大对象:注水井、抽油机井、电动螺杆泵井、电动潜油泵井、配水间、计量间,如图 8-1 所示。

(a)注水井

(b)抽油机井

(c)电动螺杆泵井

(d)电动潜油泵井

(e)配水间

(f)计量间

图 8-1 采油班组主要管理对象

班组生产运行主要工作任务通常包括巡回检查油水井间设备运行状况,录取各项资料及生产数据,完成当日需要的洗井、吐水、量油等流程切换操作,加密封填料、换皮带等维护保养任务,配合相关班组和外来施工作业的协调工作,整理资料、生产信息,填写班报表,做好安全环保工作。

3. 采油班组生产运行的主要特点

"散"——班组成员岗位管理对象分散在野外。例如大庆油田,井与井之间的距离多为300～600米,井与计量站之间距离近的50米、远的1500米,每个岗位管井数为8～12口,辖区面积约为2.56平方千米,按一天上下午两次巡回检查,路程约为7.5千米。

"单"——班组成员通常是各自单兵作战,一个人徒步或骑车逐井巡回检查,并且还要携带必要的取样桶、电流表、专用工具、擦布等,常规简单的工作都是一个人操作完成。

"全"——量油、测气、清蜡、扫地、洗井、吐水、调控压力水量,检查、操作、维修、保养机电设备等必须样样都会,是一个技能要求全面的工作。

"细"——输油、抽修、测试、作业、穿孔补漏等班组外的各项工作要细心配合、监督、汇报、记录,不可粗心大意,不及时或遗忘将会出现不可弥补的事故。

"险"——采油工岗位操作对象是易燃易爆的油气采集设备,如流程设备中充满高温高压流体,电气设备功率大,机械设备高负荷运行等,危险源很多,处处需要注意安全。

4. 班组长在生产运行管理中应具备的基本能力

采油班组长在生产管理运行中起着关键作用,要做好生产运行管理工作,总体上讲,要做好三个方面的工作:一是对班组生产客观规律特性的把握和利用;二是对班组成员主观能动性的调动和发挥;三是对班组外部资源的争取和借用,即班组管理运行中比较困难的活可在厂矿职能部门的帮助下解决,这在班组日常管理工作中往往想不到或主观上不愿意去争取。具体来讲,主要表现为以下几个方面:

(1)对班组生产基本状况的掌握。掌握油水井地面井口装置、设备以及了解井下注采管柱的情况,会使用油水间地面设施、注水调控阀组仪表、油井集汇掺水计量容器等。

(2)对班组各岗位间生产过程的把握。班组长要把握班组各生产岗位的油水井间的注采关系、上游注水泵站的来水与下游输液的关系等。

(3)对班组成员素质和工作能力的把握。班组每个成员都要班组长亲自检验岗位胜任能力,特别是新成员的调入更要通过岗位实际工作验证,在确认可以后方可让其单独上岗工作。

(4)对矿队生产管理规章制度的理解、运用水平。班组生产管理运行的动力来自于班组每个成员的积极性,这种积极性很大程度取决于班组的效益,就是干有用的活、利益不损。这就需要班组长通过学习、理解厂矿队的各项管理规章制度，有的放矢地安排好班组各岗位工作，在完成正常生产任务的同时，迎接好矿队月度、厂季度各项检查，取得好结果。

5. 班组长生产运行管理的主要内容

班组长是班组生产的组织者、操作者和监督者，负责执行厂矿有关安全及生产指示的落实，并对班组安全生产工作负有全面责任。班组长生产运行管理的主要内容包括以下几个方面：

(1)严格按照技术操作流程和工艺卡片、操作卡片等设备文件指挥班组生产活动。

(2)组织督促班组成员认真巡检，及时发现、解决问题并上报难以处理的事故隐患。

(3)做好事故的预防工作，负责设备突发事件的应急准备与响应。

(4)按照HSE管理体系要求，识别属地内的各种风险并通过技术人员、安全员及技师等人员及时消除各种风险，必要时申请上级技术部门的支持；及时制止、纠正违章行为。

(5)严格按照要求填写交接班日记，在保证一些生产性问题具有可溯性的同时，交接一些重要的生产状态。

(6)主持班内各种会议，搞好经济效益、技术指标的分析，实现管理的标准化。

(7)与班组成员及时分享班内外的一些操作经验。

(8)负责对新入班组的员工进行岗位操作技能培训、安全技能培训，起好"传、帮、带"的作用。

(9)严格执行企业的规章制度，检查班组成员的劳动纪律，常抓不懈。

二、班组生产制度管理

采油班组生产运行管理就是在班组长的带领下，按厂矿队制定下发的生产管理规章制度，使班组各岗位活动能够安全平稳顺利进行的过程，也就是按各项生产管理制度完成每日的各项具体工作。

生产管理制度主要规定各个生产岗位的职能范围、应负责任、拥有的职权，以及管理业务的工作程序和工作方法。即规定应该"干什么"和"怎么干"的问题，通俗讲就是企业单位管理职能部门，依据生产岗位对象及客观规律需要，结合以往的生产实践经验，制定生产岗位从业者必须遵守的相关要求。采油班组的生产制度管理具体包括以下内容。

1. 设备管理

注水井设备齐全完好，做到不渗、不漏、不松、不锈，阀门开关灵活，防腐，各部位螺栓紧固、满扣;采油树、管线、阀门按标识防腐;安装防冻、防盗取压装置,保证录取的压力数据准确。

游梁式抽油机减速箱输入轴皮带轮与电动机皮带轮外沿在同一平面上(即四点一线);抽油机底座水平,中心线应与井口中心重合;抽油机驴头、悬绳器、密封盒中心达到三点一线;抽油机运转平衡,润滑良好,刹车灵活;皮带及密封盒松紧程度调整适中,达到规定要求;按规程进行一级、二级保养。

电动螺杆泵井口设备铭牌清晰,各部件紧固、润滑、清洁、无破损,工艺流程正常、灵活好用;关键部位应标有安全线、设有防护罩并有安全标语。

电动潜油泵井配电柜内外清洁,接线规范紧固、无发热氧化;过、欠载电流值设定合理;变压器油位及隔离开关三相同期合入、不虚接、不跑单相,接线盒密封;电缆连接部位紧固,裸露部分无老化;铭牌齐全清晰;井口设施紧固、润滑、清洁,按规范防腐。

2. 仪器仪表管理

压力表、水表、电流表、电压表、时钟等计量仪器仪表安装正对视线,规格、精度、性能满足现场需要及录取资料要求,在规定量程中使用并定期校对,保证录取的数据准确可靠;配电柜指示灯、电压表齐全完好,时钟走时准确。

3. 电气电动机管理

控制箱、监控仪表及各元器件完好,箱内清洁;控制箱安装垂直、牢靠、密封、有支架、距离地面0.3米以上;箱内接线紧固、无氧化现象;变压器油位合理、容量合理;变压器隔离开关不虚接、不跑单相;电动机无异响、顶丝、备帽齐全紧固;电动机端盖密封、螺栓齐全完好;每月对电控箱内置电流校对一次。

4. 地面设施及井场管理

井号标志喷写在统一制定的标牌上,清晰规范,井口工艺流程按标识规范防腐,黄油嘴见本色,加有塑料套;设备铭牌清晰,抽油机保持原色、表面清洁、按规范防腐;场地平整、无积水、无油污、无杂草、无散失器材;集中配水间的要在配水间明显位置悬挂或喷涂配水间间号,间内要打水泥地面,场地外围设围栏,根据需要设排水沟;管线阀组安装横平竖直,阀门不松、不锈、不渗、不漏、无缺损,灵活好用;井口房门完好、上锁。

5. 安全环保管理

井场内电缆,一律用埋地电缆且接地线牢固并标有走向标志。抽油机底座、电控箱应安装接地线,接线符合要求。变压器接地线牢固且油位符合要求。家属区、村屯附近的井及变压器(直线距离小于50米)应设置护栏。光杆外露长度应在方卡子上方0.3米以下,配有标准防掉帽并满扣。电控箱应设置在皮带轮相反方向,电控箱位置与皮带轮旋转切线方向角度不小45°,与井口直线距离大于5米。各螺纹部位不应刷漆,特别是防反转弹簧处。过载停泵后,未经电泵专业管理人员检测不允许二次启泵。采油树、配电柜、接线盒安装截面积不小于10平方毫米的多股绝缘接地线,接地良好。配电柜前后铺有绝缘胶皮(规格为长0.6米、宽0.5米以上);井口房内禁止堆放易燃物品,要求有两具灭火器并按要求检查更换,及时填写卡片。计量间操作间要有安全警示标志,按设计要求进行通风,电气设施应该防爆。220伏配电盘由电工负责保养,其他人不准随意操作。安全阀灵活好用,每年校对一次,并有记录。按照建筑灭火器配置设计规范配备消防器材,并按规定周期进行检查并实行挂牌管理。场区周围安全带内杂草每年秋季必须除净。岗位工人要穿工服、工鞋,戴工帽。计量间场区内严禁明火。

6. 巡回检查

班组员工随身携带巡回检查所用工具和巡回检查记录本及笔,按照巡查路线注水井、油井每天上下午各巡检一次,注聚井每天巡检一次,如遇有作业施工异常井或刮风、下雨、下雪等恶劣天气,应加密检查次数。检查油压、套压、泵压是否正常;检查生产流程是否正常,有无刺、漏、渗等问题;检查抽油机等设备部件和运行是否异常。将巡检情况填入巡回检查记录本,发现问题及时解决或汇报。

三、班组生产资料管理

采油班组资料管理主要是把本班组井间当日录取的各项资料及相关生产信息整理、计算、核对,确认无误后按规定上好记录,并汇总填写到班报表上报到队里;重点是当日生产数据变化大的或矿队职能部门特意安排布置的具体工作的完成情况,都要与队里技术员或相关管理人员进行汇报请示;否则如一时大意或资料检查审核人员未能及时发现,数据信息一旦上传到企业管理网络,就会给厂矿队的管理工作带来很多负面影响。

班组资料整理主要是对压力、注水量、产液量、电流、温度等数据的整理,还有就是用规范、准确、简洁的描述语描述生产信息,主要是通过油水井班报表的填写来综合体现。

1. 填写油井班报表

(1)先填写表头内容:所属区块、队别、当日日期。

(2)填写井号、井别:按本油田标准写法把油井井号、井别(抽或电)逐一填入。

(3)生产动态数据:逐口井地详细填写生产时间、油嘴规格、油套压值、工作电流、回压、进站温度、掺水压力;如果某井当日不量油、测气,生产又无其他调整,则产液、产油、产水、化验含水与扣水均一一照上一日的生产数据原样抄上,以表8-1为例。

表 8-1 油井班班报表

采油井班报表

110 采油队　　1315 号计量间　　2007 年 4 月 16 日

井号	井别	生产时间(小时)	油嘴(毫米)	油压(兆帕)	套压(兆帕)	产量 液(吨)	产量 油(吨)	产量 水(立方米)	含水(%) 化验	含水(%) 扣水	电泵井 电压(伏)	电泵井 工作电流(安) A	B	C	抽油机井 电流(安) 上	抽油机井 电流(安) 下	热洗 时刻 起	热洗 时刻 止	热洗 泵压(兆帕)	热洗 排量(立方米)	热洗 温度(℃) 进口	热洗 温度(℃) 出口	回压(兆帕)	掺水压力(兆帕)	进站温度(℃)	清蜡 时刻 起	清蜡 时刻 止	清蜡 深度(米)	备注
7-32	电	24	无	0.2	0.5	162	11	151	93.2	93.2	980	23	24	24									0.11		47				134
7-323	电	18	21	0.4	0.3	302	13	289	96.8	96.8	980	59	61	58									0.11		49				4:00~10:00 欠载停机
9-323	电	24	无	0.5	0.6	410	11	399	97.3	97.3	980	45	46	46									0.11		48				53
9-3212	抽	24		0.2	0.5	35	4	31	96.1	88.7					37	35							0.11	1.15	39				621
9-3216	抽	24		0.2	0.4	55	6	49	88.4	88.4					62	60							0.11	1.15	39				396
9-3236	抽	24		0.2	0.4	54	6	48	88.9	88.9					53	50							0.11	1.15	37				402

续表

井号	井别	生产时间（小时）	油嘴（毫米）	油压（兆帕）	套压（兆帕）	产量 液（吨）	产量 油（吨）	含水（%）	化验扣水	电泵井 电压（伏）	电泵井 工作电流（安）	抽油机井 电流（安） A B C	抽油机井 电流（安） 上	抽油机井 电流（安） 下	热洗 时刻 起	热洗 时刻 止	热洗 泵压（兆帕）	热洗 排量（立方米）	热洗 温度（℃）进口	热洗 温度（℃）出口	回压（兆帕）	掺水压力（兆帕）	进站温度（℃）	清蜡 时刻	清蜡 深度（米） 起	清蜡 深度（米） 止	备注

测气

井号	量油方式	量油 高度（厘米）	流量计读数 1	流量计读数 2	流量计读数 3	流量计读数 平均（秒）	时刻 起	时刻 止	差值	混合液（立方米）	含水（%）	挡板 分压（兆帕）	读数(mmHg)	平均压差（兆帕）	产气量（立方米）
9-3212	玻	50	618	624	622	621	9:10	10:10							
7-32	玻	50	54	55	54	54	10:20	10:35							
9-3216	玻	50	400	399	390	396	8:20	8:50							

井（间）长：××× 值班人：×××

如果井当日既量油、测气,又有新的化验含水资料,则应先把该井井号及三次量油时间填上(表8-1的下半部分)、测气记录数据填上,接下来分别计算出该井当日的产液量、产气量(计算方法,查测气换算表),把含水值写在化验栏内,与上次扣水值对比,如果其差值超过波动范围,则应用上次扣水值,并用上次扣水值计算当日产油量、产水量;接下来再用产油量与当日测气的气量计算出气油比;确认无误后,把计算出的数据依次填入表8-1内。

如果油井当日有关井(停机、停电等),就要再扣除关井的实际时间(24-6=18小时),并填写上。接下来还要扣产:即正常24小时产量除24再乘18就可求出今日的实际产液量,同样计算出产油量、产水量,化验含水及扣水不变,工作电流不变,回压、进站温度、掺水压力不变,但在备注栏内要写清关井时间及原因(4:00~10:00欠载停机)。

(4)签名:在填完所有的油井资料后,再仔细确认一遍,有无缺项,有无错的、没写清的,如果没有问题,就可在值班人处签上自己的名字。

2. 填写注水井班报表

(1)如同油井班报表一样先填写表头:所属区块、水别、间号及当日日期。

(2)填写井号,按本油田标准写法把要写的水井井号逐一填入。

(3)填写本井的配注水量及注水范围:下上限水量及对应的注水压力。

(4)按班次填写注水时间、检查时间及注水方式,填写泵压(干线压力)、套压、油压(注水压力),再填水表读数(上班次末和本班次末的),再直接用两次的水表读数相减即为本班次实际注水量;如本班次有溢流等情况,要在水表读数计算出的注水量中除去井口溢注量,即为本班次实际注水量,并在备注栏内备注清楚。如表8-2中第二口注水井8:00~9:00冲管线,井口溢流量为27立方米。

(5)在最后一班次逐项填完后,要在全日行内逐项合计(如注水时间、注水量),选值照抄的(泵压、注水压力)代表当日生产参数。本次班末与上次班末的水表读数相减为注水量(有溢注量的还要加上溢流水量值)。

(6)计算各层实际注水量。

(7)签名:在所有生产数据填完后,再核对检查一遍,特别是水表读数(有时易抄错),各小层吸水量之和与注水量是否相等,在确认无问题后在本班次处签上自己的名字,提交班组长审核、上报。给下一班次留好水表读数。

3. 填写油水井班报表需要注意事项

(1)井号的写法要标准。

(2)油井扣产原则及标准(如某油田的,可参照执行):

表 8-2　注水井班报表

110采油队　　18号配水间　　注水井班报表　　2007年4月16日

井号	班次	注水时间（小时）	检查时刻	注水方式	注入压力（兆帕） 泵压 开井	注入压力（兆帕） 泵压 关井	套压 开井	套压 关井	油压 开井	油压 关井	水表读数（立方米）始	水表读数（立方米）终	注入量（立方米）	配注量（立方米）	分层吸水量（立方米）第一层	第二层	第三层	第四层	第五层	第六层	第七层	备注
3-3736	一	18	8:00		14.6				11.3		94451	94588	137	190	84	51	50					
	二	2	10:00		15.2		0.6		11.3		94588	94604	16									
	三	4	14:00		15.2		0.6		11.3		94604	94363	32									
	全日	24	14:00	正	15.2				11.3		94551	94363	185									
4-3836	一	18	8:00		14.6				12.9		59758	59931	173	210	101	0	70	57				
	二	1	10:00		15.2		1.2		12.9		59931	59969	11									
	三	4	14:00		15.2		1.2		12.9		59969	60013	44									
	全日	23	14:00	正	14.6				12.9		59758	60013	228									
3-3826	一	18	8:00		15.2		0.8		8.2		22864	23020	156	170	79	81	0	44				8:00~9:00冲洗管线，溢流量27立方米
	二	2	10:00		15.2		0.8		8.2		23020	23036	16									
	三	4	14:00		15.2		0.8		8.2		23036	23068	32									
	全日	24	14:00	正							22864	23068	204									

续表

井号	班次	注水时间(小时)	检查时刻	注水方式	注入压力(兆帕)							水表读数(立方米)		注入量(立方米)	配注量(立方米)	分层吸水量(立方米)							备注
					泵压		套压		油压		始	终			第一层	第二层	第三层	第四层	第五层	第六层	第七层	
					开井	关井	开井	关井	开井	关井											
	一																					
	二																					
	三																					
	全日																					
	一																					
	二																					
	三																					
	全日																					
	一																					
	二																					
	三																					
	全日																					

班长：×××　　　　第一班：×××　　　　第二班：×××

① 油井关井时,对产液量为 5 吨/天以上的井且在关井时间内对产液量影响不足 1 吨的不扣产,但关井时间必须从当日生产时间中扣除。

② 机采井停机一律扣除停机时间和产量。

③ 热洗井扣产:单井日产液量为 1~5 吨,热洗连续扣产 4 天;5~10 吨的热洗扣产 3 天;10~15 吨的热洗扣产 2 天;15~30 吨的热洗扣产 1 天;日产液量大于 30 吨的热洗扣产 12 小时。热洗井只扣产但不扣生产时间。

(3) 分离器玻璃管量油高度规定:直径 600 毫米的玻璃管量油高度为 0.4 米;直径 800 毫米的玻璃管量油高度为 0.5 米;直径 1000 毫米及直径 1200 毫米的玻璃管量油高度均为 0.3 米。

(4) 注水井发生井口溢流时的扣水原则(某油田的):当注水井当时发生井口溢流时,必须从记录的水表读数中扣除,如果水表有问题不走时,要及时估水,但不能超过 48 小时。全井日注水量超过配注水量 ±20% 以上的情况,备注栏内必须备注清楚。

(5) 其他生产情况填写规定:如当天某井进行了测压、测试、施工作业、校表、改流程、洗井、取样、刮蜡等内容,均要在备注栏内写清时间、简要内容描述等。

四、班组生产运行异常管理

生产异常管理在这里主要是指两类情况:一是正常生产运行时由于临时性或突发的问题使其必须停产处理,这一很短期间的管理称为生产临时性异常管理;二是指油水井因其井身结构异常、地质调控需要等出现的需要较长时期或永久性的各类关井停产,对这样的油水井状况实施的管理称为生产长期异常管理。

1. 生产临时性异常管理

生产临时性异常管理主要是以本单位的生产岗位应急处置程序为指导进行管理。生产岗位应急处置程序,是生产岗位操作者管理经验的不断积累所产生的智慧结晶,是确保生产岗位人身和设备双重安全的精华所在,是班组生产管理者必备的能力。具体内容就是把巡检、操作、处置等关键要点文本化,以此来指导操作者的岗位活动有序、规范、正确进行,避免在生产管理运行中发生意外。

1) 生产突发性异常管理

生产突发的一般问题通常是由班组长组织相应岗位班组成员自己处置,需要其他班组或外来施工作业的,按矿队生产管理规定积极配合处置。下面结合常见具体案例介绍。

(1)抽油机井井口泄漏。

当发现抽油机井井口刺漏,班组长确认自己班组能解决的及时组织班组成员处理,并按图8-2所示处置程序卡进行处置。否则,要立即向队里汇报请求帮助解决。这期间要保护好现场,防止问题扩大,并做些必要的准备工作。

	第__采油厂(__队__站__岗)岗位应急处置程序
事件名称	井口泄漏
工艺流程	抽油机井口流程（清蜡阀、井口总阀、生产阀、掺水阀、套管放空阀、套管阀、连通阀）A 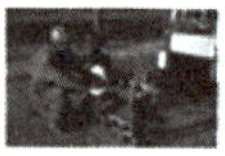 B  C  
现象	井口位置发现水柱或气柱
危害描述	可能造成油气泄漏、人身伤害和环境污染等危害
注意事项	救援人员必须在佩戴好劳动防护用具和确保自身安全的情况下方可进入事故现场,否则立即撤离至安全区域,并及时上报实施专业救援
处置程序	(1)立即停机,切断电源(图A); (2)关闭井口相关生产、掺水及热洗阀门(图B); (3)关闭计量间相应单井生产、掺水及热洗阀门(图C); (4)查找泄漏点,进行泄漏点维修
联系方式	本岗位: 相关岗位: 基层队(队): 矿(大队)调度: 厂调度:

图8-2　抽油机井井口泄漏处置程序卡

(2)计量间回油管线泄漏。

当发现计量间生产回油管线刺漏,班组长确认自己班组能解决的及时组织班组成员处理,并按图8-3所示处置程序卡进行处置。否则,要立即向队里汇报请求帮助解决。这期间要保护好现场,防止问题扩大,并做些必要的准备工作。

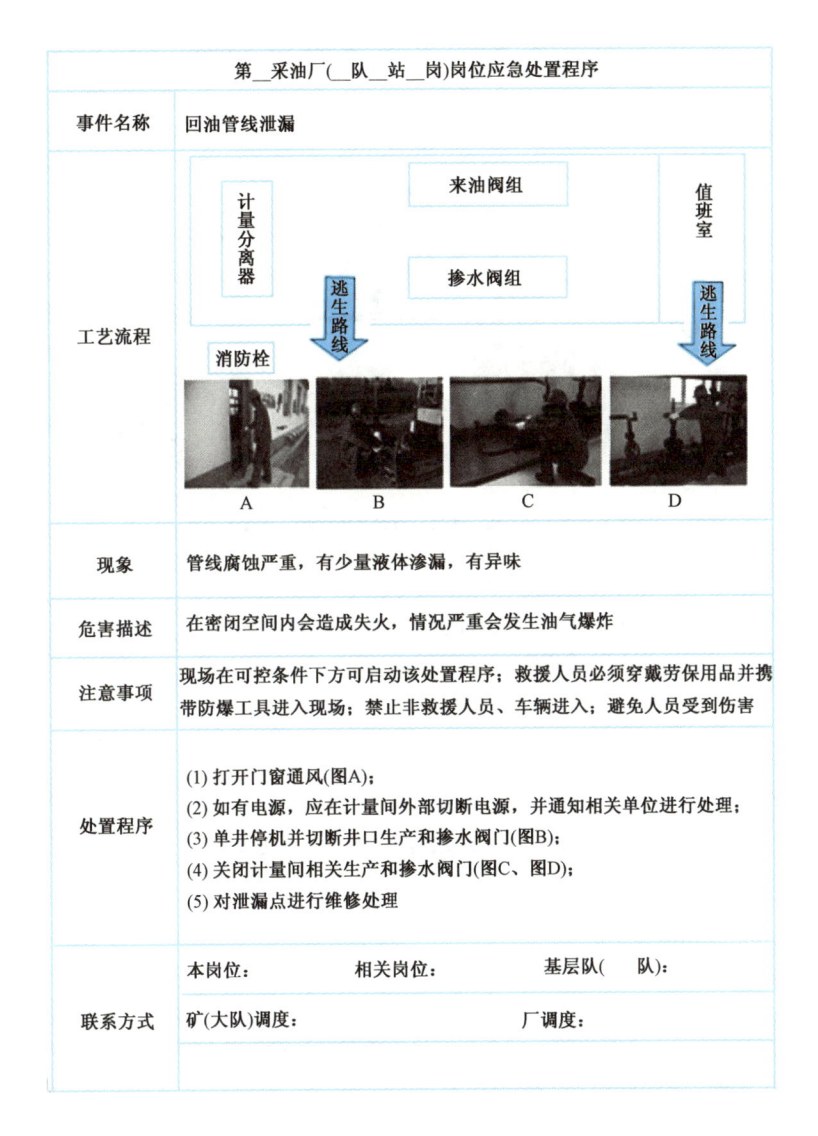

第__采油厂(__队__站__岗)岗位应急处置程序		
事件名称	回油管线泄漏	
工艺流程	(工艺流程示意图：计量分离器、来油阀组、掺水阀组、值班室、消防栓、逃生路线，及A、B、C、D四张现场照片)	
现象	管线腐蚀严重，有少量液体渗漏，有异味	
危害描述	在密闭空间内会造成失火，情况严重会发生油气爆炸	
注意事项	现场在可控条件下方可启动该处置程序；救援人员必须穿戴劳保用品并携带防爆工具进入现场；禁止非救援人员、车辆进入；避免人员受到伤害	
处置程序	(1) 打开门窗通风(图A)； (2) 如有电源，应在计量间外部切断电源，并通知相关单位进行处理； (3) 单井停机并切断井口生产和掺水阀门(图B)； (4) 关闭计量间相关生产和掺水阀门(图C、图D)； (5) 对泄漏点进行维修处理	
联系方式	本岗位：　　　相关岗位：　　　基层队(　队)： 矿(大队)调度：　　　　　　　厂调度：	

图8-3　计量间回油管线泄漏处置程序卡

（3）注水井井口管线泄漏。

当发现注水井井口管线刺漏，班组长应首先按图8-4所示处置程序卡进行处置，并及时向队里汇报请求帮助解决。这期间要保护好现场，防止问题扩大，并做些必要的准备工作。如果赶在冬季寒冷时节，维修工一时上不来，还要注意保护好管线不能冻。

第__采油厂(__队__站__岗)岗位应急处置程序	
事件名称	高压管线穿孔
工艺流程	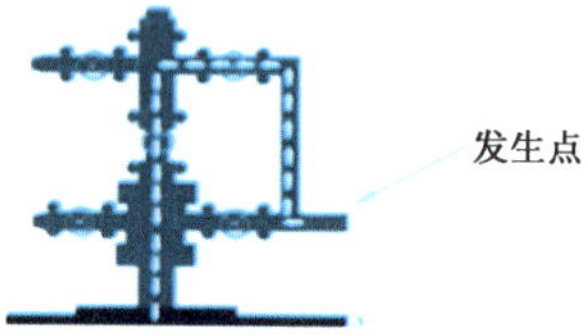  (图示：发生点；A、B、C三张操作照片)  
现象	单井水量上升，压力下降，有刺鼻的气味，有液体溢出
危害描述	设备损坏，环境污染
注意事项	救援人员必须穿戴劳保用品及携带合适的消防器材进入；禁止非救援人员、车辆进入
处理程序	(1) 关闭配水间单井上流阀门(图A)； (2) 关闭井口生产阀门(图B)； (3) 打开配水间单井放空阀门，放空(图C)
联系方式	本岗位：　　　相关岗位：　　　基层队(　队)： 矿(大队)调度：　　　　厂调度：

图 8-4　注水井井口管线泄漏处置程序卡

(4) 电动螺杆泵井防反转机构失灵。

当发现电动螺杆泵井防反转机构失灵，班组长确认自己班组能有效控制时，可按图 8-5 所示处置程序卡进行处置；确认自己班组不能解决问题时，要立即向队里汇报请求专业维修人员来帮助解决。这期间井口现场不要留人，在显著的适当位置做警示牌语，防止发生其他意外问题，并做些必要的准备工作。

2) 暂闭生产井管理

机采井由于泵况问题暂时停产、地面集汇工艺管线刺漏停产、地质开发需要临时关井停产等，主要是依据矿队生产管理规定要求实施管理。

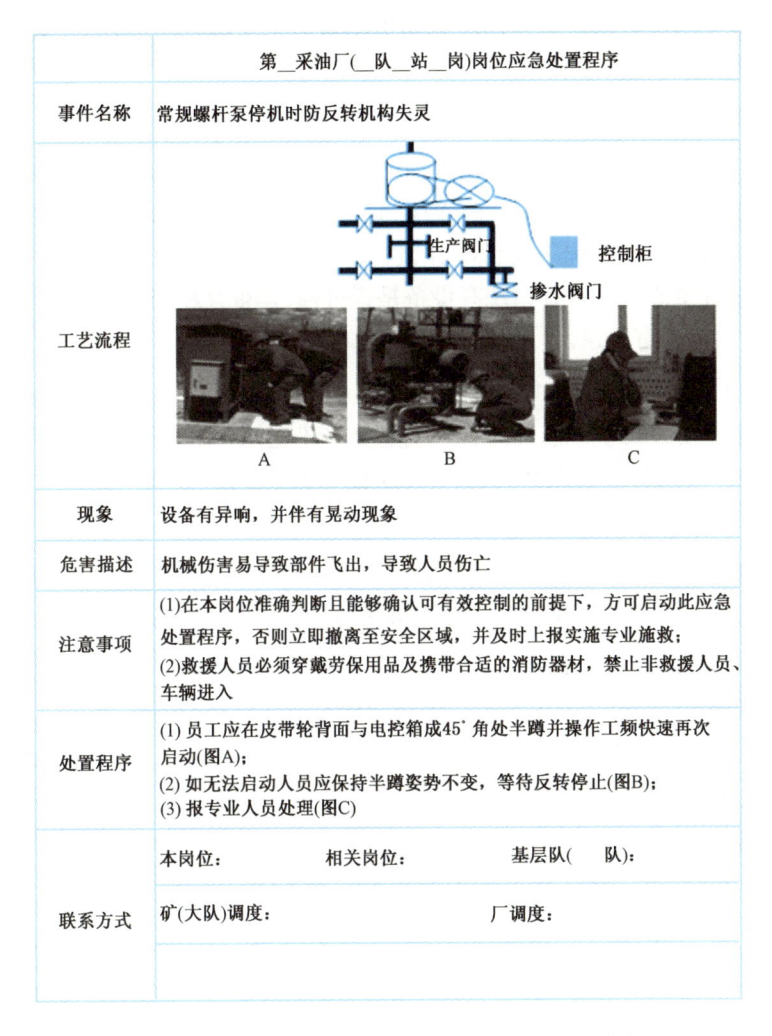

第__采油厂(__队__站__岗)岗位应急处置程序	
事件名称	常规螺杆泵停机时防反转机构失灵
工艺流程	(生产阀门、掺水阀门、控制柜示意图；照片A、B、C)
现象	设备有异响，并伴有晃动现象
危害描述	机械伤害易导致部件飞出，导致人员伤亡
注意事项	(1)在本岗位准确判断且能够确认可有效控制的前提下，方可启动此应急处置程序，否则立即撤离至安全区域，并及时上报实施专业施救； (2)救援人员必须穿戴劳保用品及携带合适的消防器材，禁止非救援人员、车辆进入
处置程序	(1) 员工应在皮带轮背面与电控箱成45°角处半蹲并操作工频快速再次启动(图A)； (2) 如无法启动人员应保持半蹲姿势不变，等待反转停止(图B)； (3) 报专业人员处理(图C)
联系方式	本岗位：　　　相关岗位：　　　基层队(　　队)： 矿(大队)调度：　　　厂调度：

图8-5　电动螺杆泵井防反转机构失灵处置程序卡

(1)冬季待作业井保管线。

油水井赶在冬季期间因故需要暂时停产，这使得处在北方油田的井必须实施保管线措施，防止冻堵井间地面管线。如果是单管集油工艺流程，需要及时或提前扫管线；若是双管集油工艺流程就要及时调控好掺水流量，以不冻管线为准，并要按冬季生产管理规定及时巡回检查。注水井因为通常是单管注水工艺流程，所以要扫线防冻。

(2)冬季钻井保管线。

区块赶在冬季期间钻井，这也使得处在北方油田的井必须实施保管线措施，防止冻堵井间地面管线。因注水井通常是单管注水工艺流程，所以要提前扫线防冻，并要按井控要求按时录取井口油压。如果压力高于要求,及时启动相关设备在井口释放压力,直至合格为准。

2. 生产长期性异常管理

生产长期性异常管理主要依据本油田的管理规定,如《"四类井"管理规定》就是采油班组具体生产管理工作的管理标准。"四类井"是油田企业现有资产核销井、报废井、未进集油系统不能生产井、长关井(停产半年以上的油水井)的简称。这类井的管理主要是检查井口现有设备是否可控,是否存在安全隐患、环境污染隐患,要按时巡检并有记录。

1)班组建立"四类井"台账

采油班组要按厂矿职能部门管理规定要求建立好"四类井"管理台账,把本班组的"四类井"落实到人,做好"四类井"的巡回检查记录。

2)"四类井"井口设施

地面遗留部分应标明井号,无采油树的要在台账上记录好专业部门提供的地理位置坐标数据。此处重点指已经报废的油水井和即将报废的井。

3)"四类井"地面设备

地面管线、采油设备及电力设备的现实状况要在台账记录清楚,要按期巡回检查并做好记录;未经矿队允许任何人不得擅自拆除或损坏。此处重点指高含水关井、套损待大修井及低产能长期关井的井等。

4)"四类井"问题处置

"四类井"井口设备一旦发现有泄漏(油、气、水),班组长应及时采取措施处置,如果确认自己班组不能解决的要及时向矿队汇报。在问题没有得到妥善处置期间,要按规定在现场适当位置立警示牌、警戒线等提示,问题严重的要设专人看护,避免其他意外事故发生。

(1)高含水关井管理。

当油井含水非常高(99.0%)、产油量相对很低时,油田开发决策者根据原油生产任务情况,决定对这样的油井实施关停,这就是通常所说的高含水关井;但这样的油井在油田开发某个阶段还会根据需要可能再次开井投产,所以,这样的井其井口装置、地面设备设施都要按正常井管理起来,对井口状况按相应管理规定定期巡回检查,发现异常要及时汇报并做好记录。

(2)套管损坏待大修井管理。

在确认油(水)井套管损坏等待大修时,其井口装置、地面设备设施都要按正常井管理起来,对井口状况按相应管理规定定期巡回检查,发现异常要及时汇报并做好记录。地处北方的井,适逢冬季还要注意保护好地面管线。

(3)报废井管理。

在确认油(水)井套管损坏且未能修好时,也就是报废的井,除井口必要的装置外,其他地面设备设施都要按相关规定及时拆除;对井口状况按相应管理规定定期巡回检查,发现异常要及时汇报并做好记录。

五、班组新井投产投注管理

1. 油井投产

新井装机投产主要是做好两方面工作:一是井的基础数据收集准确、齐全、规范,井口装置、设备实施状况符合投产运行要求,试运良好,交接清楚;二是投产时各项第一性资料录取及时、齐全、准确,记录好并及时上报。

异常井(计划关井)投产,首先要做好地面管线试运通畅准备,其次把井口装置等缺失、损坏的配件装全装好;协助小队技术员积极配合施工作业队伍投产;并录取好投产后的各项资料,加强巡回检查。

2. 注水井投注

注水井投注主要是指新完钻的注水井投注,首先检查井口装置及工艺管线满足投注要求(试压合格),再就要与小队地质技术员一同确认井底清洗(喷吐)干净,按地质方案(定量、定压)实施注水,及时调控好瞬时水量,决不能超注,并记录好各项第一手资料。

第二节 班组的设备管理

"工欲善其事,必先利其器。"班组在使用机器设备时,应该使其始终处于最佳的技术状态,从而充分发挥其应有的作用,做到合理使用、减少磨损、保持良好性能、发挥最佳工效、延长使用寿命、节省使用成本、保证正常生产,进而提高经济效益。不断加强设备管理,对于防止设备和人身事故,保护工人身体安全与健康,实现高产、稳产、优质、低耗和安全生产,也具有极其重要的作用。

一、班组设备管理的原则与内容

班组设备管理的任务就是要严格贯彻设备维修保养制度,正确使用和维护机器设备,使设备始终保持良好运转状态,将班组的生产活动建立在最佳物质技术基础上,保证生产的顺利进行。班组设备管理是确保班组生产正常运行的必要管理工作。

1. 设备管理的原则

每个设备都有其自己的性能和使用要求,因此为了保持设备的良好技术状态,必须合理地使用设备,要求设备操作人员坚持设备管理的原则。

1)坚持合理使用设备

班组长在合理使用设备上应做到四点:一是精准掌握设备状况;二是合理配备操作人员;三是创造良好运转环境;四是严格执行生产制度。

2)坚决禁止异常操作

班组要严格按照操作规程使用设备,在设备使用上坚持三点:一要做到操作标准化;二要明确非操作人员不得操作;三要制定异常补救措施。

2. 设备管理的内容

基于采油班组六大管理对象,设备管理主要是对注采设备定期检查、维护、保养,主要包括井口装置的维护保养、抽油机设备及电动机的维护保养、计量分离器的冲洗维护。

1)井口装置的维护保养

油水井井口装置的维护保养内容主要是对采油树通用的 250 型闸板阀、采油树下法兰顶死及密封、抽油机井专用的封井器、电动螺杆泵井专用采油树封井器、切换流程组合阀的检查、润滑、调整、维护和更换。

2)抽油机设备及电动机的维护保养

抽油机是 24 小时连续运转的机械设备,其维修保养内容主要包括设备的保养、设备的调整(对整机的水平、对中、平衡、控制系统的调整)、设备故障及处理和电动机的维护与保养。

3)计量间阀组分离器的维护保养

各油田计量间基本上以房(车)式计量间为主,其主要设备由三大部分组成:采油汇管阀组(油阀组)、掺水阀组(水阀组)和油气计量装置(计量分离器和气体流量计)。油阀组和水阀组的维护保养内容主要是给丝杠压盖添加油脂、更换密封填料、更换法兰片;计量分离器和气体流量计的维护保养内容主要是对其进行更换玻璃管(浮子液位计)和定期冲砂(洗)等操作。

二、班组设备的维护与保养

设备维修保养可以概括为"清洗、紧固、润滑、调整"八个字:清洗——清洗设备及部件;紧固——各部件间的连接螺栓;润滑——各加油点(部位)的定期添加润滑油脂;调整——对整机的水平、对中、平衡、控制系统等为主的调整。

设备的维修保养在生产运行中又分为例保、一级保养和二级保养三个级别。

1. 例保

例保也就是由采油工进行的每班组或每日进行的检查保养,其内容如下:

(1)检查各部紧固螺栓,用手锤击打一下主要部位的螺栓,也可采用划安全线的办法。检查时注意安全线是否错开位置,关键部位必须次次检查。

(2)检查减速器,中轴、尾轴、曲柄销应无异常声响,保持不缺油、不漏油。

(3)保持机身的清洁、无油渗。

2. 一级保养

当抽油机运行800小时,主要以采油班组为主、队维修班为辅进行一级保养作业,其作业范围如下:

(1)进行例保的全部内容。

(2)打开减速器检视孔,检查齿轮啮合情况,并检查齿轮磨损和损坏情况。检查清洗呼吸器应卸开清洗。

(3)检查减速器油面,并加(补)机油到规定位置。

(4)各轴承加注润滑油。

(5)检查抽油机的平衡情况。

(6)紧固。对各部位的紧固螺栓应逐一检查紧固,关键部位(如曲柄销、中央轴承座、尾轴、地座紧固螺栓及减速器固定螺栓)必须紧固并划好新的安全检查线。

(7)检查刹车片的磨损情况,如果磨损严重、断裂等应更换刹车片,并调节刹车的松紧度。

(8)检查三角皮带有无损坏,电动机轮与减速器轮端面是否在一条直线上,距离是否适当,各皮带的松紧是否一致。

(9)电气部分及配电箱应由小队电工同步进行一级保养,以减少停机时间。

一级保养后应达到:内外清洁,呈现本色;油路畅通,油窗明亮;操作灵活;运转正常。

3. 二级保养

当抽油机运转4000小时,主要是采油班组配合队维修班进行二级保养,其作业范围如下:

(1)进行一级保养的全部内容,也可与最后一次一级保养同时进行。

(2)检查减速器齿轮和轴承的工作情况,针对具体情况进行处理。

(3)检查刹车部分,拆掉刹车鼓,刹车鼓应无严重磨损,否则更换刹车鼓,检查刹车片的厚度是否能达到制动要求,凸轮在拉动刹车摇臂时是否动作一致,检查刹车蹄的卡簧是否有破损及断裂现象,必要时进行更换。

(4)检查曲柄销。检查黄油是否加足，轴承磨损情况，径向隙是否合格，以及挡油胶圈磨损情况，必要时进行更换。检查冕型螺帽紧固有无松动，与连杆连接螺栓有无松动，连杆销及紧固螺栓有无松动，两连杆长度是否一致，误差应不超过3毫米。

(5)检查中、尾轴润滑油质量、数量、固定螺栓应无松动现象，校正游梁在整机的中心线上。

(6)检查校正抽油机的纵向、横向水平应达到要求，如达不到要求应用斜铁找平，使其达到要求。调整时应松开固定螺栓。用千斤顶顶起底座再用斜铁，避免直接用斜铁硬打破坏下面的水泥基础。测量时应前、中、后分三个点找水平。

(7)调整驴头对正井口中心线。前、后、左、右可在中央轴承座、顶丝的调节下对正，其误差不得超过标准要求。

(8)电气保养（由电工进行）。检查电动机的接地线是否牢靠，及电动机电气绝缘情况。检查大理石闸刀熔断管、熔断片是否符合要求，磁力启动器的触点是否有烧蚀现象，如有烧蚀现象应用砂纸磨平，严重时应更换触点。配电箱要清洁，电动机应加注黄油。拉下皮带和风扇，卸掉端盖加二硫化钼。

(9)校正电动机水平，并找好"四点一线"，调整好皮带的松紧。

三、班组长在设备管理中的主要工作

(1)组织班组人员严格贯彻执行设备操作、使用和维护规程，做到"四懂四会"，即懂原理、懂结构、懂性能、懂用途，会操作、会保养、会检查、会除障。

(2)组织班组人员严格执行设备巡回检查制度，定时按巡检路线对所管设备进行仔细检查，并做好监督工作。

(3)重点关注转动设备的润滑、振动情况，以及轴承温度、运行声音等，发现异常，与班组操作员一起妥善处理，并立即报告，同时做好记录。

(4)组织班组人员经常检查仪器仪表、阀组、容器和管道的泄漏、保温、腐蚀等情况，发现异常立即报告，并做好记录。

(5)组织班组人员严格执行设备定期保养制度，对备用设备定时盘点，做到随时可以投用。对本岗位封存、闲置设备应定期维护保养。

(6)在设备不正常时，要求操作人员认真检查现场、分析原因并及时反映。在紧急情况下，应按有关规程采取果断措施并上报。没查清原因、故障未排除不得盲目开启设备。

(7)协调、组织与监督班组人员，保持设备、管道、计量间和配水间内窗户与地面的清洁卫生，保持井场的清洁安全，做到文明生产。

(8)确保班组使用和负责的各类工具、用具、设施齐全完整，摆放整齐。

(9)组织开展设备升级达标活动,不断提高设备管理水平。
(10)落实设备责任制,建立设备管理激励机制,提高员工的责任意识。

第三节　班组现场管理

一、现场管理的定义

做好现场管理,首先要对现场这个定义明了,这里将现场分别从广义和狭义上进行定义。广义上,凡是企业用来从事生产经营的场所,都称之为现场,如厂区、车间、仓库、运输线路、办公室及营销场所等。狭义上,企业内部直接进行基本或辅助生产过程的场所,是生产系统布置的具体体现,是企业实现生产经营目标的基本要素之一。狭义上的现场也就是一般大家默认的。现场管理也就是对广义和狭义的现场管理的总称。

本书中所指现场,就是指企业为顾客设计、生产和销售产品和服务以及与顾客交流的地方,是企业活动最活跃的地方。例如油气田企业中,科研部门研发新技术,钻探部门钻井,油气作业区炼油输油,销售部门将油气销售给顾客。企业的每一个部门都与顾客的需求有着密切的联系。从产品设计到生产及销售的整个过程都是现场,也就都有现场管理,这里我们所探讨的侧重点是现场管理的中心环节——生产部门的制造现场,但现场管理的原则对其他部门的现场管理也都是适用的。

对于油气田企业来说,生产现场包括很多,每种生产现场也各有不同的生产要素。目前一些生产单位出现了"忙、盲、茫"的状态:瞎忙,表面上看每个人都很忙,其实,尽在做多余的事情,或者所做的是无功效;盲目,由于太忙,人们总是机械地做事,没有工作方向,效率不高;迷茫,长期盲目的工作导致人们思想麻木,意识迷茫,整天不知自己在干什么,干什么都是糊里糊涂。针对这三种现象,可以利用现场管理方法进行合理有效地计划、组织、协调,使现场管理处于良好的发展状态,达到优势、高效、低耗、均衡、安全、文明生产的目的。

二、现场管理的要素

现场管理就是指用科学的标准和方法管理生产现场各生产要素,包括人(工人和管理人员)、机(设备、工具、工位器具)、料(原材料)、法(加工、检测方法)、环(环境)、信(信息)等。现场管理是生产第一线的综合管理,是生产管理的重要内容,也是生产系统合理布置的补充和深入。

那么现场管理的核心要素就包括以下几个方面:

(1)人员(Man):数量、岗位、技能、资格等。
(2)机器(Machine):检查、验收、保养、维护、校准。
(3)材料(Material):纳期、品质、成本。
(4)方法(Method):生产流程、工艺、作业技术、操作标准。
(5)环境(Environment)。

三、现场管理的方法与工具

1.5S 管理方法

1)定义

(1)整理(Seiri)。

将工作场所的任何物品区分为有必要和没有必要的,除了有必要的留下来,其他的都消除掉。

目的:腾出空间,空间活用,防止误用,塑造清爽的工作场所。

(2)整顿(Seiton)。

把留下来的必要用的物品依规定位置摆放整齐,并加以标识。

目的:工作场所一目了然,消除寻找物品的时间,消除过多的积压物品。

(3)清扫(Seiso)。

将工作场内看得见与看不见的地方清扫干净,保持工作场所干净亮丽。

目的:稳定品质,减少工业伤害。

(4)清洁(Seiketsu)。

将整理、整顿、清扫进行到底,并且制度化,经常保持环境外在美观的状态。

目的:创造明朗现场,维持以上 4S 成果。

(5)素养(Shitsuke)。

每位成员养成良好的习惯,并遵守规则做事,培养积极主动的精神(也称习惯性)。

目的:培养有好习惯、遵守规则的员工,营造团队精神。

2)具体做法

实施 5S 行动前,第一件事是给工作场所拍照。这些照片在 5S 法全面展开时,用来做比较。仔细标明每张照片的拍摄地点,以便得到照片拍摄前后的对比,相片一定要标注日期。

(1)清理场地。

任何工厂都有许多没用杂物。用红色牌子给它们做上记号,使任何人都能看清楚哪些东西该处理掉或搬走。制定明确标准,什么是必需的,什么是没用的,免得引起争论或给人借口。牌子要由不直接管有关机器和作业区的人去挂。

（2）整顿仓储。

清理完毕之后，用字母、号码给每台机器及其存放地点编一醒目的大标签。整顿仓库时，记住三个要点：什么东西，放在什么地方，放了多少。所贴标签就能让所有人对这三个问题一目了然。如果模具和工具藏在有锁的柜子、箱子或抽屉里面，别人看不见，仓库很快就会被翻得乱七八糟。

（3）固定打扫程序。

有三大块地方要打扫：仓库区、设备和周围环境。最好把工作场所划分成小块区域分配任务，然后列表排定值日顺序。轮流打扫是好办法，特别是对公用区域而言。画出清洁责任图，排出打扫时间表，确定各个人的清洁时间、地点和清洁内容。把责任图和时间表挂在人人都能见得的地方。建立起每日五分钟打扫习惯。听起来五分钟太短，做不出像样的事情，但如果打扫效率高，做出的成绩会让你吃惊。

（4）制定工作场所清洁标准。

只要每个人都出把力，工作场所就能始终保持干净清楚。窍门在于记住"三无"原则：无非必需物品、无乱堆乱放、无尘土。在所有5S步骤中，影响最大的要算整顿工作。复查很重要，可以用表格做评估。

（5）实行视觉控制。

开展富有建设的性的批评是实行5S法训练和纪律步骤的基础之一。最理想的是创造一个工作场所，在此一眼就能看出缺陷，因而可以采取措施补救。同起步时拍的照片相比，工作场所应该有前后照片展览的区域，把照片张贴在大家都能看得见的地方，把5S成果附在照片旁边。如有可能，奖励成绩最佳的作业区的员工，激励他们进一步改进。

（6）限制库存。

既要逐步减少库存，又不能干扰生产。可以用红色记号（线条、标签和牌子）标出最大库存高度，再用黄色记号标出最低高度，然后逐步降低红色标记。这样做将会形成严格的库存量制度，使生产在紧库存的条件下顺利进行。

（7）易于取用和放回物品。

用斜线做出物料基准记号，使人从远处就可看出有没放乱。在所有的模具和工具上写上名称，编上号码，在各自的正确存放位置画出轮廓图。工具最好存放在与之一同使用的机器旁，并依据使用顺序码好。把每种物品都标上一种颜色，这样一眼就能认出来。

（8）坚持打扫和检查。

目标是通过有效的扫除和检查实现无故障、无操作失误、无间歇停工。凡是和生产过程有关的东西都应弄干净并做检查，实行分片包干。定下打扫次序并每天打扫。一旦打扫和检查的办法制成了表,就要马上执行。维护工作由工人自己做。

(9)全厂坚持一个标准。

纪律的前提是严格的标准。领导应能做建设性的批评和接受批评。一发现有秩序混乱的蛛丝马迹,应当立即予以纠正,并且要做得合情合理。如工作场所明显纪律松弛,领导应当向班组长提出建设性批评意见,但不要针对一般工人。班组长对创造工作间的风气负有责任,他的投入会对工人产生积极影响。

(10)杜绝多余物品。

如果总是清理出相同的多余物品,就要设法弄清为什么那些物品会重复出现。与其在每次出现时亡羊补牢,不如未雨绸缪做好预防。通过把系统合理化,杜绝过度生产,就不必为清理它们操心了。这就是说变整批生产为平衡生产,变零部件的集中交货为多次小批交货。

(11)防患于未然。

整齐和清洁反映了全面效率。预防标准化在于充分运用5S的预防步骤:预防性清除、预防性整顿、预防性打扫。

2. 三直三现法

三直三现法,即直接现场、直接现物、直接现象、马上现场、马上现品、马上现象。

(1)第一时间进入问题的中心,找出问题就变得容易;

(2)短时间找到症结,并实施策略解决故障;

(3)如果发生的问题不能解决,也可以让厂家知道根源,准备备品,为维修提供最直接的简便;

(4)节省了时间,缩短维修周期。

3. 现场管理的三大工具

1)标准化

将企业里各种各样的规范,如规程、规定、规则、标准、要领等形成文字化的东西,统称为标准(或称标准书)。制定标准,而后依标准付诸行动则称之为标准化。那些认为编制或制定了标准即认为已完成标准化的观点是错误的,只有经过指导、训练才能算是实施了标准化。

创新改善与标准化是企业提升管理水平的两大轮子。改善创新是使企业管理水平不断提升的驱动力,而标准化则是防止企业管理水平下滑的制动力。没有标准化,企业不可能维持在较高的管理水平。

标准化流程:

现场发生问题→到达现场观察现象→找出问题根源→确认解决问题方式有效→

找出新的工作程序予以标准化→确保以后不发生同样的问题。

2）目视管理

目视管理是利用形象直观而又色彩适宜的各种视觉感知信息来组织现场生产活动，达到提高劳动生产率的一种管理手段，也是一种利用视觉来进行管理的科学方法。所以目视管理是一种以公开化和视觉显示为特征的管理方式，是综合运用管理学、生理学、心理学、社会学等多学科的研究成果。

3）看板管理

看板管理是发现问题、解决问题非常有效且直观的手段，尤其是优秀的现场管理必不可少的工具之一。

看板管理是管理可视化的一种表现形式，即对数据、情报等的状况一目了然，主要是对管理项目，特别是情报进行的透明化管理活动。它通过各种形式，如标语、现况板、图表、电子屏等，把文件上、脑子里或现场等隐藏的情报揭示出来，以便任何人都可以及时掌握管理现状和必要的情报，从而能够快速制定并实施应对措施。

第四节　班组质量管理

从微观上来说，质量是企业赖以生存和发展的保证，是开拓市场的生命线；用户对产品质量的要求越来越高，提高质量能加强企业在市场中的竞争力；产品质量是顾客满意的必要因素，因此较好的质量会给企业带来较高的利润回报；质量管理是公司品牌的保护伞，严抓质量管理可以提高品牌美誉度；加强质量管理也是维护人们的生活以及身心健康的必要措施。

从宏观上来说，当今世界的经济竞争，很大程度上取决于一个国家的产品和服务质量。质量水平的高低可以说是一个国家经济、科技、教育和管理水平的综合反映。当今市场环境的特点之一是用户对产品质量的要求越来越高。在这种情况下，就更要求企业将提高产品质量作为重要的经营战略和生产运作战略之一。因为，低质量会给企业带来相当大的负面影响：它会降低公司在市场中的竞争力，增加生产产品或提供服务的成本，损害企业在公众心目中的形象等。另一方面，以前，价格被认为是争取更多的市场份额的关键因素，现在情况已有了很大变化。很多用户现在更看重的是产品质量，并且宁愿花更多的钱获得更好的产品质量。在今天，质量稳定的高质量产品会比质量不稳定的低质量产品拥有更多的市场份额，这个道理是显而易见的。

一、班组质量管理的定义

质量管理是指在质量方面指挥和控制组织的协调的活动。在质量方面的指挥和控制活动,通常包括制定质量方针和质量目标及质量策划、质量控制、质量保证和质量改进。上述定义可从以下几个方面来理解:

质量管理是通过建立质量方针和质量目标,并为实现规定的质量目标进行质量策划,实施质量控制和质量保证,开展质量改进等活动予以实现的。

组织在整个生产和经营过程中,需要对质量、计划、劳动、人事、设备、财务和环境等各个方面进行有序的管理。由于组织的基本任务是向市场提供符合顾客和其他相关方要求的产品,围绕着产品质量形成的全过程实施质量管理是组织的各项管理的主线。

质量管理涉及组织的各个方面,是否有效地实施质量管理关系到组织的兴衰。组织的最高管理者应正式发布本组织的质量方针,在确立质量目标的基础上,按照质量管理的基本原则,运用管理的系统方法来建立质量管理体系,为实现质量方针和质量目标配备必要的人力和物质资源,开展各项相关的质量活动,这也是各级管理者的职责。所以,组织应采取激励措施激发全体员工积极参与,充分发挥他们的才干和工作热情,造就人人争做贡献的工作环境,确保质量策划、质量控制、质量保证和质量改进活动顺利地进行。

ISO 标准簇质量八大原则如下:

原则 1:以顾客为关注焦点。

原则 2:领导作用。

原则 3:全员参与。

原则 4:过程方法。

原则 5:管理的系统方法。

原则 6:持续改进。

原则 7:基于事实的决策方法。

原则 8:与供方的互利关系。

二、增强班组成员质量意识的做法

抓好产品质量,首先就要增强质量意识,不重视产品质量的职工是不可能生产出好的产品的。

质量管理如同医生看病,治标不能忘固本。许多企业悬挂着质量是企业的生命的标语,而现实中存在头疼医头、脚疼医脚的质量管理误区。

质量管理不是一句口号,企业长期取胜的关键就在于质量,俗话说的产品就是人品,把质量管好不仅仅是管理者的一厢情愿,要从组织内部的各个层次做起。班组长是最基础的管理层次,做好现场质量管理必须具备以下条件:

(1)心里要有一把尺。这把尺就是度量质量优劣的标准,班组长没有衡量质量的标准,就很难把握产品质量谁为优谁为劣。

(2)过程控制。班组长从过程控制得到最产品优质。结果只能作为班组长的工作成果,不能衡量班组长工作质量。只有过程符合相关要求,才能保证产品最终质量的合格。在每一个环节都按要求控制好质量,结果不会差到哪儿去。

(3)总结学习。不断总结经验,弥补已经出现的质量缺陷,只有不断修正才能管理好质量。

[案例 8-1]

讲质量的水处理班组

某热电厂汽机车间水处理岗位,它的直接顾客就是锅炉车间,主要工作是担负着向热电厂 3 台高压锅炉、4 台中压锅炉输送优质合格的除盐水、蒸发回水和溶出回水。为了确保锅炉能够安全、稳定、经济运行,就要求水处理班组的制水要完全达到合格标准,而根本任务就是抓指标质量,全员讲质量,全面开展班组质量提升活动,围绕改进水质质量开展工作。

为了确保各项水质指标达到最优标准,该班组班组长充分调动全班人员的积极性,从多方面开展班组质量指标控制工作。比如再生交换器需用的盐酸、碱液的用量、再生过程、操作技术以及员工的责任心,无疑都起着举足轻重的作用。如果阳床周期制水量不断下降,不仅大量造成盐酸的浪费,而且也降低了设备的使用率,使员工劳动强度大量增加。为了节约成本、提高阳床周期制水量,此班组在再生过程上做文章,在反洗时利用压缩空气从底部进气,进行多次气擦洗,使压实树脂充分松动,从而更有效吸附再生液,以此提高周期制水量,通过此方法制水量提高 2000 余吨。过去规程规定阳床 10 周期用酸量是平时的 1~1.5 倍,通过认真提高操作质量,严格控制再生过程中的流量、压力,只用和平时一样的酸量,而制水量却大大提高,每台节约酸 1000 千克。

三、班组质量管理的基本方法

PDCA 管理法和 QC 小组活动法是在中国石油有着深厚基础的质量管理理念和方法。作为班组长要秉承 PDCA 管理理念,争取、协调、参与和组织 QC 小组活动,从而不断提升班组质量管理能力和水平。

1. PDCA 管理法

PDCA 管理法,是美国管理专家戴明首先提出的,称为"戴明循环管理法"。起初其运用于全面质量管理,现在已经推广运用到全面计划管理,已经成为我国现代化管理内容方法之一。

PDCA是英文Plan(计划)、Do(执行)、Check(检查)、Action(总结处理)四个词的第一个字母的缩写。其基本原理就是做任何一项工作,首先有个设想,根据设想提出一个计划;然后按计划规定去执行、检查和总结处理;最后通过工作循环,一步一步地提高水平,把工作越做越好。通俗一点说,PDCA是做好一切工作的一般规律。运用好PDCA相信可以帮助班组长做好每一件事情,并有所收获。

1)PDCA管理法的基本内容

PDCA管理法一般可分为四个阶段和八个步骤。

(1)PDCA四个阶段的工作循环。

第一阶段是制定计划(P),包括确定方针、目标和活动计划等内容。

第二阶段是执行(D),主要是组织力量去执行计划、保证计划的实施。

第三阶段是检查(C),重点在于对计划执行情况的检查、分析。

第四阶段是总结处理(A),主要是总结成功的经验和失败的教训,并把没有解决的问题转入下一个循环中去,从而完成一个完满的改善循环(图8-6)。

(2)PDCA的八个工作步骤如图8-7所示。

图8-6　PDCA循环的四个阶段　　　　图8-7　PDCA的八个工作步骤

① 提出工作思想,收集有关资料,进行调查和预测,确定方针和目标。

② 按规定的方针目标,进行试算平衡,提出各种决策方案,从中选择一个理想的方案。

③ 按照决策方案,编制具体的活动计划下达执行。

以上三个步骤是第一阶段计划(P)的具体化。

④ 根据规定的计划任务,具体落实到各个部门和有关人员,并按照规定的数量、质量、时间等标准要求,认真贯彻执行。这是第二阶段执行(D)的具体化。

⑤ 检查计划的执行情况,评价工作成绩。在检查中,必须建立健全的原始记

录和统计资料,以及有关的信息情报资料。

⑥ 对已经发现的问题进行科学分析,从而找出问题产生的原因。

⑦ 标准化。把成功的经验总结出来,制定相应的标准。

⑧ 把没有解决或新出现的问题转入下一个 PDCA 循环中去解决。

2)PDCA 管理法的基本特点

没有标准化和制度化,就不可能使 PDCA 循环转动向前。PDCA 可以使思想方法和工作步骤更加条理化、系统化、图像化和科学化。它具有如下特点：

(1)大环套小环,小环保大环,推动大循环。

PDCA 循环作为质量管理的基本方法,不仅适用于整个工程项目,也适应于整个企业和企业内的科室、工段、班组以至个人。各级部门根据企业的方针目标,都有自己的 PDCA 循环,层层循环,形成大环套小环,小环里面又套更小的环。如图 8-8 所示,大环是小环的母体和依据,小环是大环的分解和保证。各级部门的小环都围绕着企业的总目标朝着同一方向转动。通过循环把企业上下或工程项目的各项工作有机地联系起来,彼此协同,互相促进。

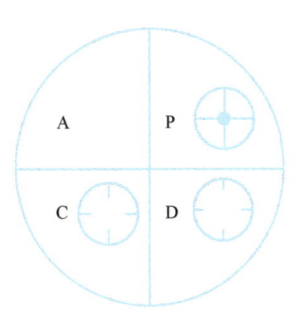

图 8-8　PDCA 大环与小环示意图

(2)不断前进,不断提高。

PDCA 循环就像爬楼梯一样,一个循环运转结束,生产的质量就会提高一步,然后再制定下一个循环,再运转、再提高,不断前进、不断提高,如图 8-9 所示。

PDCA循环

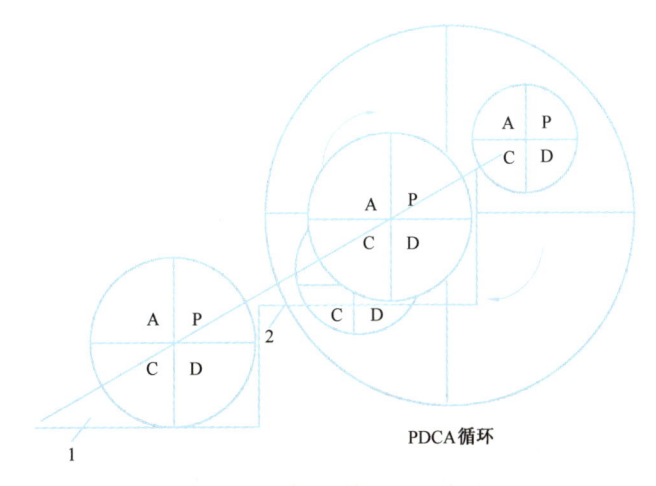

图 8-9　PDCA 循环上升示意图

1—原有水平;2—新的水平

(3)每个循环系统包括计划—执行—检查—总结处理四个阶段,都要周而复始地运动,中途不能中断。每一件计划指标,都要有保证措施,一次循环解决不了的问题,必须转入下一轮循环解决。这样才能保证计划管理的系统性、全面性和完整性。

PDCA循环也称"管理循环",它的逻辑关系科学、紧密,且环环相扣,不可中断及或缺。为获得高效率并到达小组预期的活动目标,需要切实按循环给出的程序去做,努力提高策划水平与工作方法,在不断循环往复中不断地提高与进步。

2. QC小组活动法

1)QC小组的定义

QC小组活动(Quality Control Circle,QCC),即质量管理小组,是指在生产或工作岗位上从事各种劳动的职工,围绕企业的方针目标和现场存在的问题,以改进质量、降低消耗、提高经济效益和人的素质为目的,运用质量管理的理论和方法开展活动的群众组织。

2)QC小组的分类

根据工作性质和内容的不同,QC小组大致可以分为四种类型。

(1)现场型:主要以班组、工序、服务现场职工为主组成,以稳定工序、改进产品质量、降低物质消耗、提高服务质量为目的。

(2)攻关型:一般由干部、工程技术人员和工人三结合组成,以解决有一定难度的质量关键为目的。

(3)管理型:以管理人员为主组成,以提高工作质量、改善与解决管理中的问题、提高管理水平为目的。

(4)服务型:由从事服务性工作的职工组成,以提高服务质量,推动服务工作标准化、程序化、科学化,提高经济效益和社会效益为目的。

3)QC小组活动法的特点

(1)明显的自主性。QC小组以职工自愿参加为基础,实行自主管理,自我教育,互相启发,共同提高,充分发挥小组成员的聪明才智和积极性、创造性。

(2)广泛的群众性。QC小组是吸引广大职工群众积极参与质量管理的有效组织形式,不仅包括领导人员、技术人员、管理人员,而且更注重吸引在生产、服务工作第一线的操作人员参加。广大职工群众在QC小组活动中学技术、学管理,群策群力分析问题、解决问题。

(3)高度的民主性。这不仅是指QC小组的组长可以是民主推选的,可以由QC小组成员轮流担任课题小组长,以发现和培养管理人才;同时还指在QC小组内部讨论问题、解决问题时,小组成员间是平等的,不分职位与技术等级高低,高度发扬民主,各抒己见,互相启发,集思广益,以保证既定目标的实现。

(4)严密的科学性。QC小组在活动中遵循科学的工作程序,步步深入地分析问题,解决问题;在活动中坚持用数据说明事实,用科学的方法来分析与解决问题,而不是凭"想当然"或个人经验。

4) QC小组的活动程序

(1)选题。QC小组活动课题选择,一般应根据企业方针目标和中心工作,根据现场存在的薄弱环节,根据用户(包括下道工序)的需要。从广义的质量概念出发,QC小组的选题范围涉及企业各个方面工作。因此,选题的范围是广泛的,概括有十大方面:提高质量;降低成本;设备管理;提高出勤率、工时利用率和劳动生产率,加强定额管理;开发新品,开设新的服务项目;安全生产;治理"三废",改善环境;提高顾客(用户)满意率;加强企业内部管理;加强思想政治工作,提高职工素质。

(2)确定目标值。课题选定以后,应确定合理的目标值。目标值的确定要:注重目标值的定量化,使小组成员有一个明确的努力方向,便于检查,活动成果便于评价;注重实现目标值的可能性,既要防止目标值定得太低,小组活动缺乏意义,又要防止目标值定得太高,久攻不克,使小组成员失去信心。

(3)调查现状。为了解课题的目前状况,必须认真做好现状调查。在进行现状调查时,应根据实际情况,应用不同的QC工具(如调查表、排列图、折线图、柱状图、直方图、管理图、饼分图等),进行数据的搜集整理。

(4)分析原因。对调查后掌握到的现状,要发动全体组员动脑筋,想办法,依靠掌握的数据,通过开"诸葛亮"会,集思广益,选用适当的QC工具(如因果图、关联图、系统图、相关图、排列图等),进行分析,找出问题的原因。

(5)找出主要原因。经过原因分析以后,将多种原因根据关键、少数和次要多数的原理进行排列,从中找出主要原因。在寻找主要原因时,可根据实际需要应用排列图、关联图、相关图、矩阵分析、分层法等不同分析方法。

(6)制定措施。主要原因确定后,制定相应的措施计划,明确各项问题的具体措施,要达到的目的(谁来做,何时完成以及检查人)。

(7)实施措施。按措施计划分工实施。小组长要组织成员,定期或不定期地研究实施情况,随时了解课题进展,发现新问题要及时研究,调查措施计划,以达到活动目标。

(8)检查效果。措施实施后,应进行效果检查。效果检查是把措施实施前后的情况进行对比,看其实施后的效果,是否达到了预定的目标。如果达到了预定的目标,小组就可以进入下一步工作;如果没有达到预定目标,就应对计划的执行情况及其可行性进行分析,找出原因,在第二次循环中加以改进。

(9)制定巩固措施。达到了预定的目标值,说明该课题已经完成。但为了保证成果得到巩固,小组必须将一些行之有效的措施或方法纳入工作标准、工艺规程或管理标准,经有关部门审定后纳入企业有关标准或文件。如果课题的内容只涉及本班组,那就可以通过班组守则、岗位责任制等形式加以巩固。

(10)分析遗留问题。小组通过活动取得了一定的成果,也就是经过了一个 PDCA 循环。这时候,应对遗留问题进行分析,并将其作为下一次活动的课题,进入新的 PDCA 循环。

(11)总结成果资料。小组将活动的成果进行总结,是自我提高的重要环节,也是成果发表的必要准备,还是总结经验、找出问题、进行下一个循环的开始。

以上步骤是 QC 小组活动的全过程,也体现了一个完整的 PDCA 循环。由于 QC 小组每次取得成果后,能够将遗留问题作为小组下个循环的课题(如没有遗留问题,则提出新的打算),因此就使 QC 小组活动能够持久、深入地开展,推动 PDCA 循环不断前进。

第九章　HSE管理

　　HSE 管理是一套以风险管理为核心,以强化基层为重点,以逐级落实安全环保责任为工作主线的持续改进、持续发展的 PDCA 管理;是以"以人为本、关爱生命、保护健康"为理念的企业管理的体系。通过 HSE 管理可以让安全制度日趋完善,员工行为习惯更趋安全,安全责任踏上科学回归路,管理理念、安全管理能力逐渐发展和成熟,从而形成独具特色的 HSE 文化。

第一节　石油企业 HSE 管理体系概述

　　健康、安全与环境管理体系简称为 HSE 管理体系,或者用 HSEMS(Health Safety and Enviroment Management System)表示。HSE 是近几十年出现的国际石油天然气工业通行的管理体系。它集各国同行管理经验之大成,体现当今石油天然气企业在大城市环境下的规范运作,突出了预防为主、领导承诺、全员参与、持续改进的科学管理思想,是石油天然气工业实现现代管理,走向国际大市场的通行证。健康、安全与环境管理体系的形成和发展是石油勘探开发多年管理工作经验积累的成果,它体现了完整的一体化管理思想。

一、HSE 管理体系的发展历程

　　在工业发展初期由于生产技术落后,人类只考虑对自然资源的盲目索取和破坏性开采,而没有从深层次意识到这种生产方式对人类所造成的负面影响。国际上的重大事故对安全工作的深化发展与完善起到了巨大的推动作用,引起了工业界的普遍关注,深深认识到石油、石化、化工行业是高风险的行业,必须更进一步采取有效措施和建立完善的安全、环境与健康管理系统,以减少或避免重大事故和重大环境污染事件的发生。纵观 HSE 发展历程,大致可分为以下几个阶段。

1. HSE 管理体系的开端

1985 年,壳牌石油公司首次在石油勘探开发领域提出了强化安全管理(Enhance Safety Management)的构想和方法。1986 年,在强化安全管理的基础上,形成手册,以文件的形式确定下来,HSE 管理体系初现端倪。

2. HSE 管理体系的开创发展期

20 世纪 80 年代石油工业的几次重大事故,促使人们反省"健康—安全—环境"问题,把"健康—安全—环境"问题进行统一考虑。如 1987 年的瑞士 SANDEZ 大火、1988 年英国北海油田的帕玻尔·阿尔法平台事故、1989 年的 EXXON 公司 VALDEZ 泄油以及 1989 年青岛黄岛油库火灾爆炸事故等,引起了国际工业界的普遍关注。大家都深深认识到,石油石化作业是高风险的作业,必须进一步采取更有效更完善的 HSE 管理系统以避免重大事故的发生。1991 年,在荷兰海牙召开了第一届油气勘探、开发的健康、安全、环保国际会议,HSE 这一概念逐步为大家所接受。许多大石油公司相继提出了自己的 HSE 管理体系。如壳牌公司,在 1990 年制定出自己的安全管理体系(SMS);1991 年,壳牌公司委员会颁布健康、安全与环境(HSE)方针指南;1992 年,正式出版安全管理体系标准 EP 92—01100;1994 年,正式颁布健康、安全与环境管理体系导则。

3. HSE 管理体系的蓬勃发展期

1994 年油气开发的安全、环保国际会议在印度尼西亚的雅加达召开,由于这次会议由 SPE(美国石油工程师协会)发起,并得到 IPICA(国际石油工业保护协会)和 AAPG(美国石油地质学家协会)的支持,影响面很大,全球各大石油公司和服务厂商积极参与,HSE 的活动在全球范围内迅速展开。

1996 年 1 月,ISO/TC67 的 SC6 分委会发布 ISO/CD 14690《石油和天然气工业健康、安全与环境管理体系》,成为 HSE 管理体系在国际石油业普遍推行的里程碑,HSE 管理体系在全球范围内进入了一个蓬勃发展时期。

二、HSE 管理体系的理念

HSE 管理体系所体现的管理理念是先进的,这也正是它值得在企业的管理中进行深入推行的原因,它主要体现了以下几个方面的理念。

1. 注重领导承诺的理念

企业对社会的承诺、对员工的承诺,领导对资源保证和法律责任的承诺,是 HSE 管理体系顺利实施的前提。领导承诺由以前的被动方式转变为主动方式,是管理思想的转变。承诺由企业最高管理者在体系建立前提出,在广泛征求意见的基础上，以正式文件(手册)的方式对外公开发布，以利于相关方面的监督。承诺要传递到企业内部和外部相关各方，并逐渐形成一种自主承诺、改善条件、提高管理水平的企业思维方式和文化。

2. 体现以人为本的理念

企业在开展各项工作和管理活动过程中，始终贯穿着以人为本的思想，从保护人的生命的角度和前提下，使企业的各项工作得以顺利进行。人的生命和健康是无价的，工业生产过程中不能以牺牲人的生命和健康为代价来换取产品。

3. 体现预防为主、事故是可以预防的理念

我国安全生产的方针是"安全第一，预防为主"。一些企业在贯彻这一方针的过程中并没有规范化和落实到实处，而 HSE 管理体系始终贯穿了对各项工作事前预防的理念，贯穿了所有事故都是可以预防的理念。美国杜邦公司的成功经验是："所有的工伤和职业病都是可以预防的"；"所有的事件及小事故或未遂事故均应进行详细调查，最重要的是通过有效的分析，找出真正的起因，指导今后的工作"。事故的发生往往由人的不安全行为、机械设备的不良状态、环境因素和管理上的缺陷等引起。企业中虽然沿袭了一些好的做法，但没有系统化和规范化，缺乏连续性，而 HSE 管理体系系统地建立起了预防的机制，如果能切实推行，就能建立起长效机制。

4. 贯穿持续改进可持续发展的理念

HSE 管理体系贯穿了持续改进和可持续发展的理念。也就是人们常说的，没有最好，只有更好。体系建立了定期审核和评审的机制。每次审核要对不符合项目实施改进，不断完善。这样，体系始终处于持续改进的趋势，不断改正不足，坚持和发扬好的做法，按 PDCA 循环模式运行，实现企业的可持续发展。

5. 体现全员参与的理念

安全工作是全员的工作，是全社会的工作。HSE 管理体系中就充分体现了全员参与的理念。在确定各岗位的职责时要求全员参与，在进行危害辨识时要求全员参与，在进行人员培训时要求全员参与，在进行审核时要求全员参与。通过广泛的参与，形成企业的 HSE 文化，使 HSE 理念深入到每一个员工的思想深处，并转化为每一个员工的日常行为。

三、中国石油天然气集团公司 HSE 管理体系介绍

1. 中国石油安全管理发展的阶段

中国石油天然气集团公司作为国有骨干企业，认真践行奉献能源，创造和谐的

企业宗旨,承担着保障国家能源安全的重任。在 HSE 管理文化发展方面,国外经历了技术标准、体系管理、文化管理三个阶段,中国石油天然气集团公司在国内的发展也历经三个阶段,但跟国外有些不同。

第一阶段,从经验管理到制度管理。典型的案例就是大庆油田 1962 年 5 月 8 日中注一井的一把火,引起了满腔热血、胸怀大局的石油工人的思考,由此进行的管理大讨论诞生了以安全管理为重点、以岗位责任制为核心的八大管理规章制度,推动了企业的制度建设。在制度建设的推动下,安全生产目标责任制及考核、"三标"管理(标准化现场、标准化班组、标准化岗位)等安全管理制度逐渐完善,形成了中国石油工业一套以制度约束为主要特点的安全管理体系。

第二阶段,HSE 管理体系建设。HSE 管理体系建设是中国改革开放的产物,是中国石油工业实施走出去发展战略和实现国际化发展的必然要求。1991 年,中国石油天然气总公司派出队伍,参与科威特油气井灭火,向世界展示了中国石油的技术和能力,由此也扩大了走出去与国际石油公司合作的机会。但是,在对外合作初期,给中国带来麻烦的不是技术、能力和奋战精神方面的问题,而是传统的管理理念与国际石油企业 HSE 管理理念发生的碰撞。于是,在 1997 年,中国石油天然气总公司以 ISO/CD 14690—1996 草案标准等同转化,制定了行业标准《石油天然气工业健康、安全与环境管理体系》(SY/T 6276—1997),开始逐步推行 HSE 管理。通过几年的实践,逐步摸索出一套以风险管理为核心,以强化基层为重点,逐级落实安全环保责任为工作主线的 HSE 管理体系运行模式。

第三阶段,安全文化建设。进入 21 世纪,企业文化建设受到各界广泛关注,"以人为本、关爱生命、保护环境"这些突出科学发展观为主题的安全发展理念对企业安全管理产生了重要作用,企业 HSE 管理文化成为企业管理的一个重要课题。研究国内外安全文化管理及趋势,结合中国石油发展历程,把安全管理制度、HSE 管理体系融入企业文化,塑造具有自身特点的 HSE 管理文化,成为企业文化建设的一项系统工程。

2. 中国石油的 HSE 管理体系

SY/T 6276—1997《石油天然气工业健康、安全与环境管理体系》由 7 个一级要素和 26 个二级要素组成。要素之间关系可以描述为动态的螺旋桨叶轮片形象。"领导和承诺"是建立和实施 HSE 管理体系的核心,是螺旋桨的轴心,叶轮片为顺序排列的其他要素,整个螺旋桨围绕轴心循环上升(图 9-1)。其中,"领导和承诺"是健康、安全与环境管理体系建立与实施的前提条件;"健康、安全与环境方针"是健康、安全与环境管理体系建立和实施的总体原则;"策划"是健康、安全与环境管理体系建立与实施的输入;"组织结构、资源和文件"是健康、安全与环境管理体系建立与实施的基础;"实施和运行"是健康、安全与环境管理体系实施的关键;"检查和纠正措施"是健康、安全与环境管理体系有效运行的保障;管理评审是推进健康、安全与环境管理体系持续改进的动力。

图 9-1 健康、安全与环境管理模式

随着 HSE 体系在中国石油的推广，人们对 HSE 管理有了深入的理解，但也出现了一些新的问题。2004 年，根据中国石油 HSE 管理实际，考虑到 HSE 管理标准与国家标准 GB/T 24001—2004《环境管理体系 要求及使用指南》、GB/T 28001—2001《职业健康安全管理体系 规范》兼容的需要，并参照 GB/T 19001—2000《质量管理体系 要求》的有关要求，中国石油对 SY/T 6276—1997 标准进行了修订，颁布了 Q/CNPC 104.1—2004《健康、安全与环境管理体系 第 1 部分：规范》。2007 年 8 月，中国石油对 Q/CNPC 104.1—2004 标准进行了修订，修订后的新标准 Q/SY 1002.1—2007《健康、安全与环境管理工作体系 第 1 部分：规范》替代了 Q/CNPC 104.1—2004。

为与 GB/T 28001—2011《职业健康安全管理体系 要求》、GB/T 24001—2004 相融合，要符合安全生产标准化的有关要求，同时也要使标准的语言更通俗易懂，根据中国石油安全环保与节能部工作安排，2012 年由 HSE 专标委立项研究对标准 Q/SY 1002.1—2007 进行修订，于 2013 年 7 月 23 日发布了 Q/SY 1002.1—2013《健康、安全与环境管理体系 第 1 部分：规范》，同年 10 月 1 日实施。新标准有 7 个一级要素，29 个二级要素（表 9-1）。在术语方面，增加了"判别准则"、"健康损害"、"工作场所"、"有感领导"、"直线责任"、"属地管理"6 个术语和定义；修改了部分术语的名称，"目标"改为"健康、安全与环境目标"，"管理方案"改为"方案"。在要素方面，增加了"职业健康"、"清洁生产"两个要素，删除了"管理者代表"要素，与其他要素合并。

表 9-1　健康、安全与环境管理体系 第 1 部分：规范（Q/SY 1002.1—2013）（节选）

基本要素	
一级要素	二级要素
5.1　领导和承诺	
5.2　健康、安全与环境方针	
5.3　策划	5.3.1　危害因素辨识、风险评价和控制措施的确定 5.3.2　法律法规和其他要求 5.3.3　目标和指标 5.3.4　方案
5.4　组织结构、职责、资源和文件	5.4.1　组织结构和职责 5.4.2　资源 5.4.3　能力、培训和意识 5.4.4　沟通、参与和协商 5.4.5　文件 5.4.6　文件控制
5.5　实施和运行	5.5.1　设施完整性 5.5.2　承包方和(或)供应方 5.5.3　顾客和产品 5.5.4　社区和公共关系 5.5.5　作业许可 5.5.6　职业健康 5.5.7　清洁生产 5.5.8　运行控制 5.5.9　变更管理 5.5.10　应急准备和响应
5.6　检查与纠正措施	5.6.1　绩效测量和监视 5.6.2　合规性评价 5.6.3　不符合、纠正措施和预防措施 5.6.4　事故、事件管理 5.6.5　记录控制 5.6.6　内部审核
5.7　管理评审	

第二节 班组 HSE 管理基本要求

上一节对 HSE 管理体系做了详细的说明,其基本要求旨在使企业能够控制健康、安全与环境涉及的风险,从而实现健康、安全与环境目标,并持续改进其绩效。本节将对部分重要的、常见的三级要素在基层班组的具体实践做一个简述。

一、有感领导

1. 有感领导的概念及意义

组织的各级领导通过以身作则的良好个人安全行为,使员工真正感知到安全的重要性,感受到领导做好安全的示范性,感悟到自身做好安全的必要性。有感领导是 HSE 管理的原始动力和核心推动力之一,是指有感召力和领导力的领导。

2. 基层班组有感领导的具体实施

1) 领导承诺

班组长应结合属地的风险与风险控制特征,围绕上级承诺主线,针对个人做出安全承诺,承诺应具有一定的挑战性,解决风险控制短板的针对性和可测量性,承诺制定后要进行公示,取得员工监督,并落实和兑现承诺。例如:

(1) 开展员工的个人安全综合能力评估;
(2) 组织对属地内的事故事件进行分析调查;
(3) 主动进行安全经验分享;
(4) 每周进行不少于 3 次的安全观察与沟通。

2) 个人安全行动计划

个人安全行动计划是领导兑现安全承诺的一种形式,只是内容更具体可视、时间计划性更强,是展示有感领导、履行安全职责的重要体现。班组长可结合个人的安全承诺、属地范围的安全现状等几方面内容(表 9-2)制定有针对性、体现个人岗位特点的个人安全行动计划。

表 9-2 班组长个人安全行动计划

序号	行动内容	目的	频次
1	对部门属地进行安全观察和沟通	通过发现现场不安全行为以及和员工的双向沟通,提高员工安全意识和技能,体现部门管理人员的有感领导作用	4 次/月
2	利用各种场合在部门进行安全经验分享	将自身和他人的安全经历和经验与员工进行分享,共同提高	不定期

续表

序号	行动内容	目的	频次
3	按时参加部门HSE例会,与员工就安全问题进行有效沟通	总结月度HSE工作开展情况,部署下步工作,与员工就安全问题进行有效沟通	1次/月
4	定期组织解决部门存在的安全问题	对部门存在的安全管理和现场的安全问题定期组织汇总、解决,及时消除隐患,提高安全管理水平	不定期
5	按照培训计划和实际需求对管理人员和员工进行安全培训	根据安全培训计划开展安全培训,提高员工安全技能	不定期
6	主动对部门发生的事故事件组织调查	调查分析事故事件原因,制定有效的防范措施,进行全员安全经验分享,防止类似事故事件发生	1次/年
7	定期督导工程师按时完成个人安全行动计划	定期督促指导工程师按时完成个人安全行动计划,发挥部门管理人员的有感领导作用,固化管理人员安全习惯	1次/月
8	对管理人员和班组的HSE业绩和安全表现进行考核	根据管理人员和班组的安全表现开展考核,实施约束激励机制,促进员工改进安全表现,固化安全习惯	1次/月
9	定期组织部门车辆安全检查	定期组织部门车辆安全检查,确保限速器、安全带、灭火器等安全设施以及车况的完好	1次/月
10	按时参加安全团队活动	掌握安全技能,交流安全经验	1次/月

为了强化计划的落实与跟踪,班组可通过公示栏张贴、厂务公开等形式公开各级领导的个人安全行动计划的落实情况,接受员工的监督,有效促进班组长主动性和积极性的提升。

3)有感领导具体行动

为了更好体现领导感召力和领导力,可通过具体的行动,让员工听到班组长在各种场合强调安全、看到其亲身实践安全、感受到其从关心员工安全的角度重视安全。要达到这个标准的关键是坚持不懈的践行,记住"做永远比说重要"。具体行动如下:

(1)亲自组织制定安全目标和计划,并对其完成情况进行跟踪、考核和调整;

(2)亲自诠释安全方针,开展安全理念原则和工具方法的培训,带动他人开展安全培训,开诚布公地与员工讨论和交流安全知识和问题;

(3)亲自主持安全会议,倾听员工诉求和意见,通过沟通传递安全管理信息,研究解决存在问题,提出改进建议,对会议决定事项进行跟踪;

(4)亲自组织事故/事件调查分析、参与安全审核评估,及时发现管理偏差,组织制定和落实整改措施,提升管理;

(5)亲自开展安全观察与沟通,并从关注员工人身安全的角度去与员工沟通交流安全问题,鼓励员工养成好的安全习惯;

(6)在各种场合主动开展安全经验分享,亲自带动和推动安全经验分享形成习惯;

(7)带头遵守安全标准制度,不因事小而不为,注重安全习惯的养成,如上下楼梯扶扶手、乘车系安全带、正确穿戴劳保用品等;

(8)对下属进行安全履职能力和效果评估,定期实施考核并就下级弱项进行强化;

(9)表彰奖励员工,传递正能量。经常深入培训辅导,提升下级的岗位安全履职能力,落实安全管理责任;鼓励和表扬员工好的行为和做法,真诚地肯定下属的成绩,激发员工的工作热情。

4)有感领导实施效果反馈

有感领导的践行和提升是一个长期的持续改进过程,在这个过程中员工是最直接的感受者,及时反馈领导的有感领导表现是员工的义务,更是有感领导提升改进的动力。为此,班组要建立班组长、员工的双向沟通机制,让班组长和员工间进行无障碍的沟通,通过员工的反映帮助班组长有的放矢地去改进自身短板,从而稳步提升有感领导的标准和质量。例如:根据实际情况制作有感领导调查问卷(表9-3)并定期开展不记名问卷调查活动,并将统计、评估结果及时反馈领导。

表9-3 有感领导调查问卷

序号	内容	很好满意 5分	部分很好 3分	做得一般 1分	不满意 0分
1	他有书面的安全承诺吗				
2	他在日常工作中能落实安全承诺吗				
3	他亲自参与制定年度安全工作目标和安全工作计划了吗				
4	他能够在进入工作场所时每次都遵守区域的安全要求吗?还是只要求员工遵守				
5	他经常在各种场合强调安全吗				
6	在单位组织的各类 HSE 活动中,他能经常参与或给予支持吗				
7	他能够每次都参加单位的重要安全会议吗				
8	他在会议上能带头进行安全经验分享吗				
9	……				

[案例 9-1]

员工是管理者的"镜子"

某基层班组长,年初时根据实际情况从安全沟通、安全检查、经验分享等多个方面制定了个人的行动计划,自己认为个人行动计划已经很全面很详细了,并且每月按照自己的行动计划进行对照实施。年底总结工作时,他对自己的个人行动计划执行情况很满意并自认为取得了很好的效果,但是在班组开部门全年总结会议时,就有部分员工对他的全年行动提出了意见和建议,此时才发现自己的个人行动计划制定和执行得不到位。

通过案例可以看出,班组长在工作开展过程中,由于员工是最直接的感受者,因此班组长要建立和员工之间的双向沟通机制,因此在有感领导实施过程中需建立调查问卷,通过员工从有感领导调查问卷的反馈,班组长可以很好地了解到在有感领导实施过程中存在的偏差,从而针对性的改进,提升有感领导实施效果。

有感领导的推动是自上而下向基层班组延伸的过程,有感领导是领导力的一种修养,也是领导者人格魅力的一种体现。领导的每一个决定、每一个行为、每一句言语都优先考虑到安全,时时处处体现对安全的重视态度,经过长期坚持和努力,就会逐步把安全变成习惯,有感领导也就自然而成。

二、制度标准

1. 制度标准的概念及意义

制度标准是规范企业安全管理行为和操作行为的基本准则,是企业推进安全法制化建设的重要抓手。通过制度标准的执行,能够逐步培养全员对企业安全制度及标准的敬畏度,健全完善企业安全法制化管理,提升安全文化品位。

2. 基层班组安全规章制度及安全标准的制定及实施

严格、科学、适用、先进的安全规章制度及安全标准不是套在员工头上的紧箍咒,而是保护员工生命健康的保护伞。为了保证安全规章制度及安全标准的完善性和提升员工对安全规章制度及安全标准的执行力,基层班组可结合属地内具体情况从以下几方面开展工作。

1)安全规章制度及安全标准的梳理

纠正观念,必须从"亡羊补牢"式的事后补救迅速过渡到"未雨绸缪"式的事先预防,以辨识危害—风险评价—风险控制—风险响应—预防事故及主动设防为主线,以保护员工生命健康为出发点,主动开发、完善、维护安全规章制度及安全标准。

梳理工作围绕着下列问题展开：
(1)是否覆盖了属地内生产经营活动的全过程？
(2)是否具有指导性和可操作性？
(3)是否明确了各层面的职责？
(4)是否实现了及时的动态维护？
(5)是否具有前瞻性？

2)总结提炼属地典型，上升为制度标准

在日常的生产运行中，班组长要对属地内员工的好想法、好做法及最佳实践进行鼓励并采取资源落实，并进行及时的总结和提炼上升为班组的操作规范、制度标准，通过此方式既能激励员工参与到 HSE 建设的积极性，又能进一步规范员工的行为，提升属地本质安全。

3)提升安全规章制度及安全标准的可操作性和针对性

安全规章制度及安全标准编写中要避免"闭门造车"，多吸纳工程师及各岗位员工在内的人员共同参与到安全规章制度及安全标准的开发、维护中来。充分发挥、挖掘其操作与维修经验，使新开发的安全规章制度及安全标准的针对性与实用性更强，修订的安全规章制度及安全标准更符合现场实际，可操作性更强。

[案例9-2]

制度"闭门造车"造成的麻烦

某基层班组长小张为了提升巡检质量自己在办公室内制定了一个相关的制度，对巡检频次、巡检要求等做了相关的要求，编制完成后就立即在班组内实施。在实施过程中发现员工对巡检频次存在非常大的意见，因为制度要求每两小时需要对属地内各个巡检点巡检一次，但是认真巡检一次需要的时间往往超过两小时，如果按制度执行那么员工所有上班时间均在巡检，造成员工非常疲惫，员工为了完成任务、缩短巡检时间就大大地降低了巡检质量。

通过案例可以看出小张在制定巡检制度时就是在"闭门造车"，不但没有达到预期的效果反而起到了反作用，他应该召集班组内的员工对巡检频次等进行讨论，结合各方面的意见和建议并应按照各个巡检点的风险大小进行评估后再制定巡检频次，这样才能达到预期效果。

4)实施前的验证

为确保安全规章制度及安全标准的准确性以满足生产过程控制风险的需要，基层班组要在实施安全规章制度及安全标准前对其进行验证。验证的方法是按安全规章制度及安全标准要求实施现场模拟操作,发现的问题及时反馈从而提升安全规章制度及安全标准质量,使得所开发的安全规章制度及安全标准真正成为员工实际操作的指令。

5)提升员工的理解程度

班组在发布安全规章制度及安全标准的同时,要配套开发各类课件、动画视频等多媒体培训工具,帮助各岗位员工充分认识和理解安全规章制度及安全标准,同时,培养各岗位员工的安全执行意识,使各岗位员工充分认识到不按安全规章制度及安全标准执行可能产生的危害及对其自身安全的影响。

三、属地管理

1. 属地管理的概念及意义

属地即工作区域范围,属地管理就是对属地内直面风险员工的理念、风险与责任意识、员工执行力和风险控制能力等重要事项进行规划和管理,是直线责任的延伸和有效落实形式,是全员参与安全管理和安全文化建设的有效平台,属地主管对属地范围内的人、事、物负全部责任,即班组长对班组工作区域内的人、事、物负全部责任。

2. 基层班组开展属地管理的具体做法

在推进属地管理过程中,基层班组应着重从优化岗位职责、发展员工能力、引导职责履行和强化考核激励等方面逐步推进。具体遵循以下做法。

1)划分属地

基层班组属地划分时,按照合理、平等、均衡的原则,充分考虑员工专业特长、能力差异,由属地内所有员工讨论、协商决定属地范围。属地划分、确定过程可激发员工将班组作为"家"的主人翁意识和工作热情。

[案例9-3]

自己的"责任田"

某基层班组以往管理工作中都是一把抓,即每个员工都负责全站所有区域隐患排查、仪表更换等,但这样存在一个弊端,每个区域都没有重点监护人,造成了很多工作不到位。例如,压力表更换就存在部分人员推诿、更换不及时的问题,造成工作的滞后。根据实际情况,该班组提出了属地管理,将站内划为几个大的区域,然后将每个区域划定责任人,该责任人就负责自己属地内的隐患排查、仪表更换等工作。此外还对本属地的本质安全负责,除了日常巡检外还需对自己属地重点关注。这样就很好地保证了区域工作的有序、高质量的开展。

通过案例可以看出只有在区域内划分了属地,指明了相应的责任人,才会规避员工的惰性,让每位员工各司其职,这样才会让区域工作持续有效的开展。

2)明确工作职责

属地划定后,班组长应采用实地踏勘、现场验证等方法对所有岗位职责进行梳理和优化,明确属地范围、管理界限、管理对象、管理标准,赋予属地安全管理职责,形成详细具体的岗位职责描述表。

3)制定工作标准

工作标准是岗位职责落实效果的检验尺度,具体包括:作业指导书、操作规程、操作卡等工作依据,指令落实准确率、资料全准率、操作准确率、设备完好率等考核指标。一句话"只有规定动作、没有自选动作"。

4)能岗匹配工作开展

要使属地内员工无一例外地执行规定动作,并将规定动作做到极致,必须要不断提高员工的综合能力,持续地实现能岗匹配,这就要求班组长必须开展员工综合能力的评估。能岗匹配是属地履职的基础,安全责任心和安全管理的主人翁态度是履职的内在动力。

5)员工激励考核

为了保持员工履职的热情,激发员工不断改进履职绩效,基层班组应出台与属地履职配套的考核激励办法,强化考核激励,提升员工自豪感,掀起"我的属地我做主、我的属地我负责"的工作氛围。

在属地管理中班组长可根据属地管理情况,将属地划分、职责描述、工作标准、风险清单、评估培训、激励考核等汇编成《属地管理手册》,以图文并茂的内容、通俗易懂的语言,告诉员工"干什么、怎么干、干成什么样"。

四、全员参与

1. 全员参与的概念及意义

全员参与是指为员工提供各类管理平台与机会,激发全体员工主动参与安全管理与安全文化建设,从而提升全体员工安全文化综合素养的整个过程。全员参与既是指全体员工参与安全文化建设的全过程,也是指其融合于安全文化所有要素推进的全过程。

全员参与是"以人为本"的 HSE 建设中一切依靠人的具体体现,通过培养员工并依靠其主动参与安全管理及各项安全文化建设活动,实现企业安全发展和全员安全综合素养的提升。

全员参与是衡量安全文化发展阶段的重要表征,全员参与度的高低也从一定程度上反映了企业的安全管理水平和安全文化发展阶段。安全文化建设就是要实现每个员工从"要我安全"向"我要安全",乃至"我会安全"、"我们安全"的转变,养成良好的安全习惯。推动全员参与的核心就是使由员工被动接受管理转变到动员员工参加管理,再到员工主动参与的过程。

2. 基层班组全员参与的具体做法

1) 发挥有感领导效用

火车跑得快还要车头带,班组长要通过有感领导的示范作用,带动员工主动参与,相互作用,逐步形成"动车效应",通过有效沟通,极大地调动员工参与安全管理的积极性和主动性。

2) 搭建全员参与的平台

班组应开展形式各异的主题活动,营造良好的安全文化氛围,转变员工从被动管理到主动参与的形式,从而提高组织的凝聚力。

[案例9-4]

丰富多彩的团队活动

某油田作业区为了更好地调动员工参与安全文化建设的积极性,开展了一项富有特色的团队活动——"一事一讲、一事一奖"活动,即鼓励全体员工对属地内安全、生产、生活等方面提出好的意见和建议并自主设计、自主组织实施。作业区定期对员工的小发明、小改进进行奖励,体现激励的及时性和有效性,从而展示员工智慧,成就智慧员工,增强了员工参与积极性和员工荣誉感、自豪感。

通过案例可以看出班组长应在日常工作中搭建各种团队活动平台,营造安全文化氛围,才能充分调动员工全员参与的积极性,提升属地管理质量。

3) 推行安全里程碑

里程碑活动是班组成员共同设定阶段性的目标,并策划实施计划,通过激励措施促使班组全体员工共同努力,从而实现目标的管理活动。

4) 丰富激励方式

激励对于纠正人的不安全行为,激发员工的工作热情,树立正确的工作态度有着极大的促进作用,通过激励可形成"安全行为—激励—更安全行为"的正向循环体系。

五、机械完整性

1. 机械完整性的概念及意义

机械完整性是指工艺设备投用后,在使用、维护、修理、检测、改造、更新、报废等各个环节中始终保持符合设计要求,功能完好,正常运行,发挥资产最大效用的管理过程。机械完整性管理是质量保证工作的延续,两者无缝衔接构成了对设备全生命周期的管理。

通过机械完整性实施,一是辨识、预测设备可能存在或产生的缺陷,并预测带来的危害与风险,予以及时消除、削减和控制;二是能及时诊断、主动维修,追求设备服役周期内的高可靠度;三是持续提升操作与检维修人员的技术素养,确保员工胜任设备动态管理过程中的危害辨识和风险控制;四是在最广大的范围内,实现机械完整性信息的共享。

2. 基层班组机械完整性的具体做法

1) 建立设备机械完整性管理标准和操作程序

管理标准是员工在实施机械完整性管理过程中的行动准则,操作程序是结合了班组生产实际所制定的员工行为指南。基层班组在编制管理标准和操作程序时除应与规章制度要求保持一致外,还应明确员工详细的工作内容、步骤及安全注意事项等。管理标准和操作程序编制后要及时根据外界条件的变化实现动态管理。

2) 开展培训和评估提升检维修员工的技术素养

员工检维修能力的高低直接决定了设备的检维修质量及投运后运行的可靠性。为了提升检维修员工的技术素养,基层班组可依据岗位内容开发检维修岗位培训矩阵,并进行培训、评估和现场指导,形成常态化的培训—评估—再培训的良性循环,持续提升员工的技术素养。

3) 提升员工对机械完整性的安全敏感性

日常生产中员工对工艺设备状态的关注很好地体现了员工对于安全的敏感性,因此基层班组需引导、鼓励和督促员工积极参与工艺设备机械完整性管理,这样既能够有效预测、识别和控制风险,也能促进员工安全敏感性和安全执行力的有效提升。

4) 提升班组备品备件的管理

基层班组需对关键设备的备品备件的采购周期、使用时间、使用效果及可靠性进行统计分析,并以此为依据来规定不同设备备品、备件的额定存储量,确保关键设备得到及时维修,保证生产的连续性。在备品、备件日常管理中需做到"分区分类"存放,台账和实物相符。此外对出入库情况、去向等清晰记录,并实时公布存储数量等动态信息。

5)加强预防性维修工作力度,开展预知性维修探索

基层班组对风险相对较小、成本较小、维修时间较短且在工艺装置中作用相对较弱的设备建立预防性维修计划并定期维修;对于风险大、影响大且在工艺装置中处于非常重要地位的关键设备开展预测维修探索,通过此方法把握住设备维修的主动权,从而体现出预防式、前瞻式的设备管理,实现设备事故的零目标。

六、投运前审查

1. 投运前审查的概念及意义

投运前安全审查是有组织的对新的或维修、变更过的工艺设备在工艺装置未进料空载条件下,按照工艺安全标准或规范要求,进行投运前系统、全面的最终检查,确认所有工艺安全管理要素均满足设计和规范要求,发现并消除缺陷,保证投产过程及后期装置和设备稳定运行的管理过程,同时也是工程项目与属地交接的界面,投运前安全审查是保证工艺装置和设备本质安全,无缺陷投入服役的关键风险控制环节。

2. 基层班组投运安全审查具体做法

(1)以属地为主,多专业、跨部门组成投运前安全审查小组,发挥专业优势和属地积极性。

投运前安全审查涉及工艺安全管理的多个环节和专业技术的方方面面,需要用户、设计单位、施工单位和监理等多方参与,需要多专业的人员及生产运行、工艺技术管理、安全管理、设计和施工管理等多部门相互支持和协作共同完成,且参与成员的专业素质及工作经验一定程度上决定了投运前安全审查实施效果和风险控制水平。

[案例9-5]

独立审查造成的风波

某班组按照压力容器检修要求对油水分离器进行了检修,投运前该班组召集了属地成员对油水分离器进行了投运前安全审查,没有发现任何问题,审查完毕后就准备投运,此时正好遇到上级部门HSE岗、设备岗及工程岗到属地来例行检查。检查发现了容器投运前的一项必改问题和几项遗留问题,如若不整改进行投运将造成安全隐患,因此要求施工单位必须把问题整改完毕后才能投运。针对这件事情,上级部门还对属地管理人员进行了处罚。

通过案例可以看出,属地在进行投运前安全审查时需要以属地为主并召集各个环节的专业部门一起进行检查和审查,这样才能通过多角度发现问题及隐患并

及时整改,才能保证投运前安全审查的效果和质量。

(2)做好前期工作审查,确保风险控制全覆盖。

基层班组在组织投运前安全审查时必须要有适当的工具来发现前期过程当中管理方面存在的问题,如"设计、施工方的资质审核"、"现场监造"、"设计变更记录管理"、"工艺安全分析开展情况及建议措施的落实"等。

(3)制定个性投运前安全审查清单,提升投运前安全质量。

基层班组可结合历次产能建设经验,编制投运前安全审查清单(表9-4),通过此方式可增加管理尤其是工艺安全管理相关检查要求,从内容上提升危害辨识的全面性和系统性。例如,操作与维护人员包括承包商员工是否得到了足够的培训并取证;工艺安全信息是否完整和准确;各项管理制度或程序是否健全;应急程序是否建立,应急物资是否充足、完好,应急人员是否经过培训并演练合格等。

表9-4 投运前安全审查清单范例(适用停产维修且没有变更的投运)

工艺单元/设施名称:	
进行的停产维修工作描述:	
审查项目	审查人签字/日期
清理所有不必要的维修材料,包括以下内容: (1)工作台/脚手架; (2)碎片/残骸:标签、绝缘套、垫片等; (3)水压试验设备及其他临时设备; (4)临时的连接管线、软管	
对消防与安全设备进行测试,更换丢失或损坏的设备,并提交一份签字确认的复印件附到此报告上	
根据工艺流程图检查在停产维修期间维修过的工艺管线与设备: (1)安装好所有堵头(丝堵或盲板); (2)确认所有阀门处在正确的位置	
审查盲板清单	
检查维修工作接触过的所有法兰: (1)用铜锤敲打检查所有螺栓松紧; (2)检查垫片是否合适; (3)签字确认盲板清单; (4)按照报警点检查清单测试报警点; (5)对控制阀门做回路测试并确认: ① 所有控制阀门的动作行程与失效位置到位; ② 所有控制阀门已经在控制系统的控制之下	

续表

审查项目	审查人签字/日期
检查所有压力表、温度表（环境温度对比测试法）指示工作正常	
审查阀门维修清单,并检查维修过的阀门的以下项目： (1)密封填料是否调整； (2)密封填料是否充足； (3)阀门的位置是否正确	
审查压力安全阀(PRV)清单,并检查每个安全阀： (1)安全阀在校验有效期内,并有校验标签； (2)安全阀的隔离阀门已经打开； (3)隔离阀已经上锁； (4)如果可能,验证隔离阀确实已经打开	
如果是因为事故停产维修,则需确认： (1)事故原因是否查找到； (2)事故原因是否得以纠正； (3)预防事故再次发生的措施是否得以落实	
检查所有指示仪表在校验期内且完好	
审查停机过程的记录,并确认所有设备的主管已经签字并归档	
确认所有操作与维护的程序已经更新,并已经按照工艺变更管理的要求得到批准	
确认操作者已经拿到有关设备投运的操作程序	
与维护人员讨论交换审查意见,一致同意所有的工作项目已经完成	
维护审查人： 日期：	技术审查人： 日期：
安全审查人： 日期：	操作审查人： 日期：
组长： 日期：	区域负责人： 日期：

(4)召开预审会议,集思广益。

投运前安全审查必须有一个非常正式的预审会议,会议内容包括:介绍整个项目的概况;审查并根据工艺设备的特点适当调整投运前安全审查清单的内容;组长依据组员的专业将任务分配给组员,各专业组员在会上要交流自己的一些看法观点;一个实施投运前安全审查的进度计划,内容涵盖时间节点、审查内容以及与项目管理、工程设计、施工等相关方的沟通与协调的方式等。

(5)实施审查,力求科学、客观。

投运小组需严格执行预审会议制定的计划,对照个性化的审查清单,逐项进行一丝不苟的检查,在分专业、有目的审查过程中,审查小组成员会将检查出的问题形成书面记录,及时反馈给项目管理和施工单位,并一起讨论存在问题所引发的风险及其后果,制定解决计划、监控方案、落实责任主体,以达成一致的整改意见,力求审查过程与结果的科学、客观。

(6)总结分享经验,推广应用最佳实践。

投运前安全审查的目的无非就是要查出问题,解决问题;其次是总结经验和信息为以后的工艺安全审查提供真实的、可信的参考案例。对审查信息的总结归纳与应用,实施动态化管理,及时总结投运前安全检查过程中的成熟经验,提升为最佳实践,在其他项目中推广、应用、分享,从而提升投运前安全检查本身的效率。

七、操作规程

1. 操作规程的概念及意义

操作规程是企业规范员工工艺操作、检维修操作,控制人、机界面风险,保障安全操作的文件化依据,是员工实施操作的指令性文件,也是岗位员工实施安全操作的工具,是员工直接管理的对象之一,通过标准化操作管理途径来消除导致事故的人为因素而达到预防事故的目的。

优秀的操作规程应及时反映工艺安全信息的所有变动,融入岗位操作成功经验与最佳实践,其核心价值就是科学指导与实用、适用,具有以下特点:

(1)操作规程系统覆盖所有的工艺与维修操作过程的风险。

(2)操作规程系统标准化,明确定义正确的操作实践,规定准确的参数范围,规范员工的操作(员工选择的空间越大,表示规程本身的质量越低)。

(3)员工在开发、执行、维护规程系统的过程中参与度达100%。

(4)所有规程均处于良好的动态维护之中。

2. 基层班组编制操作规程的具体做法

1) 梳理原有规程，比对寻找差距，确定改进目标

从自身管理现状出发，对本班组内操作规程进行系统的梳理，以涉及风险的范围和控制为基准找出差距，制定目标，并有计划地稳步实施。由于关键设备所涉及的风险大，因此可将关键设备的操作规程的梳理列为第一优先项。

2) 开发、维护操作规程

基层班组应成立操作规程及管理小组，对所有涉及人机界面的操作进行操作规程的开发与编制，及时收集员工的日常反馈意见收集，定期评估，及时改进、完善操作规程。编制完成后，为确保准确性并满足生产过程控制风险的需要，按规程要求实施现场模拟操作，确保操作规程的操作准确性得以准确的实施，同时对每次操作结束后进行总结提炼，对规程进行持续改进。

3) 培训、执行、跟踪、复核

对员工进行操作规程培训有两个方面的意义：一是理解操作规程内容，二是培养操作人员的安全执行意识。为确保操作规程始终得到严格的执行与持续改进，可定期对操作规程的有效性、针对性、可操作性进行周期性的检查审核，即工作循环检查（JCC），不断优化完善并再培训。

4) 规范管理、动态维护

基层班组需规范管理包括各类规程在内的安全管理文件，并随时更换操作规程的最新版本，方便随时查阅和使用。班组长对各类操作规程应带头开展每年一次的定期复核，实现操作规程的动态维护。

八、承包商安全管理

1. 承包商安全管理的概念及意义

承包商安全管理是指对承包商现场监管及安全文化培育等一系列管理活动和过程。通过承包商管理能够有效识别和控制承包商工作现场的各种风险，及时发现承包商在执行安全标准或制度中存在的偏差，从而制定更加科学合理的风险控制措施和纠正措施，达到提高承包商安全管理绩效、实现企业自身与承包商安全文化建设双赢的目的。

2. 基层班组承包商管理的具体做法

基层班组应本着"安全不分内外"的安全理念，把承包商安全管理纳入到班组的统一管理，从而促进承包商管理水平和安全绩效的提升。主要从以下几方

面进行：

（1）树立"一家人、一盘棋"观念，班组长带头关爱承包商员工生命健康。基层班组是直接与承包商共处的单位，因此应树立"一家人"思想。班组长在承包商安全管理上不能做"甩手掌柜"，需带头对承包商工作现场进行安全观察与沟通，及时肯定安全行为，纠正施工现场的不安全行为，传播先进的安全理念，展示"有感领导"，从点点滴滴中关爱承包商员工生命健康，让承包商充分感受到属地主管对他们的尊重和关爱，从而增强承包商认同感和对企业的归属感。

（2）加强承包商的管理，提升承包商综合能力。基层班组对承包商有针对性地进行"培养"，有计划、有步骤地将长期运行类承包商纳入到班组内，统一推进安全文化建设，班组具体负责带动其开展安全文化建设，确保安全文化建设与班组同步进行。具体工作中实施"三个一样"、"三个一致"的建设思路，即：前线后线一样、甲方乙方一样、工作内外一样，安全标准一致、培训评估一致、激励机制一致。

[案例 9-6]

统一的管理

承包商管理一直是安全工作的短板，怎样提升承包商安全管理水平一直是工作的难点和重点，因此某班组对承包商统一管理展开了思考。他们通过以小班为基础的方式成立了安全团队并将承包商员工分别纳入到团队里面执行统一的管理。要求承包商员工参与每个团队各项工作的开展，跟其他员工一样参与到班组建设、技能培训等工作中来，并且针对每个承包商员工的弱点开展针对性培训，提升承包商员工的整体技能水平，保障安全工作的顺利开展。

通过案例可以看出，在日常管理中，属地人员对承包商应遵循一样的管理模式、执行一样的管理标准、打造一样的运行班组，做到"三个一样"，才能真正提升承包商综合素质及属地安全水平。

（3）科学提升临时承包商安全管理水平，广泛播散安全文化建设种子。临时施工类承包商的短期性和高流动性让许多基层班组觉得管理起来异常困难，要确保临时施工类承包商在工作中不出事故，单靠所谓的严格监督检查是不能完全奏效的。因此，基层班组可对选择的承包商按安全培训、现场管理与监督、考核评估等流程实施管理，落实基层班组对承包商的安全管理职责，逐步提高对承包商管理的水平。

（4）协同组织联合诊断评估，激励承包商安全管理持续提升。基层部门可有效利用"双向考核"（以属地主管日常评价为主的对承包商的考核和以承包商结果反馈为主的对项目管理过程的考核）评估结果。一是作为项目结算及今后承包商选择、合同签订的主要依据;二是基层班组通过与承包商的沟通交流,积极地将承包商对属地班组长的反馈纳入属地班组长的绩效考核中,反向促进甲方对其属地范围内承包商的管理责任的落实。

九、高危作业管理

1. 高危作业管理的概念及意义

高危作业管理就是通常所指的特种作业管理,是辨识作业危害,对经风险评价为企业不能忍受风险的作业实施特别的、严格的授权和许可管理的过程,是通过办理作业票的形式来实施风险控制。简单地说,就是对于非常规作业必须申请安全工作许可证,经过批准后方可作业。高危作业必须申请安全工作许可证和相对应的专项许可证,经过批准后方可作业,并在现场确认各类风险受控。

高危作业主要有动火作业、受限空间内作业、临时用电作业、高处作业等,除此之外,对一些没有操作规程和作业程序或偏离安全标准、规则、程序要求所实施的非常规作业同样也作为"高危"作业实施管理。

2. 基层班组实施高危作业管理的具体做法

1) 对作业申请人的身份和职责提出明确的要求

基层班组可要求由现场作业负责人提出作业申请,并对作业申请人的职责做出明确要求,通过此方法可使作业人员的安全责任和意识得到增强,安全措施的有效性和落实情况得到保证。

2) 将工作安全分析作为高危作业识别危害和制定风险控制措施的方法

基层班组可在许可证中增加对常见的危害识别和安全措施的提示,引入工作安全分析(JSA)方法,用于作业前帮助作业人员复核识别危害,制定风险控制措施。

3) 对许可证的批准权限进行调整

基层班组对高危作业许可证的批准可按照属地管理的原则确定批准权限,谁的属地谁负责,建立批准权限的资质认定制度,批准人必须经过高危作业管理标准培训并评估合格,方可颁发高危作业批准资质。签票前,批准人必须到现场确认安全措施落实后,方可签字批准。

4) 转变安全人员的职能

对于安全人员来说,更多地扮演培训者、咨询者和专业支持者的角色,"做员工的教练,做领导的顾问",职能得到了扩展和延伸,在提高自身素质的同时,也有利于员工整体安全素养的提高。

5) 增加对相关方影响的识别

基层班组在作业前必须识别出对相关方的影响,并进行有效的沟通,经相关方签字确认后方可作业,以此来保证作业人员和相关方的安全。

6) 强化对能量隔离的控制

根据实际情况,基层班组需编制并实施能量隔离规范,如"上锁、挂签和测试程序",在作业前对能量进行隔离,从而避免设备设施或系统区域内蓄积危险能量或物料的意外释放,确保作业过程中各项风险有效识别和控制。

7) 加强员工的安全培训,提升全员的安全控制能力

基层班组可以事故案例为主线编制高危作业培训课件,采用图文并茂的表达方式,通过对与高危作业有关的各类事故等分析给员工以警示,加深员工对高危作业标准的理解,在"应知"的基础上,强调"应会"。

[案例 9-7]

图文并茂的标准

在高危作业的管理过程中,部分管理人员对各项高危作业的标准理解得不是很透彻,也不是很到位,甚至是死记硬背各个高危作业标准。特别是临时承包商,不可能一字一行地去学习和理解,这就造成了部分承包商高危意识和管理能力薄弱等问题。某基层班组为了解决上述问题,他们把现场施工各个高危作业环节拍摄成照片,把标准是什么意思通过照片实物来标注和展现,让人一目了然,既避免了学标准的乏味,又大大地提升了所有人的理解程度。

通过案例可以看出,在日常管理中,在标准的学习理解过程中通过使用一些简单有效的方式就能提升员工学习的趣味性和理解程度,大大提升了学标准、会标准、用标准的能力。

事实上,许可证本身并不能保证安全,只有通过严格的许可证过程管理、科学的危害辨识、合理有效的风险控制,才能培养员工风险管理的意识,提高员工安全综合素养,高危作业才会是安全的。

十、工艺技术变更

1. 工艺技术变更的概念及意义

工艺技术变更是指在工艺(如工艺流程、参数、物料、设备等)发生改变时,对变更本身的风险或引入风险的识别、评价、消除和控制的管理过程。连带变更则是为控制风险,对变更涉及的操作规程、应急措施、培训沟通、工艺安全信息等进行评价和验证的管理过程。

严格的工艺技术变更管理有效保证变更符合或高于原设计意图和设计要求，防止在变更时将新的、没有加以控制的危险引入工艺、设备设计、制造与工作场所，并通过对风险进行识别和评价制定针对性的控制措施和应急措施，以防止由原风险评估失效而导致事故、事件的发生。

2. 基层班组实施工艺变更管理的具体做法

1）使工艺技术变更管理"法制"化、规范化

基层班组需建立工艺技术变更管理标准，并依此设置变更管理流程图（图9-2），可将无序的变更管理活动转化成规范的管理行为，从而将变更管理法制化、规范法。

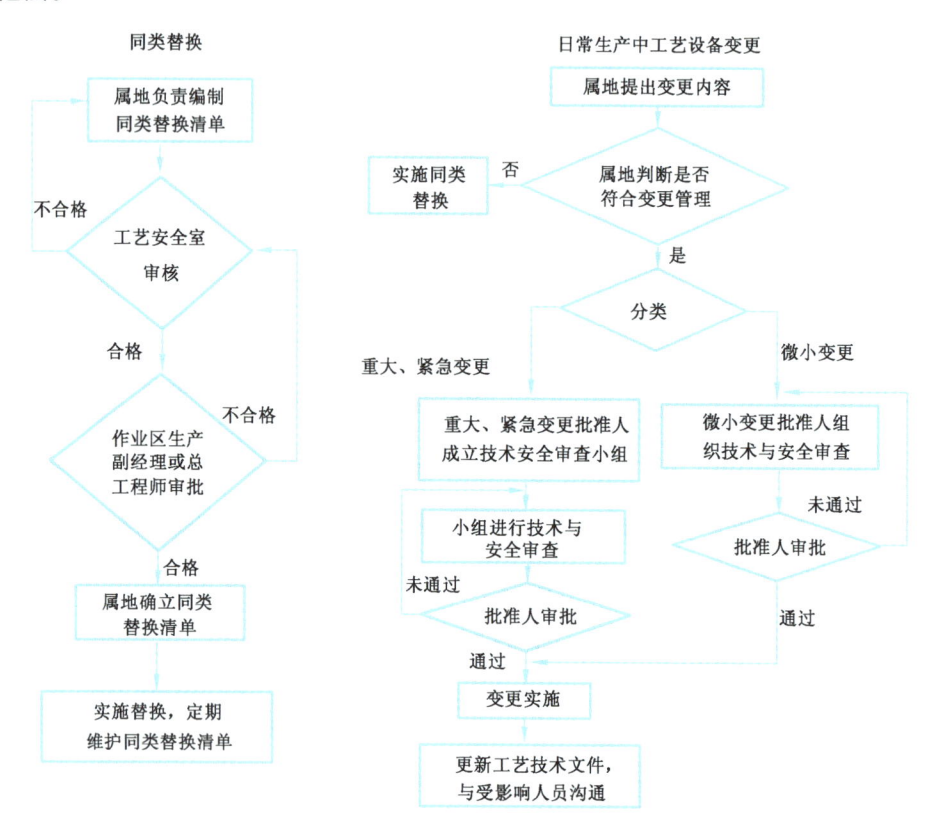

图9-2 工艺技术变更管理流程图

2）实施多层次员工参与变更过程管理，提升变更管理效果

由班组长、技术人员、安全管理人员、有一定操作经验和检维修经验的一线员工等组成变更管理小组，负责变更管理。当工艺、设备发生任何改变时，管理小组应对这种改变进行分析和研究，判别是否发生变更，是否需要履行变更管理程序。

如果需要进行变更管理,小组应对变更进行多角度的评审,结论供直线领导决策时参考。

3) 提升员工对变更管理的综合素养和安全敏感性

基层班组可通过鲜活的事故案例向广大员工宣讲变更管理的重要作用和对于保护员工生命健康安全的必要性,促使员工时刻对任何工艺改变风险保持警觉,帮助员工在风险研究中学习,在学习中成长。

[案例9-8]

变更无意识造成的严重后果

某钻井队下套管灌浆作业前,在未履行变更管理程序的情况下,擅自在高压钻井液软管中加设一个2英寸低压球形阀,改变灌浆管线原来的结构和功能,使原本的钻井液流动管线变成钻井液可控制管线,后因憋压该阀爆裂,导致了一起严重的伤亡事故。

通过案例可以看出,变更管理在日常的安全管理中是非常重要的。基层班组长应转变员工的观念,从而促使员工时刻对任何工艺改变风险保持警觉并履行正确的变更程序。

4) 建立同类替换指南,迅速判别变更,提升工作效率

同类替换指南可以帮助工程技术人员和员工有效、迅速地判别变更类别,是日常工艺技术变更管理重要的参照依据。但同类替换指南不是所有设备的简单罗列,而是对同类替换原则的阐述,是在进行风险评估的基础上制定的指导变更管理的判别依据,具有很强的实用价值。

5) 收集整理有效的工艺安全信息,为正确实施变更管理提供信息支持

基层班组在变更实施前,要有针对性地收集整理与工艺技术变更相关的工艺安全信息来指导变更,充分发挥信息的价值和作用;实施过程中,采用合适工艺安全分析方法或方法组合,预测变更可能产生的风险并制定控制措施;变更实施完成后,利用工艺安全信息来验证变更是否达到实施变更的预期目的,并把信息存档。

6) 判别变更类型及所产生的连带变更,确保变更无差错

基层班组在实施变更时可将变更类型分为同类替换、微小变更、重大变更和紧急变更,明确各类型变更管理的执行程序。当发生变更时,先判别是否发生变更,再判别变更类型。凡判定为重大变更的,应进行技术可行性研究,并通过工艺安全分析对变更进行危害辨识和风险评价,明确变更可能带来的其他连带变更。

7) 严格执行变更管理程序,关注微小变更

事实上,每一个变更从开始到关闭的每一个步骤都有其作用和效果,履行变更

管理程序的过程，实际就是危害辨识、风险控制以及进一步确认的过程，关注"微小"变更，不可让风险有"漏网之鱼"。

8）跟踪变更实施的过程，落实风险控制措施

完整的变更风险"前瞻式"管理包括变更实施前的工艺安全分析，变更实施过程中落实工艺安全分析的结果以及变更关闭后的风险验证工作。

9）变更后及时更新、维护信息，沟通共享

变更关闭后，需及时对工艺安全信息内容进行更新、维护和妥善保存，确保信息内容最新、齐全、完整，并对变更涉及的岗位员工进行沟通和培训。

10）及时总结回顾，提升设备本质安全水平

班组长应认真反思各类变更较多的原因，通过对变更原因的统计分析，从中筛选出可以固化形成企业技术标准规范的内容，为今后类似工艺装置设计改善提供依据，提高设计质量和适应性，降低风险。

十一、事故、事件调查

1. 事故、事件调查的概念及意义

事故、事件调查是通过对包括幸免事件在内的所有事故/事件进行调查、分析、制定及落实整改预防措施，通过举一反三和借鉴分享，防止类似事故重复发生，避免小事件的恶化，提升安全绩效的管理过程，从而将事故/事件产生的负面效应转化为积极的正面输出。

2. 基层班组进行事故/事件调查的具体做法

1）营造主动上报事故/事件的氛围，转变班组员工对待事故/事件的态度

基层班组应通过多途径、多视角、全方位的宣贯事故/事件尤其是幸免事件、不安全状况是有效改进管理机会的理念，打消班组员工的顾虑，让大家把关注点从以往的"追责处罚"转移到"改进管理"上来，避免大事故不敢报、不愿报，小事故不重视、不上报的现象，从而转变对待事故/事件的态度。

[案例9-9]

事故/事件上报的一个"怪圈"

在各类事故/事件尤其是幸免事件、不安全状况源源不断上报的过程中，催生了一个怪圈：多报虽然态度显得积极，但同时又难免会引发别人对上报单位安全管理状况的质疑。因此，很多基层管理者陷入了"多报"还是"少报"的纠结。某班组在开展"我当安全员"期间，班组长发动所有员工关注不安全行为和状况，发现、上

报了大量的幸免事件和其他事件,通过调查和分析发现并解决了不少员工技能欠缺、管理程序不完善的问题。但上级领导却认为给油田上报这么多事件给单位的脸上抹了黑,批评这个班组安全管理问题多、漏洞多、出事多,大大打击了员工开展安全活动的积极性。

通过案例可以看出,作为基层班组长或是其他层级的领导应该带头转变员工上报事故/事件的态度,通过大讨论等形式要让员工真正认识到事件尤其是幸免事件的早期发现和根治对于预防恶性事故发生有积极意义的共识,从而形成正确的事故/事件上报氛围。

2) 优化事故/事件调查分析机制,在实践中提升员工安全素养

在进行事故/事件调查时,要积极吸纳班组员工全程参与调查分析活动,彻底扭转以往事故/事件调查过程中员工总是"被调查者"的局面,从关爱员工、尊重员工的角度出发,和员工一起分析、解决问题,让员工深刻感受到自己的安全时刻被牵挂,自己就是企业的主人。

3) 优选科学的调查方法,提升调查分析的科学性和客观性

简单、实用的方法对提升事故/事件分析质量,确保事故/事件原因分析到位,找到真正的管理原因非常关键。事故/事件调查有很多方法,每种方法都有各自的优点和局限性,比如基层班组对一般事故/事件多采用简洁实用的"原因树"(why-tree)的调查方法。

4) 广泛分享事故/事件经验教训,举一反三落实防控措施

通过对事故/事件尤其是幸免事件数量、类型、原因进行统计、分析、共享,以便及时借鉴先进经验改善管理,则可以最小的代价换来最大的收获,许多较严重的事故很可能被消灭在萌芽状态。这种举一反三的前瞻式预防管理为杜绝恶性事故的发生能起到重要作用。

第三节 危害识别与隐患治理

一、危害识别与隐患治理的目的和意义

危害识别与隐患治理是石油企业 HSE 管理的核心,是 HSE 体系建立与运行的主线。通过广泛开展危害识别与隐患治理,培育石油企业 HSE 文化,践行"以人为本"的理念,促进全员自觉主动把危害识别和隐患治理融入每个环节,确保及时发现、消除、削减和控制各种危害,预防事故发生。

二、危害识别

1. 危害的概念

危害是指可能导致人身伤害、财产损失、环境污染的根源和状态。危害识别的主要内容包括人的不安全行为、物的不安全状态、管理缺位和空间环境不良等。

2. 基层班组危害识别的具体做法

危害识别的方式方法多种多样，有工作循环检查、工艺安全分析、工作安全分析、审核与沟通、岗位责任制检查、工作检查、头脑风暴、经验分享、安全环保竞赛、"里程碑"活动等。下面对主要的几项方法做详细介绍。

1）坚持"五全"工作法

危害识别应做到"五全"，确保横向到边、纵向到底，固化到生产生活的每一个环节。

（1）全员：要求甲乙方全体员工，包括一线员工和基地员工共同参与。

（2）全领域：要求对前线、后勤，生产、生活的所有领域、所有环节进行危害识别，不留死角。

（3）全方位：要求属地和员工自觉主动进行危害识别，并结合国家级、省部级（集团级）、油田级专项检查进行危害识别。

（4）全天候：要求广大员工时刻进行危害识别。

（5）全过程：要求对项目建设从立项、设计、施工、验收、投产运行，直到废弃处置的全生命周期进行危害识别。

2）工艺安全分析

工艺安全分析（PHA），是通过组织系统的、有条理的方法来识别危害、评估工艺风险，为工艺安全风险控制提供有效依据，实现风险"前瞻式"管理的一项有组织、有计划的管理活动。

（1）建立标准和导则，夯实工艺安全分析"法制化"基础。

基层班组应该结合运作特色、风险特点以及在实施工艺安全分析过程中遇到的实际问题编制适应自身运行情况的标准和导则，并适时地调整和完善标准内容，使工艺安全分析管理标准和实施导则更加贴近生产实际并始终处于动态维护当中，这样就能夯实工艺安全分析的"法制化"基础。

标准和导则应能明确工艺安全分析中各级工艺安全管理组织及人员的职责，理顺工艺安全分析的流程，详细阐述工艺安全分析每个步骤的具体内容和实施细节，使工艺安全分析工作走上有法可依、有章可循的有序轨道。

（2）善于利用班组资源，提升属地工艺安全分析质量。

工艺安全分析仅依靠一个人或者一个专业开展分析工作是不够的，不可能全面辨识工艺装置可能存在的潜在危害，还要吸引各专业、各类人才的积极参与才能取得成功。

（3）科学选用分析方法,合适的才是最好的。

目前工业界通常采用的分析方法很多,如故障假设/检查表、失效模式和影响分析、危险和可操作性研究、故障树分析、事件树分析等。不同的分析方法相互间有互补作用,正确的工艺安全分析实践往往优先选用最合适的分析方法,对于复杂的工艺过程往往还备选第二、第三种方法实施分析,验证和补充首选分析方法的分析结果,以更加全面和深入地分析存在的风险,并加以控制。记住工艺安全分析方法的选择关键在于方法的针对性和适用性,合适的才是最好的。

（4）工艺安全分析结果的应用。

工艺安全分析工作的重点在于应用,如果工艺安全分析结果不适时地应用到工艺安全管理的实践当中去,那么工艺安全分析的实施就毫无价值。因此可将工艺安全分析建议梳理分类,分别应用于建议措施的落实验证、新项目投资计划、工艺操作规程及应急预案编制和修订等方面,使工艺安全分析真正在工艺安全管理中起到主导、引领的作用。

[案例9-10]

工艺安全分析结果的有效利用

某基层班组在2010年开展工艺安全分析时,识别出站内紧急关断阀SDV无旁通,导致紧急关断阀SDV无法开展日常测试,只能在装置停产检修期间开展测试,不能及时发现和解决紧急关断阀SDV存在的问题,影响装置安全生产。该项问题被列入工艺安全分析最终报告中,并在2011年得到整改,消除了紧急关断阀SDV无旁通带来的风险。

通过案例可以看出,通过工艺安全分析识别出的问题要及时记入报告中并利用合适的机会对问题进行整改,这样就能对识别出的危害形成闭环管理,提升现场的本质安全。

3）工作安全分析

工作安全分析(JSA)是全员应掌握的一种安全工作技能,目的是规范作业危害分析,控制作业风险,确保作业人员健康和安全。工作安全分析是针对某项作业活动的各个步骤,识别可能产生的危害,制定相应的风险消除、消减和控制措施,并告知所有参与作业人员的工作方法。

（1）书面工作安全分析。

书面工作安全分析应详细记录分析过程,填写工作安全分析表,并由所有作业人员签字确认(表9-5)。需做书面工作安全分析的作业活动通常是风险较大、作业内容复杂、人员配合较多的工作,包括但不仅限于以下内容或情形:

记录编号： 日期：

表9-5 某基层班组隐患整改工作安全分析表

部门	某油气处理站		工作任务简述	某油气处理站脱硫单元隐患整改	□新的工作任务 □已做过的工作任务	分析组织召集人 (施工方负责人)		许可证	特种作业人员是否有资质证明
工作步骤	危害描述	后果及影响人员	现有的控制措施		建议改进措施(需增加的削减控制措施)		控制后风险是否可接受		是
一、准备工作 工器具： 防爆扳手、手锤、倒链3 台、吊带、全身式安全 带、脚手架(固定式,移 动式)、法兰扩张器、四 合一检测仪、正压呼吸 器8具、消防车	工机具非防爆,机械伤害	火灾、爆炸、人员伤害22人	检查工机具合格,脚手架检查合格； 停止现场所有高危作业； 化验人员撤离,井控制进站人员						是
二、实施步骤									
关井	凝管、冻堵		干气反吹扫						是
站内工艺设备切换	倒错流程,憋压,刺漏	火灾爆炸,5人	按方案执行,员工培训合格,步步确认						是
系统泄压	凝液罐满罐、火炬跑油	人员伤害、环境污染,5人	凝液罐和火炬专人值守						是
双阀上锁挂签	上锁点错误	能量隔离失效	按照上锁挂签清单、工艺流程步步确认						是

228

续表

部门	某油气处理站					分析组织召集人（施工方负责人）	许可证	特种作业人员是否有资质证明
	工作任务简述				某油气处理站脱硫单元隐患整改			
					□新的工作任务 □已做过的工作任务			
工作步骤	危害描述	后果及影响人员	现有的控制措施		建议改进措施（需增加的削减控制措施）		控制后风险是否可接受	
吸收塔塔顶放空阀更换	高空坠落、中毒、天然气泄漏、爆炸、高空坠物、滑跌	火灾爆炸，人员伤害10人	使用全身式安全带，佩戴正压式呼吸器，四合一检测仪时时监测，使用工具包，上下楼梯扶扶手		消防车值班		是	是
脱硫单元旁通道后手阀拆除	人员坠落、机械伤害、刺漏、中毒、爆炸、高温烫伤、阀门短节坠落砸伤	中毒爆炸，人员伤害10人	使用全身式安全带，戴手套、戴护目镜，做好静电跨接，有专业资质的吊装指挥人员，佩戴正压式呼吸器		消防车值班		是	是
安装短节	人员坠落、机械伤害、刺漏、中毒、爆炸、高温烫伤、阀门短节坠落砸伤	中毒、爆炸，人员伤害10人	使用全身式安全带，戴手套、戴护目镜，做好静电跨接，有专业资质的吊装指挥人员，佩戴正压式呼吸器				是	是
氮气置换	氮气窒息	窒息，人员伤害4人	站在上风口进行检测				是	是
工艺解锁，流程切换	倒错流程、憋压、泄漏	火灾爆炸，人员伤害4人	按照上锁挂签清单，工艺流程步步确认				是	是
收拾现场，整理工机具								

229

① 无程序控制的作业；
② 偏离标准的作业；
③ 需要实施的每项新的作业；
④ 编制新的操作规程或变更操作规程；
⑤ 编制施工方案或检修方案。
(2)口头工作安全分析。
口头工作安全分析应在作业前，由作业人员按照工作安全分析步骤(图9-3)对即将进行的作业活动进行现场口头工作安全分析。需做口头工作安全分析的作业活动包括但不仅限于以下内容或情形：
① 班前会或交接班会议上对当日或当班要进行的作业进行口头工作安全分析；
② 曾经发生过事故/事件的工作；
③ 临时性的简单作业。

图9-3 口头工作安全分析的步骤

(3)工作安全分析注意事项。
① 工作安全分析的方法应作为员工必备的技能。工作安全分析通常由现场作业负责人或在其指导下由员工组织进行，直线领导和安全人员随机参与、指导和检查其活动开展情况，应确保工作安全分析质量。
② 工作安全分析是对作业安全措施的落实和人员准备情况进行确认的过程。工作安全分析的结果可通过班前会、安全交底会等形式告知参与作业的人员与相关方，以使各方事前知道相应的风险及控制措施，从而保证作业的安全。
③ 危害识别时应充分考虑人员、设备、材料、环境、方法五个方面以及正常、异

常、紧急三种状态。

④ 应针对识别出的每个危害制定风险控制措施,将风险降低到安全可控的范围。在选择风险控制措施时,应考虑控制措施的优先顺序。

⑤ 制定出所有风险的控制措施后,应进行充分沟通培训,让参与此项工作的每个人理解完成该工作任务所涉及的活动细节及相应的危害、风险控制措施和每个人的分工及责任。

⑥ 作业任务完成后,作业人员应总结经验,根据作业过程中发生的各种情况,更新、完善作业程序或方案。

⑦ 作业过程中当作业条件或人员等发生变化以及发生事件/事故(包括未遂事件/事故),既定的风险消除、削减和控制措施无法保障安全作业时,必须停止工作或启动应急预案,在重新制定、落实风险控制措施并重新进行工作安全分析后方可继续作业。

⑧ 书面的工作安全分析表应存档,以便为进行同类作业或编制相应作业程序时提供参考和借鉴。

4)行为安全观察与沟通

行为安全观察与沟通是通过对人的行为的观察,发现在行为、工作条件、作业环境等方面的优点、不安全行为和不安全状态的现象,通过有效沟通,及时肯定优点,纠正不安全行为和不安全状态的管理方式。行为安全观察与沟通是培养员工安全习惯、展现有感领导的有效管理工具,是关爱员工、以人为本的安全理念的展示,也是安全文化推进的重要手段。

安全观察与沟通既是一种有效的安全管理工具,是人本安全文化理念的展示,也是转变安全观念、提升安全能力、养成安全习惯、实现过程管理和前瞻式预防管理最有效的工具和方法。

(1)制定安全观察与沟通卡,指导员工活动开展。

根据现场实践和安全文化推进中出现的问题进行总结归纳,主要有人员的反应、个人防护、人的位置、工具设备、程序制度、工作环境六个方面的内容,可以对这六方面内容进行完善,并将属地责任、安全意识等要点加入并固化到安全观察与沟通卡中,就能形成开展安全观察与沟通的指南,如塔里木油田制定的安全观察与沟通卡(图9-4)。

(2)坚持安全观察与沟通"六步法",提升沟通效果。

一次成功的安全观察与沟通应包括"观察—表扬—讨论—沟通—启发—感谢"六个步骤,即"六步法"。

① 观察——观察员工行为,决定如何接近员工,并安全阻止不安全行为;

② 表扬——对员工的安全行为进行表扬;

A类：人员的反应及意识	B类：未使用或未正确使用个人护品和装备	C类：人员的工作位置和姿势不正确	D类：工具、设备和仪表	E类：安全工作许可证、高危作业许可证、个人资质证、操作规程、应急预案等	F类：属地管理及工作环境
□开始调整个人防护装备 □改变原来的工作位置 □重新开始工作 □停止原来进行的工作 □收起、不使用或更换原来使用的工具、设备 □躲避或绕开审核及外来人员 □不关注外来人员 □走捷径 □对不安全行为及状况无反应 □驾驶员停止或改变行为 □对工作目标、计划、事故不了解（没有形成沟通氛围） □其他	□安全帽 □符合安全标准的工装 □眼镜或面部保护用品 □耳塞或其他护耳用品 □符合安全标准的手套及臂部护品 □符合安全标准的工鞋（靴）及腿部护品 □符合安全标准的呼吸系统防护品 □防止高空坠落的系统及护品 □符合安全标准的防触电护品（具） □符合标准的受限空间通风及救援装备 □符合标准的特殊工种服装、劳保(酸碱操作等) □车辆座位安全带或安全带不好用 □防护装备没有按期校验 □其他	□易被物体撞到 □易被物体击中 □易被物体夹到 □易绊倒、滑倒而受伤 □可能导致高处坠落 □可能被高压流体击中 □可能接触高温或低温而受伤害 □易触电 □可能接触有毒有害物质 □易受转动设备伤害 □工作过度用力或姿势别扭易受伤 □搬运重物未使用工具 □可能吸入或误食有毒有害物质 □其他	□不适合该作业 □未正确使用 □工具和设备本身不安全(防爆、强度、完整、伤害危险等) □使用非防爆通信工具 □车辆进入未使用防火帽或未达到防火要求 □工艺管线 、设备、阀门有跑冒滴漏等现象 □工用具没有定期检查 □指示仪表没有定期标校或没有标签 □仪表选值不合适或指示异常 □设备工作异常 □连锁、报警等异常 □现场设备信息与图样不符 □设备维修计划没有落实 □连带变更没有按期执行 □硫化氢及其他检测仪器不好用或没有定期校验 □安全阀、安全报警装置没有按期标校 □应急设备未处于应急状态 □脚手架搭建不符合要求 □工具设备防护不到位(防晒、防水、防雨等) □施工质量不良 □其他	□作业没有安全工作许可证或高危作业许可证 □特种作业人员无有效资质 □不按照作业程序或操作规程进行作业 □没有应急预案或物料准备不足 □高危作业工作安全分析不全面、措施不到位或不适合 □制定的安全措施未落实 □能量隔离方案缺失或不完善 □上锁挂签制度未执行 □上锁挂签执行不到位 □员工不知晓或未掌握相关的操作规程、安全标准和安全知识、技能、应急措施等 □高危作业程序、标准理解错误 □监护等责任人未履行职责或离岗 □许可证时限、有效期不符合要求 □操作规程、应急预案等缺乏针对性 □操作规程、应急预案等不完善 □预案没有按期演练 □管理程序或规章制度缺失 □其他	□属地划分不清晰 □属地主管不明确或缺失 □属地主管不清楚岗位职责或职责未履行 □属地主管能力不足，对工作相关安全标准、风险和防范措施不知晓 □属地主管安全意识不到位 □防爆区域划分不清楚 □无安全警示标志或标志不规范，临时作业区域未隔离 □作业现场达不到目视化管理标准要求 □安全和职业卫生防护、检测设施不符合标准 □消防设施不符合标准或维护不善 □HSE设施缺失或不完整 □作业环境安全条件不够 □危险物料储存不当 □施工过程安全防护不足 □隐患没有有效监控和跟踪 □其他

图9－4　生产现场安全观察与沟通卡

③ 讨论——与员工讨论观察到的不安全行为及可能的后果，鼓励员工讨论更安全的工作方式；

④ 沟通——就如何安全工作与员工取得一致意见，并取得员工的承诺；

⑤ 启发——引导员工讨论工作地点的其他安全问题；

⑥ 感谢——对员工的配合表示感谢。

采用“我发现、我担心、我请教”的方式与员工进行交流，可以改变以往单纯的“手电筒”式的检查问题、挑毛病的做法，透过表现在员工身上的问题，以“照镜子”的方式查找管理上的偏差和不足，在平等的沟通中，就能体现真心关爱及管理的人性化。

[案例9－11]

有效的观察沟通

某基层班组将某班组长的安全观察与沟通拍摄成视频，将视频文件在各基层班组分享，将班组长与员工在现场真诚、平等的交流场景真实展现。在视频中班组长表扬了员工好的做法、请教员工现场细节、启发员工的最佳实践，最后班组长与员工握手致谢。视频发布后，在各基层班组起了强烈的反响，有效助推了安全观察与沟通的推广与实践，其效果远远超出了课堂理论说教。

通过案例可以看出在安全观察与沟通中班组长只有展现有感领导,有效使用"六步法"真诚平等地和员工沟通才能取得良好的效果,才能培养员工良好安全习惯,推进安全文化的建设。

(3)规范固化安全观察与沟通,有效利用观察沟通结果。

为了规范安全观察与沟通的执行,基层班组可以根据自己实际情况发布安全观察与沟通管理标准,明确安全观察与沟通的频次、发现的亮点、存在的问题、跟踪整改等的具体要求。此外,还可以通过对发现问题的数量和优缺点等数据进行统计和趋势分析,及时发现管理上的薄弱环节,采取针对性的改进措施,进而实现前瞻式的安全管理。

5)日常检查、隐患排查

开展日常巡检、周检、月检等日常检查,由基层班组自行组织,检查依据为安全管理各项标准。每次检查重点可以是某一个区域,也可以是某一项标准执行情况。通过组织日常检查,及时发现和消除装置存在的跑冒滴漏、低老坏等隐患。

开展专项隐患排查活动,基层班组要及时分析装置内的安全薄弱环节、事故事件(包括幸免事件),举一反三,定期对装置开展专项隐患排查活动,集中班组各专业人员对装置进行专项隐患排查,制定整改措施,对隐患进行系统解决。

[案例9-12]

安全阀误动作的思考

某基层班组在2010年冬季发生塔顶安全阀误动作事件。经过事件分析,直接原因为安全阀冻堵导致误动作,但是现场安全阀已缠绕电伴热并做保温,说明电伴热保温效果并不好。经过班组技术人员分析后,制定了电伴热缠绕规范,并对装置内所有电伴热进行系统的隐患排查和整改。在以后的施工中,电伴热安装严格按照电伴热缠绕规范来执行。通过事故事件发生后开展的专项隐患排查,彻底消除了隐患。

通过案例可以看出,日常检查和隐患排查是属地危害识别的基本而又重要的方法,基层班组对日常危害识别和隐患排查出来的问题要追根溯源,举一反三,找出根本原因并制定解决办法,形成隐患问题的闭环管理,才能保证属地的安全运行。

开展特色活动,鼓励全员开展隐患排查活动。基层班组可以通过开展特色里程碑、红丝带等活动,发动员工发现隐患、解决隐患,形成班组员工自觉主动追求更高标准的氛围。

三、隐患治理

1. 隐患治理的概念

隐患治理是指对隐患开展的一系列有计划、有组织的风险评价,包括安全监控在内的整改措施的制定、落实与有效性验证、评估的闭环管理过程。

2. 基层班组隐患治理的具体做法

1) 隐患分类

发现的隐患,能立即整改的,基层班组要第一时间制定整改措施进行整改,消除风险。对不能立即整改的隐患,上报上级部门,基层班组要落实隐患控制措施,对此类隐患进行分类建档登记,跟踪隐患整改进度。

按照整改难易程度将安全环保隐患分为四级,其中:Ⅳ级为站队级(车间),指站队能组织整改的隐患;Ⅲ级为作业区级(厂),指作业区能组织整改的隐患;Ⅱ级为事业部级(二级单位),指事业部层面能组织整改,或可通过隐患治理项目整改的隐患;Ⅰ级为油田级,指需要油田协调组织多部门共同决策方能整改的重大安全环保隐患。

按照属地管理、行业管理原则,Ⅱ、Ⅲ、Ⅳ级隐患的整改责任人为属地负责人,整改过程由本级行业管理部门负责人协调督办,基层班组是隐患治理的责任主体,要落实隐患治理措施,尽快消除、削减和控制风险;Ⅰ级隐患的整改责任人为油田公司分管领导,整改过程由油田行业管理部门负责人协调督办。

2) 整改措施的制定

基层班组隐患治理应优先考虑采取工程技术措施实现本质安全,其次是安全管理措施,并将风险降低到可接受的程度。

(1) 工程技术措施。

工程技术措施主要是通过消除、降低、隔离、替代等措施来控制隐患产生的风险,需要特别指出的是,基层班组由于受资金、生产等限制,部分隐患不可能从根源上完全消除。工程技术措施大多需要通过隐患治理资金立项整改,对于这类隐患,基层班组要按照"评估—论证—实施—验收—销项"的工作流程,进行闭环管理,保证按期完成和治理效果。

(2) 安全管理措施。

对于不能立即整改的隐患,基层班组必须根据隐患风险制定安全管理措施,如减少员工接触时间、调整装置运行、加密巡检等,目的是最大限度减少风险,确保装置安全平稳运行。

(3) 隐患的关闭。

基层班组对隐患彻底解决后需要对隐患进行关闭,确保在隐患治理形成一个闭环管理,并在隐患登记册中体现出来。隐患关闭需要形成一个书面的隐患治理评估报告,评估报告包括隐患背景、实施概况、效果评价、存在问题及建议、结论等方面。

通过在基层班组开展危害识别与隐患治理,对可能导致事故发生的隐患进行暴露,采取有效和适当的措施,将风险降到最低程度,同时提升员工的危害识别能力、隐患排查能力以及对安全标准、规范的掌握能力,提升班组的隐患治理水平,提升班组的工艺技术水平,有利于班组员工形成全员自觉主动追求更高标准的氛围,确保班组安全平稳运行。

第四节　应　急　管　理

一、应急管理的内涵

应急管理是应对于特重大事故灾害的危险问题提出的。应急管理是指政府及其他公共机构在突发事件的事前预防、事发应对、事中处置和善后恢复过程中,通过建立必要的应对机制,采取一系列必要措施,应用科学、技术、规划与管理等手段,保障公众生命、健康和财产安全,促进社会和谐健康发展的有关活动。应急管理体系建设是一个渐进的综合性系统工程。

石油石化行业的高风险特征,注定了企业在关注预防事故发生的同时也会关注应急管理,国家与地方政府针对石油化工行业也先后出台了一系列应对突发事件的管理要求。2013年2月28日,国务院国有资产监督管理委员会第128次主任办公会议审议通过了《中央企业应急管理暂行办法》。该办法分六章42条,分别从总则、工作责任和组织体系、工作要求、社会救援、监督与奖惩、附则六个方面对中央企业的应急管理工作进行了明确的规范和要求。

中国石油天然气集团公司作为国家支柱的能源生产型企业,在生产经营过程中本来就存在着安全风险。为提高风险感知力与应急基本技能,前瞻性的准备与培训就起着关键性的作用。应急管理是安全管理系统中源头与过程控制的补充,是应对突发事件的预构想和对预构想进行演习、验证、持续改进,以便突发事件一旦发生时能适时应对,将突发事件造成的损失降到最低程度的管理过程。

中国石油天然气集团公司应急管理的核心是:提高企业防范和处置各类突发事件的能力,最大限度地预防和减少突发事件及其造成的损害和影响,保障人民群众生命财产安全,维护国家安全和社会稳定。企业通过有效辨识危害,系统地评估分析安全风险可能导致的后果,制定有针对性的应急预案并开展培训、演练等各项后续工作,能确保风险控制和应急防范措施提前落实、应急系统始终处于随时可以激发状态,进而在突发事件发生时起到最大限度地挽救生命和避免财产损失的作用。

突发事件是指突然发生,造成或者可能造成严重社会危害,需要采取应急处置措施予以应对的自然灾害、事故灾难、公共卫生事件和社会安全事件。

自然灾害主要包括水旱灾害、气象灾害、地震灾害、地质灾害、海洋灾害、生物灾害和森林草原火灾等。

事故灾难主要包括工矿商贸等企业的各类安全事故、交通运输事故、公共设施和设备事故、环境污染和生态破坏事件等。

公共卫生事件主要包括传染病疫情、群体性不明原因疾病、食品安全和职业危害、动物疫情,以及其他严重影响公众健康和生命安全的事件。

社会安全事件主要包括恐怖袭击事件、民族宗教事件、经济安全事件、涉外突发事件和群体性事件等。

二、应急管理在基层班组的具体实践

应急管理主要是有效辨识危害,系统地评估分析安全风险及后果,制定有针对性的应急预案并开展培训、演练等各项后续工作。因此,应急管理在基层的实践主要表现在应急预案的编制、应急预案的演练、应急演练的评估和应急物资的管理四个方面。

1. 应急预案的编制

应急预案确定了应急救援的范围和体系,使应急准备和应急管理不再是一纸空文。制定应急预案有利于做出及时的应急响应,降低事故后果。应急预案可以成为应急响应的基础,发生超过本单位或部门应急能力的重大事故时,便于与上级应急部门协调,在尽可能短的时间内获取外部的应急支持,有利于提高部门和企业的风险防范意识。

[案例9-13]

预案无有效执行导致事故急剧恶化

2003年12月23日,重庆市开县罗家16H井发生特别重大井喷失控事故,造成243人死亡、数千人受伤,疏散转移6万多人,直接经济损失近亿元。这是我国石油行业类似事故伤亡人数最多的一次。造成此次特大事故的一个重要原因就是:虽然制定了针对社会的"事故应急预案",但是在富含剧毒硫化氢的天然气狂喷时,没有及时执行点火程序,造成高浓度硫化氢天然气大量泄漏,也没有进行人员疏散转移，两害叠加，导致大量人员中毒伤亡。

通过案例可以看出应急预案有效实施的重要性。制定应急预案本来就是为了发生事故时能做出及时的应急响应，协调各级部门，降低事故后果。若制定了应急预案却未能实施，就失去了其重要作用。

1）引导全员讨论，宣扬应急管理的重要性

在应急预案编制中常见的几个认识上的误区有：一是很多员工不理解应急预案编制的意义，认为应急预案没有必要编制和修订；二是一些人认为出了事故主要靠随机应变，平时没有必要花这么多时间精力准备。这些认识误区说明不"真"不"实"的应急预案不仅没起到作用，反而放大了员工对于应急管理模糊的认识。

因此在应急预案编制前，班组长可以通过"大讨论"活动，引导全员讨论应急管理的内涵、应急管理的意义、应急预案编制的作用，通过讨论让班组员工最终形成应急准备和响应是风险管理最后一道关口的共识。

2）应急预案（预构想）编制要"求真"

传统的企业应急预案之所以"失真"，是源于危害辨识不足，危害辨识未与预案编制接轨，预案编制往往仅依据已发生的事故教训和有限的风险认识，结果造成应急预案缺项，即没有涵盖可能的预构想；危害识别、风险评价结果未被应用于预案的编制；有的预案缺乏可操作性等问题。因此在应急预案编制过程中将预案的编制和岗位危害辨识、风险评价和控制有机地整合在一起，这一过程可以称为危害辨识到预案编制"一条龙作业"。

3）确保预案的全面性

班组长可以在上级许可的情况下，带动班组全员发起对原应急预案进行全面复核梳理，班组长要善于带动全员多问几个是否：应急预案是否完全覆盖生产作业过程？应急预案是否涵盖了突发事件的各种可能场景？现有应急预案是否科学、合理、实用？确保应急预案能覆盖整个生产过程，涵盖各种场景。

4）全员参与，确保预案的有效性

班组长要把岗位员工代表纳入应急预案的编制工作中，这样可以广泛吸纳来自基层一线员工的意见，提升应急预案的有效性。此外，丰富员工的视野，参加编制的员工通过实际锻炼也提升了自身的风险意识。例如，某油田一泵站测试岗位员，参加完危害辨识和预案编制后感慨地说："以前总以为既有接地又有漏保，根本不会发生什么意外触电事故。通过这次全面参与应急预案编制梳理，我认识到了以后做什么都不能武断地认为不会有任何风险产生。"如果班组长能够在今后的应急管理工作中贯彻落实这一措施，将会取得很好的效果。

[案例 9-14]

一条龙作业

某油田的一个二级单位,经过 3 个月的"一条龙作业",共识别出 542 个具体到作业点和工艺操作步骤的危害因素。结合前期开展的各种工艺安全分析、工作安全分析、事故事件分析调查等信息,评价出一个 2 级风险,三个 3 级风险,完善了四个应急预案。每个应急预案均详细列出了突发事件可能发生的具体作业点、可能出现的形式及其应对措施和职责划分。这样的预案受到了基层一线员工的一致好评。随后该油田立即推广了这个二级单位的试点经验。各单位迅速行动,参照"一条龙作业"模式,全面梳理各单位应急预案,查漏补缺,提高了应急预案的质量,使整个油田的应急管理水平得到了质的提高。

通过案例可以看出,在编制梳理应急预案时需要和危害识别及隐患排查结合起来,结合各岗位人员全员参与,这样既能弥补应急预案的缺失还能结合各岗位人员的意见进行完善,保障了应急预案的完善性、针对性和可操作性。

5) 应急预案的动态管理

出于改善应急预案可操作性的目的,班组长还应召集生产、工艺、设备、HSE、操作等相关人员,采用桌面演练、专项演练等方式,对预案内容进行全面的核查、验证;还要对应急预案实行动态化和常态化管理,凡新增加的风险和应急演练评估及应急系统审核中发现的预案方面存在的问题,均要按照变更管理标准,及时实施变更,确保应急预案的针对性和适应性。

2. 应急预案的演练

预案演练是对应急能力的一个综合检验,应定期组织由应急各方参加的预案模拟演练,使应急人员更清晰地明确各自的职责和工作程序,提高协同作战的能力,保证应急救援工作的协调性和有效、迅速地开展。

此外,应急演练是检验、评价应急预案质量,提高员工忧患意识、提升应急能力的一个重要手段,也是仿真模拟的培训方式。通过应急演练,班组长可以预先发现预案和程序的缺陷,改善各专业部门、机构、人员之间的协调配合,增强员工应对突发事件的能力,提高整体应急反应能力。

1) 提高对演练重要性的认识

传统的企业应急演练往往存在诸如演练走秀的现象,一味追求所谓成功率、完成率和宣传效果,应急演练基本上"演"的成分远大于"练"的成分,存在不注重实战、不图实用等"不实"现象,实际上未达到应急演练的作用。这种不实现象的实质是管理层和员工忧患意识的缺乏。鉴于此,班组长可以在员工中开展伤亡事故事件的学习讨论活动,通过广泛讨论和深入学习,全员认识到应急处置在关键时刻保护自己生命的重要作用,从而提高全员参与应急演练的积极性。

2) 确定演练频次

基层班组应组织全体人员根据事故发生概率等级和事故后果严重程度等级进行讨论评估形成一个事故风险矩阵,再根据事故风险矩阵的情况对应急预案演练频次进行要求和明确。风险高的事故对应的应急预案演练频次需增密,风险低的事故对应的应急预案演练频次可以适当降低。通过不同风险、不同频次的演练可以对应地增强员工的应急意识和应急能力。

3) 实战化应急演练

应急演练的过程中要改变以往偏重考核完成率和成功率的模式,把演练的有效性和真实性作为核心内容进行考核。应改变以往预先通知、提前准备、象征性示范的演练模式,而要更多采取突然启动、仿真模拟的方式,使所有参演人员实实在在地履行应急职责,真刀真枪地落实应急操作步骤。

员工如果长期不暴露在应急氛围中,就会滋生懈怠的心态,一旦突发事件真的来临,员工往往容易出现惊慌失措、不能及时做出正确应对的状况。鉴于此,班组长要狠抓日常应急演练,营造勤练习、严练习的应急演练氛围,编制矩阵式的演练计划,明确每个员工需参加的演练科目和具体频次等详细要求,确保每个员工都能够参加足够的练习。例如,某油田井控中心在应对溢流井喷的演练中,要求当值员工在第一时间就实施规定的应对动作。该开关阀门动作仅一字之差,如果误操作,后果不堪设想。演练时员工针对这一动作进行成百上千次地反复演练,直至听到信号,员工就能本能地做出反应。

4) 创新演练形式

员工除了参与上述单项的岗位应急处置演练外,班组长还应组织员工定期参加跨部门、跨单位的联合实战演练及专业消防队伍、医务人员与各生产站点的联合实战演练。通过多强度、多形式的演练,持续增强员工的快速反应能力、应急处置能力。

3. 应急演练的评估

应急预案演练结束后,要对预案演练的结果进行评估,分析应急预案存在的不足,并予以改进和完善。应急演练的评估方法主要有评估人员现场专业评估、演练参加者现场自评互评、系统总结评估三种主要的评价方式,体现了多角度、多层次的过程评估。无论哪种方式评估,都必须总结分析演练中暴露的问题,评估演练是否达到了预定目标,评价应急预案的有效性和针对性、演练人员是否按照应急职责规定进行分工协作、应急物资的储备数量及完好情况、员工对应急预案及应具备的应急能力的熟练程度等。下面对应急预案的评估方式进行说明。

1）评估人员现场专业评估

评估人员在演练过程中，根据演练评估手册（表9－6）的引导作为中立方客观地记录演练人员完成每一项关键行动的时间及效果，填写评估表格。表格的部分内容根据评估人员在演练现场根据实际情况短时间内完成填写；部分内容依据演练后进行的统计分析、与参演人员交谈等方式搜集演练相关的信息后完成填写。演练结束后，评估人员依据客观信息，对整个演练过程进行现场总结和点评。

表9－6 演练评估手册

序号	问题类别	问题示例
1	应急预案质量	应急预案是否考虑到了大部分的应急需求，如通信、物资供给、应急区域的划分等；应急预案是否对应急过程中可能涉及应急组织、人员的功能、职责和行动进行介绍和阐述；应急预案对紧急状况处理是否达到预期的指导作用
2	演练方案整体质量	企业应急救援能力能否承受这类演练的考验，确保演练能够安全、顺利地进行；演练对生产作业可能造成的负面影响
3	演练人员执行情况	各应急组织的演练人员是否按照要求及时就位；演练人员是否按照规定进行分工协作；演练方案的整体实施效果情况
4	演练人员执行效率	从启动应急预案到应急人员赶到事发地点的时间是否达到应急预案的要求；演练中因失误导致应急行动受影响的情况；演练过程中信息的传达效率；演练中是否出现物资紧缺
5	演练人员技能应用	演练人员的心理承受能力能否胜任所担负职责；演练人员能否正确使用各种应急器材及使用的熟练程度

2）演练参加者现场自评互评

演练参加者主要是指参加演练的演练实施人员、角色扮演人员和观摩学习人员。演练组织者在演练结束后向参加者统一发放反馈表格，由参加者填写后交给组织人员进行集体相互评阅。另外，参加者之间也常采用访谈的形式，对其他人员提出一系列随机的问题，如"你是否知道训练的演练目标和要求"、"你觉得实际演练是否达到了预设的目标和要求"、"你觉得场景是否真实"、"你觉得指挥人员是否指挥得当"等，各自表达对演练的意见和建议。最后，演练组织者对交谈内容进行整理，并结合现场记录一同进行汇总、分析。

3) 系统总结评估

系统总结评估通常在演练结束后进行,一方面给评估人员提供了充足的时间准备汇报材料,另一方面也有时间让所有参演人员稳定情绪、冷静思考演练过程中存在的问题和值得总结的地方。系统总结评估时一般吸纳所有参演人员参与,首先由演练评估人员代表对演练的基本情况进行总结;总结的内容既充分肯定参演各方在演练过程中的表现,又客观地指出参演部门在演练中暴露的问题。在评估人员发言结束后,引导其他与会人员做自我汇报,重点围绕评估人员提出的问题展开讨论,探讨问题的成因和解决方法,并明确具体的整改期限。

4. 应急物资的管理

从广义上讲,应急物资是指为应对严重自然灾害、突发性公共卫生事件、公共安全事件及军事冲突等突发公共事件应急处置过程中所必需的保障性物资,凡是在突发公共事件应对的过程中所用的物资都可以称为应急物资。

为指导和规范中国石油天然气集团公司突发事件应急物资管理工作,进一步提高中国石油应对各类突发事件的应急物资保障能力,依照《中华人民共和国突发事件应对法》等法律法规,中国石油于 2010 年 12 月组织制订了《中国石油天然气集团公司突发事件应急物资储备管理办法》;2012 年中国石油下发了《生产作业现场应急物资配备选用指南》(Q/SY 136—2012)。日常工作中,班组在进行应急物资管理中应注意以下几点。

1) 应急物资应科学储备和管理

应急物资应按照突发事件应急预案要求的种类、数量进行储备。在同级预案中,不同预案所需同一应急物资的,按照不低于单项预案所需的最大量配备。应急物资的储备实行按标准定量管理,出现消耗、过期或失效,致储备量低于标准的,应及时补充到位,确保应急物资的品种和数量符合预案要求。一般情况下应急物资每年补充更新一次,过期、消耗、失效等情况临时报批。应急物资实行封闭式管理,专库存储、专人负责、定期清查盘库,入库、保管、出库应有完备的手续,做到账实相符。应急物资库房应避光、通风良好,应有防火、防盗、防潮、防鼠、防污染等措施。储备物资应有标签,标明品名、规格、产地、编号、数量、质量、生产日期、入库日期等。具有使用期限的物资应标明有效期。储备物资应分类存放,码放整齐,留有通道,严禁接触酸、碱、油渍、氧化剂和有机溶剂等。具有使用期限的应急物资,应该在到期前 3 个月或者 6 个月,申请调剂使用和补充。由于非人为因素导致应急物资破损不能继续使用的,应向有关部门申请报废处理,并及时补充。

2) 应急物资应按时保养和校验

应建立应急物资的定期检查制度,要明确责任部门进行管理,检查的频次根据应急物资的实际情况来确定。例如,气体泄漏检测仪的检查周期可以每月或每两月一次,检查时要确认检测仪的功能是否正常。如果不能正常使用应在检查记录表中记录,并及时处理,处理后的情况也要详细记录,确保应急物资处在完好状态。此外,检测仪有检验周期的要求。以石油石化行业使用的便携式可燃气体检测仪为例,必须每半年进行一次校验。这些要求在应急物资的管理上必须注意。

3)应急物资应及时补充

应急物资实行按标准定量管理,根据物资消耗情况,及时补充储备,确保应急物资品种和数量符合预案要求。应急物资的管理还必须与应急演练的评价结果充分结合,班组在进行应急演练的过程中要详细记录演练过程,演练结束后要进行详细的评价,要对演练过程中应急物资的状况进行关注,发现应急物资破损、不足或者缺失的,应在应急演练评价总结中记录,并安排专人跟踪,向有关部门提出申报,及时进行补充。例如班组在进行停电的应急预案演练中,发现应急照明灯数量不足,制约现场应急处置和操作,针对这一情况,班组长必须安排专人,尽快将不足的应急物资配备到位。

4)协同管理提高资源利用率

对于一些较少用到的应急物资,或者只有在极端情况下才可能使用的应急物资,班组经过充分的评估后,可以不以实物的形式在现场配备,可与拥有该应急物资的单位形成协同机制,在应急状况下能够及时协调到现场,满足现场应急需求。油田的各单位之间对于部分应急物资,经过充分评估并且满足要求的情况下,也可以采用协同机制,以提高资源利用率。

5)应急物资的使用要严格

应急物资只能在发生突发事件、举行应急演练和危险场所作业的情况下使用。突发事件发生后,事发企业应先动用本单位应急物资储备,在本单位储备物资不能满足的情况下,可申请使用上级单位的应急物资储备。消耗性应急物资调用后,班组应按照使用的数量,及时补充应急物资库存。可回收重复使用的应急物资调用后,事发企业应进行清理和整理,由责任部门组织检验后回收。任何单位和个人不得以任何理由私自挪用、占用应急物资。

总之,应急管理是安全管理系统中源头与过程控制的补充,是应对突发事件的预构想和对预构想进行演习、验证、持续改进。本节内容目的在于通过对应急管理的阐述,确立并完善危害辨识和应急处置一体化的管理思路;丰富班组长应急管理知识,提高应对突发事件的能力;提升员工的应急操作能力、自救互救能力;使应急设备始终保持正常运转,确保应急物资充足并处于完好备用状态。应急管理有效运行的同时,促进了危害识别和风险控制相关工作的开展,同时增加了全员对风险的敏感度,各级人员更加重视操作纪律的培养和对生产异常的关注,以便突发事件发生时能适时应对,将突发事件造成的损失降到最低程度。从另一个角度来讲,"应急"毕竟已是事后处置措施,只有尽一切可能注重源头控制,有效实施过程管理,保证风险可靠受控,让完备的应急响应机制没有激发机会,才是最佳做法。

第十章 石油企业常用法律法规知识

法律法规对企业经营管理的影响渗透在企业经营管理的每一项决策与每一步计划上。随着我国"全面推进依法治国"基本方略的实施,以及社会主义法制体系的逐步完善与推进,法律对企业经营管理活动的影响越来越大,作为市场经济条件下唱主角的企业,势必纳入"以法制厂"的轨道。油气田企业具有较高的市场化程度和社会关注度等特点,这就决定在企业经营管理中更要知法、懂法和守法。同时,油区环境复杂,针对油气田企业的各类违法犯罪行为时有发生,而这些行为严重危害油田生产建设和公共安全,给企业与国家造成重大经济损失。如何依法行使权利,维护自身合法利益,是每个石油职工都应认真思考和对待的问题。而要做到这一点,就须学习和掌握国家的有关法律法规知识。

第一节 石油企业涉及的主要法律法规知识

企业法制建设是由一个个班组的依法管理来实现的,作为最小生产单元的班组,尤其是班组长,应该积极学法、知法和用法。

班组,作为一个小团体,虽不具备法人资格,但从法律的角度看,就其班组本身及其成员,都是一个独立或相对独立的法律关系主体,在其社会活动中有着不同的"法律角色",被不同的法律所规范。在日常班组管理中,一提到法律,不少员工总觉得距离自身很遥远,认为执行的是企业(公司)的管理制度,还上升不到依法"治组"的高度。事实上,公司的管理制度也是依据法律法规来制定的。例如,班组员工经常接触到的"某某企业安全生产管理规定"里面常有这样一段话作为开篇第一条:"为强化公司的安全生产工作,落实《中华人民共和国安全生产法》等法律法规及上级关于安全生产的规章制度要求,特制定本办法。"由此可知,我们在制定企业规章制度或落实某项具体工作时,都与法律法规有着千丝万缕的联系。

法律是一个庞大的体系,就我国的法律体系来讲,分为法律、行政法规、地方性法规三个层次,分别由宪法及宪法相关法、民商法、行政法、经济法、社会保障法、刑法以及诉讼与非诉讼程序法七个法律部门组成。其中,每个法律部门中又包含若干个具体的法律法规。现就企业管理中所涉及的主要的法律法规规定内容及基本精神简析如下。

一、《中华人民共和国宪法》相关知识

凡是具有中国国籍的人,都是中华人民共和国公民,作为石油企业班组的每个成员亦是如此。因而,作为公民首先应知晓自己的基本权利与基本义务有哪些,以便依法享有权利,履行相应义务。有关公民的基本权利与义务,《中华人民共和国宪法》(以下简称《宪法》)做了明确规定。

1. 公民的基本权利

1)平等权

平等权是指公民平等地享有权利,不受任何差别对待,要求国家同等保护的权利和原则。内容包括法律面前人人平等、禁止差别待遇。

公民平等地享有权利,平等地履行义务。平等权既是公民的基本权利,又是法治国家的宪法原则。

2)政治权利和自由

《宪法》规定:公民有言论、出版、集会、结社、游行、示威的自由;年满18周岁的公民,不分民族、种族、性别、职业、家庭出身、宗教信仰、教育程度、财产状况、居住期限,除依照法律被剥夺政治权利的人以外,都有选举权和被选举权;公民对于任何国家机关和国家工作人员有提出批评和建议的权利,对于任何国家机关和国家机关工作人员的违法失职行为有向有关国家机关提出申诉、控告或者检举的权利等。

3)宗教信仰自由

宗教信仰自由是指公民依据内心的信念,自愿地信仰宗教的自由。内容包括有信仰或不信仰宗教的自由、信仰这种或那种宗教的自由、在同一宗教里信仰这教派或那教派的自由、过去信教现在不信教的自由、过去不信教现在信教的自由。

4)人身自由

人身自由又称身体自由,是指公民的人身不受非法侵犯的自由,是以人身保障为核心的权利体系,是公民参加政治生活和社会生活的基础。

这项权利包括以下具体内容:

(1)人身自由不受侵犯,即公民享有人身不受任何非法搜查、拘禁、逮捕、剥夺、限制的权利。

(2)人格尊严不受侵犯,即与人身有密切联系的名誉、姓名、肖像等不容侵犯的权利,具体体现为人格权,如姓名权、肖像权、名誉权、荣誉权、隐私权等。禁止侮辱、诽谤和诬告陷害。

(3)公民住宅不受侵犯,即住宅安全权,指公民居住、生活的场所不受非法侵入和搜查。

(4)通信自由,即公民通过书信、电话、电信及其他通信手段,根据自己的意愿进行通信,不受他人干涉的自由。具体指通信秘密受法律保护,属私生活秘密与表现行为的自由。通信自由包括公民的通信他人不得扣押、隐匿、毁弃,公民通信、通话的内容他人不得私阅或窃听。

5)监督权和取得赔偿请求权

监督权和取得赔偿请求权包括下列内容:

(1)监督权,即公民监督国家机关及其工作人员活动的权利。监督权是人民主权原则的体现,具体包括批评、建议权,控告、检举权,申诉权等。

(2)请求权,即公民依照宪法规定,要求国家作一定行为的权利。请求权是基本权利实现的手段性权利,是具有一般效力的具体的现实的权利,包括国家赔偿请求权、国家补偿请求权、裁判请求权,广义上还包括监督权。

6)社会经济权

社会经济权是指公民依照《宪法》规定享有物质利益的权利,是公民实现其他权利的物质上的保障。社会经济权是一种复合权利,出现了如消费者权、环境权、社会保障权等新的权利类型。我国《宪法》对该项权利规定了以下内容:

(1)公民财产权,即公民个人通过劳动或其他合法方式取得财产和享有占有、使用、收益、处分财产的权利。范围包括合法收入、储蓄、房屋及其他合法财产,投资权、经营权、继承权也在其列。

(2)劳动权,即一切有劳动能力的公民有从事劳动并取得劳动报酬的权利,具有双重性,也是一种义务。劳动权包括劳动就业权、取得报酬权等。

(3)休息权,即劳动者休息和休养的权利。休息权是劳动力延续的条件,也是劳动者享受文化生活、自我提高的权利。休息权包括一周五日,每日工作8小时,享受公休假、法定休假、年休假、探亲假等。

(4)社会保障权,即因社会危险处于保护状态的个人,为了维持人的有尊严的生活而向国家要求给付的请求权。社会保障权是宪政国家必须履行的义务,是现代社会的安全阀。作为一种权利体系,社会保障权包括生育保障权、疾病保障权、残疾保障权、死亡保障权与退休保障权等具体权利。

7) 公民的教育、科学、文化权利和自由

这是一项综合性的权利,在整个权利体系中处于基础地位。教育方面体现为受教育权;文化方面体现为科学研究自由、文艺创作自由和其他文化活动自由。该项权利包括以下具体内容:

(1) 受教育权,即公民接受文化科学知识等方面训练的权利。受教育权是自由权和社会权的统一,是权利和义务的统一。按照能力受教育,享受教育机会平等。

(2) 科学研究自由,即公民有自由地对科学领域的问题进行探讨的权利,不允许非法干涉;公民有权通过各种形式发表自己的研究成果,国家有义务提供必要条件;国家应奖励和鼓励科研人员,保护科研成果。

(3) 文艺创作自由,即公民有权自由地从事文艺创作并发表成果。允许不同风格、不同流派存在,国家权力不得非法干涉文艺创作,做出限制时应注意合理界限。

(4) 其他文化活动自由,即观赏、欣赏、享用文化作品和从事各种娱乐活动。

8) 特定主体的权利保护

妇女、儿童、老人,以及残疾人受国家特殊保护。其具体内容如下:

(1) 妇女权利的保护:男女平等,同工同酬,培养妇女干部。通过《中华人民共和国妇女权益保障法》,对其家庭生活平等权、同工同酬权、受教育权、平等就业权、劳动保护权、生育权做特殊保护规定。

(2) 儿童权利的保护:通过《中华人民共和国未成年人保护法》,对儿童的抚养、受教育、社会安全、人格、收养、残疾儿童成长做特定保护。

(3) 老年人权利的保护:通过《中华人民共和国老年人权益保障法》,对老年人的退休、赡养、生活保障做特定保护。

(4) 残疾人权利保护:通过《中华人民共和国残疾人权益保障法》和其他相关法律,对残疾人的生活保障权、劳动就业权、受教育权、政治权利、人格权利做特定保护。

9) 保护华侨、归侨和侨眷的正当利益

对华侨的保护,适用国内法和外交保护两种方式,对归侨、侨眷的保护通过《中华人民共和国归侨、侨眷权益保护法》实施。

《宪法》在规定公民各项基本权利的同时,也明确规定:"中华人民共和国公民在行使自由和权利的时候,不得损害国家的、社会的、集体的利益和其他公民的合法的自由和权利。"公民在享有《宪法》和法律规定的权利的同时,必须履行《宪法》和法律规定的义务。

2. 公民的基本义务

(1)维护国家统一和各民族团结。

公民有维护国家统一和全国各民族团结的义务;禁止破坏民族团结和制造民族分裂的行为。

(2)遵守宪法和法律,保守国家秘密,爱护公共财产。遵守劳动纪律,遵守公共秩序,尊重社会公德。

(3)维护国家安全、荣誉和利益。

祖国安全是指国家领土、主权不受侵犯和国家各项机密得以保守,社会秩序不被破坏。

祖国荣誉是指国家的尊严不受侵犯,国家的信誉不受破坏,国家的荣誉不受玷污,国家的名誉不受侮辱。

祖国利益,对外是指中华民族的政治、经济、文化、荣誉等方面的权利和利益;对内是指相对于个人利益、集体利益的国家利益。

(4)保卫祖国,抵抗侵略,依照法律服兵役和参加民兵组织。

保卫祖国、抵抗侵略是中华人民共和国每一个公民的神圣职责,依照法律服兵役和参加民兵组织是中华人民共和国公民的光荣义务。

(5)依照法律纳税。

公民有依照法律纳税的义务。我国社会主义税收取之于民,用之于民。在我国,国家利益、集体利益、个人利益在根本上是一致的。国家的兴旺发达、繁荣富强与每个公民息息相关;而国家职能的实现,必须以社会各界缴纳的税收为物质基础。因而,在我国每个公民都应自觉纳税。自觉纳税是公民社会责任感和国家主人翁地位的具体体现,每个公民应该自觉诚实纳税,履行公民的基本义务。

二、《中华人民共和国劳动法》相关知识

作为劳动者的每位班组成员,应当熟知自己享有什么样的劳动权利和承担什么样的劳动义务。只有这样,才能实现依法享有劳动权利,并履行相应的劳动义务,真正做一个合格的劳动者。有关劳动者的劳动权利与劳动义务,《中华人民共和国劳动法》(以下简称《劳动法》)做了明确规定。

1. 劳动者的权利

《劳动法》在《宪法》的指引下,就劳动者的权利规定了以下九项。

1）劳动就业权

劳动就业权是指有劳动能力的公民获得参加社会劳动和切实保证按劳取酬的权利。公民的劳动就业权是公民享有其他各项权利的基础。

2）选择职业的权利

劳动者在劳动力市场上作为就业的主体，具有支配自身劳动力的权利，可根据自身的素质、能力、志趣和爱好，以及市场资讯，自主选择用人单位和工作岗位。

3）取得劳动报酬的权利

劳动者付出劳动，依照合同及国家有关法律规定取得报酬，是劳动者的一项重要的劳动权利。事实上，获取劳动报酬也是劳动者持续劳动和维持自身及家庭生存的物质保证。

4）获得劳动安全卫生保护的权利

保证劳动者在劳动中生命安全和身体健康，是对享受劳动权利的主体切身利益最直接的保护。在这方面包括防止工伤事故和职业病。

5）休息、休假的权利

劳动者有休息、休假的权利，国家发展与完善劳动者休息和休养的设施，规定职工的工作时间和休假制度。

6）享受社会保险和福利的权利

疾病和年老是每一个劳动者都不可避免的。社会保险是劳动力再生产的一种客观需要。我国《劳动法》规定的社会保险包括养老保险、医疗保险、工伤保险、失业保险、生育保险等。

7）接受职业技能培训的权利

劳动者要实现自己的劳动权，必须拥有一定的职业技能，而要获得这些职业技能，越来越依赖于专门的职业培训。因此，劳动者若没有职业培训权利，那么劳动就业权利也就成为一句空话。

8）提请劳动争议处理的权利

劳动者在劳动过程中，与用人单位不可避免地会发生一些争议。用人单位与劳动者发生劳动争议，劳动者有权依法申请调解、仲裁或者提起诉讼。

9）法律规定的其他权利

法律规定的劳动者的其他权利包括：依法参加和组织工会的权利；依法享有参与民主管理的权利；依法参加社会义务劳动的权利；从事科学研究、技术革新、发明创造的权利；依法解除劳动合同的权利；对用人单位管理人员违章指挥、强令冒险作业有拒绝执行的权利;对危害生命安全和身体健康的行为有权提出批评、举报和控告的权利;对违反《劳动法》的行为进行监督的权利,等等。

2. 劳动者的基本义务

《劳动法》第三条第二款规定,劳动者的义务是指劳动者必须履行的责任。

1) 劳动者应当完成劳动任务

劳动者最主要的义务就是完成劳动生产任务。这是劳动关系范围内的法定的义务,同时也是强制性义务。作为劳动者对工作应尽心尽责,忠于职守,出色地完成任务。

2) 劳动者必须提高职业技能

劳动者只有努力提高职业技能,提高技术业务知识和实际操作技能,才能成为适应社会主义建设的熟练劳动者。因而,作为劳动者要有强烈的事业心和主人翁责任感,要刻苦学习专业知识,钻研职业技术,提高职业技能,掌握过硬的本领。

3) 劳动者必须执行劳动安全卫生规程

劳动者对国家以及企业内部关于劳动安全卫生规程的规定,必须严格执行,以保障安全生产,从而保证其劳动任务的圆满完成。

4) 劳动者必须遵守劳动纪律

劳动纪律是劳动者在共同劳动中所必须遵守的劳动规则和秩序。它要求每个劳动者按照规定的时间、质量、程序和方法完成自己应承担的工作。因而劳动者在劳动中必须服从管理人员的指挥,自觉遵守劳动纪律,以维护工作制度和生产秩序。

5) 劳动者必须遵守职业道德

职业道德是从业人员在职业活动中应当遵循的道德规范。其基本要求是忠于职守,并对社会负责。劳动者应当不断增强国家主人翁责任感,兢兢业业、勤勤恳恳地工作。同时,在维护企业和自身利益的同时,还要就自己提供的产品和服务向社会负责。

劳动者的义务是法律所规定的,是受法律制约的。当劳动者不履行这些义务时,必将受到法律的制裁。

三、《中华人民共和国劳动合同法》相关知识

班组管理中,涉及最多、最直接的法律问题是劳动合同的履行问题,特别是劳动合同履行中的终止和解除问题。对此,《中华人民共和国劳动合同法》(以下简称《劳动合同法》)分别从用人单位和劳动者两个角度做了明确规定,如图10-1所示。

```
                        ┌ 协商解除：双方协商一致解除合同，由用人单位提出合同解除应支付的经济补偿金
                        │
            ┌ 合同解除 ─┤             ┌ 有因解除
            │           │ 用人单位解除 ┤ 预告解除
合同的解除  │           │             └ 经济性裁员
与终止     ┤           │             ┌ 预告解除
            │           └ 劳动者解除 ─┤ 
            │                         └ 有因解除
            └ 合同终止
```

图 10-1　劳动合同的解除与终止

劳动合同的解除是指当事人双方提前终止劳动合同的法律效力，解除双方的权利义务关系。劳动合同终止则是指劳动合同订立后，因出现某种法定的事实，导致用人单位与劳动者之间形成的劳动关系自动归于消灭，或导致双方劳动关系的继续履行成为不可能而不得不消灭的情形。

1. 用人单位依法解除的法定情形

1) 用人单位有因解除的情况

我国《劳动合同法》规定，劳动者有下列情形之一的，用人单位可以解除劳动合同：

（1）在试用期间被证明不符合录用条件的；

（2）严重违反用人单位的规章制度的；

（3）严重失职，营私舞弊，给用人单位造成重大损害的；

（4）劳动者同时与其他用人单位建立劳动关系，对完成本单位的工作任务造成严重影响，或者经用人单位提出，拒不改正的；

（5）采用欺诈、胁迫的手段或者乘人之危订立，致使劳动合同无效的；

（6）被依法追究刑事责任的。

2) 用人单位预告解除的情况

我国《劳动合同法》规定，有下列情形之一的，用人单位在提前 30 日以书面形式通知劳动者本人或者额外支付劳动者 1 个月工资后，可以解除劳动合同：

（1）劳动者患病或者非因工负伤，在规定的医疗期满后不能从事原工作，也不能从事由用人单位另行安排的工作的；

（2）劳动者被证明不能胜任工作，经过培训或者调整工作岗位，仍不能胜任工作的；

（3）劳动合同订立时所依据的客观情况发生重大变化，致使劳动合同无法履行,经用人单位与劳动者协商,未能就变更劳动合同内容达成协议的。

3)用人单位不得解除的情况

根据《劳动合同法》的规定,劳动者有下列情形之一的,用人单位不得解除劳动合同:

(1)从事接触职业病危害作业的劳动者未进行离岗前职业健康检查,或者疑似职业病病人在诊断或者医学观察期间的;

(2)在本单位患职业病或者因工负伤并被确认丧失或者部分丧失劳动能力的;

(3)患病或者非因工负伤,在规定的医疗期内的;

(4)女职工在孕期、产期、哺乳期的;

(5)在本单位连续工作满十五年,且距法定退休年龄不足五年的;

(6)法律、行政法规规定的其他情形。

2. 劳动者依法解除的法定情形

1)劳动者有因解除的情况

根据《劳动合同法》的规定,如有下列情形之一,劳动者可随时通知用人单位,解除劳动合同:

(1)用人单位未按照劳动合同约定提供劳动保护或劳动条件的;

(2)用人单位未及时足额支付劳动报酬的;

(3)用人单位未依法为劳动者缴纳社会保险费的;

(4)用人单位的规章制度违反法律、行政法规的规定,损害劳动者权益的;

(5)以欺诈、胁迫的手段或者乘人之危订立,致使劳动合同无效的;

(6)法律、行政法规规定的其他情形。

特别提示:用人单位以暴力、威胁或者非法限制人身自由的手段强迫劳动者劳动的,或者用人单位违章指挥、强令冒险作业危及劳动者人身安全的,劳动者可以立即解除劳动合同,无须通知用人单位。

2)劳动者预告解除的情况

所谓劳动者预告解除,主要是指劳动者要履行书面通知义务,办理交接手续,以及单位委培未达到约定服务年限,偿付委培费用及支付违约金等。劳动者履行了这些义务后,方可解除劳动合同。

我国《劳动合同法》第三十七条明文规定:"劳动者提前30日以书面形式通知用人单位,可以解除劳动合同。劳动者在试用期内提前3日通知用人单位,可以解除劳动合同。"

3. 用人单位的经济补偿

1)经济补偿的法定情形

我国《劳动合同法》规定,有下列情形之一的,用人单位应当向劳动者支付经济补偿：

（1）劳动者依照本法第三十八条规定解除劳动合同的；

（2）用人单位依照本法第三十六条规定向劳动者提出解除劳动合同并与劳动者协商一致解除劳动合同的；

（3）用人单位依照本法第四十条规定解除劳动合同的；

（4）用人单位依照本法第四十一条第一款规定解除劳动合同的；

（5）除用人单位维持或者提高劳动合同约定条件续订劳动合同，劳动者不同意续订的情形外，依照本法第四十四条第一项规定终止固定期限劳动合同的；

（6）依照本法第四十四条第四项、第五项规定终止劳动合同的；

（7）法律、行政法规规定的其他情形。

2）经济补偿金的计算

经济补偿按劳动者在本单位工作的年限，每满一年支付一个月工资的标准向劳动者支付。六个月以上不满一年的，按一年计算；不满六个月的，向劳动者支付半个月工资的经济补偿。

劳动者月工资高于用人单位所在直辖市、设区的市级人民政府公布的本地区上年度职工月平均工资三倍的，向其支付经济补偿的标准按职工月平均工资三倍的数额支付，向其支付经济补偿的年限最高不超过十二年。

月工资是指劳动者在劳动合同解除或者终止前十二个月的平均工资。

4. 劳动合同终止的情况

我国《劳动合同法》规定，有下列情形之一的，劳动合同终止：

（1）劳动合同期满的；

（2）劳动者开始依法享受基本养老保险待遇的；

（3）劳动者死亡，或者被人民法院宣告死亡或者宣告失踪的；

（4）用人单位被依法宣告破产的；

（5）用人单位被吊销营业执照、责令关闭、撤销或者用人单位决定提前解散的；

（6）法律、行政法规规定的其他情形。

四、《中华人民共和国安全生产法》相关知识

《中华人民共和国安全生产法》（以下简称《安全生产法》）由中华人民共和国第九届全国人民代表大会常务委员会第二十八次会议于2002年6月29日通过公布，自2002年11月1日起施行。2014年8月31日第十二届全国人民代表大会常务委员会第十次会议通过关于修改《中华人民共和国安全生产法》的决定，并由中华人民共和国主席习近平以第十三号主席令公布，自2014年12月1日起施行。该法共七章一百一十四条。现就该法中与班组管理相关的"安全生产法定制度"做以下介绍。

1. 单位安全生产责任制度

所谓单位安全生产责任制度,是指对各生产经营单位的负责人及相关人员所规定的在他们各自的职责范围内对安全生产工作应负责任的制度。

做好安全生产工作,落实生产经营单位主体责任是根本。法律把明确安全责任、发挥生产经营单位安全生产管理机构和安全生产管理人员作用作为一项重要内容,做出三方面的重要规定:一是明确委托规定的机构提供安全生产技术、管理服务的,保证安全生产的责任仍然由本单位负责;二是明确生产经营单位的安全生产责任制的内容,规定生产经营单位应当建立相应的机制,加强对安全生产责任制落实情况的监督考核;三是明确生产经营单位的安全生产管理机构以及安全生产管理人员履行的七项职责。

2. 安全事故责任追究制度

所谓安全事故责任追究制度,是指对发生生产安全事故依法追究相应责任的一项法律制度。

安全事故责任追究制度的主要内容包含以下两方面:

(1)规定了事故行政处罚和终身行业禁入。同时,加大罚款处罚力度。第一,按照两个责任主体、四个事故等级,设立了对生产经营单位及其主要负责人的八项罚款处罚规定。第二,大幅提高对事故责任单位的罚款金额:一般事故罚款20万元至50万元,较大事故50万元至100万元,重大事故100万元至500万元,特别重大事故500万元至1000万元;特别重大事故的情节特别严重的,罚款1000万元至2000万元。第三,进一步明确主要负责人对重大、特别重大事故负有责任的,终身不得担任本行业生产经营单位的主要负责人。

(2)建立了严重违法行为公告和通报制度。要求负有安全生产监督管理职责的部门建立安全生产违法行为信息库,如实记录生产经营单位的安全生产违法行为信息;对违法行为情节严重的生产经营单位,应当向社会公告,并通报行业主管部门、投资主管部门、国土资源主管部门、证券监督管理部门和有关金融机构。

3. 安全生产监督管理制度

按照"三个必须"(管行业必须管安全、管业务必须管安全、管生产经营必须管安全)的要求,一是规定国务院和县级以上地方人民政府应当建立健全安全生产工作协调机制,及时协调、解决安全生产监督管理中存在的重大问题。二是明确国务院和县级以上地方人民政府安全生产监督管理部门实施综合监督管理,有关部门在各自职责范围内对有关行业、领域的安全生产工作实施监督管理,并将其统称为负有安全生产监督管理职责的部门。三是明确各级安全生产监督管理部门和其他负有安全生产监督管理职责的部门作为执法部门,依法开展安全生产行政执法工作,对生产经营单位执行法律、法规、国家标准或者行业标准的情况进行监督检查。

4. 安全生产事故预防制度

法律把加强事前预防、强化隐患排查治理作为一项重要内容:一是生产经营单位必须建立生产安全事故隐患排查治理制度,采取技术、管理措施及时发现并消除事故隐患,并向从业人员通报隐患排查治理情况的制度。二是政府有关部门要建立健全重大事故隐患治理督办制度,督促生产经营单位消除重大事故隐患。三是对未建立隐患排查治理制度、未采取有效措施消除事故隐患的行为,设定了严格的行政处罚。四是赋予负有安全监管职责的部门对拒不执行执法决定、有发生生产安全事故现实危险的生产经营单位依法采取停电、停供民用爆炸物品等措施,强制生产经营单位履行决定的权力。

5. 安全生产标准化制度

安全生产标准化,是在传统的安全质量标准化基础上,根据当前安全生产工作的要求、企业生产工艺特点,借鉴国外现代先进安全管理思想,形成的一套系统的、规范的、科学的安全管理体系。

2010年《国务院关于进一步加强企业安全生产工作的通知》(国发〔2010〕23号)、2011年《国务院关于坚持科学发展安全发展促进安全生产形势持续稳定好转的意见》(国发〔2011〕40号)均对安全生产标准化工作提出了明确的要求。《安全生产法》在总则部分也明确提出推进安全生产标准化工作。

6. 注册安全工程师制度

为解决中小企业安全生产"无人管、不会管"问题,促进安全生产管理队伍朝着专业化、职业化方向发展,国家自2004年以来连续10年实施了全国注册安全工程师执业资格统一考试,21.8万人取得了资格证书。截至2013年12月,已有近15万人注册并在生产经营单位和安全生产中介服务机构执业。

《安全生产法》确立了注册安全工程师制度,并从两个方面加以推进:一是危险物品的生产、储存单位以及矿山、金属冶炼单位应当有注册安全工程师从事安全生产管理工作,鼓励其他生产经营单位聘用注册安全工程师从事安全生产管理工作。二是建立注册安全工程师按专业分类管理制度,授权国务院有关部门制定具体实施办法。

7. 安全生产责任保险制度

《安全生产法》总结近年来的试点经验,通过引入保险机制,促进安全生产,规定国家鼓励生产经营单位投保安全生产责任保险。安全生产责任保险具有其他保险所不具备的特殊功能和优势,一是增加事故救援费用和第三人(事故单位从业人员以外的事故受害人)赔付的资金来源,有助于减轻政府负担,维护社会稳定。目前有的地区还提供了一部分资金用于对事故死亡人员家属的补偿。二是有利于现行安全生产经济政策的完善和发展。2005年起实施的高危行业风险抵押金制度存在缴存标准高、占用资金量大、缺乏激励作用等不足。目前,湖南、上海等省(直辖市)已经通过地方立法允许企业自愿选择责任保险或者风险抵押金,受到企业的广泛欢迎。三是通过保险费率浮动、引进保险公司参与企业安全管理,有效促进企业加强安全生产工作。

特别提示:在企业安全生产事故中,重大安全生产事故不但要被公司追责,而且还要受到法律的严惩。

五、《中华人民共和国环境保护法》相关知识

作为企业基层单位的班组,始终处于企业生产经营活动的第一线,直接接触环境,肩负着维持生态平衡、保护环境不受侵害的重任。因而,知晓《中华人民共和国环境保护法》所确立的环保政策与原则、环保法律制度,以及企业所负的环保责任,并依法开展相应的活动,十分必要。

我国历来重视环境保护的立法,1978年颁布的《中华人民共和国宪法》就明确规定"国家保护环境和自然资源,防治污染和其他公害。"随后,于1979年颁布了《中华人民共和国环境保护法(试行)》等一系列环境保护法规。1982年12月公布的《中华人民共和国宪法》,对保护和合理利用自然资源、保护生活环境和生态平衡,做了进一步的规定。1989年正式颁布了《中华人民共和国环境保护法》,并施行至今。

2014年4月24日第十二届全国人民代表大会常务委员会第八次会议对《中华人民共和国环境保护法》进行修订,修订后的《中华人民共和国环境保护法》(以下简称《环境保护法》)已于2015年1月1日起正式实施。同时,为贯彻落实该法,国家环境保护部还相应制定了《环境保护按日连续处罚暂行办法》、《实施环境保护查封、扣押暂行办法》、《环境保护限制生产、停产整治暂行办法》、《企业事业单位环境信息公开暂行办法》4个配套文件。下面,仅就班组管理中涉及的环境保护法律法规的相关知识做以下简介。

1. 我国环境保护的基本政策与原则

1)环境保护的基本政策

我国《环境保护法》确立的环保基本政策是:国家采取有利于节约和循环利用资源、保护和改善环境、促进人与自然和谐的经济、技术政策和措施,使经济社会发

展与环境保护相协调。

2) 环境保护的基本原则

我国《环境保护法》确立的环保基本原则是：环境保护坚持保护优先、预防为主、综合治理、公众参与、损害担责的原则。

依据上述环保政策与原则，《环境保护法》明确规定："一切单位和个人都有保护环境的义务"，"企业事业单位和其他生产经营者应当防止、减少环境污染和生态破坏，对所造成的损害依法承担责任"，"公民应当增强环境保护意识，采取低碳、节俭的生活方式，自觉履行环境保护义务"。

此外，我国《环境保护法》与国际接轨，把每年6月5日确定为环境日。

2.《环境保护法》确立的环保法律制度

1) 环境资源影响评价制度

环境资源影响评价制度是指对于可能影响环境资源的工程建设、规划或者其他活动，事先进行调查、评价和科学的预测，为防止和减少对环境资源的损害制订最佳方案。这是环境资源管理中贯彻预防为主的原则，防止新污染产生的一项制度。

按照环境资源影响评价制度的要求，凡是进行工业、交通、水利、农林、商业、卫生、文教、科研、旅游、市政等对环境有影响的一切基本建设项目、技术改造项目以及区域开发建设项目，都必须根据建设单位隶属关系，向有关环境保护行政主管部门提交环境资源影响报告书或报告表。

2)"三同时"制度

"三同时"制度，是我国环境保护工作上的一项创举，它是指新建、扩建、改建项目和技术改造项目的防治污染及其他公害的设施，必须与主体工程同时设计、同时施工、同时投产，它是我国严格控制产生新污染源的一项重要的环境管理制度。按照"三同时"制度的规定，建设项目在建议书中，应对该项目建成后对环境造成的影响加以简要的说明；在可行性报告中应有环境资源保护的专门论述；在初步设计中，必须有环境资源保护篇章；在建设项目的施工阶段，环境资源保护设施必须与主体工程同时施工；建设项目在正式使用之前，建设单位必须向负责审批的环境保护部门提交"环境保护设施验收合格证"。另外，在实施"三同时"制度时，对违反者将予以处罚。

3) 排污收费制度

排污收费制度是指凡向环境排污的单位和个人，都要按国家规定的标准缴纳一定费用的制度。实现这一制度的目的是为了促进排污单位加强管理，节约和综合利用资源，减少浪费，治理污染，改善环境。通过征收排污费使治理环境污染和排污者的经济利益挂钩,促进污染治理,以实现环境效益、社会效益和经济效益的统一。

4)环境保护目标责任制度

环境保护目标责任制度是各项环境管理制度的"龙头",它确定了一个区域、一个部门或单位环境保护的主要责任者和责任范围。各地可根据本地区实际情况,确定责任制的考核指标和方法。环境保护目标责任制的实施程序,通常分为四个阶段,即制定阶段、责任书下达阶段、实施阶段、考核阶段。考核完毕后,要根据考核结果给予奖励或处罚。

5)城市环境综合整治定量考核制度

城市环境综合整治,就是把城市环境作为一个系统,运用系统工程的理论和方法,通过采取多目标、多层次的综合手段和措施,对城市环境进行综合管理控制,以最小投入换取城市环境质量最优。而定量考核是实行城市环境综合整治的有效措施,也是实行城市环境目标管理的重要手段。它以规划为依据,以改善和提高环境质量为目的,通过科学的定量考核的指标体系,调动城市各部门、各单位的积极性,推动城市环境综合整治深入开展。

定量考核的内容和指标,包括大气环境保护、水环境保护、噪声控制、固体废物处置与综合利用以及绿化共 5 个方面。

6)排污许可证制度

排污许可证制度是指向环境中排放污染物质的单位,按照有关规定向环境保护行政主管部门申请领取排污许可证,经批准发证后,按照排污许可证所规定的条件排放污染物的制度。

排污许可证的审核批准,主要是对排污量、排放方式、排放时间、排放口位置加以限制,使每个污染源排污总量之和必须与总量控制指标相一致,并留有一定余地。如发现排污单位违反许可证规定的应及时处置,直至吊销其许可证。

7)污染集中控制制度

污染集中控制制度是在一个特定的范围内,为保护环境所建立的集中治理设施和采取集中治理的制度,是强化环境管理的一种重要手段。污染集中控制制度是我国在环境管理的实践中总结出来的。多年的实践证明,我国的污染治理必须以改善环境质量为目的,以提高经济效益为原则,就是说,治理污染的根本目的不是去追求单个污染源的处理率和达标率,而应当谋求整个环境质量的改善,同时讲求经济效率,以尽可能小的投入获取尽可能大的效益。

8)污染限期治理制度

污染限期治理是在污染源调查、评价的基础上,突出重点,分期分批地对污染危害严重、群众反映强烈的污染源、污染物、污染区域采取限定治理时间、治理内容及治理效果的强制性措施，是人民政府为保护人民群众利益对排污单位或个人采取的法律手段。它以污染源调查为基础，坚持强制与自觉相结合，从实际情况出发考虑实施的可能性，坚持谁污染谁治理的原则，国家只对一些投资很大的限期治理项目承担一部分费用。限期治理制度是强化环境管理的一项重要措施。

3. 企业应担负的环保责任

按照我国环保法及其相关政策的规定，作为企业必须履行环境保护的责任。为什么这样要求呢？首先让我们回顾一下中国石油 2005 年违反环保法的一典型案例。2005 年 11 月 13 日，吉林省吉林市的中国石油吉林石化公司双苯厂发生连续爆炸。这一事故造成了八人丧生，七十人受伤，同时导致了一百吨苯类污染物倾泻入松花江中，造成长达 135 千米的污染带，给下游哈尔滨等城市带来严重的"水危机"，并带来了一定范围内的国际影响。

事故产生的主要污染物为苯、苯胺和硝基苯等有机物，该类物质是一种强致癌类物质，对人体和生物毒性很大。事故发生后，国务院对事故相关责任人进行了严厉处罚。同时，投入了大量人力、物力与财力，进行污染治理及善后处理。

中国石油松花江污染事件，将企业与环境的关系提到了前所未有的高度，全社会对"环境保护是企业应承担的社会责任"达成了共识。

作为企业基层单位的班组，要承担起环境保护的责任，重在进行清洁生产。我国《环境保护法》明文规定：国家促进清洁生产和资源循环利用。

企业追求效益、利润的最大化，而环保责任意味着更多的环保投入，既有环保基础设施的投入，还要有环保运营的投入。这就意味着企业效益与环保责任之间是矛盾的。但是，如果一个企业没有环保意识，不履行自己的环保职责，向周围外环境超标排放废水、废气等各种污染物，那么这样的企业将自毁形象，即使是偷排污染物，那么也将造成周围环境的污染，这种行为必将遭到人们的唾弃，其产品也将无人问津。试问，这样的企业岂会久长，迟早是要关闭的。因此，只有认清并履行好自己的环保职责，切实保护好周围环境，才能赢得大众的认可和口碑，企业才能行百年而不衰。

第二节　常见侵害石油企业利益的违法犯罪行为

维护企业的利益不仅关系到企业的生存，还关系到企业的持续稳定发展，直至整个社会的稳定。然而，侵害企业利益的行为却始终伴随。尤其是石油企业，由于其自身生产经营形式的特殊性（点多、线长、面广），使得侵害石油企业利益的行为也不同于其他企业。为了有效地维护企业的合法权益,对侵害石油企业利益的违法犯罪行为,各级企业管理者及其员工都必须要有清醒而又深刻的认识。

一、侵害石油企业利益违法犯罪行为的基本类型及特点

侵害石油企业利益的违法犯罪行为种类繁多,从不同的角度,可以分为不同的类型。通常,从其危害程度上,分为一般违法犯罪行为和严重违法犯罪行为两大类。

侵害石油企业利益违法犯罪行为,除了具有一般违法犯罪行为的共同特点外,还具有以下特点。

1. 行为主体的多样性

实施侵害石油企业利益违法犯罪的行为人,具有多样性的特点。例如,既有企业自身内部的员工,也有社会上的不法人员;既有违法的行政职能部门或单位,也有渎职违规行事的管理者;既有相互勾结、沆瀣一气作案的团伙,也有胆大妄为、独自单干的个人。

2. 行为方式的隐蔽性

侵害石油企业利益的违法犯罪行为,多是利用职务之便里勾外连,隐蔽作案。从近年来破获的多起案件中可知,违法犯罪的主要表现形式,大都是利用职务之便、岗位之便、关系之便里勾外连,借"天时地利"伺机作案,难以及时发现。"家贼"与"外鬼"互相勾结、各取所需,置国家和企业利益于不顾,铤而走险、中饱私囊,不仅破坏了石油工人队伍的良好形象,也给石油企业造成了负面的社会影响。

3. 作案时间的连续性

侵害石油企业利益的违法犯罪行为,偶发性违法犯罪的比较少,常常是"一宗多起,一起多次",时间跨度都比较长,有较强的连续性。有的连续作案几个月,甚至有的作案跨度长达数年之久。例如,据华北油田2013年查处的案件可知,作案时间跨度在一年以上的就占全部案件的43%。其中有一案件,行为人连续作案达七年之久。

4. 危害后果的严重性

侵害石油企业利益的违法犯罪行为,比一般的违法犯罪行为危害性要大得多,因为侵害石油企业利益的违法犯罪案件,大都是侵财类案件,一些不法分子为了获取不义之财,往往采取破坏性的作案手段,结果给企业造成的损失巨大,后果极其严重。例如不法分子为盗窃油气资源,不计后果地采用切割、打孔、撬砸、拆卸、开关等手段破坏正在使用的油气设备,其结果,不仅损坏了油气设备,造成油气泄漏并污染周边环境,而且导致火灾和爆炸等灾难性事故的发生,社会危害性极大。

二、侵害石油企业利益违法犯罪行为的表现形式及后果

不同类型的侵害石油企业利益的违法犯罪行为,有着不同的表现形式和法律后果,根据现实具体情况分析,大致有下列几个方面。

1. 安全生产方面的违法行为

《安全生产法》规定追究生产经营单位法律责任的安全生产违法行为,有下列27种:

(1)生产经营单位的决策机构、主要负责人、个人经营的投资人不依照本法规定保证安全生产所必需的资金投入,致使生产经营单位不具备安全生产条件的;

(2)生产经营单位的主要负责人未履行本法规定的安全生产管理职责的;

(3)生产经营单位未按照规定设立安全生产管理机构或者配备安全生产管理人员的;

(4)危险物品的生产、经营、储存单位以及矿山、建筑施工单位的主要负责人和安全生产管理人员未按照规定经考核合格的;

(5)生产经营单位未按照规定对从业人员进行安全生产教育和培训,或者未按照规定如实告知从业人员有关的安全生产事项的;

(6)特种作业人员未按照规定经专门的安全作业培训并取得特种作业操作资格证书,上岗作业的;

(7)生产经营单位的矿山建设项目或者用于生产、储存危险物品的建设项目没有安全设施设计或者安全设施设计未按照规定报经有关部门审查同意的;

(8)矿山建设项目或者用于生产、储存危险物品的建设项目的施工单位未按照批准的安全设施设计施工的;

(9)矿山建设项目或者用于生产、储存危险物品的建设项目竣工投入生产或者使用前,安全设施未经验收合格的;

(10)生产经营单位未在有较大危险因素的生产经营场所和有关设施、设备上设置明显的安全警示标志的;

(11)安全设备的安装、使用、检测、改造和报废不符合国家标准或者行业标准的;

(12)未对安全设备进行经常性维护、保养和定期检测的;

(13)未为从业人员提供符合国家标准或者行业标准的劳动防护用品的;

(14)特种设备以及危险物品的容器、运输工具未经取得专业资质的机构检测、检验合格,取得安全使用证或者安全标志,投入使用的;

(15)使用国家明令淘汰、禁止使用的危及生产安全的工艺、设备的;

(16)未经依法批准,擅自生产、经营、储存危险物品的;

（17）生产经营单位生产、经营、储存、使用危险物品，未建立专门安全管理制度、未采取可靠的安全措施或者不接受有关主管部门依法实施的监督管理的；

（18）对重大危险源未登记建档，或者未进行评估、监控，或者未制定应急预案的；

（19）进行爆破、吊装等危险作业，未安排专门管理人员进行现场安全管理的；

（20）生产经营单位将生产经营项目、场所、设备发包或者出租给不具备安全生产条件或者相应资质的单位或者个人的；

（21）生产经营单位未与承包单位、承租单位签订专门的安全生产管理协议或者未在承包合同、租赁合同中明确各自的安全生产管理职责，或者未对承包单位、承租单位的安全生产统一协调、管理的；

（22）两个以上生产经营单位在同一作业区域内进行可能危及对方安全生产的生产经营活动，未签订安全生产管理协议或者未指定专职安全生产管理人员进行安全检查与协调的；

（23）生产经营单位生产、经营、储存、使用危险物品的车间、商店、仓库与员工宿舍在同一座建筑内，或者与员工宿舍的距离不符合安全要求的；

（24）生产经营场所和员工宿舍未设有符合紧急疏散需要、标志明显、保持畅通的出口，或者封闭、堵塞生产经营场所或者员工宿舍出口的；

（25）生产经营单位与从业人员订立协议，免除或者减轻其对从业人员因生产安全事故伤亡依法应承担的责任的；

（26）生产经营单位不具备本法和其他有关法律、行政法规和国家标准或者行业标准规定的安全生产条件，经停产停业整顿仍不具备安全生产条件的；

（27）生产经营单位发生生产安全事故造成人员伤亡、他人财产损失的。

《安全生产法》对上述安全生产违法行为设定的法律责任是实施罚款、没收违法所得、责令限期改正、停产停业整顿、责令停止建设、责令停止违法行为、吊销证照、关闭等行政处罚；导致发生生产安全事故给他人造成损害或者其他违法行为造成他人损害的，承担赔偿责任或者连带赔偿责任；构成犯罪的，依法追究刑事责任。

2. 安全事故不报或者谎报行为

这几年一些事故单位的负责人和对安全事故负有监管职责的人员在事故发生后弄虚作假，结果延误事故抢救，造成人员伤亡和财产损失进一步扩大的行为屡禁不止，为此《中华人民共和国刑法》（以下简称《刑法》）增设了"不报、谎报事故罪"。所谓不报、谎报事故罪，是指"在安全事故发生后，负有报告职责的人员不报或者谎报事故情况，贻误事故抢救，情节严重"的行为。依照《生产安全事故报告和调查处理条例》的规定，所谓迟报，是指报告事故的时间超过规定的时限；所谓谎报，是指故意不如实报告事故发生的时间、地点、初步原因、性质、伤亡人数和涉险人数、直接经济损失等有关内容的;所谓漏报,是指因过失对应当上报的事故或者事故发生的时间、地点、类别、伤亡人数、直接经济损失等内容遗漏未报的;所谓瞒报,是指隐瞒已经发生的事故,超过规定时限未向安全监管监察部门和有关部门报告,经查证属实的。

我国现行法律对以上种种行为的确认及惩罚有着明确的规定,其具体法律规定内容如下:

(1)《刑法》第一百三十九条明文规定:在安全事故发生后,负有报告职责的人员不报或者谎报事故情况,贻误事故抢救,情节严重的,处三年以下有期徒刑或者拘役;情节特别严重的,处三年以上七年以下有期徒刑。

(2)《安全生产法》第一百〇六条规定:生产经营单位的主要负责人在本单位发生生产安全事故时,不立即组织抢救或者在事故调查处理期间擅离职守或者逃匿的,给予降级、撤职的处分,并由安全生产监督管理部门处上一年年收入百分之六十至百分之一百的罚款;对逃匿的处十五日以下拘留;构成犯罪的,依照《刑法》有关规定追究刑事责任。

生产经营单位的主要负责人对生产安全事故隐瞒不报、谎报或者迟报的,依照前款规定处罚。

(3)《生产安全事故报告和调查处理条例》的规定。

① 事故发生单位主要负责人的责任。

发生事故的单位主要负责人有不立即组织事故抢救的、迟报或者漏报事故的、在事故调查处理期间擅离职守的行为之一的,依照下列规定处以罚款:

(a)事故发生单位主要负责人在事故发生后不立即组织事故抢救的,处上一年年收入80%的罚款;

(b)事故发生单位主要负责人迟报或者漏报事故的,处上一年年收入40%至60%的罚款;

(c)事故发生单位主要负责人在事故调查处理期间擅离职守的,处上一年年收入60%至80%的罚款。

② 事故发生单位的责任。

事故发生单位有下列行为之一的,处100万元以上200万元以下的罚款;同时贻误事故抢救或者造成事故扩大或者影响事故调查的,处200万元以上300万元以下的罚款;同时贻误事故抢救或者造成事故扩大或者影响事故调查,手段恶劣,情节严重的,处300万元以上500万元以下的罚款。

(a)伪造或者故意破坏事故现场的;

(b)转移、隐匿资金、财产,或者销毁有关证据、资料的;

(c) 拒绝接受调查或者拒绝提供有关情况和资料的;

(d) 在事故调查中作伪证或者指使他人作伪证的;

(e) 事故发生后逃匿的。

3. 石油企业人员的职务犯罪行为

职务犯罪,属于严重的违法行为。近年来职务犯罪的手法不断翻新,犯罪形式多种多样,仅就发生在石油企业的职务犯罪行为来看,主要有以下表现形式。

1) 利用职务便利,贪污受贿

国家工作人员利用职务上的便利,侵吞、窃取、骗取或者以其他手段非法占有公共财物的,是贪污;索取他人财物的,或者非法收受他人财物,为他人谋取利益的,是受贿。所谓利用职务上的便利,是指利用职务上主管、管理、经手公共财物的权利及方便条件。在我国现行刑法中,贪污罪、受贿罪、职务侵占罪、挪用公款罪等犯罪构成都将"利用职务便利"作为客观方面的必备要件。就发生在石油企业的贪污受贿案来看,主要表现为利用职务便利,编造假账,私吞公款;或私设小金库,搞账外账;或名为借款,实为挪用;或者公款私存,侵吞利息;或者伪造、虚开发票,予以报销等。

[案例 10-1]

某油田某采油厂原科技信息中心主任李某贪污受贿案

某油田某采油厂原科技信息中心主任李某,在2001—2004年间,擅自向没有经营资质的供气站供气,收受好处费33万元;2003—2005年,将售气款42万元据为己有;2000—2006年间,私自出售某井的凝析油,贪污售油款123万元。案发后,李某因犯贪污、受贿罪被判处有期徒刑11年,并处没收非法所得100万元,同时受到开除党籍、开除厂籍处理。

2) 利用工作便利,监守自盗

利用工作上的便利,是指行为人与非法占有的财物之间并无职责上管理与支配的权限,仅仅是因为在工作中形成的机会或偶然情况接触到他人管理、经手的财物,或因工作关系熟悉周围环境等,对非法占有财物形成了便利条件。也就是说,行为人对于其非法占有的财物,如果具有职务上所赋予的独立支配的权利,就是利用职务上的便利;如果对其非法占有的财物并无直接控制与独立支配的职责与权利,则属于利用工作上的便利。利用工作上的便利将财物非法据为己有,不构成贪污或职务侵占等职务犯罪,而构成盗窃罪、侵占罪。

[案例 10-2]

盗卖原油案

张某,男,汉族,1976年7月出生,初中文化;吴某,男,汉族,1975年11月出生,初中文化。二人均为某采油厂职工。2005年12月中旬某日,李某和王某从某井拉原油8~9吨路经张某所在井站休息,张某让吴某拖住李某、王某二人,偷偷从拉油车上盗了1吨多的原油。后来二人找人联系"油贩子"准备卖掉原油时,被某油田公安局抓获。

张某、吴某身为国有企业职工,利用工作上的便利,盗卖原油,谋取个人利益,根据某油田《关于严重违法生产经营管理规定的处理办法》第十六条规定,分别给予张某、吴某行政留用察看两年和一年的处分,并收缴其非法所得各2500元。

4. 社会上不法分子对企业利益的侵害行为

社会上不法分子对石油企业利益的侵害行为,主要反映在社会不法分子对油气资源的盗窃及破坏油气设备等方面。最常见的是采用破坏性手段盗窃油气设备及油气产品的行为,这种行为具有手段恶劣、团伙作案、案值很高、危害极大等特点。

[案例 10-3]

团伙盗卖原油案

2007年10月,某市公安机关破获一起特大盗窃、贩卖原油案。犯罪嫌疑人汪某伙同庄某、孙某等在某油田大肆非法收购原油。据统计,1993年以来,该团伙共贩卖原油价值3000余万元。仅2007年4—9月,汪某团伙就贩卖原油价值300余万元。

此案特点:一是团伙成员统一配备交通、通信工具,从原油收购、检质、提纯、运输和贩卖各环节都有专人负责;二是团伙在贩卖原油过程中,形成了完整的"盗、运、销"链条,遍布油区周边的非法土炼厂为其提供了便利的销赃渠道。

[案例 10-4]

隐蔽打孔盗油案

2007年9月17日20时,位于河北省雄县境内任京输油管道27号桩+550米处被不法分子打孔盗油。不法分子在管道附近租用了一个农家院,利用农家院做掩护挖了约13米长的地道至任京输油管线,准备在管道上安装阀门长期偷盗原油。

此案特点:一是不法分子采取挖地道的方式打孔盗油,隐蔽性很强;二是不法分子为了做长期盗油的准备,甚至将引出的盗油管线用塑料布缠绕。更有甚者为了冬季盗油,不法分子将盗油管线上加装电伴热带,在盗油管线上采取小口径接管盗油。这在一定程度上影响了企业管道泄漏监测系统对管道打孔盗油判断的及时性和准确性。

[案例 10-5]

盗油污染环境案

2012 年 1 月 31 日晚,不法分子杨某、崔某、张某等,驾驶汽车携带阀门、铁锨等作案工具窜至滨州经济开发区东临复线 60 号桩+300 米处,用了三个多小时,将输油管线挖出。后将输油管线表面清理干净后将阀门用胶水粘到清理好的输油管道上,随即用手摇钻将输油管线打穿,崔某在卸手摇钻时操作失误,致使原油外泄,原油柱喷射十余米高,上述犯罪嫌疑人带着满身油污仓皇逃离现场。截至该打眼处被发现,共造成原油泄漏 100 余吨,污染附近一汽大众 4S 店新车 120 辆,造成滨州市交通技校因污染损失 10 余万元,且污染耕地、果园 10 余亩,果树 200 余棵、杨树 400 余棵,共计损失近百万元。案发后,该犯罪团伙于 2012 年 4 月 9 日被抓捕,相关人员受到相应的法律制裁。

对盗窃类违法犯罪行为的定罪与量刑,我国《刑法》有明确的规定。《刑法》第二百六十四条明文规定:盗窃公私财物,数额较大的,或者多次盗窃、入户盗窃、携带凶器盗窃、扒窃的,处三年以下有期徒刑、拘役或者管制,并处或者单处罚金;数额巨大或者有其他严重情节的,处三年以上十年以下有期徒刑,并处罚金;数额特别巨大或者有其他特别严重情节的,处十年以上有期徒刑或者无期徒刑,并处罚金或者没收财产。

不法分子在盗油过程中,采用切割、打孔、撬砸、拆卸、开关等手段破坏正在使用的油气设备的,属于《刑法》第一百一十八条规定的"破坏燃气或者其他易燃易爆设备"的行为,依法以"破坏易燃易爆设备罪"定罪处罚。

5. 地方政府部门及工作人员的不当侵害行为

石油企业在生产经营过程中,往往遭受某些地方政府有关部门及工作人员的不当侵害。大体说来,有下列几种:

(1)临时用地政府审批部门多、手续繁杂、周期长、难度大。

① 地方政府在土地管理法的规定之外,增加土地审批部门,使得审批部门包括土地、环保、文物、畜牧、水利、林业、草原、渔业等多个部门,临时用地审批环节多、困难大。

② 政府各审批部门之间相互推诿扯皮，审批程序复杂，审批进度缓慢，影响企业正常作业。

③ 政府审批部门不但借用地之机收取各项行政事业性费用，而且还强行指定中介机构，进行环境评价和提出水保方案等，从而赚取高额服务费用。

④ 因土地审批周期长，造成某些用地单位先用后批，违反了《中华人民共和国土地管理法》有关规定，形成非法占用土地，土地行政主管部门借此对用地单位进行行政处罚。

（2）补偿费用被地方乡政府或村委会截留。

① 补偿费用被地方乡政府和村委会截流、挪用，滋生腐败，为企业再次用地留下隐患。

② 部分村委会、村民在拿不到补偿款的情况下，对用地企业封门堵路，要求企业支付补偿费用，严重影响企业生产秩序。

③ 乡政府、村委会因土地费用被挪用，无力支付给土地所有人或者村民，要求企业再次承担补偿费用，造成企业双重补偿，从而加重企业的经济负担。

（3）地方"三乱"收费。

一些地方政府利用行政许可、行政处罚、出台行政规章文件、签订行政合同等，违反法律和国家政策规定，扩大收费范围和标准，巧立名目设立收费项目，主要表现形式有：

① 不合理的各项行政事业性收费、罚款、集资。

② 向企业摊派、索要赞助、无偿占用企业人力物力。

③ 强行拉广告，派定各类报刊、书籍、资料等。

④ 强令企业参加培训班、研讨会、交易会、洽谈会、竞赛、庆典等活动。

⑤ 强制企业接受应当由企业自愿进行的咨询、信息、检测、保险等。

⑥ 擅自设立罚款项目、制定罚款标准或者提高罚款数额和扩大罚没财产范围。

实践中，如果企业拒绝交纳不合理费用，地方政府将采取不予行政许可或者给予行政处罚等做法，迫使企业交纳。如果企业交纳了不合理费用，不但增加企业经济负担，而且可能难以通过国家经济审计，因而招致企业承担不应承担的法律责任。

（4）"地方保护主义"盛行。

"地方保护主义"，主要是指地方行政、司法机关，为袒护地方局部利益，而对石油企业进行限制或处理不公，其主要表现形式有：

① 要求办理不同于本地企业的审批手续；

② 额外收费或实行不同标准的税费；

③ 实行不同的安全、技术标准；

④为地方利益,对石油企业进行行政处罚和枉法裁判。

⑤个别职能部门有徇私之意,拖延审批,等待行贿、送礼。迫使企业无奈答应地方政府及行政执法部门的不当要求。

三、侵害石油企业利益违法犯罪行为的防范措施

针对侵害石油企业利益的违法犯罪行为,必须引起高度重视,通过有效途径并采取相应的措施加以防范。

1. 加强宣传教育,提高企业员工防范意识

大量事实证明,石油企业人员职务犯罪的主观原因,在于其法律意识不强、道德观念沦丧,加之放弃思想改造,不注意修养,以至于拜金主义、享乐主义和贪欲极度膨胀,使其逐步走上了违法犯罪的道路。因而,防范违法犯罪,应从思想教育入手。

要防范侵害石油企业利益的违法犯罪行为,重要的是要搞好防范的宣传教育,从企业员工的防范意识抓起。

(1)通过宣传教育,使企业全体员工真正把《诚信合规手册》作为自己行为的指南,切实做到:守法合规、忠诚公司、诚信做事、爱岗敬业。

(2)通过宣传教育,使广大企业员工充分认识防范侵害石油企业利益的违法犯罪行为的紧迫性,从已经发生的形形色色的事件中认真吸取教训,引以为戒,防微杜渐。同时,勇于站出来,敢于同侵害企业利益的各种行为做斗争。

(3)通过宣传教育,让企业管理者真正认识到:企业生产经营及其管理活动中面临诸多法律风险,稍不留神就会引发不利的后果,企业利益受损,自身还要承担相应的法律责任。因而,做到认真履职,自觉抵制利用职务便利谋取不正当利益。

(4)通过宣传教育,使企业真正步入法制的轨道。从企业内部来讲,营造和谐劳动关系,保持良好工作氛围,做到依法用工、公平对待员工、关注员工安全与健康、落实安全生产责任制、尊重和保护员工的合法权益。从企业自身来讲,不断改进和提升质量、公平对外进行交易、依法保护生态和环境、妥善处理质量和健康安全环保事件、有效利用与保护企业资产等。

总之,通过宣传教育,实现从企业的决策者、管理者到普通职工,都应当重视运用法律方法去处理企业在改革、改制等生产经营管理过程中的涉法事务,从而在企业员工思想和管理体系上构筑起防范违法犯罪的坚固防线,让不法侵害行为无生存之地。

2. 提升安监队伍素质,加大监督管理力度

大量事实说明,能否有效地防范侵犯石油企业利益的行为,在很大程度上,取

决于企业监管人员的素质高低和防范措施是否得力。

企业安全监督管理人员,应具备较高的理论修养和政治素质。要贯彻"安全第一,预防为主"方针,要认真学习和贯彻执行《劳动法》、《安全生产法》等法律、法规,以及石油行业有关规定及政策,要认真学习并熟悉中国石油制定的《诚信合规手册》,严格遵守法律法规和职业道德规范,并提升防范技能,力求企业安全监督管理工作的法制化、规范化。

安全监管人员应具有高度的使命感与责任心,加大安全监管力度,严格把关,做到事事有标准、件件有依据。实行抽查和跟踪检查相结合,变事后反省为事前抓预防,事中抓控制,实施全程监管,特别对重要的油气设备器材物品和案件高发、易发区域进行重点检查、重点监控,消除隐患。

侵犯石油企业利益违法犯罪行为的发生,对企业来讲,是一种法律风险。要防范这种风险,监管部门的工作至关重要,但是监管工作须讲究方式方法,不可我行我素、孤立作战。所以,监管部门及人员要经常与被监管部门及人员进行沟通,及时通报监督检查中发现的问题,共同分析出现问题的症结,共同研究解决问题的方案,真正实现动态控制与管理。

3. 采取有效措施,依法维护企业正当权益

1)通过合法途径,维护油田企业采矿权

根据《中华人民共和国矿产资源法》及有关法律法规的规定,具有合法油气开采权的企业及其职工,在其开采权受到侵犯时,可以采取以下途径保护自己的合法权益:

(1)请求国家行政机关依法追究非法采矿者的行政责任;

(2)请求国家司法机关追究非法采矿者的刑事责任;

(3)提起民事诉讼,视情况依法向人民法院申请先予执行,立即停止侵害,排除妨害等。

"保卫油田,守土有责"是油田企业每一个职工应时刻牢记的职责。对正在非法打井采油或者正在进入油田矿区范围准备打井,侵犯油田企业合法采矿权的违法犯罪行为,企业职工有权利也有责任采取有力措施,坚决予以阻止,以维护企业合法权益不受侵犯。

(1)可向违法采矿者和不明真相的群众宣传《中华人民共和国矿产资源法》及相关法律法规,说明在油田企业范围内打井、采油是一种违法行为,应当受到法律制裁,促使其自动中止违法犯罪行为。值班员工或基层人员发现有人正在非法打井采油或者正在进入油田矿区范围准备打井时,应向所在站队的作业区、厂或公司紧急反映情况。

(2)如果侵权方不自动中止违法行为,油田企业可向侵权方发出书面通知,严厉谴责其违法行为,警告对方如不停止侵权行为,企业将会采取相应措施。

(3)有关单位发现或者接到举报应立即组织公安保卫部门(包括经警、职工)等力量充分运用法律赋予的各种职权,对正在实施不法侵害者予以阻挡、制止,并可依法定程序查扣其车辆、物资设施,阻止其非法打井采油行为。

(4)在采取有力措施制止对方非法打井采油的同时,油田企业可向当地政府有关部门直至国务院地质矿产资源管理部门紧急反映情况,请求尽快采取行政措施制止违法侵权行为;另外,还可通过社会舆论监督,对这些违法犯罪行为予以曝光。

在采取措施制止非法打井采油行为时,一要注意方式、方法,尽量采用和平方式,避免直接正面的暴力冲突;二要区别首要分子和一般参与群众,重点孤立打击首要分子;三要注意依职权和法定程序来制止违法行为,不可越权、违反法定程序;四要注意收集相关证据,为向政府部门举报或向司法机关起诉打下基础。

2)加大打击力度,严惩盗油违法犯罪行为

盗窃油田物资,尤其是在输油管道上打眼盗油的行为是一种严重的违法犯罪行为,它不仅破坏了输油管道,而且严重危害社会公共安全。输油管道具有高温、高压、易燃、易爆、点多、线长、需连续不间断输送的特点,属于易燃易爆设备,一旦造成管道输送原油的大量泄漏,极易引发火灾、爆炸、环境污染等次生灾害,后果不堪设想。例如,尼日利亚在2000年曾多次发生输油管道打眼、抢油引发火灾事故,其中有3次大火死亡上千人;我国也已经几次发生打眼盗油着火、死伤人事故。管道漏油后长时间的停输抢修,极易造成管道凝管事故的发生,一旦凝管,巨额投资建成的输油管道将全线报废,给企业和国家造成巨大的经济损失。

根据我国现行法律的规定,对在输油管道上打眼盗油的违法犯罪行为,在惩治其盗窃行为的同时,以破坏易燃易爆设备罪进行处理。破坏易燃易爆设备罪的处罚要比盗窃罪重得多。根据《刑法》第一百一十八条和第一百一十九条的规定,破坏易燃易爆设备,危害公共安全,尚未造成严重后果的,处三年以上十年以下有期徒刑;造成严重后果的,处十年以上有期徒刑、无期徒刑或者死刑。

企业治安保卫部门要和当地公、检、法机关密切配合,及时破获盗油案件,对该立案的及时立案,该逮捕的及时逮捕,该判刑的及时判刑。特别是对集团盗窃和给国家财产造成重大损失的犯罪分子,要坚决依法从严惩处,从而形成严厉打击盗油违法犯罪行为的强大攻势,使违法犯罪分子望而却步,不敢再盗。

3)保持清醒头脑,正确处理聚众哄抢事件

聚众哄抢事件,是指以非法占有为目的,聚集多人公然抢夺油田物资器材或原油的冲突。《刑法》第二百六十八条规定,聚众哄抢公私财物,数额较大或者有其他严重情节的,对首要分子和积极参加的,处三年以下有期徒刑、拘役或者管制,并处罚金;数额巨大或者有其他特别严重情节的,处三年以上十年以下有期徒刑,并处罚金。

依照法律规定,在聚众哄抢事件中受惩罚的应是"首要分子"或者"积极参加的人"。而受蒙蔽、胁迫的群众只是给予批评教育,不承担法律责任。因此,在处理聚众哄抢事件时,要保持清醒头脑,认真做好以下几点:

(1)要寻找机会向队(站)作业区等有关单位汇报。有关单位接到报案后应立即向油田企业公安部门或地方公安部门报案,请求保护国家财产。

(2)保护现场,如果与哄抢人群对峙,要寻找首要分子,以便公安机关到来后抓获首要分子;若条件许可,可将首要分子控制起来或直接扭送公安机关。

(3)要向哄抢群众宣传法律,正告首要分子悬崖勒马,立即停止犯罪行为。通过宣传法律政策及违法行为应承担的法律后果,来瓦解聚众人群,孤立首要分子。

(4)充分运用视听工具,拍摄或录音现场,搜集现场人证、物证,注意获取与犯罪行为有关的一切证据材料,为下一步惩治首要分子提供条件。

(5)配合公安机关,抓获首要分子或积极参与人,依法惩治犯罪分子。

此外,还要注意以下几点:

(1)应保持冷静态度,及时劝解疏导被蒙蔽的群众,控制事态发展,切忌急躁或不冷静言论,造成群众情绪激动,给国家和人民财产带来更大的损害。

(2)区别对待"首要分子"与"一般群众"。对一般群众要宣传国家法律,动之以情、晓之以理,而对首要分子或积极参加者要予以孤立和打击。

(3)在处理首要分子和积极参与者时,要注意发挥专门机关与企业职工的作用。涉及触犯刑律的行为,应由公安机关予以查处,因为公安机关负有特殊的使命,一旦遇到暴力抗拒,可以行使特定职权,打击犯罪分子。而一般职工法律没有赋予特殊职权,当犯罪分子穷凶极恶攻击时,容易受到伤害。所以,在发生此类事件时,应由公安人员正面打击,员工配合公安人员制止犯罪。

最后,在扭送犯罪分子时,不能擅自关押和殴打,否则,容易触犯刑律,给职工带来不应有的麻烦。

4. 选择有效方式,妥善处理企业外部关系

石油企业要想规避地方政府有关部门及工作人员的不当干预,切实维护好自身合法权益,就需妥善处理好与外部的关系,总的来讲有三点:一是要加强与政府的沟通,积极争取政府的理解与支持;二是支持社区公益事业,切实履行社会责任;三是尊重地方风俗习惯,做到入乡随俗。

企业在生产经营过程中,与地方政府有关部门及其周围群众发生争议是不可避免的,因而选择有效的处理方式尤为重要。实践中,以下方式可供选择。

1)争议的协商解决

这种解决方式是目前最被提倡的一种解决方式,也是成本耗费最低的一种解决方式。争议双方当事人通过协商解决问题不需要通过上级行政机关或司法机关,如果问题能够得到协商解决,可以减少争议双方的矛盾,缩短争议解决的时间,减少争议解决的环节。但如果问题不能够协商解决或是当事人在达成协议后又反悔的,又不得不诉诸其他途径来解决争议。因此协商解决争议是解决方式中法律效力最低、不确定因素最多的一个。

2)争议的调解解决

争议的调解,有民间调解与行政调解两种。通常,当事人约定的是行政调解,即政府部门的调解。

行政调解是在当事人自愿基础上,在政府有关部门协助下,以调解方式解决争议的一种形式。它既不同于仲裁机构的仲裁,也不是一种行政处理办法。依照现行法律规定,政府部门受理调解申请,必须以当事人双方自愿调解为前提,一方不愿调解的,不能受理;在调解中,一方当事人不愿继续调解的,应当终止调解;调解不成或者当事人不履行调解协议的,应当告知当事人,根据仲裁协议向仲裁机构申请仲裁或者向人民法院起诉。不得用行政手段强制当事人接受调解或强制执行调解协议。

3)争议的仲裁解决

仲裁,又称作"公断",即当事人将其争议提请仲裁机关处理,由仲裁机关依法做出裁断,从而解决当事人之间的争议。

在我国,仲裁不实行级别管辖和地域管辖,当事人应当综合考虑各方面原因,选择适合自己情况的仲裁机构。

4)争议的诉讼解决

通过法院解决争议,既是法定的有效方式,也是在其他方式无效情况下的最终方式。

通过法院解决争议,当前形势下,确定管辖法院很关键。最好是坚持己方所在地法院原则。实行这一原则的原因有以下几个方面:

(1)节约诉讼成本;

(2)有利于为己方营造良好的司法环境;

(3)有利于诉讼中的各类权利更好实现。

基于以上原因,在约定管辖法院时,要明确该法院对该争议是否有权管辖,以便做出正确的选择。

石油企业要树立维权意识,要善于运用法律武器维护企业合法权益,把损失降到最低程度。一是聘请律师或完善企业法律顾问制度,掌握法律,分析形势,做到心中有数;二是加强基础工作,在日常生产经营及管理中注重原始证据的收集整理,做到铁证如山;三是注意诉讼时效,必须在法定的追诉时效内提出诉讼请求;四是发生争议后,要综合考虑,选择适宜的处理方式,决不可意气用事。

综上所述,石油企业的领导、一般管理者及其普通员工,都要树立防范意识,要认真研究企业管理中的风险点和管理措施,结合石油企业内部控制体系,逐步完善管理中的法律风险防范制度体系,从市场准入到招投标,从合同签订、履行到外部关系的协调处理等各主要方面,建立健全工作程序和风险监管制度。同时,拿起法律武器,依法惩处侵害企业利益的各种违法犯罪行为。只有这样,才能使石油企业免遭不法侵害,确保企业正常生存与持续稳定发展。

附录一 班组管理案例汇编

班组团队建设案例

案例一：井站是我家

【情况描述】

长庆油田第一采油厂下辖区域内有一个张渠作业区，是一个开发了十几年的采油作业区，地理位置偏僻，地形复杂，交通不便，井站分散，信息传递慢，生活条件较为艰苦，这就造成了员工流动性较大，不安稳情绪较浓。如何构建舒适、轻松的人文环境，如何留住人才，是作业区管理者经常思考的一个问题。

近年来，这个作业区努力营造舒适和谐的工作氛围和健康向上的井站环境，形成独具特色的井站人文环境。这实现这个目标，作业区将改善员工工作生活环境作为重要工作，提出建设"绿色家园"和"温馨家园"方案，大力开展"四小建设"和"三园文化"建设工程，为一线员工营造绿色环境。"四小建设"就是建设小花园、小绿地、小田园、小天地；"三园文化"就是力争把工作环境变成"家园、乐园、花园"。

【点评分析】

长庆油田所辖大多数作业区地理位置偏僻，工作环境单调枯燥，一线员工普遍感到无聊和苦闷，情绪低落，工作缺乏积极性。所以，丰富员工业余生活和精神生活，消除他们的空虚感和无聊感，让他们有一个好心情，是很多作业区管理者工作的重中之重。这个作业区在这方面确实下了很多工夫，调动了广大员工主观能动性，他们组织员工在井站周围空地开辟种植区域，种植鲜花、蔬菜，自给自足，培育员工养花、爱花、育花的热情，陶冶员工情操，缓解员工工作压力和紧张情绪，让员工在繁忙的工作之余享受到田园生活的乐趣。

【经验启示】

用人性化管理营造健康、和谐、底蕴深厚的文化环境和"工作好、心情好、环境好"的良好工作氛围，可以充分调动广大一线员工的工作热情。

案例二："班组长活动日"活动推进班组建设水平

【情况描述】

西南油气田川中油气矿南充作业区根据"五型"班组建设总体要求，利用每两月召开一次的班组长会议、井站交接班以及每季度或半年作业区组织的一次班组长内外部交流活动,以讲座、经验交流、现场观摩、参观学习等作为交流的主要内容,全方位提高班组长综合素质,推进班组建设水平整体上台阶。

一是召开班组长会议。每两月组织一次有活动主题的班组长会议,如管道巡线经验分享、安全应急演练经验分享、设备保养心得、"五必谈、六必访"与员工交心共建团结和谐氛围等,现场请班组长进行主题演讲,班组长交流讨论后进行总结分析,重点突出班组在安全生产、环境保护、挖潜增效、设备保养、管线巡护、处理突发事件、人员素质等方面的管理机制。

二是组织班组交流学习。每月开展一次交流活动,包括举办一个小演讲、开展一个小竞赛、搞好一次培训(演练)会、推出一个小典型等。

三是开展班组长内外部交流提升活动。每季度或半年组织班组长到班组建设管理好的井站、外单位优秀井站班组观摩学习,开阔视野,汲取经验。

四是严格考核。作业区对参加活动的班组长及班组进行严格考核,通过安全联系人对班组每月考核及安全大检查等方式,综合评定"班组长活动日"活动的成效。

【点评分析】

可以说"班组长活动日"是广大一线班组长交流的重要平台,也最受到一线班组长的欢迎,活动开展提升了班组长综合素质。通过集中式的学习、培训、参观等,带给班组长更多的经验交流机会,便于培养选拔出一批思想素质好、技术素质高、综合能力强的班组长队伍,切实发挥班组长作用。通过一系列的"班组长活动日"活动,强化班组长责任意识,引导其充分履行好自身职能。

【经验启示】

"班组长活动日"活动有效推动"五型"班组创建活动深入开展,促进了班组建设水平整体上台阶。应认真总结、大力宣扬班组建设的先进经验和优秀班组长的典型事迹,查找在班组建设和班组长培养选拔中的不足,制定出有针对性、实效性的培训及员工思想引导方法,进一步提高班组建设水平。

案例三:海到无边天作岸,山登绝顶我为峰

【情况描述】

新木采油厂"杜海峰班"是继"刘成班"之后,吉林油田第二个以员工个人名字命名的典型班组。

杜海峰常说:"学习永远没有止境。"他利用工余时间,先后自学了《油藏保护》《采油工程》《修井工程》等十几门专业课程。把书本知识与实践相结合,逐渐总结出了负荷观察法、百分百紧固法、安全清洁管理法等十几种油水井管理法,并被编辑成书,在全厂和吉林油田推广,成为全公司学习的榜样。

多年来,杜海峰本着"认真出精品,坚持见功夫"的管理理念,从细微处入手,

精心呵护每一口井,采取一井一策的管理法;同时,把设备划分层次,对设备按周期进行保养,保证设备的润滑完好率为100%。2011年针对采油岗耗电大的特点,采取间歇抽油方法,每月可节电上千度。通过回收落地油等方法每年都能节约费用上万元。

在班组管理工作中,他做到"不愿干时领你干,不会干时教你干,你有困难帮你干,干出标准给你看",积极帮助同事解决技术难题,毫不保留地把所懂所会教给大家。杜海峰还在"五小"科技创新活动中,提出过100多条建议和措施。

他所在班组油水井免修期达到1321天,高于油田平均水平2倍多,其中木34井免修期达3028天,创造了吉林油田油水井免修期记录。仅节约作业费一项就达到50多万元,减少作业占井并多产原油500多吨。"杜海峰班"已然成为公司基层班组的楷模、基层管理的典范、基层建设的标杆。

【点评分析】

"杜海峰班"在生产实践中不断探索和研究,创造出符合油田提质增效的管理经验和做法,激发了员工的工作热情,也为油田员工树立了光辉的榜样。

【经验启示】

"杜海峰班"的管理经验是,作为油田的员工要心系油田,注重团队力量和同事同甘共苦。要善于研究,理论与实践相结合,营造一个良好的团队氛围,全面提升员工的技术水平和敬业精神。

案例四:师徒巡井的秘诀

【情况描述】

在你们班组,是否感觉到85后、90后新员工的培养和带教往往比较棘手和头疼?而这对师徒,如何使新井由"捣蛋鬼"变成了"胖油娃",且看"师徒巡井有秘诀"。

玉门油田某采油工区近两年投产的新井有46口,产量忽高忽低捉摸不定,但在杨启秀和姜亚妮师徒手里,新井却由"捣蛋鬼"变成了"胖油娃"。

杨启秀是一名经验丰富的采油工,工区派姜亚妮给她当徒弟,如何带出这个徒弟并处好师徒关系,杨启秀思忖许久,无非就是一个"妈妈心"么,像对女儿般地爱她,为她负责。

先从巡井做起,一是走到哪带到哪,二是手把手地教,三是毫不保留地传。领着去巡井,怎么听压力,怎么拧取样阀开始取样。师父爬上3米多高的储油罐量油,徒弟将密封盒上漏的油及井口认真地擦拭了一遍。师父开始测井口压力和电流,将数据记录在小本上,并告诉徒弟:"小班跑井,油井出现问题,就是憋压和碰泵,但要控制好油压和套压。两项压力高了油就不出,低了让气锁住。因此只有保持压力稳定,油井才会正常。"徒弟说:"师父管井就靠管钳、棉纱和小本。最关键的是她的责任心,为了新井的正常出油,她的师父可没少费劲操心,因为好多油井都是平台作业,不及时去量油和改罐,就会发生原油溢罐,造成浪费。同时,因为进罐原油时不时会出现油稀、油稠、含蜡高等现象,所以必须控制好火烧罐的点火大小。对在排液期的新投井更是不能有偷懒的思想,要天天取样查看含水,天天量油,确保不溢罐。"

【点评分析】

85后、90后新员工的培养和"传帮带",是班组管理中遇到的新问题,手把手地教,毫不保留地传,体现了师傅的大度,作为徒弟,放下身段去学,去悟,更为重要。

【经验启示】

拥有了一颗无私的"妈妈心",一颗"感恩的心",怎会师徒情谊不深!

班组内部沟通案例

案例一:恰当处理班组员工矛盾

【情况描述】

某采油班组,共五人,其中小王是今年新分来的大学生,张姐是工作近20年的大姐,班组长是一位35岁的技师,业务能力强,有上进心,但处理一些下属琐碎事务时遇到一些麻烦。一天,张姐来办公室向班组长告状,起因是小王上班时间玩手机,张姐训他,小王不服,认为自己是在空闲的时间玩手机,张姐对小王很不满。另外,张姐认为与小王一起值班时,她干得多,心中不乐意,小王却不以为然。班组长对张姐开导说:"你们俩一块值班,你是大姐,你们之间的矛盾我不好介入,你们不会自己解决问题、处理好关系吗?"张姐听了很不高兴,但又不好说什么。一个月后,小王和张姐之间的关系越闹越僵,在工作中互相拆台,井口漏油、皮带打滑,互相都不告诉对方,也不和站长说,造成了管理的纰漏,影响了班组管理水平。

【点评分析】

作为班组长应正视那些影响领导行为的主观因素,最忌讳把属下之间的矛盾视而不见。事实上,当下属提出矛盾问题,是想通过班组长化解,班组长不做出正面处理,就会使他们之间的矛盾更加僵化,最终影响工作。

【经验启示】

作为班组长,对员工之间的关系应该了如指掌,从言谈举止就能体察他们的关系,发现有不是很融洽的气氛出现时,应把握其中的度,根据不同情况采取不同调节方式。应该做到:

（1）不要逃避问题。

（2）不要听一面之词。

（3）不要站在矛盾的一方，讲另一方对其看法。如果双方冲突都在气头上，可以先做"冷处理"，然后等待时机解决，假如急于解决，可能会使矛盾进一步激化。

（4）在调解过程中，尽可能以平静的心态让他们诉说观点，再客观分析问题，指出其错误观点和行为，对极端的行为已经影响到工作的必须严厉提出批评，并说明对结果的利害关系。

（5）班组长要带领他们共同完成一个合作性很强的工作项目，加强他们之间的团队精神。

案例二：有效沟通提高班组凝聚力

【情况描述】

公司中的每一个人都是公司的一分子，而每个班组则是公司这个"大机器"里的"小零件"，只有每个"小零件"都能充分发挥自己的作用，才能让"大机器"正常运转。但"小零件"有时会发生这样那样的事情，需要班组长及时了解、沟通，并有效地解决这些问题，保证生产的安全有序进行。

2008年井下作业公司某作业队某班组分来一名新参加工作的大学生。他刚一来心气儿挺高，希望在这个行业能够大展身手，可是随着不断接触、了解井下作业繁重的工作内容和艰苦的工作环境，心里不免打起了退堂鼓。工作中的表现就是无法集中精神，得过且过，违反操作规程作业，有一次还差点造成工程事故。该班的班组长发现了这一问题，通过旁敲侧击了解了大体的情况，抓住一次休班聚餐的机会与他谈心："我刚参加工作的时候工作环境比现在可艰苦多了，照明靠蜡烛，取暖靠煤块，班车是敞篷大东风，井上的板房四处漏风。你看现在，每口井都接了电，新板房冬暖夏凉，班车也换成了工程车，以后我们的工作环境只会越来越好。你是一名大学生，以后的前程肯定会比我要好，你只要尽早尽快地适应这个岗位，通过不断学习和努力工作，还有机会走上管理岗位。我们都是家里的顶梁柱，只有好好工作才能让父母放心，不能好高骛远，耽误了自己的一生。"在班长的劝导下，他终于摆正了自己的位置，端正了工作态度，认真学习井下作业行业专业知识，成为班长的得力助手。

【点评分析】

班组长是一个班组的中心，他要能够团结每个班组成员，能够调动全体班组成员的工作积极性。这就要求班组长应具有良好的领导力、执行力和沟通能力，能够将班组上下拧成一股绳，安全高效地完成每天的生产任务。班组长每天都要肯定班组成员的工作成果，使他们能更明确自己的工作目的和职责，从而意识到自己在日常工作中的重要性。对于班组成员提出的质疑和牢骚，班组长也要认真的倾听和关注,这样不但能赢得他们的尊敬,更能提高班组成员对工作的高度热情和兴趣,从而在工作中调动班组成员的主观能动性,发挥最大的潜能投入工作。

【经验启示】

有效的沟通能拉近班组长与其他班组成员之间的距离,能增进同事之间的感情,从而在工作中发挥更好的战斗力和凝聚力,充分发挥班组全体成员的聪明才智,每个人都能提出自己好的建议和看法,及时有效地解决井下作业中遇到的各种问题,走好安全、文明生产的第一步。

案例三:班组的有效沟通

【情况描述】

赵某是班组的一名老工人了,技能水平相当高,他平时不爱说话,但是只要一说话,就是牢骚话,对团队的士气有很大的影响。有一天,赵某,闷闷不乐的,班长刘某就问他:"老赵,你今天好像有什么心事?"

赵某:"哎,又和老婆吵架了!"

刘某:"为什么呀?"

赵某:"还不是嫌我挣钱少。"

刘某:"哦,怪不得你今天那样说。不过,你真的认为职业技能鉴定是走过场吗?"

赵某:"不是吗? 真正有技能的人级别却不高。"

刘某:"是这样吗? 上次职业技能鉴定你为什么是初级呢?"

赵某:"还不是理论考试没过,我就是不想去背这些东西。"

刘某:"你是觉得理论知识没用吧,不过它可是用来指导实操的,那些理论好、实操又好的当然要比你的技能高了。"

赵某:"我只是觉得没意思。"

刘某:"你老婆不是嫌你挣钱少吗? 级别高收入也会高,最重要的是体现你的价值。如果你总是发牢骚,怨天尤人,不去主动提高自己,你和别人的差距会越来越大,后果你是清楚的。你现在就理论差一些,好好准备一下一定会晋级的。"

赵某豁然开朗,感觉到自己平时太消极,付出行动太少了,自这以后,他努力学习,职业技能鉴定初级、中级、高级均一次通过考试!

【点评分析】

班组管理中,要试图改变一个人,不是靠一次谈话就能解决的。对待意愿低技能高的人,要经常进行沟通,对其能力表示高度评价,了解其真实想法,适时对其生活和工作上进行帮助,使其树立更高的意愿。

【经验启示】

沟通要在平时不断地进行,正式的谈话只会引起他的反感。经常的沟通才能得到他的信任,才能了解他的真实想法。在他有困难的时候,即使帮不上忙,说几句安慰的话也能起到很好的作用。这样在你说出你对他的要求时,他才更容易接受。

班组制度建设案例

案例一:不想"白忙"制度"帮忙"

【情况描述】

轮南物资供应站的零星维修工作没有书面计划,没有申请流程,只是口头交代,时间长了难免有漏项。各班组及各属地主管遇到需要维修和整改的小项目,电话该打给谁,没有指定的受理人;电话报修的内容也很笼统,或是尺寸规格不清,或是状况描述有误,导致很多维修无功而返或不了了之。

物资供应站维修工作忙而无序,经常陷入"白忙"的困境。员工抱怨做了很多工作没有留下记录,工作量统计常常数据不准。

对此,轮南物资供应站不回避问题,召集员工集体讨论,听取员工的意见和建议,制定供应总站零星维修作业流程,实施物资供应站维修申请(确认)单制度。随后,在梳理近期工作内容时吃惊地发现,一周之内开展零星维修达30多项。实施制度和流程管理后,工作责任界面更加清楚,岗位之间扯皮、推诿的现象基本消除,工作效率和工作质量明显提高,员工的工作积极性更高了。

【点评分析】

该基层班站不逃避、不回避问题,组织员工集中讨论,广泛听取员工的意见和建议,让全体员工参与到基层班组的管理中来,发挥全员的聪明才智,建立管理制度和工作流程,很好地解决了有活没人干、有人没活干和干活效率低、标准不高的问题,增强了基层员工的主人翁意识。

【经验启示】

生产一线员工对生产现场的作业状况最有发言权,只有发挥好基层员工的聪明才智,才能解决好生产现场的难题,也只有建立得民心的管理制度,才能充分调动基层员工的工作积极性。

案例二:数字定标尺,保洁质更优

【情况描述】

哈密物业管理公司保洁中心承担着吐哈油田哈密石油基地楼宇、道路等344.02万平方米的保洁任务,以及哈密基地生活小区和工业区垃圾清转运工作。为使保洁服务体系化、标准化,班组制定了一套"数字化标尺"管理制度,有效促进了管理提升和质量创优。

"三令"服务定军规。"以风为令,风停路净;以雨为令,雨停路通;以雪为令,雪停路畅",一切为住户着想,用最快的速度为住户提供最优的服务。

"三色"标识定标准。抹布选用红绿蓝三种颜色备用,拖把在把杆上分别用红绿蓝三色即时贴进行标识。标识后的三色抹布、拖把严格区分用途,即使最挑剔的客户也放心和舒心。

"三心"服务定内涵。用心服务是核心。"不让一车垃圾延误送出,不让一处垃圾影响环境"。细心服务是主线。用纸巾检测抹布和拖把湿度,根据纸巾湿点水印将其细分为九分干、八分干、七分干和四分干四个级别,擦拭不同物品用不同级别干的拖把。顾客舒心是追求。天冷装上门把手"外套",下雪了铺上防滑地毯、摆上警示牌,质量跟踪反馈,每天的质量巡检表、意见栏可及时让客户表达意见。

实施"数字化标尺"制度以来,中心先后荣获中国质量协会"用户服务满意班组"、中国石油天然气集团公司"先进基层党组织"等多项荣誉。

【点评分析】

凡事无小事,简单不等于容易,用力只能合格,用心才能优秀。班组实施"数字"保洁制度,将小事成就大事,让细节成就完美,实现了保洁服务的体系化、标准化。

【经验启示】

只有制度立规、责任落地,才能把平凡的事做精做细,把细小的事做好做实。

班组工作经验案例

案例一:"李亚夫班组"的六清工作法

【情况描述】

"李亚夫班组"是伴随着切六区块的发现和开采应运而生的,于2012年1月正式命名,主要负责切六井区44口油井的日常维护管理工作。班组共有13名成员组成,实行先进的六清工作法且成果颇丰。六清工作法,即班组目标清楚、工作思路清晰、安全管理清醒、工作方法清简、工作环境清新、为人做要清白。

班组目标清楚:以建立"五型"班组为总目标,逐月逐日分解为月目标、日目标并完成工作、达到标准。

工作思路清晰:以有目标、有计划、有实施、有监控、有评价、有改进为原则,施行"每日小黑板"行动,将每日工作目标逐条写在小黑板上并逐步实现。

安全管理清醒:班组实行了落实安全责任、重视安全学习培训、风险识别常态化、人人都是安全员的措施。安全责任落实到人人,人人都用安全员的标准在工作中时刻提醒自己,注重安全学习培训,做到在班员在接触设备的第一时间就能清楚地知道该设备的风险源并学会处理和控制其危害。

工作方法精简:以简明的工作方式,节约资源;以有效的科学技术,严格执行岗位操作卡的流程并制定了一套流程故障处理方法。

工作环境清新:以着力建成清洁型"绿昆北"以及和谐型小家庭为目标而努力奋斗。班组还要求每日巡井时发现"跑、冒、滴、漏"现象,要做到及时治理,减少环境污染和工作隐患。

为人做事清白:要求班组人员要有认真的工作态度、良好的工作状态、扎实的业务基础和高尚的个人魅力。

【点评分析】

"李亚夫班组"严格按照公司要求和规定开展日常工作并能够在工作之余积极探讨与反思,总结工作中的规律,为班组"量身定做"了一套班组管理方案,让人人心中有目标、人人心中有安全。这激发了一线员工奋发向上的积极性,也解决了班组管理工作的难题。

【经验启示】

"李亚夫班组"通过六清工作法,将目标、责任、安全落实到每个班员身上,激发了员工的主观能动性,做到了由"要我学习"到"我要学习"的重要转变。六清工作法解决了班组管理中的实际问题,为优秀班组建设开了一个好头。

案例二:"武建明班组"的五勤工作法

【情况描述】

"武建明班组"是青海油田采油一厂尕斯第三采油作业区的联九站,目前管理着油水井37口,是一个集采油、计量、配注、加药、集油输油于一体的综合性井站。"武建明班组"本着互相尊重、和谐沟通、大事做细、小事做透的管理理念,在长期的班组建设中,结合自身工作的特点,总结、提炼形成了五勤工作法。五勤工作法,即脑勤、嘴勤、腿勤、手勤、眼勤。

脑勤:在工作中不断发现问题、不断思考解决问题的好方法、不断总结更好地处理问题的经验。

嘴勤:班组成员之间不但要相互尊重,更要和谐地交流和沟通,同时,及时将班组生产动态、班员思想波动情况向作业区领导汇报,共同解决生产、生活上遇到的难题。

腿勤:在日常巡检过程中,增加重点井的巡检次数,由规定的6小时一次缩短到3小时一次。对问题井及时进行综测,判断油井存在问题并上报上级部门。

手勤：工作中鼓励年轻人多动手操作，手把手地指导新员工分析示功图，判断深井泵工作状况，排除油井故障、使用各类工具等。

眼勤：采油工每天要做的工作基本上都面临着安全风险，时刻绷紧安全弦，要随时发现人的不安全行为和物的不安全状态，及时提醒并纠正。现场巡查不留死角，使人的不安全行为和物的不安全状态得以及时发现和消除，每一位班组成员养成了以"发现问题比解决问题更为重要"的班组安全理念。班组在践行五勤工作法的同时还推行责任到位、检查到位、警示到位、和谐到位。

有一次，跃951井井口不出液，憋不起压，现场实测示功图做功面积变小，漏失线重合，为了节约成本，班长带领班员寻求解堵思路，最后方案成功节约修井费用6万元。

【点评分析】

"武建明班组"通过五勤工作法的实施，有效调动了班员工作积极性，提高了班员对井况的判断能力及日常生产中的安全意识，提升了班组整体工作水平。

【经验启示】

"武建明班组"在每日的工作中抓住点点滴滴做总结、忙分析，带领班员开动脑筋想办法，为油田节约了成本。在日常的生活中倡导班员之间沟通，解决了思想问题。"武建明班组"勇于创新解决生产中的实际问题，敢于沟通解决生活中的思想问题，在油田班组建设中具有榜样作用。

案例三：精细管理井组，提升稳产效果

【情况描述】

神泉油田地域广、油井多、管理难度大，为了有效保证油井的开井时率和时效，神泉巡检班通过搭建班组内部平台，开展小经验、小窍门、小发明、金点子、合理化建议等一系列活动，集思广益、反复实践，总结出了"763"油井管理标准，提出了精细井组管理方式，有效提升了油井管理水平。同时，采油巡检工的素质明显提升，班组内形成了人人爱学习、爱思考、会总结、有诀窍的成长氛围。

"763"油井管理标准：用"听、摸、看、嗅、憋、碰、放"七字法管理油井；井组"六清"，即生产现状清、生产层位清、生产参数清、上产措施清、设备状况清、治安状况清；井场"三好"，即卫生面貌好、设备管理好、井场建设好。

精细井组管理：采用"一组一策、一井一法"模式进行油井分类管理，将每个井组作为基本管理单元，采取有针对性的管理措施，及时监控油井生产设备、设施的运转状况，根据地层能量和油井生产情况，合理调整生产参数，时刻掌握油水井动态。通过分析水井注水情况和油井受效情况，找出注水调整方向，对地层能量低的井组加大注水，对注采对应差的井组，采取控制性注水，控制油井的含水上升，从而有效提升了单井和井组生产效果。

【点评分析】

"763"油井管理标准，紧贴生产实际，便于掌握，能够有效提升巡检人员的业务素质，尤其是在冬季生产中，对防止冻堵等事故发生起到重要作用。精细井组管理方式在采油厂全面推广使用，极大提升了油田稳产的效果。

【经验启示】

"763"油井管理标准和精细井组管理方式，是采油巡检员工在长期的工作实践中总结出的好的经验做法，是班组成员集思广益的结晶，凝聚了员工智慧，取得了良好效果。积极鼓励有创意、有想法的员工充分发挥自己的主观能动性，就会有意想不到的收获。

案例四：齐心协力"调、控、节"，挖潜降本显成效

【情况描述】

温西采油工区所辖区块面临自然递减率高、原油稳产难度大、天然气产量下滑等形势，同时，工区设备老化、油气生产成本逐年上升，给有效开发、安全生产及成本控制都带来了较大压力。为了动员班组全体员工齐心协力节约开支、压缩成本，李智虎班开展了挖潜降本活动。

班组树立"成本管理、人人有责"理念，从节能减排、修旧利废等方面入手，总结出了"调、控、节"三字经，达到了良好的挖潜降本效果。"调"，合理调节增压泵的工作参数。在确保配注合格率的情况下，通过改变增压泵的工作制度、调整运行参数或合理使用变频柜，月均节电1.2万度。"控"，合理控制注水设备设施。精细调控单井注水量，减小误差，避免无效注水。合理进行设备保养，确保注水设备设施的正常运转，避免井口在线配件缺损，减少设备材料消耗。"节"，合理节省特车费用。在注水井钻井关井期间，考虑到罐车放压耗费高额的特车费用，班长李智虎提出了在配水间与油组间沟通工艺流程的建议，井口安装油嘴放压设施，节约了12万元的罐车泄压费用，同时防止了环境污染事件的发生。班组成员随身携带棉纱和大布，及时消除设备"跑、冒、滴、漏"等现象，不让小问题变成大困难，节约了设备修缮费用。班组还建立了修旧利废台账，"修复一切可以修复的东西，利用一切可以利用的物件"。

【点评分析】

员工们自己总结的"三字经"已经在日常工作过程中深入人心，形成"节约光荣，浪费可耻"的良好风气，让节约成为一种习惯，让节约成为一种生活方式，通过"调、控、节"节省下了数十万元的费用，为完成各项业绩指标奠定了坚实的基础。

【经验启示】

(1)班组长是班组建设工作的领头羊，班组工作的好坏，班组长起着主心骨的

作用,需要当好"兵头将尾",要有"将"的谋略,要有"兵"的作风,通过过硬的业务技术和率先垂范的工作作风,带动整个班组。

(2)班组工作想要上台阶,任何方案、制度必须要有可行性,"调、控、节"三字经,是员工们自己在日常工作中总结出来的,每年节省下来的费用大家都看在眼里,因此成效显著。

案例五:"六化"精细管理,拉高原油产量

【情况描述】

玉门青西油田采油工区开展"每人精细管理一口井"活动,实施"六化"精细管理,取得了显著成效。

站点目视化:采油工区本着高起点、高标准、严要求的原则,严格按照中国石油天然气集团公司目视化建设标准对5座计量站进行目视化建设,使岗位面貌发生了翻天覆地的变化,有力提升了基础管理水平。

井场规格化:对所有在生产井场按照管理科学、实用、规范的要求进行规格化改造,共平整井场67个。

操作标准化:对所有岗位的操作流程和管理制定进行规范、梳理,严格落实操作卡制度,使员工在实际操作中有章可循、杜绝违章。

管井数字化:利用油水井数字化远程监控系统,对在生产井的压力、温度、流量等进行动态监控、分析,为油水井日常管理、维护提供了保障。

制度齐全化:按照健全"一岗双责"制度的要求,对岗位职责和HSE职责进行重新梳理,共修订各类制度25份。

资料一本化:他们将班组所有记录统一规范,集中到一本中,并对记录内容、书写方法等作了详细要求,做到班组记录简洁实用。

【点评分析】

班组管理的经验不少,但创出一套适用的、实用的、富有自己特色的,才是最有效益的。

【经验启示】

管理是一门技巧,要善于去"悟",做个有心人,定会有所收获。

班组激励方法案例

案例一:杨山输油站12336管理法

【情况描述】

杨山输油站是长庆油田第一输油处靖咸输油管道的一座综合型场站,场站功

能齐全,用工形式多样,原油外输任务繁重,安全管理和人员管理难度较大。最近几年来,在站长带领下,经过不断地摸索和实践,以内容全面、方法科学、制度规范、客观公正、操作简便为原则,制定并实施了12336员工综合绩效考评办法,充分调动了员工的工作积极性,有力地推动了全站基础工作。

12336管理法主要是通过三级考核,评选红旗岗位和优秀员工,树立榜样,激发员工潜能和工作积极性,营造"比、学、赶、帮、超"的良好氛围,从而提高工作效率,提升管理水平。12336综合绩效考评办法的内涵是这样的:

"1"——一面流动红旗;

"2"——月度评选两名优秀员工;

"3"——三级考核,即站上对班组考核、班组对员工考核、站对员工进行考核;

"3"——三个考核工作表,即岗位实行周计划表、月度计划表、月度总结表;

"6"——六个方面的考核,包括岗位职责履行、周度检查、技术培训、QHSE管理、成本执行和综合治理。

【点评分析】

考核是实施管理的有力工具,公平公正地对员工进行奖惩是调动员工工作积极性的另一个有力工具,考核对企业及员工的发展有着不可估量的作用。12336管理办法融合了分配机制、激励机制和约束机制。实施以后,单位绩效和员工素质都有了显著提高。

【经验启示】

考核是激励员工的重要手段,是员工提高工作效率的前提。员工考核必须以制度为保障,要做细、做实。

案例二：命名创新成果,激发员工创新活力

【情况描述】

物资采办事业部生产服务中心班组主要负责油田物资到货的装卸工作,吊卸油管是该班组一项主要作业内容。但因受车皮装载方式、油管固定架位置、吊钩起升高度的限制,造成吊点位置不便确定,常因吊带夹角过大或过小带来作业风险：两根吊带夹角过大,会形成吊带向中间滑动趋势,可能造成吊物倾斜风险;两根吊带夹角过小,吊物易失去平衡,发生倾斜风险;使用更长的吊带,受吊钩起升高度的限制,油管无法从车皮内吊出,也存在一定的安全风险。

班长请大家想办法解决,员工张连云主动请缨,和其他员工多次交流探讨,最后受吊装大型箱件货物使用横担的启示,试制了一个吊梁,横担长4米,主梁为直径178毫米的厚壁套管,中间和两端分别焊接4个单独的吊耳,作为横担与吊钩、吊物的吊挂点;为提高吊耳的承重力和安全性,在吊耳下方增加了拉筋设计,增加了吊耳受力面积,使吊梁的承重性和作业安全系数大幅提高。经先后两次改进,委

托有专业资质生产吊索具的厂家按设计专门制作了现在使用中的吊梁,达到了消除风险、安全可靠、方便好用的目的。

班组将吊梁命名为"张氏吊梁"。使用"张氏吊梁"吊装方捆油管,不但消除了吊带吊装作业的安全风险,还大幅提高作业效率,吊装方捆油管每节车皮的时间由原来的 160 分钟降低到 80 分钟,同时省了吊带,降低了生产成本。

近年来,命名法在物资采办事业部得以推广应用,涌现出"胖妹吊环"、"文氏垫杠"等一大批以员工名字命名的实用型工具和发明创造。

【点评分析】

生产一线的员工在日常的生产实践中积累了丰富的工作经验。基层的班组长能够慧眼识珠,用人所长,适当激励,激发了员工的创造力,消除了作业风险,降低了生产成本,提高了员工的工作效率。

【经验启示】

基层班站员工的工作热情是创造力的源泉,班组长和同事的认可是员工创新的驱动力。班组长要学会激励员工,为基层员工营造创新的环境,提供创新的舞台,使员工为企业创造更大的效益。

案例三:细化员工考核机制,提高员工工作积极性

【情况描述】

为解决研究院科研生产项目室奖金发放问题,避免出现"撒胡椒面、吃大锅饭"的局面,勘探一所常规油气项目实施以"分专业、量权重、按层次、摆数量、看效果"为核心的班组成员考核机制,以达到班组内员工奖金分配平衡的目标。

(1)分专业:将班组内人员分为地质、物探和储层三个专业组进行平行考核;

(2)量权重:项目室主任将按照阶段性侧重点的不同,综合考虑各专业权重;

(3)按层次:在同一专业领域内,按副项目长、主研、辅研三个层次考核;

(4)摆数量:在某一段时间内按各个岗位工作量大小程度考核;

(5)看效果:如得到公司、院、所三级主管领导的肯定和表扬,则额外嘉奖。

另外,项目室员工每个月将本人所干的主要工作内容一一罗列,并张贴在班组建设栏进行公示。

【点评分析】

此项活动解决了研究院科研生产班组奖金分配的问题,提高了员工工作积极性,受到了班组员工的认可。

【经验启示】

(1)该案例用细化员工考核指标的方法成功解决科研生产班组奖金分配难的问题,具有一定的代表性和可借鉴性,以达到"多能多得,多劳多得"的奖金分配原则。

（2）该班组针对日常班组管理中的一个问题，全面深入分析解决办法，最终形成了一套大家都满意且行之有效的班组管理办法，在一定程度上激发了员工的积极性。

（3）该套方案不仅解决了员工的考核办法和奖金发放原则问题，同时为员工总结工作内容提供了平台，从侧面起到了提高工作效率的效果。

案例四：真罚真奖敢碰硬，公平公开得人心

【情况描述】

说起站队考核，站队长都深感头痛难办，平均主义、"大锅饭"现象已成习惯，想改变谈何容易。物业四公司环卫队新聘上岗的队长许焯向这块"硬骨头"发起了挑战。

"别的站队都不考核，不奖罚，就你没事儿找事儿！""我是老百姓，光脚的不怕穿鞋的，你考核罚我试试！"……2011年4月考核方案讨论会上，大家七嘴八舌地吵开了，有的职工严重反对，有的持观望状态，甚至有的还想看"笑话"。

"小曹干得最好，每次考核她的分数最高，我们都同意选她。"12月站队先进评选会上，站队职工全票选举通过了小曹等三名先进职工。

【点评分析】

（1）班组考核不是新鲜事物，员工反响大、意见多，平均主义思想在员工心中根深蒂固。谁想改变这种思想，打破这种现象，员工就不满意，反响强烈。

（2）考核就要有奖罚，存在利益冲突，许多班组长面对困难妥协了，不愿意得罪人，想当老好人，造成职工不思进取，工作积极性、主动性大幅度降低。

（3）作为基层领导，就应当敢抓敢管。首先，自己要说到做到，身体力行。其次，要坚持做到公开、公平、公正，真罚真奖，激励共同进步。最后，应当讲究方法，要动态完善考核方案，要善于发现职工的点滴进步，通过适当的奖励扩大激励效果，让职工心服。

【经验启示】

在班组管理过程中，班组长要敢抓敢管，真考核真兑现，落实激励机制，维护职工个人利益。

班组创新创效案例

案例一："诸葛亮"会让基层生产难题迎"难"而"解"

【情况描述】

长庆油田采油二厂集输大队悦乐联合站通过召开"诸葛亮"会，由班站长把生

产中遇到的问题剖析给大家,让本站全体员工进行认真讨论、辩证、集思广益,想出解决办法。班站为进一步鼓励全员岗位创业成才的热情,拓宽队伍建言献策的渠道,持续培养"管理创新能手",用激励机制带动全员谋事、想事、干事、成事,并设立了"岗位鲁班"奖。

一次班组会上有员工提出:站库新式暖气片接头多,采用多菱形短节连接。因密封垫质量差,漏点多,维修没有专用工具。针对这种情况,员工焦立平用了两天时间,采用螺帽和四分钢管焊接成带菱形的工具,使暖气片的拆装得心应手,同时也方便了维修作业,破解了生产中难题。该大队其他员工相继发明了"堆焊技术维修阀门"、"新型排洪渠挡板"、"废旧灭火器改装水池"、"新消防井盖"等小改小革精品,为解决日常生产难题发挥了潜在的能量。据统计,仅2007—2011年,该大队共评选出鲁班岗位明星35个,增效达20万元,节约生产成本达120多万元。

【点评分析】

生产一线员工在作业现场,参与实践,最具发言权。该大队基层班站为油田一线员工搭建了一个平台,采取这种创新方法能把生产中存在的一些问题暴露出来,激发了大家开发智慧、岗位成才、争当创新能手的积极性,也彻底解决了生产中遇到的实际难题,夯实了基层管理建设的基础。

【经验启示】

基层班站通过定期召开"诸葛亮"会,为员工提供了创新的平台,激发了员工创新的积极性,解决了基层生产管理中的实际问题,为油田新时期基层班站建设开了一个好头。

案例二:维修班的创新路

【情况描述】

华北油田公司第一采油厂任南采油作业区维修班,在班长曹树祥带领下成立"五小"科技攻关小组,带动作业区60多名技术创新创效能手专攻生产"疑难杂症"。他们还发动一线员工提出生产难题,由小组成员揭榜攻关。

由于该作业区开发进入中后期,油井液面、泵挂深度不断加深,抽油机驴头毛辫子受力不断增大,双驴头毛辫子经常打扭,因此毛辫子的使用寿命大幅缩短,严重时,会使井下抽油杆脱扣,造成检泵作业。而且一条毛辫子要花一千多元钱,再加上套管上窜等原因,使购来的毛辫子很难满足生产需要。针对生产中毛辫子消耗很大和原有毛辫子型号很难满足生产需要的问题,他们利用工余时间收集双驴头异型抽油机的冲程、毛辫子长度、驴头宽度等参数,然后与同样冲程的普通抽油机对比,摸索出了问题的根本所在。曹树祥带领"五小"科技攻关小组成员经过艰苦探索,终于制作出能够适合于生产实际需要的各种规格的毛辫子,在实际生产中取得良好的使用效果。

曹树祥维修班发扬修旧利废精神,又在废旧毛辫子的再利用上做文章。20 米长的毛辫子,两头抽了股,中间还能用,他们就把断股的地方割掉重新制作成 9.5 米或 8.5 米长的毛辫子。为了增加抗拉强度,他们就将毛辫子直径由原来的 28 毫米增大到 32 毫米,延长了毛辫子的使用寿命,提高了开井时率。到目前为止,曹树祥和工友们累计制作各种类型的毛辫子 2100 多条,不但满足了本作业区的生产需求,而且还供应其他单位使用,累计创效 272 万多元。

据不完全统计,几年来曹树祥和他带领的"五小"攻关小组成员解决各类生产难题 260 项,其中曹树祥一个人就揭榜攻关、解决生产难题近百项次,为企业创效益 557 多万元;发明厂级以上创新成果 89 项,其中 19 项获国家实用新型发明专利,有力地推动了作业区和采油厂操作员工技术创新活动的开展。

【点评分析】

修旧利废精神是石油人的传家宝,针对生产中出现的各类难题,通过创新实现精细管理降本增效,既提高了工作效率,又节约了作业费用,为企业创造了更大的效益。

【经验启示】

采油作业区维修班科技攻关小组,通过发动一线员工提出生产难题,由小组成员揭榜攻关,主动承担工作压力转化为创新动力,既是对工作的承诺也是对自我的挑战,有利于加大创新力度,提高创新水平。他们牢记精细管理理念,发扬修旧利废精神,通过创新为企业降本增效,为公司员工树立了学习榜样。

案例三:勤动脑才能常创新

【情况描述】

扶余采油厂 1 队有一个女采油班组,现有 3 个人,共管理 25 口井,其中油井 18 口、水井 7 口。井距比较远,工作难度大,查井、维护都很困难,特别是日常井上维修操作带的工具多。针对这种情况,班长和其他两名员工说:咱们要能研究一种新式工具就不用带这么多工具了。班组有了这个想法以后,就开始研究井口阀门的尺寸及抽油机各部件的结构。功夫不负有心人,班组员工付艳丽经过反复实践发明创造出四种工具:一是"组合式多功能水井井口扳手",解决了上井操作带多种工具的难题;二是"可调式 F 形扳手",这种扳手适用于任何阀门,起到杠杆的作用,省时省力;三是"水井针形阀防盗装置",水井阀门经常被盗,造成很大损失,自从安上这种装置后杜绝了被盗的现象;四是"加密封盒光杆扶正器"。目前这几种工具正在推广使用,效果很好。该员工被评为创新能手,成为全队和采油厂学习的榜样,为队里节约了成本,提高了工作效率。

【点评分析】

王进喜说过:"井没压力不出油,人没压力轻飘飘。"艰难的工作环境激发了员工创新的勇气和潜能,同时也展示了女采油工人积极肯干、乐观向上的精神风貌。

她们的行为不但提升和锻炼了自己,同时也给其他员工树立了榜样。

【经验启示】

在工作中,面对困难,班组长要积极带动员工勤动脑、勤思考,用创新的思维解决困难。

案例四:小发明彰显大智慧

【情况描述】

西南油气田销售分公司夹江营销部地处在以生产陶瓷著名、有"中国西部瓷都"之称的乐山市夹江县,因陶瓷制作过程中会产生大量粉尘,导致地处该处的站场设备(如螺栓等部位)积尘严重,不易清理,久之则影响螺栓使用寿命和工作效率,使班组员工对设备的管理大伤脑筋。为此,班组员工结合实际,长期摸索,精心研制了有效保护螺栓防尘罩。

他们将 PVC 水管根据各设备裸露在外的螺帽大小、长短截成小段,再用防水电工胶布将一头密封,制成防尘罩套在螺栓上。经过实践摸索,又将 PVC 水管改良成不锈钢管,其中一端也用不锈钢材料焊接密封(附图1)。该防尘罩,可防止裸露在外的螺栓有积尘和腐蚀,减轻了保养设备的工作强度,提高了设备的使用寿命,并在其他粉尘严重的天然气输配气站得到了应用和推广。

附图1 防尘罩

【点评分析】

粉尘天气,对设备与管线的危害很大,特别是地处烧制陶瓷厂周围的配气站,一天不进行清洁维护,设备与管线上就布满灰尘,对螺栓及丝杆的锈蚀严重。夹江营销部班组员工针对实际情况,认真思考,切实解决了生产过程中的大问题。

【经验启示】

高手在民间,智慧藏基层。看似很简单的小发明,却包含了一线班组员工在设备管理维护中的大智慧。在企业管理过程中,如何能够真正激发一线班组员工的创新活力,对班组建设与管理提升意义重大。

附录二　班组管理经验分享

经验分享1

只要用心，就能做好
——班组长马琴的管理经验

马琴，一名农村长大的石油子弟，1995年9月从技工学校毕业后分配到长庆油田采油二厂樊家川作业区成为一名采油工。2006—2013年期间，她主要从事油田基础班站管理工作，现将她在油田基层队站的一些管理心得跟大家分享如下。

2006年5月，因工作突出，马琴被推荐为樊家川作业区木二转油站站长，连她在内全站共有6名女同志。她知道，当一名班站长不容易。马琴放下只有3岁多的女儿，住到站上开始了新工作。上任后马琴仔细琢磨了小站的管理机制，原来的班站管理方式是员工习惯被"管"，缺乏引导和关爱，工作主动性不强，缺乏自信。找到问题症结后，她及时调整班组管理方法，注重用爱心和诚心感召团队，把"全站员工一起感悟、一起成长，建设一支以站为家的坚强团队"作为工作目标。

工作中，马琴把"员工每天是否有长进，工作是否每天有收获"列为重点，及时捕捉和发现每位员工的闪光点，并及时给予表扬和鼓励，使员工有了成就感，调动了主观能动性。她同时注意引导员工认识自己，根据每个人的特长安排相应的工作，让每一位员工找到了位置，各显其能，各展所长。

为了让员工通过互检、互查，把问题和隐患消灭在工作过程中，她制定了交接班考核制度，首先由交班人自己考核打分，再由接班人考核打分，使交接班制度成为提升日常管理水平的主要手段。她注重培养员工的协作意识，推行站长轮值制度，通过转换角色，使大家多了一些理解、少了一些埋怨，增强了工作主动性和责任心。她注重把工作变成展示自我的载体，在员工培训时推行"今天我主讲，人人上讲台"的互动培训制度，使员工真正享受工作的乐趣。这些做法消除了员工认为制度是"花把式"的想法，业务技能和综合素质得到明显提升。

习惯会直接影响一个人的行为，为了让全站员工切实做到"我要安全、我能安全、我会安全"，她加强了对员工安全行为的引导，要求全站员工每天都要对照"木二转优秀安全员评价表"给每一位员工评分，随时汇总每人的安全分数，每个分数都有详细的得分原因,评优工作不再是大家坐下来举手表决,而是用考核分数说话。她同时鼓励员工创作安全文化墙和安全提示小挂件、小板报……通过落实班站安全文化,让员工在参与过程中深刻理解安全的重要性,及时掌握和识别班站生产中的风险隐患。

工作中,她要求自己首先要做到率先垂范,以身作则。她坚持跟踪观察站内设备运转情况,摸索规律,很快熟练掌握了站内 18 台设备的性能、故障排除方法和维修技能,并手把手地教授给每一位员工。同时她把自己也纳入优秀安全员的评比中,和员工一样进行考核,接受员工的监督。

她时常想,怎么才能让设备更安全运行?怎么才能让大家安心工作?怎么才能让大家爱站如家?白天她一边工作一边琢磨,下班后,把工作中的得失和应对办法记下来,两年多时间她记下了 5 万多字的工作日记,经过整理、完善,马琴提出了"五心"工作法,即爱心激发自信、诚心凝聚团队、用心快乐工作、精心安全操作、恒心提升管理。2007 年 8 月 12 日,第二采油厂召开班站自主管理现场会,命名了"马琴工作法"。随后,油田公司以《马琴日记》为名将其编印成册,并在全油田推广学习。

2008 年 7 月,她从木二转油站调到木一井区。当时,木一井区管理的 137 口油、水井分散在环县区内的不同乡镇,井区日常工作头绪多,管理难度大,她一遍又一遍地扪心自问:"我能当好这个基层队站的支部书记吗?"从同事的眼睛里她也看到了同样的疑问。

马琴从现场实际调研入手,三个多月时间,跑遍了所有的单井单站。记得第一次去木 23 井,这个单井离井区 20 多公里,只有一个 20 多岁的小伙子驻井,驻井房里床单被套散发着浓烈的汗腥味,案板上放着半碗剩饭,看到这些,马琴心里很不是滋味。她挽起袖子,收拾好屋子,给他做了一碗面条。当马琴把面条递到他手上时,她分明看见这个大小伙子眼睛里噙满了泪水。下山后,她买了床单、被罩、蔬菜、挂面和几本书籍,并让井区食堂做了肉臊子,一并送到了他的单井上。为了让他多与外界沟通,马琴特意安排巡护队员每两天绕道去看看他,和他说说话。一个月后,马琴看见他在井区小报上发表了一篇散文《看井人的坚守》。

通过三个多月的现场调研,针对井区管理实际,马琴提出了"井区 ABC 管理法",这个办法迅速在作业区推广。这一年,木一井区被评为全国女工先进集体,马琴个人也被授予两项国家荣誉、14 项省部级荣誉。

2012 年 1 月,马琴从木一井区调往樊家川里 167 井区。当听到这个消息时,她心里着实矛盾了好几天,在现在井区的工作刚刚有了起色,和同事也知根知底,而要去的新岗位离家远,不能照顾家人,但马琴还是克服了困难来到了 167 井区。

167 井区是一个新区,条件艰苦,大多女同志都不愿意待在这里。马琴全身心地投入到新工作之中,当得知大家对饭菜抱怨时,她每天一忙完工作,就赶紧跑到食堂去帮忙,她把这里当家,想把这个家守好。早晨她带着员工围着山坡晨跑、做操,午饭后组织大家在山上挖野菜"改善生活"。就这样,马琴的工作打开了新局面。第一年,167井区顺利完成任务;第二年,167井区超额完成任务,获得作业区先进单位。

马琴坚信:只要用心,就能做好。

经验分享2

五心"秘籍"成就五型班组
——班组长金小林的管理经验

百重一作业区运行四班成立于2006年5月,是百口泉采油厂一个普通而年轻的班组。几年来,在班长金小林的带领下,在创建学习型、安全型、和谐型、清洁型、节能型的"五型"班组中,形成了自己独特的"五心"管理法,班组先后荣获了优秀五型班组、安全先进班组、绿色油田先进班组、新疆油田先锋号、克拉玛依市巾帼文明岗、青年安全示范岗等多项荣誉。

一、开心

金小林深知,员工的心,安全的根。员工的心情直接影响着安全生产工作的开展,带着情绪上班,小则出现差错,大则会出现安全事故。所以金小林在班组管理中坚持为员工们创造一个良好的工作环境,让大家带着好心情工作,用开心换安全。为了创建绿色工作环境,使员工们每天都有一个好心情,金小林动足脑筋,在站区规划上下工夫。在他的带领下,员工们利用废弃的油管、砖头和不同色调的油漆,在工余时间自己动手建设站区,然后又用班费为办公室添置美丽的花草,在办公桌上摆上小鱼缸。闲暇之余,员工们总会围在鱼缸边、花卉间,细细地看着鱼儿自由地游弋,给鱼儿喂喂食,给花儿浇浇水、松松土。

二、齐心

安全生产是班组管理永恒的主题。所谓:人心齐,泰山移。金小林清醒地认识到安全生产工作不是靠一个人的力量就能做好的,需要全体员工的共同努力,团结一心才能保安全。他集思广益采纳员工们的建议,为每一位员工建立了生日卡,了解每位员工的兴趣爱好。员工们常说班长真的很浪漫,每年生日都会给他们不一样的惊喜。每当员工过生日时,都会收到班里送上的一份生日祝福:一束美丽的鲜花、一盒巧克力、一张设计独特并由全班员工签名的生日卡、手机卡或者一个香甜的生日蛋糕等。每逢过节,金小林总是把家在外地不能回家过年的员工们叫到自己家,一起吃顿团圆饭,为他们送上节日的温暖与祝福。业余时间,金小林还会通过组织员工开展晚饭后相约锻炼,节日祝福,为灾区、社会困难群体捐款捐物等一系列活动,增强班组的凝聚力。

三、放心

"以人为本、纪律严明、管理开明、思想开放"是金小林管理班组的理念。他经常组织召开民主管理班务会,通过讨论对人、井、站的管理办法,筛选出"金点子"、"银点子"。班务会讨论的范围很广,从奖金的发放到奖罚的标准,以及对井区管理的要求等,在班里,每一项制度都是经过召开班务会,员工们讨论同意而制定的。因此,在员工接受处罚时,没有人会提出异议。对于大家关心的班费使用、考勤、考核分、奖金发放等较敏感的问题,采取班务会公开,并将相关内容公开张贴的方式,让员工们一目了然。运行四班成立几年来,没有一名员工由于考核、资金的发放而产生疑虑和不满,班员从来不担心会存在不公平。

四、用心

安全生产最离不开的是员工过硬的基本功。只有具备过硬的安全技术,员工们才能在工作中正确操作,发现和防范风险。他通过摸索研究,特别是针对班里年轻员工多(占全班总人数的50%以上),岗位安全知识与技术水平亟待提高的问题,决定从岗位练兵入手,强化培训学习。他为员工们"量身制订"了培训计划及近期与今后要达到的目标,并指定班里技术骨干、工作经验丰富的高级工做培训老师;安排技术水平高的汉族员工与汉语水平差、学习吃力的民族员工一起生活、学习,建立健全了班组培训学习奖励制度,激发员工学习热情,不断提高班组整体技术水平。

"犯了错误,不能采取一棒子打死的粗暴管理方法,批评是处罚,写检查也是处罚,处罚不是目的,重要是给人改过与吸取教训的机会。"这个管理办法很受员工们拥护。对于员工发生的习惯性违规行为,金小林采取人性化管理手段:第一次给机会并在班组中进行安全经验分享,再次违规时按班组制度严厉处罚,并连续一周在班组早安全讲话上进行安全经验分享,使他牢记违规原因。针对工作积极优秀的员工,他也让他(她)在班会上分享好的安全操作经验,把他们的事迹与照片张贴在公开栏上让大家学习,并作为评选班、作业区、厂级优秀员工的依据。

五、恒心

来到运行四班,无论是在值班室的门上、水管上、还是在空调旁边、电源开关上面,你会发现,上面都贴着卡通画的节能提示语。在开展清洁、绿色油气田的工作中,金小林与班员们讨论制定了严格的清洁生产规章制度。开展每周组织员工捡拾井区垃圾活动,选树典型、榜样,对做得好的员工在班组中大张旗鼓地进行表扬与奖励,并将他们的做法在班组中推广,以此调动员工美化环境,创建绿色油气田的积极性。几年来,运行四班在金小林的带领下,结合生产实际陆续开展了"加强水平井拌抽,精细化管理水平井"、"加强井站伴热管理,减少蒸汽使用量"等十余项"挖潜增效、降本增效"的劳动竞赛活动,提高了生产效率,节约了成本。仅"加强水平井拌抽,精细化管理水平井"一项劳动竞赛活动,就节约修井费用20万元。

"开心、齐心、放心、用心、恒心"的五心管理法,使金小林将班组员工们的心紧密团结在一起,形成"班组是我家,我爱我的家,我为家做贡献"的主人翁意识,促进了班组的和谐发展。

经验分享3

做一个称职的班组长
——班组长盖晶的管理经验

盖晶,从1994年参加工作至今已有二十个年头,曾在采油班、化验班担任班长一职。这些年一路走来,盖晶对工作的感受可以用六个字来诠释:责任、奉献、尽职。她常说"企业把班组长放在这个岗位上,班组长就要对企业负责,让企业放心,让信任班组长的领导放心。"2011年她参加了由国资委举办的"清华大学中央班组长岗位管理资格认证"网络课堂培训班。经过一年的培训学习,她圆满地完成了学业。此次培训,让她受益匪浅,使她所负责的班组管理有了进一步的提升,同时使得员工对企业的文化与班组的团队管理有了新的认识。以前她认为班组长就是开开会、填填表,向上级汇报信息,做好上传下达工作,然后保质保量完成生产任务,就够了。培训彻底改变了她的看法,她认识到:班组长是个多元化角色。

一、班组长必须有过硬的专业技术和高尚的人格

(1)用过硬的专业技术树立威信。首先做到"专业"过硬,班组长只有成为业务尖子,行家里手,在管理班组成员中才具有较高的权威性,才能得到员工的认可,才能让班组成员心服口服。

(2)用人格魅力影响班组成员。古人说:"其身正,不令而行;其身不正,虽令不行。"作为一名班组长,首先要率先垂范。有什么样的班组长,自然会有什么样的员工,班组长无私奉献的精神和对企业工作的热爱,都会使班组成员受到强烈的感染,心甘情愿地努力工作,使整个班组充满朝气。其次,要敢作敢当,不文过饰非。

班组长决不能揽功推过,也不能护短遮丑,而要实实在在地把工作做好、做实、做优秀,只有这样,才能用人格魅力赢得大家的尊重。员工都喜欢用综合素质"说话"的班组长,这样的班组长像鲜明树立的标杆,散发着榜样的力量,聚合着旺盛的人气,自然就能带出一个素质过硬的优秀班组。

盖晶曾经在班组部门周例会上也提到过,班组自己能解决的小事尽量自己解决,大的问题必须请示领导。所以她管理的班组是让领导非常放心的一个班组,她的班组获得了"2013年度先进班"的荣誉称号。

二、班组长要有高度的责任感,因为责任胜于能力

责任胜于能力是盖晶通过培训学习收获最大、感悟最深的地方。责任胜于能力,没有做不好的工作,只有不负责任的人。责任承载着能力,一个充满责任感的人才会获得更多的机会,从而展现自己的能力。这些年来,盖晶在工作中一直坚守的就是对企业的那份责任。

三、让领导做选择题,自己做思考题

这一点盖晶认为是最重要的。对于一个领导来说,他每天要面对许许多多的问题,他根本没有太多的精力来逐一思考处理来自基层班组的全部问题。这时候班组就要把班组中遇到的问题先自己仔细思考并提出一系列行之有效的解决方案,然后再向领导汇报,让领导来决定哪个方案的合理性和可行性最强。这样,班组自身的能力也在思考解决问题的过程中得到了不断的提高。

四、班组长在工作中要冲锋在前,不怕吃亏,不计较个人得与失

有时可能由于工作压力大、任务繁重,自己往往会多付出一些,势必会给自己造成精神上的压力,甚至会招来个别人的嘲笑、讥讽,但是换个角度考虑,工作的历练会丰富自己的经验,提高自己的认知层次。今天你比别人多做一步,比别人多付出一点,明天你就能得到比别人更多的回报。要做到比别人多做一步,重要的是自己要有积极主动的心态,要有比别人更加深入的思考,要有比别人更加迅速的行动,要比别人付出更多的努力。

五、班组长在工作中对待员工要做到公平、公正、一视同仁

盖晶班组的成员年龄结构相差很大,上到50后下至80后,思想观念、处事风格都不一样,互相沟通起来有些代沟;文化水平也参差不齐,有专业院校毕业的,也有初中文化水平的。从表面上来看管理会有些难度,但是实际工作中,班员们给了班长盖晶很大的帮助与支持,因为盖晶做到了一点:对待员工公平、公正、一视同仁。

六、班组长要擅于发现班组成员的优点，多些称赞，少些埋怨

人无十全十美，都有各自的优缺点，班组长要善于发现班组成员的优点及长处，少些牢骚和埋怨，给员工足够的机会发挥他们的特长。

七、班组长必须要有积极向上的正能量和鲜明的个性

这也是她平时对自己要求最多的一点。她用自己的人格魅力和职务上的优势带动员工向正确的方向前进，把团队带成一支既富有战斗力，又有朝气的一流队伍，使这个团队始终工作在一个积极和谐的氛围中。

随着企业管理和安全的关口下移，企业对班组长的管理要求也越来越高。盖晶的工作目标是"没有最好、只有更好"，她坚持认为，只有不断学习、不断提高、不断进步，才能做一个称职的班组长！

经验分享4

不回避、不退缩、不放弃、不等靠
——班组长张洪举的管理经验

张洪举，现为新民采油厂采油六队 12 号平台井长，在井长的岗位上一干就是 18 年。他在班组实践中历尽了艰辛，积累了丰富的管理经验。

一、创业，永不止步

2010 年，采油六队有一个区块喜获工业油流，46 口新井位相继投入钻探开发，采油厂决定建立新井组——12 号平台。当时队里急需一名懂业务、会管理、责任心强的带头人替队里挑起这副担子。建设新的班组就意味着平地拔楼、一切从头做起，这需要付出百倍于平时的艰辛。张洪举已经相继创建、接手并带出了 5 个示范班组，完全有理由拒绝，但是他毅然挺身而出挑起这副重担。他来到 12 号平台，站在没有工作间、水电也不通的平台上，望着一望无际的大荒原，仿佛又回到了新民创业的初期，心潮澎湃：就在这里，要创造一个新的未来！

初期接手的第一道难题就是新井的陆续投产，当时已有 4 口井单罐生产，为保证这 4 口 26 吨的高产井原油及时外运，班长和员工在露天不分昼夜地加温打油。一连就是十几天，经过几个月的初期建设，随着人员的不断充实，各项工作不断步入正规化。

二、管理，助力成长

在班组度过了艰难的初期建设之后，班长和班组成员下定决心干出更好的成

绩,开始在管理上摸门道,形成了八项管理经验,实现了由看井、护井到管井、懂井的转变。该平台2010年5月投产,2011年5月全部竣工,该班组2011年11月荣获"五型示范班组",创造了当年竣工当年评比的厂内最好成绩。可是在新井投产初期,班组员工疏忽了油水井的维护管理,一口刚投产半年的油井突然发生了杆断,在对施工现场检查的过程中,班长发现是由于长期严重结蜡直接造成的。而结蜡时间至少在半个月以上,也就是说日常管理做得不细致、不到位。这个打击对于班组来说是沉重的,对此班长提醒自己:岗位改变,标准不能变;环境改变,信心不能变;地位改变,追求不能变。理顺思想后,班长迈出了管理的第一步:制定油水井管理法。

经过不懈努力,井组的生产能力和管理水平有了质的飞跃,油井免修期累计达3255天,居同类班组之首,设备完好率达100%。12号平台在短短的时间内,成为队里的样板井组。

三、创新,催生效益

张洪举多年的工作经验是,改变不了困难就改变自己;面对矛盾,不回避;面对困难,不退缩;面对难题,不放弃;面对工作,不等靠;工作中要多学习、多摸索、勤观察。例如,高含水油井加密封填料一直是个老大难问题。看着刚加不到几天就出现渗漏的油井密封盒,只能缩短加密封填料周期,这样既耗时又耗力,常常被折腾得精疲力竭。他查阅《采油工手册》和一些相关的资料,最后在密封盒下面短节里装上一个润滑装置,再把黄油打进短节里,依靠油管压力和密封器来对光杆进行密封润滑。这样既降低了漏失,减轻了劳动强度和停井时间,又避免了环境污染。

在他带动下,班组成员相继开发出"双压盖密封盒"、"驱替管线凝油装置"、"抽油机输出轴密封圈"、"抽油机平衡块调整顶丝"、"四合一多功能翻斗车"、"套装取样阀"等多项创新技术,解决了许多生产中的大难题。

四、凝聚,更有力量

团结就是力量。只要班组有凝聚力,一定能战胜前进道路上的一切困难。张洪举在班员家里有困难时主动帮助,大事小情及时问候,脏活、累活抢在前面,给班组营造了一个温馨和谐的氛围。为了建设花园式班组,他用自己省吃俭用攒下来的5000元钱,购买了一台翻斗车,经过几次改装,用来铺垫道路、平整井场、拉物运货,发挥了很大作用。他还利用家中和队里各种边角余料,为班组自制了更衣柜、鞋柜、洗手池、小花坛、小菜园、纱门、纱窗、工具箱、图书角、记事板,就连家中的自行车也拿来进行了改装,变成用于日常油水井维护的"一站式"公用车,在班组营造了一种家的温暖。

在张洪举的正确管理下,班组员工齐心协力,不断创新,攻破了一个又一个的难关,培养了员工无私奉献、爱岗敬业的优良品德。该班组先后获得吉林油田公司"党员先锋岗""模范示范岗""五型标杆班组"等荣誉称号。他本人也连续多年被评为"厂标兵""优秀党员标兵""十大采油状元"。2008—2009 年,他被评为吉林油田公司劳动模范和特等劳动模范。2011 年,他获得全国"五一劳动奖章"。

经验分享5

"四带头"班组管理法
——班组长王玉文的管理经验

新民采油厂作业 308 班现有员工 10 人,平均年龄 42.5 岁,管理着 40 吨作业机一部,年作业能力达 150 井次以上。多年来,308 班在班长王玉文的带领下,始终坚持"采油人的需求就是作业人的追求"的工作理念,以努力建设标杆班组为工作目标,发扬特别能吃苦、特别能战斗的新民修井作业精神,工作业绩显著,作业工作量和人均效益工资始终处于全厂领先水平。自 2000 年至今,该班没有发生一起安全环保事故,先后荣获油田公司、松原市、厂级各种荣誉十多项。这些成绩的取得,是班组管理"四带头"作用的结果,是全班人员团结一心、精诚协作显著提高的结果。

所谓"四带头",即"干活上"带头、"安全上"带头、"花钱上"带头、"助人上"带头。

一、"干活上"带头,班组战斗力显著提高

羊群走路看头羊。自 2000 年至今,308 班的生产任务始终处于领头羊的位置。成绩的取得非常不易。组员走了一茬又一茬,不变的就是班长王玉文。他靠的是什么秘诀呢?概括起来 9 个字:不怕苦、不蛮干、有窍门。

他工作安排合理有序,生产环节不落空,事事想在前。例如,清检井起管作业时,他会根据作业井路途的远近告知队部高温清蜡车到井的时间;下管工作快结束时,他会马上要搬家车,这就使生产环节环环相扣,提升作业时效;当遇到高产井时,为抢作业时间,他就告诉大家中午饭轮着吃,做到人停机不停,尽最大可能减少占井时间,班组把他的这个做法称为"零工余作业法"。通过这个方法的应用,班组工作效率大大提高。

二、"安全上"带头,班组岗位风险管控能力显著提高

工作现实表明修井作业中风险无处不在,如何防控风险、提高全员安全环保意识、实现清洁生产、确保生产过程受控是一项非常艰难而重要的问题。经过认真研

究,班长王玉文提出了"123"管理模式,有效提升班组安全、环保防控能力。截至2014年8月末,这个班安全环保C级事故为零,作业现场标准化管理合格率100%。"123"管理模式的内容:"1"——轮流担任一天安全环保监督员,全员参与、风险共担;"2"——2小时布置现场并跟踪重点工序,现场标准、过程受控;"3"——"三项管理举措",达到"三无"工作目标。

"123"管理模式在修井作业中的广泛推广,增强了员工的安全意识,强化了班组属地管理的责任感,达到了全员参与、责任共担的目的。

三、"花钱上"带头,班组节约意识显著提高

2014年,作业队把工作重点放在了转变班组管理模式上,将四项费用真正地下放到班组,让班组自己去管理,节约效果明显。

王班长在"花钱上"精打细算,杜绝无用工序,减少相关费用,上半年该班单井成本只为1698元。本队3个班组中,308班工作量最多,但费用发生得最少。上半年该班获得优秀班组称号并奖励600元,设备维护奖励600元,安全环保奖励500元,308班组员工实实在在得到实惠,更加激发了员工的生产积极性和节约意识。

四、"助人上"带头,班组凝聚力显著提高

人心齐泰山移。一个班组是否有战斗力,团结是第一前提。特别是修井作业,不是一个人单打独斗,需要班组成员紧密配合。作为班长,他时刻关心爱护员工,营造和谐氛围。在班里,没有人叫他班长,都叫他"大哥"。在岗位上,哪里最累,他上;哪里最危险,他上;哪里最着急,还是他上。

308班组坚持不懈的努力获得了回报。该班先后荣获中国石油天然气集团公司、松原市级别荣誉,并且多次获油田公司和厂级标杆班组、党员先锋岗等殊荣。

经验分享6

凭着一股韧劲,实现班组样样行
——班组长刘连迎的管理经验

刘连迎,是冀东油田南堡作业区采油一区集输班班长,主要承担2号、3号人工岛,2-3平台以及海上导管架的油气水分离处理与外输工作。集输班现有员工37人,平均年龄26周岁,是一支充满朝气、富有创新精神的团队。刘连迎集输班充分发挥典型班组的引领作用,不断夯实工作基础,提升管理水平,较好地完成了作业区、井区安排的各项生产任务,为助推作业区实现原油上产百万吨做出了积极贡

献。成立两年来,班组获得了"公司先进班组"、"唐山市巾帼文明岗"以及"公司模范五型班组"等多项荣誉;先后迎接中国石油天然气集团公司、河北省国资委和唐山市等局级以上大型检查指导30余次,各路工作检查120余次,成为南堡作业区展示形象的良好窗口。

一、找得准,做得精,稳稳当当促改善

自"班组改善行动"开展以来,刘连迎始终以"班组样样行"为动力,以"五自创五型"为创建理念,以"稳、精、准"三字原则助推改善行动。

一是明确目标,找"准"方向。刘连迎召开班组会议进行集体讨论与研究,客观冷静地分析班组现状,根据自身不足确立提案突破口,有针对性地确定了13项改善内容。

二是细抠深挖,"精"益求"精"。为保证提案顺利实施,班组制定了详细的规划与目标,抓好每个环节,重视每个细节,多角度、全方面将提案内容落到实处。在打造学习型班组过程中,将理论学习放在首位,以形势任务教育和员工层面上的学习活动为抓手,以中国石油天然气集团公司年度工作会议、公司四届一次职代会以及作业区相关会议精神为主要内容,制定学习计划并严格落实,通过抽检等方式检验并巩固学习效果。党的十八大召开后,班组员工积极行动起来,认真学习大会报告,并与"三个十"学习活动紧密结合,学知识、强理论、提素质。在业务知识培训方面,有针对性地开展了消防系统运行、卸油罐和浮选机使用等一系列培训,将理论与实际操作紧密地结合起来,在班组内形成了良好的学习氛围。

三是实事求是,"稳"扎"稳"打。为了夯实基础,班组员工积极端正态度,以平和的心态投入到集输班工作的一点一滴中去,对出现的每个问题都细心耐心地去解决,使改善提案成效显著。在创建节约型班组过程中,班员从小处着手,搜集废旧矿泉水瓶用以取样工作,日积月累,节约了大量的成本。

二、强监测,高指标,水质提升显成效

作为作业区的油气水中转站,力保水质稳定达标是班组工作的重点。集输组以"源头抓起、分段控制、强化监测、确保达标"为目标,针对加药、排污、反洗等重点环节进行科学管理,精细控制。刘连迎组织班组技术骨干成立了水质管理小组,责任到人,分段负责。在水质分段监测中,班组女工发挥她们细心耐心的优势,及时准确地取样化验,并与标准水样进行分析对比,及时解决了影响水质的不利因素,减少了水质对采油工作的影响。目前,在班组内部形成了"人人关心水质"的良好氛围。

功夫不负有心人,在公司上下大力推行管理提升活动的过程中,集输班开动脑筋,集思广益,逐渐摸索总结出了一套行之有效的污水管理"法门"——"7654321"

工作法。其中,"7"指严格抓好7个节点的水质控制;"6"指使用好6种药剂;"5"指掌握5个关键因素;"4"指管理好4组关键设备;"3"指组织好3项排污;"2"指保证好两级反洗;"1"代表最终实现外输水质达到国家B1标准的终极目标。这套工作法切合实际,收效显著,实现了水质管理的新突破。

三、严要求,细划分,6S 管理不放松

自成立以来,6S 管理工作就一直是刘连迎日常工作的重点。他将属地管理和 6S 管理进行有效的结合,按照"细化属地管理单元,明确属地主体责任"的原则,将集输现场划分责任区,明确每名员工的属地管理职责。班组的女工们在日常工作中以班为家,按照"精细管理,精雕细刻"的原则,精心地呵护着现场每一台设备,认真地清洁现场每一个角落。

不论是炎炎烈日还是寒风腊月,班组的 6S 管理工作从未间断。刘连迎组织班组员工在 40℃的泵房内埋头擦拭设备,在阴冷潮湿的加药间内为管线刷漆防腐,在狭小的操作间里跪在地上徒手从地漏里清理污泥,就是凭着这一股韧劲将集输班打造成为 6S 管理的标杆,让那光可鉴人的地面、一尘不染的设备、整齐划一的物品,成为集输班亮眼的标志。

多项扎实有效的工作将刘连迎集输班打造成了基层建设的一面鲜亮旗帜。

经验分享 7

带好兵、干好活、把好关
——班组长闫龙的管理经验

闫龙是一名 80 后青年,从小深受父辈支援边疆事迹的影响,选择了扎根戈壁,成为一名普通的石油工人。2007 年实习期结束后,他把成为一名班组长作为入职后的第一个目标。2010 年 3 月,在作业区举行的班组长竞聘中,他顺利成为工艺班的班长。走上班长岗位后,闫龙经过深思熟虑,给自己定下了九字方针:"带好兵,干好活,把好关"。

带好兵——激励"年轻人",重用"小能人",管好"调皮人",关心"老实人"。

闫龙深知技术过硬,不一定能当好班长,管好班员才是带好班的根本。

注重激励"年轻人":使用鼓励加奖励的方式,对他们工作上的每一点进步都在班组内进行表扬,并提名其作为当月的操作之星,使之精神上得到激励的同时,更得到专项的考核奖励。几年来,闫龙的班员在作业区各项优秀评比中,当选率达到 35% 以上,年轻人干劲十足。

注重用好"小能人"：坚持信任加合作的方式，让"小能人"展示个人风采。小严是班里一名站内副操作工，闵龙经常监护她的操作，并进行实战培训，很快她成为第一个熟练掌握站内装置系统操作的女副操作工。获得了驾驭整个装置的成就感后，小严表现更加积极，她又担负起通信员的职责，从不同角度做好班组典型事例的宣传工作，成为骨干通信员。

注重管好"调皮人"：基层班组中总有一些有能力、有想法，却工作积极性不高的员工。小高就是其中之一，他总觉得工作就是当一天和尚撞一天钟。闵龙利用和他一起踢足球的机会，给他讲家人的期望和油田的前景，慢慢地他的想法变了，心结打开了，很快取得了高级工资格。现在，他常说"我也要当一个像闵龙一样的班长"。

注重关心"老实人"：闵龙在班组管理中用真心和真诚保证老实人不吃亏。小马性格内向，工作踏实。闵龙知道她喜食素菜后，就及时和厂食堂联系，保证小马每顿饭都能吃到新鲜的素菜。2012年底小马母亲生病住院，闵龙发动班组成员为她替班，让其安心照顾家中的母亲。此后，小马活泼了很多，工作也更主动了。

干好活——明确职责，优化程序，考核激励，让大家踏实干活，手下出活，主动揽活。

作为班长，闵龙努力让大家明确每个人该干什么，每项活该怎么干，激发班员的主观能动性。

明确职责，让大家踏实干活。他在工区制定的岗位职责的基础上，细化每个人、每个岗位、每一轮班必须完成的任务及质量要求，并在班内公布，做到"五有"（即各项工作都有人负责，各项工作都有考核指标，各个岗位都有考核细则，各项考核都都有依据，各类考核都公示公开），明晰班员职责，有效减少了推诿扯皮现象。

优化程序，让大家手下出活。报表是反映工作成效的有效依据，为了让这项工作更加简洁、高效，他针对班组电子报表填写经常出现错误的情况，对电子报表进行了8次修改，将原有的手动输入124个数据缩减为56个，让原有的报表制作时间从30分钟缩短到5分钟，使报表错误率由14.2%降至2.3%。

考核激励，让大家主动揽活。隐患整改工作是很多员工不愿参与的工作，他明确站内装置中存在的隐患谁发现谁加分，装置中故障的器具谁修理谁加分的原则，班组成员的主观能动性空前高涨。大家找隐患、找活干，共发现重大隐患4项，处理一般故障40余次，提出操作优化建议6项，数量达到全工区隐患处理总量的41%。

把好关——全力把好安全关。

把好安全关是班组建设的重中之重。闵龙带领班员紧抓学习创造安全，严格对标保障安全,同心同德促进安全。

紧抓学习创造安全。他在班组内建立培训学习"小阵地"和岗位练兵"小平台",发动全员参与实战"小课堂",提高大家的安全技能。运用工作循环分析工具,完善各项规程,规范日常操作行为,形成了"PDCA"的良性循环。

严格对标保障安全。把 HSE 体系标准引入岗位,按照标准要求做好每项工作。推行"氧压机操作 16 步法"、"分子筛加温 3 步法"等标准操作法,坚持做好班前检查、班中督查、班后小结,杜绝操作失误,班组连续三年实现了"零事故,零违章"的目标。

同心同德促进安全。在班组内大力开展安全观察与沟通活动,每个班次进行安全经验分享,形成了"我不伤害自己,我不伤害他人,我不被他人伤害,我保护他人不受伤害"的良好氛围。

闵龙个人连续三年被评为厂级"优秀班组长",更在 2012 年被评为吐哈油田公司"优秀班组长"。

闵龙常说:"年轻员工,要'干是千斤顶,学是螺丝钉',要学会忠于职守。"

经验分享8

盘古梁作业区员工"五分一全"管理法
—— 长庆油田

长庆油田第三采油厂盘古梁作业区位于陕西省吴起、靖边两县六乡境内,所连区域属典型的黄土地貌,沟壑纵横,自然环境艰苦,管护面积大。该作业区成立以来,油水井数不断增多,年产量不断增加,生产建设的规模迅猛发展,需要优秀的操作员工,更需要生产、管理和技术骨干。在人力资源与油田发展矛盾日渐突出的情况下,一批批市场化员工陆续补充到员工队伍行列,逐步成为采油生产的主力军。目前,盘古梁作业区的市场化员工已占员工总数的一半以上,已经成为原油生产的中坚力量,市场化员工的管理已经成为队伍管理的关键。但由于用工形式不同,市场化员工与合同化员工薪酬待遇不同,致使部分市场化员工存在进取意识不强、工作缺乏动力、对企业忠诚度低等问题,这些问题已经成为市场化员工管理的难点。为此,作业区在厂有关部门的指导帮助下,按照"开发一个大油田,建设一支好队伍"的要求,推进管理创新,探索加强市场化员工管理的新思路,形成了以"五分一全"为主要内容的市场化员工管理法,激发了市场化员工的工作热情,促进了市场化员工的快速成长,为盘古梁作业区块的高效开发提供了有力的人力支撑。

以"五分一全"为主要内容的市场化员工管理法如下：

（1）分级引导，营造良好的人文环境。作业区和井区大力开展"形势、目标、任务、责任"的主题教育，通过举办事迹报告会、演讲比赛等方式，用油田发展的形势教育员工，用不同层面优秀市场化员工成长的经历引导员工，牢固树立其"只有荒凉的环境，没有荒凉的人生"的事业观，增强了市场化员工扎根油田、奉献岗位的责任感。同时，持续改善一线员工的工作和生活条件，为他们配备和及时更换被褥、床单、灶具等生活用品；装修洗澡堂，使前线员工都能洗上热水澡；完善井区员工之家的娱乐设施，配备和更换电视及卫星接收系统；为井区配置纯净水处理装置，确保员工用水健康。提高生活质量的同时不忘丰富员工文化生活，作业区努力培育井站文化、节日文化和兴趣文化，成立文学、体育、摄影等兴趣小组，适时开展"爱我油田，爱我井区，爱我井站"绘画征集等各类活动，举办趣味游艺会和文艺表演。

（2）分岗培训，提高员工整体素质。作业区根据不同岗位，对市场化员工重点培训，提升其工作技能。针对管理人员，通过年度工作会、季度工作会、管理研讨会、经营分析会、综合治理专题会、现场观摩交流会等形式，以会代训，加强专业培训和生产现场培训，引导广大市场化员工中的管理人员学习管理方法和经验，提升组织协调和综合管理能力。针对技术人员，通过技术人员跟班作业、跟班学习，开展论文发布会、技术研讨会，组织油井动态分析，提高他们解决实际问题的能力。针对操作人员，完善作业区、井区、班站三级培训网络，设立员工培训组，制定员工技术晋级管理考核办法，将技能等级与员工待遇直接挂钩，调动了员工学技术、钻业务的积极性。

（3）分层考核，提升员工工作绩效。作业区以岗位绩效量化考核为重点，对市场化员工中的管理、技术、操作人员进行分层次考核。通过定岗定员、岗位描述、岗位评价、确定考核因素等基础工作，制定明晰的、可度量的工作职责和岗位标准，分层面、分岗位设定每一个环节的考核分值，形成严考硬兑、按绩取酬的科学考核评价机制，解决了职责不清、责任不明、考核粗放的问题，做到工作有标准，考核能量化，评价有依据，从而调动了员工的工作积极性。

（4）分类管理，提高员工的忠诚度。由于作业区市场化员工相对年轻，涉世不深，经验不足，在艰苦的外部环境中缺乏明辨是非的能力，在复杂的外部环境和各种诱惑下，往往难以把持自己，个别市场化员工甚至盗卖原油。针对这一现状，作业区建立内部人力资源市场，优化人力资源配置，创造人才公平竞争环境，实现员工与岗位之间的双向选择，最大限度地发挥每位员工的潜能。将优秀员工安排在重点岗位上，对不胜任岗位的员工只发放基本生活费，待岗锻炼，以观后效，重新考核后再安排合适岗位，有效地增强了岗位员工的责任心和迫切感。另外，根据岗位、年龄、思想动态和现实表现，对员工实行"分类管理、动态运行、重点监控"的管理办法,增强了员工的免疫力。各井区每月将本井区的驻单井人员调整情况,及时上报作业区人事部门,随时掌握井站人员变化情况,对重点人员重点监控、重点部位重点管理,有效避免了一些案件的发生。

(5)全员竞争,拓宽员工发展空间。作业区把市场化员工与合同化员工放在同一起跑线上,尊重市场化员工的劳动与价值,给他们提供均等的竞争机会,创造良好的成长的空间。建立全员竞争、优胜劣汰的选人用人机制,增强市场化员工的危机感和紧迫感。作业区在干部选拔上,打破学历、身份、资历、职称等界限,推行公开竞聘制度,坚持"先培养,后使用"以及轮岗锻炼等方式,不拘一格选拔使用人才。

通过以上几个方面的工作,作业区取得了十分明显的成绩,培养了一支攻坚啃硬、勇挑重担的员工队伍。在油田开发建设中,艰苦的环境、繁重的工作任务使广大市场化员工得到了磨炼,良好的成长环境、科学的管理机制促进了他们的茁壮成长,形成了吃苦耐劳、敬业爱岗、拼搏进取、无私奉献的团队作风,使基层建设工作稳步提高。盘古梁作业区基础管理工作走在了全厂前列,受到中国石油天然气集团公司和长庆油田分公司多次表彰。

经验分享9

手握"五小金钥匙",开辟班组管理新途径
——辽河油田

辽河油田曙光采油厂32号计量接转站始建于1986年1月,隶属采油作业三区306号中心站,位于胜利苇塘的绿色苇海之中,地质构造处于辽河凹陷西斜坡中段,主力开发区块为杜66块和古潜山油层,管理着42口油井,平均日产油量50吨。该站现有员工15人,其中大专以上学历3人,是一支感恩有责、执行有效的团队。近年来,32号站在上级组织的正确领导和全体员工的共同努力下,将班站建设作为基层基础管理提升活动的缩影,用精巧的班站建设"小音符",谱出了管理水平和员工素质双提升的"大乐章"。

32号站全体员工,立足岗位,尽职履责,将产量效益当作自己的事情,将班站团队看作自己的家园,在"只要用心、就能做好"团队精神的带动下,队伍面貌呈现出新的生机与活力,生产管理执行能力得到了有效提升。现总结经验如下:

(1)讲清"小道理"化疙瘩。当员工的思想情绪出现波动时,相对于严肃的指责批评,小道理实在、贴心,入情入理,更容易讲到员工的心里。针对员工的不良情绪,站长刘胜军对员工表现出充分的尊重和理解,慢声细语地和新员工谈心,将整个事件中的小道理娓娓道来。一名年轻员工因劳保着装不规范而被中心站扣罚奖

金后,找到站长发泄情绪,倾泻不满和牢骚,站长刘胜军通过谈心,告诉年轻员工扣罚只是针对违章行为,而非违章者本人,并细致分析了习惯性违章操作将会给个人、家庭、企业带来的严重后果,指出了扣罚不是目的,安全生产才是关键的小道理。寥寥几句安抚了员工的负面情绪,更让员工明白了标准化操作的重要性,增进了相互了解。

(2)解决"小问题"激干劲。32号站全面实施"四标"管理,即立标定方向、对标找短板、达标抓落实、创标促提升。党员以身则,发挥示范带动作用,充分调动了员工的积极性。针对夜班与白班之间因当班工作不处理的矛盾,党支部将日常工作定量、定时、定人,化解了这一难题。32号站定期开展"每月解一题"活动,了解员工最关心、最直接、最现实的切身利益问题,针对员工反映的问题第一时间帮助解决,解决不了的马上向上级部门反映协调,及时反馈给员工。在32号站员工的建议下,作业区为32号站的巡检路线架设了"爱心桥",使得处于潮汛中的巡检员工不用再涉水巡检。

(3)开展"小活动"促提高。32号站适时组织"争当和谐对子"竞赛活动,一是在党员与群众之间结成先进带后进帮扶对子,形成工作经验一传一、思想觉悟一帮一、业务技能一带一的良好氛围;二是在新老员工之间结成师徒对子,制定"现场作业、问题把关、质量操作、任务完成、技能传递"6项互帮互助标准。32号站针对两种"对子"进行每月点评,对当月出现问题的"对子"及时调整,对表现优秀的"对子"给予奖励,有效提升了员工素质。其中,该站高洪顺、修玉洁师徒在作业区第八届岗位练兵技术表演赛中获得师徒赛第一名。

(4)做好"小事情"聚人气。在党员中深入开展"双诺整推"活动,倡导党员从身边着眼,从小事立诺,不说大话,不走形式,通过自身的践诺行为,真真正正为员工的日常生活提供方便,为生产工作保障安全。员工许永恒承诺利用工余时间定期修理站上的自行车,针对巡井员工骑自行车携带工具困难这一问题,他开动脑筋,自己动手,用8号铁线编了一个挎筐固定到自行车后面,防止工具因掉落造成的损坏,杜绝了事故隐患。针对站上男员工工服没有时间清洗这一现象,女工王微承诺利用中午休息时间为员工洗工服,在她的带动下,当班女工自觉增援,共同参与到该项践诺活动中,增强了该站员工的向心力,增进了员工之间的深厚情谊。

(5)选树"小典型"立标杆。选树员工信得过、形象立得住的优秀普通员工作为典型,以点带面。该站员工通过周例会对身边的同事进行评选打分,将得分最高的员工立为标杆,鼓励"小典型"保持先进性,倡导员工向身边榜样看齐。某月员工刘胜军出勤26天,"安全属地"无任何事故隐患,被中心站选树为"爱岗敬业"小典型。之后,他更加严格要求自己,带动32号站全体员工学技术、强本领,为32号站完成全年各项业绩指标贡献力量。

经验分享 10

凝练"三用"管理法,提高班组执行力
——辽河油田

辽河油田欢采热注一区 22 号站,位于欢齐 40 蒸汽驱块,管理 3 台锅炉,现有员工 19 人。在不断的生产实践中,总结凝练出"三用"管理法,凝心聚力,提高班组执行力,员工均能主动热情地对待工作,保证生产顺利进行。该站曾先后荣获"安全生产先进班组"、油田公司青年先进班组等荣誉称号,成为各站竞相学习的"标杆站"。

热注 22 号站之所以有这么强大的凝聚力,正是由于站长在长期的生产实践中不断探索、总结凝练出了具有班站自有特色的管理法——"三用"管理法,使班站执行力大幅提升。

(1)用耐心对待工作。热注站是高温高压场所,24 小时运行的设备使环境噪声大,长时间处在这种环境工作,难免导致员工心烦意乱而影响工作。站长教育员工要用耐心来对待每天的生产运行、卫生打扫、设备维修保养等工作,保持一个平静的心态,不能急于求成,在开展各项工作时要以安全环保为前提,如进厂房戴好耳塞、正确穿戴劳保用品、严格按照操作规程操作等。这样可以有效而安全地完成工作,减轻员工心理压力,消除抵触情绪,提升执行力,保证工作质量。

(2)用细心对待设备。热注 22 号站管理 3 台 23 吨注汽锅炉,机泵设备多,维护保养工作量大。员工把设备当成好朋友和孩子一样对待,无微不至地维护、保养、清理设备,使设备安全系数达到最高,减少设备故障停炉次数,延长设备的使用寿命,提高了经济效益。同时,员工的维修工作量大幅度减少,工作强度降低,员工亲身体会到了细心对待设备的好处,从而进一步提升了员工开展日常工作的执行力。

(3)用关心对待员工。站长对待员工事无巨细,常与员工进行交流沟通,以诚待人,设身处地为员工着想,解决员工遇到的实际困难,注重员工的思想情绪和精神状态,用赏识和欣赏的眼光来对待每一名员工。站上外地新员工较多,在公寓住宿,到了节假日,站长都打电话问候,并请员工到家里做客,让员工虽身在异乡也能感受到家的温暖,侧面调动了员工的工作热情,使该站员工执行力得以提升。

实施"三用"管理法以来,全站员充分发挥团队精神,营造了和谐的氛围、培养了积极的态度、练就了过硬的技能,使整个班站的执行力得到大幅提升,出色完成各项生产任务,为企业树立了标杆。

经验分享 11

班组管理"五字"工作法
——新疆油田

周传辉所在的运行五班是检 188 作业区工作量最大、生产任务最重的一个班组。近年来,在他的带领下,班组先后获得新疆维吾尔自治区"优秀 QC 小组"、百口泉采油厂班组擂台赛第一名及厂"五型班组"、"安全生产三星级班组"等荣誉。18 年的采油工作经历使他从当初一名普通的采油工成长为一名有着丰富现场工作经验的高级技师。14 年的班组带班管理经验,使他在岗位上逐渐摸索出一套具有特色的"五字"工作方法。

一、工作中突出一个"学"字

以前的班组安全管理总是由班组长一个人唱独角戏。随着班组生产规模的扩大和人员的增加,这样的管理模式让班组长感到非常吃力,在一定程度上制约了班组向前发展的步伐。为了彻底改变这种状态,周传辉积极学习先进的管理方法,采用圆桌组织管理模式,改变了原有班组长与班组成员之间的上下级角色,赋予每个员工参与班组管理的权利,让班员当主角。在日常的安全生产工作中,他大胆启用一些骨干员工参与到管理中。通过设立班组安全员、轮值副班长等形式,将班组管理的权利赋予他们。让他们在做好自己岗位工作的同时,协助班长全面抓好班组安全工作。例如,管理教育班组员工贯彻落实各项安全工作制度,管理维护各项安全设施,查违章、查隐患、查落实、查违纪等;班长不在岗时,轮值副班长行使班长职责,成为班组安全管理的第二责任人。这样,依靠班组优秀骨干的带动作用,调动了全体员工的积极性,形成合力和推力。

建设学习型班组是成就伟大团队的根本路径,是每个员工快速成长的最佳基础建设。周传辉在通过不断学习提高自己岗位技能的同时,还鼓励班组员工一起参与到学习中来。他带领班组青年员工在班组内开设了"青年小讲堂"。随着活动的深入开展,班组青年员工已逐渐成为小讲堂的主力军。每期小讲堂的课题会根据不同生产季节,生产岗位出现的新工艺、新设备,青年员工的兴趣等进行设计。授课内容不仅有与大家生活息息相关的普法教育、与生产相关的新技术的推广应用,还有员工的发明创造、QC(质量控制)活动等,既开阔了大家的眼界,又增长了知识。2011 年,由周传辉带领的"7080"QC 小组开展的"减少油井井口单流阀清洗时间"、"游梁式抽油机刹车制动解锁装置的研制"获得油田公司 2011 年 QC 成果三等奖,"7080"QC 小组还获得 2011 年新疆维吾尔自治区"优秀 QC 小组"的荣誉称号。近几年,班组员工有五项创新成果获得国家实用新型专利。这些成果的取得,不仅解决了生产中的一些难题,也极大地鼓舞了班组每一位青年员工,使班组成员的聪明才智和创造热情充分发挥,班组科技创新能力不断得到提高。

二、狠抓一个"严"字

良好的运行机制是增强班组活力的催化剂。每年年初,周传辉会在班务会上和班组员工共同完善适合班组人员掌握和操作的各项规章制度,不断补充和完善班组建设考评标准。有了健全的制度,必须严格地执行,才能发挥作用。为了使班组员工做到自觉遵守现场安全管理的各项要求,保证现场各项安全工作的积极落实,周传辉在班组开展四定活动(定人、定井、定设备、定期检查考核)。根据考核成绩对班组成员的学习、设备管理情况进行评估,并将考核成绩与员工奖金、派外学习、休假挂钩。

三、坚持一个"查"字

要想搞好现场安全管理,就得把形成和影响安全生产的主要因素(即人、机、料、法、环)有机地结合起来,使生产现场按预定的目标生产。周传辉每天带领班组员工坚持做到班前互相确认检查、班中现场巡查、班后总结讲评。检查现场各种不安全因素,检查组员作业前的精神状态是否良好,及时消除各种不安全因素。周传辉对班组每天的重点工作,都要具体安排,详细分配每位班员在工作中的职责,要求大家对本工作中存在的危险因素进行识别、评估;不足之处由其他班员完善,使每位班组成员能认真落实每项安全防范措施,确保工作安全顺利地完成。周传辉使安全工作事事有人管、人人有专责,把班组建设与安全生产有机地结合在一起。

四、落实一个"实"字

"实"就是实在、有内容、联系实际、狠抓落实。班前安全会不能流于形式,走走过场,要结合当天的工作任务、人员组合、设备设施、周围环境和天气状况等特点,有针对性地进行安全教育。坚持做到工作前有安排,工作后有落实。安全预案演练是促使员工掌握安全生产技能、提高岗位防范事故能力的最有效的手段。演练前编制出详细、可操作性的演练预案,演练结束后进行分析和总结,及时点评,达到人人对各类事故和突发事件都能应对自如。

五、坚持一个"多"字

在生产活动中要多留一个神,多说一句话,多提一个醒。对易发事故的区域和岗位,在工作中力求多一点确认、多一些查看,进而达到多一处预防、多一个措施,把事故消灭在萌芽状态。要多一点沟通、多一点交流,纠正员工的不安全行为,引导和启发员工思考更多的安全问题。有一次,班组负责维修的员工在测量四点一线时,为省事只切断了配电箱的电源而没有按照要求把电控箱的电源切断。周传辉发现后,不是马上对这位员工进行严厉的处罚,而是和这位员工一起对不安全行为进行了分析。他动之以情、晓之以理,使这位员工深刻地认识了安全的重要性。他的目的是使员工的思想从"要我安全"到"我要安全"转变,这样既教育了员工,又提高了他们的安全责任心。

经验分享 12

采油六班的"标准化班组"管理经验
——新疆油田

重油公司采油作业五区采油六班,成立于 2005 年 8 月,现有员工 23 人,其中,少数民族员工 13 人,汉族员工 10 人,女工 15 人。班组管理着 8 座计量站共 148 口油井。油井为齐古组稠油井,主要以汽驱方式生产。如何让班组员工更好地发挥团队精神?近年来,班组成员认为各族员工要像红柳一样,以扎根戈壁为己任,在工作、生活上相互尊重、相互理解,提出了"像红柳一样抱团成长"的团队精神,即通过"管好每一口井,采好每一吨油",营造"不同民族却同心,不同语言却同音"的民族团结一家亲氛围,促进了班组管理水平的提升和原油生产任务的顺利完成。

一、我的属地·我的班

1. 制定"四定两包",分清"工作职责"

采油工的职责:采好油,多采油。班组通过属地管理来做到这一点。班组通过"定岗、定责、定工作内容、定工作标准、包设备管理、包安全"的"四定两包"工作法,实施"标准井"工作量折算法,将班组管辖区域划分为 18 个单元,每个单元内的油井都有具体负责人,实现了油井设备设施的属地化管理。例如,阿依努尔管理的区域,当出现抽油机皮带断裂或密封盒漏油等问题时,她就会在第一时间找到这个区域的维修工来进行处理,等维修工干完活以后,她就会自觉地做好油井清洁等后期工作,不会留下任何问题。但在过去,当油井出现问题时,都是由班长来统一安排处理。现在通过属地划分,大家都有了自己的"承包井",都很清楚自己每天的工作和工作职责,就不再需要班长来安排谁换密封盒、谁换皮带。

根据班组的实际情况以站为单元,将油气井所辖区域划分责任区,将责任区落实到人,只要是区域内的责任均由承包者承担。通过属地化管理,班组目前做到了每个员工承担的工作任务量相当,在奖金分配上体现了工作量与绩效的有效结合,班组的员工都树立了"我主管我负责"的责任意识和"我操作我确保"的属地管理意识。

2. 利用工作流程、规范班组工作

班组的属地划分后,为了进一步规范班组各岗位的各项工作,制定了班组的工作流程图,要求员工按照班组的工作流程开展工作,目前班组各岗位员工都很清楚自己每天的工作和工作职责。

3. 健全考核制度,完善考核机制

既然有了属地管理,那就要有属地责任,落实责任就必须和奖惩挂钩,只有这样才能更好地调动大家的积极性。

根据实际,班组进一步完善和补充了各岗位的考核细则,将工作标准细分到每一项,并对每一项进行打分考核,建立了巡井工、维修工和资料工的工作考核细则。班组坚持每月对班组员工进行检查并打分,每季度综合评定进行奖金考核。班组在进行奖金分配时,采取与月度班组自查、不定期抽查结果和平时工作相结合的方式,将每月检查中各岗位得分情况,对照绩效考核细则进行打分。同时,还将班组产量与岗位结合,通过落实职责履行情况和问题倒查制,使每个人的奖金与岗位、责任、业绩、成效得到有效结合,做到多劳多得、能者多得。

二、班组共建·我的班

在设备管理方面,班组提出了"平凡工作做精、日常工作做细"的工作标准,对设备实施分级管理,责任到人,也就是让设备有"户口"、让设备有"主人"、让设备有"外衣"、让设备有"标准"、让设备有"思想",确保设备平稳运行。通过给设备上"户口",实现"级别化"管理。把设备按要害程度划分管理等级,为设备设施建立"户口簿",将设备运行情况进行记录,实行设备升级管理、重点管理和日常管理的动态管理模式。

(1)通过油井承包"属地化",让设备有"主人"。针对原油黏度大、设备设施多、辖区面积大、安全环保责任重等现状,班组对油井设备进行"属地化"管理,推行"标准井"工作量折算法,保证员工在公平、合理的承包区域中,实现对设备的管理到位、责任到位、考核到位。

(2)通过安全管理"目视化",让设备有"外衣"。班组在安全生产中推行"目视化"管理,在生产作业场所设置醒目的安全色、标签等"目视化"警示标志,让设备设施危害和隐患"显形化"。

（3）做到基础达标"规范化"，让设备有"标准"。在实施中国石油天然气集团公司"一平二净三清四无五不漏"这个标准的基础上，班组在"千队示范"创建工作中，也推出了设备管理"12345"要求，进一步拓展和丰富了"一平二净三清四无五不漏"的内涵（一平即井区平整；二净即工作区域干净、生活区域干净；三清即巡井线路清、设备设施清、生产状况清；四无即安全无死角、操作无缺陷、巡检无盲区、资料无差错；五不漏即采油不漏油、注汽不漏汽、设备不漏保、作业不漏票、培训不漏人）。

（4）生产运行"数字化"，让设备有"思想"。几年来，公司建立了较为完善的自动化生产服务系统，将数字化系统与生产、安全、设备管理相结合，实现信息即时化、监控自动化、报警精准化。

① 多通阀组实现了"程序计量"。员工依据量油计划表，在系统平台上选择需要计量的油井，导入确定后，程序能够实时批量计量，数据自动保存、随时采集，无须人工监控，计量中同一个多通阀组的油井无须人工切换阀门，既提高了劳动生产率，又减轻了劳动强度，实现了对油井的精准计量。

② 单井产液实现了"自动传输"。通过程序化、无线网络，实现本地与远程异地监控同步；通过系统可以对重要设备进行监控，通过曲线的变化可以判断设备是否正常工作，避免事故的发生。夜巡值守人员由4人到目前的1人，作业区不再设夜巡岗，实行集中夜巡制。

③ 资料报表实现"无纸上传"。班组通过作业区内网"生产动态"，可以直接在系统平台内录入当日生产报表数据，并可逐级上报重油公司及油田公司，与原来上报时间相比缩短了24小时。班组在系统内可以直观看到作业区、采油班组的开井数、日产液量、日产油量等指标。同时各管理部门下发的文件、通知等，班组在现场就能下载、学习、落实。

④ 生产运行实现了"在线处理"。班组日常工作汇报、重点井措施递交、班组工作总结、作业区生产安排、安全要求等都可以通过网络实现"上传下达"，班组员工人人清楚，人人都知道如何干。数字化提高了现场管理水平，减少了安全隐患，降低了员工的劳动强度，优化了人力资源。

三、班组热爱·我的班

该班组是一个多民族组成的大家庭，员工有汉族、维吾尔族、哈萨克族、回族等民族。作为公司的民族团结示范点，该班组一直在班里开展"一份喜报寄深情、一份慰问暖人心、一封家书报平安、一份基金解燃眉"的"四个一"文化活动，大家在工作和生活中相互尊重、相互理解、相互信任，在班组中形成了"民族团结一家亲"的和谐氛围。

同时班组中开展"一帮一、结对子"活动，各族员工一起学技术、学语言、学计算机知识,在学习中,班组各族员工结下了深厚的感情。

属地化管理后,班中每个人的职责都明确了,每个人都有自己的属地管理范围,却又不仅仅只负责自己的属地,不分彼此,相互帮助,共建一个"家",每天都在快乐和轻松中工作。2013年7月班组成立了党小组,希望通过党小组活动,带动党员责任区的建设,进一步细化了党员责任区,完善了党员示范点,更好发挥党员的先锋模范带头作用。

四、班组成长·我的班

班组的培训目标是把普通员工培养成技术骨干,把技术骨干培养成高级技能人才。班组采取的培训方法是:"学和考相结合"提高理论水平、"练和赛相结合"提高操作水平、"传和帮相结合"提高整体水平、"评和树相结合"培养技能人才。班组的各族员工一起学、同台比、共进步。

为了增强培训效果,根据每个员工的培训需求制定培训计划,本着"缺什么补什么"的原则,结合班组员工的技术水平,量身制定了"培训需求表"。例如艾斯卡尔,他是中级工,学习高级工的知识时,电动套丝机的使用操作是他的一个难点,班组就针对电动套丝机的操作方法对他进行重点培训,并结合工作的时间需要,为他制定了合理的学习培训时间,要求他在一定时间内做到基本掌握。

经过近几年的不断努力和拼搏,该班组获得了许多荣誉:2010年获新疆油田公司"油田先锋号";2011年获"重油先锋号";2012年获克拉玛依市"工人先锋号";2012年获中国企业班组文化建设"十优单位";2013年获新疆油田公司"标杆五型班组";2014年获中国石油天然气集团公司"铁人先锋号"。

俗话说"爱拼才会赢"。虽然工作在茫茫的戈壁中,但就是这片热土中的红柳,时时刻刻激励着这个团队。相信在今后的工作中,该班组将坚持唱和谐曲,用安全夯实基础、用学习提高技能、用行动证明能力、用成绩做出承诺,齐心协力,为实现重油公司"稳产百万吨"、建设现代化大油气田和建设"新疆大庆"贡献力量。

经验分享 13

物业管理服务"533"工作法
——西南油气田

隆昌石油社区管理站按照"一年打基础,两年迈大步,三年上台阶"的目标,学习大庆物业管理品牌理念,在近几年的工作实践中创建了石油小区物业管理服务"533"工作法,即"五到"(转变到人、规范到位、服务到场、巡查到点、温馨到家)、"三清"(物管员对辖区内的房屋状况清楚、设施清楚、人员情况清楚)、"三勤"(物管员要做到"腿勤",巡查到位;"手勤",住户不愿做的事情,物管员要去做;"嘴勤",对小区内不符合规定和妨碍美观、影响安全的现象要督促整改到位),取得了很好的效果。该站相继荣获四川省"物业管理优秀住宅小区"、内江市"物业管理优秀住宅小区"、西南油气田"金牌班组"、西南油气田矿区服务事业部"和谐石油社区"等荣誉称号。

一、提升物业队伍素质,转变到人

管理站务实地提出了在"干中学、学中干"的工作思路,做到"三注重"。一是注重学习的普及性,邀请地方物管专家授课,帮助物管员尽快"业务入门"。二是注重学习的适用性,对物管员分期分批送外观摩学习,力求学以致用。三是注重学习的时效性,开展以"在岗为岗、在岗言岗、在岗忧岗、在岗爱岗"为主题的大讨论活动。管理站物管人员全部持证上岗,实现了从"游击队"到"正规军"的转变。

二、强化物业管理制度,规范到位

俗话说"没有规矩不成方圆"。管理站新编了"物管岗位职责"、6个"工作流程图"等系列物业管理规章制度,实行了"小区物业管理承包责任制",突出责任传递,严格考核,使物管工作"一竿子插到底",真正做到了"写我所干、干我所写、记我所做"。

三、坚持物业重心下移,服务到场

管理站始终履行"对待工作要热心,为住户办事要细心、真心、耐心,要让住户称心"的工作态度,以人性化服务为住户提供方便。遵循"12345"的法则:一字当头,遇事第一时间到达现场、第一时间报告、第一时间处理;两个效益,提高社会效益和经济效益;做到尊重法律、尊重历史和现实、尊重民意;坚持管理、服务、人员、设施设备四到位;真正达到细心、真心、耐心、用心、称心五心服务。物管质量呈现"六不六净",即不见积水、不见积土、不见杂物,不见卫生死角、不乱倒垃圾和不见人畜粪便;路面净、路沿净、人行道净、雨水口净、树坑墙根净、果皮箱净。

四、突出物业精细管理,巡查到点

小区巡查是实施物业管理的难点和重点,管理站对小区的巡查更是一年365天从不间断,严格填写物业服务巡检记录表,巡查发现问题及时整改,提高住户满意度。通过不懈的努力,小区内乱搭乱建、乱摆乱放、乱堆乱倒、乱停乱放的"四乱"现象得到了有效治理。

五、打造物业和谐社区,温馨到家

管理站尊崇以"和"为贵的工作原则,创新发明的"爱心小纸条"是物管员经常使用的温馨"小工具",在公告栏上张贴告知的小纸条,棘手的问题也迎刃而解。住户之间发生了矛盾,物管员主动到场,多次登门积极调解,向住户宣讲"远亲不如近邻"的道理,终于"春风化雨,润物无声"。

经验分享 14

稳扎稳打夯基础,精雕细刻上水平,全力打造精细采油管理站
—— 大港油田

大港油田第三采油厂作业五区管理二站成立于 2008 年 6 月,员工平均年龄 35 岁,是一支有朝气、团结向上、能打胜仗的队伍。这支队伍先后获得大港油田公司优秀团支部、优秀青年突击队、青年安全生产示范岗,采油厂优秀党支部、设备管理优秀班站等荣誉称号。管理站坚持以"产量稳定、管理精细、现场规范、和谐安全、站容整洁、富有特色"为指导方针,围绕创建工作目标,通过强推动、解难点、抓重点、兴文化,统一思想,细化管理,深化建设,不断提升管理站基础管理水平,构建和谐工作环境,打造精品采油管理站。

一、统一思想,强化推动,确保工作有序展开

管理站以窗口示范站建设为依托,将创建工作作为本单位的"头等大事",通过注重"两个强化",发挥"两个作用",统一思想,形成合力。

1. 注重"两个强化"

(1)强化认识,思想统一。结合工作实际,管理站通过会议集中讲、班前随时讲、宣传重点讲等方式,向全站员工讲清创建工作的重要性和必要性,讲明创建工作事关每名员工的责任,提高员工认识,凝聚员工思想。

(2)强化职责,目标统一。针对创建工作,管理站班子及机关职能部门"齐聚一堂",分析管理站优势及潜力,明确了创建方向。同时,围绕创建目标,制定了管理站推动实施方案,采取管理站主管领导亲自抓、班子成员协作抓、岗位员工严落实,形成了上下齐抓共管、有效落实的良好局面。

2. 发挥"两个作用"

(1)发挥班子示范引领作用。班子是领头羊,是创建工作的组织者和执行者。为了进一步增强员工工作的主动意识,管理站班子带头做表率,通过"三个在前"

（"学"在前,学体系知识,学三本手册,学优秀班站;"干"在前,讲责任,不怕苦和累,讲奉献,不计得失;"攻"在前,难题面前,抢攻关,困难面前,齐上阵),示范引领,齐聚人心。

（2）发挥党员先锋模范作用。党员是旗帜,能够产生巨大的影响力和战斗力。为此,围绕工作任务,结合创先争优、党员示范岗等活动,通过"三个针对"（针对阶段重点工作,开展党员义务奉献活动;针对生产难题问题,成立党员攻关小组,开展技术攻关;针对现场水平提升,选树党员"示范井"、"金牌设备"）,亮出党员身份,凸显党员作用。

二、立足实际,突破难点,实现产量稳步提升

围绕"完成产量"这一目标,管理站深入分析,查找制约产量目标的主要原因,从难点问题入手,精细做好"双控"工作。

1."精细注水"控递减

管理站目前注水井开井数为 28 口,全部采用增注泵增压注水。由于高压注水易造成漏失,为保证注水合格率达标,管理站以夯实注水基础管理为切入点,通过抓实注水设备管理,做到五个必须（管线通球必须定期;增注泵保养必须定时;处理设备渗漏必须及时,重点部位必须加密巡查;室外巡检与室内监控必须协调一致）;抓细数字化监控,做到三个及时（依托数字科技注水量及时调整;压力及时录取;指示曲线测完及时分析）,稳控递减。

2."精细加药"控躺井

受原油物性影响,管理站油井杆管腐蚀严重。管理站加药井多达 26 口,占开井数的 65%,而杆管腐蚀一直是制约管理站控躺井的关键因素。为了减缓杆管腐蚀,遏制高躺井现象,管理站摸索总结了"一本三定"的加药方式。

一本:建立"井加药跟踪本",详细记录油井的各项参数、作业描述、加药制度以及每日的加药情况。有了这样一个跟踪本,就可以对油井的状况掌握得"一清二楚"。

定人:管理站挑选了两名工作责任心强、经验丰富、技能娴熟、对油井井况熟悉的优秀管井工,专门负责每天加药工作。

定质:每月由加药成员、管井工和技术员共同确定每口井加药制度,并根据油井作业史、产液量、含水、凝点等,进行动态调整,每月修订加药计划,确保对症下药。

定量:管理站为各加药井设置了专门的加药桶,并做好对应井号标记,注明每日的加药量、加药次数,要求加药人员在每次加药前认真对所加药剂进行称量操作,并按标准稀释,确保加药量的精准。

三、细化管理,抓住重点,实现基础管理提升

管理站在做好日常基础管理工作的前提下,通过实施五项举措,夯实基础工作,提升管理水平。

1."三标"助现场

选井"立标"。各站优选 1~2 口现场规范的油水井重点"对标"。创建"标杆井",全面推开工作量。全面"达标"。制定达标井管理办法,激励推进全面达标。

2."三抓"强设备

目前管理站有抽油机 38 台,增压注水泵 8 台,污水回收泵 5 台。为了提升设备管理水平,管理站立足实际,从员工素质、行为规范、日常落实入手,使现有设备高效运转。

(1)抓学习,提素质。管理站通过技术比武、技师授课、师带徒等方式,使员工熟练掌握设备应用的各项操作技能。在此基础上,采取现场座谈、观摩交流等形式,学习先进管理单位精细化管理标准和经验,真正成为设备的"好管家"。

(2)抓行为,转理念。以"我的设备"为主题,开展交流讨论活动,由每名员工讲述自己如何管护设备的心得,交流感受,分享经验。同时,依托管理站"曝光台和闪光台",加强员工设备日常操作行为,引导员工做到"我的设备,我负责"。

(3)抓落实,提质量。成立设备保养小组,结合有力的天气情况,开展设备保养整修活动,按照"十字"作业法标准,对每台设备进行检查、维护保养。

3."四招"节成本

面对严峻的成本形势,管理站立足自我,细化管理,实施"四招",控源节流,节支创效。

(1)"管家招",源头做起。建立物资台账,设立专人负责,定时盘查,月末汇总,杜绝了台账不清、物资不明现象。

(2)"修废招",抠出每一分。成立了修旧利废小组,对回收的废旧物资进行加工、修理、改制,达到旧品复用,变废为宝的目的。

(3)"拾荒招",挖金掘银。设立"节约箱",根据阀门、密封盒、手套等物资使用时限,制定不同的回收率,并完善相关考核制度,引导鼓励员工在生产中节支创效。

(4)"合建招",献出良策。管理站开展了以小改革、小发明、小建议为主要内容的节支创效合建征集活动,号召广大员工从节约一度电、一元钱成本做起。

4."四我"保安全

安全工作"我"做主,通过"四我"保安全,让安全工作见于日常,显于细微。

（1）"我学安全"。提升员工安全生产意识,开展"我为安全上一课"活动,通过早会、周三学习日,组织员工学习有代表的事故案例,帮助员工知险、避险、识险。

（2）"我懂安全"。为增强员工安全技能,充分利用黑板报、宣传栏和标语口号等形式,对干部员工进行了安全生产的宣传动员。"安全生产月"活动期间,在站内显著位置张贴安全、环保宣传画及安全标语,通过各种形式、多种途径的宣传,在全站范围内营造出一种热烈的安全氛围。

（3）"我讲安全"。不断丰富安全教育形式,采取寓教于乐的形式,通过员工风趣幽默的小品表演,折射安全工作的大道理;通过边看边学的方式,加深员工安全意识;通过现场图片找茬、安全经验分享等形式,使安全意识深入员工心中。

（4）"我能安全"。为了确保安全工作的持续性,使每名员工融入其中,管理站提出了"人人参与抓安全"活动,致力于使每一名员工成为安全工作的主角,充分调动员工参与安全工作的积极性。

通过以上举措,实现了管理站安全生产无事故,并形成了全站上下"人人讲安全,事事为安全,时时想安全,处处要安全"的良好氛围。

5."四定四晒"提素质

结合管理站实际,采取"四定四晒"做法,有针对性地做好培训工作。

（1）定目标,晒计划。结合师带徒活动,年初分层制定徒弟的学习目标,同时分层对每类员工制定培训学习计划,每一阶段按计划进行培养考查,并对师徒进行考核。

（2）定课时,晒教案。以周三学习日为载体,班子成员及技师制定授课内容,采取理论讲解与模拟操作相结合的方式进行,每季度对导师的教课内容进行评比,提高导师的授课质量。

（3）定考核,晒排名。每季度以作业区考试为标准,制定惩后奖前的考核办法,提高员工的理论水平,在管理站营造比、学、赶、超的学习氛围。

（4）定标准,晒评价。每季度对技师授课及解决实际难题的能力进行员工测评,并进行考核。

四、深化建设,文化引领,实现班站繁荣发展

提高基础工作水平,最主要的是提升班站"底蕴",形成一种独特的文化气息。为此,管理站以文化兴站,以"我"字为主题,提高软实力,将精细意识渗透到方方面面。

（1）"我的岗位,我精通"。依托班站讲解活动,深化员工对岗位的认知,达到知行合一。为此,管理站细化讲解流程,突出管井工、资料员、夜班工岗位,从各岗位的实际出发,不断强化员工对岗位职责的理解和落实,真正实现由"我说我岗"

到"我精我岗"的转变。

（2）"我的油井，我精心"。油井是管理站赖以生存的根本，而如何管好油井、让油井多出油是管理站员工的责任。为此，管理站从思想上入手，总结凝练出"用脑析井井增油、用心爱井井长寿、用手护井井靓丽"的工作理念，并将这一理念贯穿到油水井动态分析、油井加药制度落实、油水井现场标准化等日常工作中，倡导员工立足岗位，精益求精。

（3）"我的家园，我精装"。管理站以"绿色靓丽环境、绿色调节心情、绿色激发斗志"为宗旨，大力推动"四小建设"，通过打造三个景观，深化家园文化、浓厚家园氛围，提升班站形象，打造精品采油管理班站。

通过以上举措，唱响精细主旋律，文化引领兴班站，最终实现人与景相映、人与井相系、人与人相连、人与站相融。

经验分享15

创造"节约型"班组，向节能降耗要效益
——大港油田

天然气处理站维修保运班成立于2005年12月，主要负责处理站电器仪表、工艺设备的维修保养工作，被誉为处理站工艺设备的"保健医生"。近几年来，在各级领导的关心和支持下，维修保运班根据班组的实际特点，向安全要效益、向管理要效益、向技改要效益，确保了处理站生产装置的平稳运行，为超额完成各项工作任务做出了突出贡献。维修保运班也多次被处理站授予"红旗班组"称号，并获得2006年大港油田公司"青年文明号"、2007年"中国石油先进班组"、2008年度"青年安全示范岗"及2007—2008年度天然气公司"先进班组"等荣誉称号。

一、提高维修技能是做好节能降耗工作的基础

随着处理站新老设备的不断交替，技术的不断进步，员工已有的知识结构已不能满足工作的需要。为了使班组员工及时了解掌握处理站新技术、新设备、新原理，班组采取开设班组课堂、专题讲座、工程师授课等举措，不断丰富和拓宽员工的知识面，使员工及时了解当前最新的维修技术，并为每位员工配备了专门的学习笔记本。班组还经常利用工作空闲时间，召开班组技术座谈会，针对工作中出现的问题深入分析、举一反三，引导他们展开讨论，进行思路上或做法上的辨析。由班组中的技术骨干为大家传授工作经验，将课堂搬到现场，在处理故障设备时现场讲解，变抽象为直观。这种互动的形式使大家增强了技术上的沟通交流，提高了学习效率。在日常工作中，班组结合实际工作制定出翔实的学习计划，建立了岗位练

兵、互学互助结"对子"、"一日一练"、"一周一学"、"导师带徒"等灵活多样的岗位培训活动，营造出一个良好的学习氛围。同时还在休息室里设立了"学习角"，购置了大量专业技术书籍，员工充分利用工余的10分钟、半小时进行"充电"，为确保安全操作奠定扎实基础。

二、加强精细管理是做好节能降耗工作的保证

"粒米成仓、滴水成江"。班组倡导"让节约成为一种习惯"的节约意识，以"两严一创"（即严格控制设备维修操作成本、严格控制领用料，创建节约型班组）为主攻口，强化精细管理，实现"节能降耗、挖潜增效"的目标。

一是强化员工节约意识。班组充分利用班前、班后会进行动员，将成本意识、节约意识、过紧日子的意识渗透到每位员工心中，并要求员工立足本岗"挖潜增效"，做到不浪费一度电、不浪费一滴水、不浪费一根焊条、不浪费一双手套等。同时还开展了"三能三不"节能降耗活动，即"能修理保养的设备不外修，能修复使用的设备配件不领新，能回收的零部件不浪费"，将节约成本纳入日常考核范围，建立节奖耗罚制度，努力实现节约降耗。

二是"5S"管理树形象，降成本。班组维修保运班是在2005年公司扁平化管理模式下出台的一个班组，建班初始，多门类技术工种的组合，给管理增加了一定的难度。维修工房里多种工具使用后散乱摆放、混淆不清、工具损坏等情况时有发生，同时工具保养不及时，不仅在接到紧急抢修任务时影响工作进度和工作质量，也大大增加了班组的成本支出。针对这些现象，班组决心彻底整治。班组从工房入手，通过实施物品按类归置、定位摆放、细化标签、专人专项负责等措施，使工房内所有的物品保持整齐有序的状态，并对维修工具及小配件进行标识，定期保养，同时辅以一定的监督检查措施。此外，"5S"的管理理念也逐步渗透到班组的日常生活中：休息室里安全帽整齐地依次摆放，工服工鞋入柜存放，工具架上分类摆放。如今班组的工房整洁，资料规范，物品摆放整齐划一，休息室内清洁明亮，工具成本的支出也大大降低。

三、超前维保是做好节能降耗的有效手段

处理站各种类型的设备较多，仅运转设备就有155台，设备正常运转与否直接影响处理站的产量。因此，最大限度地降低设备故障率，始终保持设备良好的状态就是最大的节约增效，成为班组维修保运班全体员工的共识。

为此，班组牢固树立"关心设备健康从设备健康时做起"的理念，做好设备超前性保养工作，向班员灌输"发现问题比解决问题更重要"的思路，改变以往设备管理中常见的头痛医头、脚痛医脚、被动管理的弊端，提高班员"预知维修"的判断

能力,减少"事后维修"。对大型重点设备进行"定期维修",将设备故障消除在萌芽状态,避免因设备故障产生大量的维修费用,也避免因为维修设备停产而带来的产量损失。为了确保超前保养,减少设备故障,班组做到"五有",即有分析、有计划、有方案、有步骤、有总结。为此班组加强和运行班组沟通,采取"观、摸、听、闻"等巡视点检办法,掌握设备的运行情况,并进行跟踪检查和分析,制定保养计划和实施方案,按照方案有步骤地实施,并做好故障和检修后的总结和记录。

与此同时,班组采取"三定"措施,加强设备管理,即对设备管理实施"定人、定机、定责"措施。将每台设备的日常保养工作落实到每一名员工,明确设备承包的职责,坚持谁承包谁负责的原则,定期对各种机器设备巡回检查,确保每台设备有一个"健康体魄",使生产设备始终处于良好的状态,最大限度减少机器设备维修成本,也确保了生产指标任务的完成。目前,处理站各台设备的完好率在99%以上,没有发生设备非正常因素停机现象。

四、开展合建技改,是做好合建工作的主要措施

处理站装置已经运行近20年,因此面临着许多新情况、新问题。为此,班组积极引导班员立足岗位,充分发挥广大职工的聪明才智,在班组广泛开展"四小"活动,即小点子、小创造、小经验、小革新活动,鼓励班组成员敢于向传统做法挑战,大力实施技术创新,依靠智慧和科技进步,为生产解难题,为公司增效益。例如,直输机在运行时,水泵负荷对水泵联轴器冲击很大,经常粉碎,致使每台直输机连续运转的时间不超过20天,极大影响了直输机的正常运行。经过班组攻关小组的认真查找资料,班组向站上推荐了由丹东克隆集团有限责任公司生产的挠性膜片联轴器,实施后,该膜片能够承受不对中应力,并能吸振、隔振,并且传动平稳,达到预期效果,年创效30多万元。又如,直输机空冷器电动机由于是垂直安装,油封密封不严。每年一到雨季,雨水顺着电动机轴渗入电动机内部,使电动机绝缘下降甚至烧毁,不能正常工作。经过班组成员多次探讨和研究,班组建议在每个电动机轴上加骨架油封,并且在轴上安装一个聚四氟乙烯加工成的小雨伞。小雨伞是由班组人员经过测量、绘图,由加工厂加工而成。安装后解决了上述问题,年创效8万元。

几年来,维修保运班提出合理化建议100多项,实施技术改造20多项,节约成本近百万元,在创建节约型班组方面取得显著成效,为安全生产和革新创效起到积极的作用。

维修保运班凭着顽强拼搏的精神和扎实的工作作风,为处理站生产指标的完成保驾护航。今后,维修保运班将不负众望,带领班组员工在天然气公司的发展中做出更大贡献。

经验分享 16

许有红班"五化工作"法打造一流班组
——青海油田

班组"五化工作"是青海油田涩北一号采气作业区许有红班组近几年来总结提炼的有效管理方式，主要总结了以下经验。

一、学习制度化

以学习为主导，以强化班组成员技能水平为目的，按需施教，讲求实效。一是个人先学一步，多学一点，做自觉学习、坚持学习、引导学习的表率。二是做到学习有计划、练兵有效果。每月上岗前，结合员工个人技术素质、操作能力等因素，制定针对性强的个人学习培训计划，每周进行效果验证，对员工个人的工作能力做到及时跟踪、有效评估，从而不断提升班组成员安全生产、规范操作的能力。三是考核有方法，即对现场操作、岗位讲述进行效果验证。

通过找准员工工作的薄弱点，进行一对一培训，促进员工的安全规范操作，提高了班组整体工作水平。

二、操作规范化

一是开展"安全讲话天天有、今天我是安全员"活动，让每一名员工轮流担任班组安全监督员，负责站内的安全生产检查工作。在每周班组安全微课堂上，让班员分享个人在这一周工作中对场站安全生产方面的体会，切实加强了个人安全责任心，提高了安全意识。每月开展一次无剧本安全应急演练活动，提升个人应急处理能力。

二是在规范操作上下工夫。要求班员在现场作业时，一人操作、一人对照"图解生产运行操作规程"时刻进行指导、监督，及时纠正违章行为和发现不安全因素。久而久之，班组成员的"自选动作"、"违规动作"没有了，操作标准规范了。

三是针对所辖部分气井出水出砂严重、影响安全生产的现状，班组建立了"闭环气井管理模式"，即"正常生产→发现异常→分析（建立气井生产动态记录）→确定方案→措施作业→恢复生产"。这一规范化管理保证了气井的完好率，做到让稳产井"健康长寿"，让问题井"及时就诊"。在气井出现异常时，许有红班有自己的小法宝——气井生产状况小本本记录法，就是以时间为顺序将工作要点进行记录，把每一口气井每日的采气量、出水量、工作制度、压力波动、异常状况、措施状况等都详细记录，具体到每个人。记录一目了然，使气井管理做到无缝连接，工作交接一清二楚,任何人都能够较轻松接手工作。

四是针对倒休班员工接班后进入工作状态慢这一特点,班组精心制定了倒班操作标准,即倒休班"一二三四"工作法。"一",第一周开展产量求取工作。接班后首先对本站所辖各气井进行逐个单井计量,核对各气井的产量、运行状况等,做到心中有数,发现数据异常及时分析原因、解决问题。"二",第二周开展工作制度检查。逐个对气井进行工作制度的检查,重点排查出水、出砂气井,更换受损气嘴,确保气井正常生产。"三",第三周开展互帮互查工作。利用自查、互查分别对集气场站的值班室、紧急切断阀区、加热炉区、阀组区、分离器区及外输区等区域的阀门设备、现场安全、消防设备、管线等进行详细检查记录,主要检查生产现场的危险隐患点源,设备的保养是否符合"十字"作业,操作流程是否规范等,消除安全隐患。"四",第四周开展交接班准备工作。严格对照交接班制度,将本站生产运行情况进行详细记录,以书面形式将存在或需协调的问题进行汇总整理。推行这一例行工作法后,规范了交接班工作,使员工接班后尽快进入工作状态,促进了班组精细管理,提高了工作效率。

截至目前,该班组所辖42口气井均衡平稳采气,气井产量保持稳定,气井完好率100%,递减率由往年同期的6.39%降到目前的5.06%。所辖气井平均单井日均产气稳定在3.73万立方米,日产能达到96万立方米,各项指标均处于公司前列。

三、成本精细化

一是严格材料使用管理制度,从报料、领用、维护方面开展工作。每季度根据站内材料的使用情况及检修任务,合理上报材料计划,做到准确使用,不积压、不浪费。准确掌握易损设备的使用周期及损坏原因,做好重点区域、重点设备的巡检及维护保养工作,延长了设备使用寿命。

二是开展修旧利废、节约降本活动,组织班组成员积极进行修旧利废,参与小改小革。一方面对于能够更换零件的不更换整体,另一方面对损坏的设备进行拆解,保留可利用的完好零部件,重复使用。针对特制排污阀在使用过程中上阀芯容易碎裂的情况,班组对排污阀上阀芯进行更换后继续使用,延长了排污阀的寿命。仅2013年就利用旧阀芯恢复特制排污阀4只,有效节约成本6.8万元。

四、现场标准化

在场站现场标准化建设工作中,以"现场设备清洁、资料记录规范、办公设备整洁、工具用具明确"为标准,将清洁、清理、整顿贯穿班组生产的每个环节、每个步骤,常抓不懈。目前,班组在标准化场站建设工作中积累的经验已经推广到气田的所有场站。

井场至站内各区域标准:标识统一规范;各仪表安装朝向一致;各连接处无跑、冒、滴、漏现象;压力变送器、差压表、可燃气体报警仪均正常工作且接线均无裸露;防爆接线箱螺栓齐全、紧固;电伴热均可按工艺要求进行加热;各阀门开关正常、无内漏;阀门开关状态指示牌放于手轮上方保温盒中线左侧;附件齐全、清洁、无灰尘等。

资料记录标准:分类清晰、填写规范、资料齐全;学习笔记整齐、记录表单完整。

工具用具标准:工具用具对号入座,由大到小、从重到轻排列整齐,工具用具清洁、灵活好用。

五、管理亲情化

以和谐型班组为目标,构建零距离沟通、用真情交流的氛围,在班组员工中树立"当好一名采气工,必须让领导放心、让同事放心、让家人放心"的理念。在每周班组会议结束后,开班组交心会,通过与班员谈心交流的会话形式及时掌握班员情况,及时协调、解决班组成员遇到的现实困难。

班里老师傅辛泽蛟患有胃病,一次在干活过程中,许有红发现辛师傅气色不对,神情恍惚,便让他停下了手中活,几番询问才知道,是胃疼的老毛病又犯了。辛师傅忍着疼说:"没关系,都是老毛病了……"话没说完,许有红就和班组其他成员把辛师傅拉上了车,送去医务室,看完病让他回去休息。辛师傅虽然回去休息了,但他深知冬季正是站里最忙的时候,第二天就主动要求上站。班员心疼班长,班长心疼班员,班组员工之间在感情上相融,在心灵上相通。一个爱站如家的团队必将发挥出"1+1>2"的能量。

宝剑锋从磨砺出,梅花香自苦寒来。一分耕耘,一分收获。曾经在许有红班组工作过的17人中,有2人走上领导管理岗位,9人在专业技术岗位及班组长岗位,2人获得过技术大赛前三名。班组先后获得"质量安全环保节能先进班组"、"设备管理先进班组"、"十佳优秀班组"等荣誉称号。许有红本人也先后获得了中央企业先进员工、油田公司百优班组长、天然气开发公司功勋员工、中国石油天然气集团公司技能大赛团体项目第二名、青海省第六届技能大赛铜牌等多项成绩。

站在新起点,跨入新时期,展望千万吨,许有红班组将继续弘扬柴达木石油精神,团结协作,争创一流业绩!

经验分享 17

王生顺班组的"五生五顺"工作法
——青海油田

王生顺班所在区块是采油三厂管理难度最大的区块之一,该班现有员工 29 名,其中女职工 8 名,党员 4 名,平均年龄 38 岁。该班管辖 87 口油井,47 口水井,87 台抽油机,9 台加热炉,日产原油 110 吨。该班管理井数多,但油井产量低。面对困难和挑战,全班团结一心,在长期的实践中摸索总结出"五生五顺"班组工作法。该班先后获得中国石油天然气集团公司"标杆班组"、"红旗班组",青海省"红旗班组",油田公司"五型标杆班组"、"十佳班组"等荣誉称号。

一、生产管理顺脑想

该班把所管的 80 口油井分为 A、B、C 三类,实行"一井一法、一井一策"管理。在工作前一天做到理顺单井生产状况、理顺单井维护措施、理清单井核算成本,想清、算清、核清,保证生产管理"顺"。

具体做法是,对站上所辖油井进行详细摸底,按单井产油量将所辖油井划分为三类:

对 A 类井来说,最重要的是稳产。班组密切关注 A 类井,做到每日一查,落实 A 类井的示功图变化情况、液面变化情况、憋压变化情况及含水变化情况。对含水波动较大的井上报上级部门并提供准确的现场资料。落实周边对应水井压力变化情况及油井参数变化情况。例如,N7-2-4 井示功图正常,但现场憋不起压,液面有所上升。经调度协调热洗车对油管打正压,发现压力稳不住,下降快,最终判断油管漏失。检泵作业的结果与现场实际判断结果一致。

对 B 类井来说,在稳产的基础上寻求突破。做到每日以示功图分析为主,每两日一综测。该班所管理的 N7-5-2 井,套管损坏严重,无法进行正常的热洗清蜡维护。以前平均每个季度进行一次检泵作业,产生大量的修井费用。通过对该井的基础资料、动态资料分析,大家摸索出以加药替代热洗清蜡,合理调整该井工作参数,在稳产的同时使该井免修期达到了 300 多天,一年节约修井费用 10 多万元。

对 C 类井来说,日常工作中坚持用好"一张图",通过时间、产量、电流曲线图走向,观察油井生产动态和趋势,分析三者变化的内在原因,采取调整生产参数等措施来提高产油量。通过管理,34 口低产井得到有效治理,日产油量上升 5 吨,年增效 50 万元以上。

目前该班组对所辖油井的管理办法已在整个作业区得到推广应用。

二、生产设备顺嘴说

建立定人、定岗、定责的设备管理,做到"三精一严",即精心呵护、精细保养、精准操作,严细检查考核。工作中,班员必须在班前说清每台设备维护、保养情况;班员必须在班后说清每台设备运转情况,确保每台设备运转"顺"。

三、生产安全顺眼看

做到操作前看清风险,操作中看清危害因素,操作后看清存在隐患,实现生产安全"顺"。牢固树立"注重细节,强化执行,追求本质安全"的理念,突出责任管理,人人职责清、懂规程、预案明。设立班组安全提示板,班员做到了"一看、二想、三操作、四整改"。每天上班前"看"安全提示板,了解风险点;每项工作前默"想"操作规程,识别危害源;每次"操作"中把好安全关,保证零失误;每项操作后总结查隐患,做到"整改"快。全员长期坚持这一做法,养成了安全生产的自觉习惯。

四、生产技能顺手教

建立"基础理论自觉学、基本操作跟踪学、疑难问题讲解学、整体提高比武学"四种学习模式。实际工作中,工作现场教操作技能,班会分享操作技巧,业余时间教理论知识,达到操作技能"顺"。根据班员不同特点,制订了实用的学习计划和培训方法,打破传统师带徒模式,采取师教徒、徒帮师的方式,进行"一对一"现场结对练兵,让师徒互帮互学,取长补短,共同进步。经过十年如一日的坚持不懈,营造了班组崇尚学习的良好氛围,全面提升了岗位人员的技术水平,也增强了团队的凝聚力和战斗力。几年来,王生顺的班组里 1 人获得油田公司"劳动模范",8 人获得"文明先进个人"、"安全先进个人"等荣誉称号,5 人在油田和厂处级技术比武中获得前 5 名的好成绩,2 人成为采油班组长。

五、生产工作顺心干

实行温情传递,做到班员"生病必看,困难必帮,矛盾必解,生日必过",齐心协力建"小家",和谐班组工作"顺"。多年来,班员之间有喜同享、有忧同担,不是亲兄弟,一片兄弟情,不是一家人,胜似一家亲。

"五生五顺"工作法的实践和运用,使油水井管理更加科学精细,班组管理水平不断加强,挖潜增效能力显著提高,班组凝聚力战斗力明显增强。

经验分享 18

对标强基提管理，文化铸魂建家园
——吐哈油田

温米采油厂江龙班是以技能专家江龙命名的团队，是以"工作的乐园，温馨的家园，集输的标兵，工作的先锋"为愿景的一支团队。江龙班从"三基"入手，文化固本，高效地完成了各项生产任务。

一、强化员工培训，提高基本技能

江龙班建立了一套"互助式"培训法，即自学自练、互学助练、导师带徒。建立起高级技师、技师、技术能手、操作骨干四级导师带徒立体培训方式，开辟了四个课堂，即以站内工艺、设备、风险知识为内容的"理论学习课堂"；以自动化、现场操作为内容的"实践学习课堂"；以掌握计算机操作和绘图知识为内容的"网上教学课堂"；以岗位练兵为内容的"岗位学习课堂"。

班组制定"五学、三问、一考、一演练"的学习制度。"五学"即学形势、学理论、学专业、学安全、学技术；"三问"即问现场、问流程、问疑难；"一考"即每季度进行一次理论考试，"一演练"即每月进行一次安全演练。

每周二晚上组织站内技术骨干精心备课，就操作规程、应急预案等项目进行教授；依托江龙班练兵场，每月开展一次"操作技能大练兵"活动，对离心泵解体维修、低压阀解体维修等重点项目进行练习，使员工理论水平和动手能力同步提高。通过"导师带徒"、"技能竞赛"等活动，涌现出了电脑小专家陈斌，设备管理小专家白谋鹏等，多名班组成员在公司、采油厂的技能竞赛中取得了优异的成绩。班长江龙也被授予中国石油天然气集团公司技能专家称号。

二、"三化"对标，文化塑型，夯实基层建设

激励班组成员"见红旗就扛，见第一就夺，见荣誉就抢"，打造"不服输，能较劲，敢亮剑"的劲头。要求班组员工查隐患、重质量，像寻宝那样执着；一岗精两岗通，像铁人那样奉献；工作上做"四小"革新家，生活上的做小诗人、小书法家、小摄影家和健康员工。引入"事事讲标准，人人讲规范"的文化理念，把对标管理作为提升管理水平的有效措施，常抓不懈。

（1）日常工作精细化。推行"四定一考核"精细管理办法，"四定"即"定项目，定时间，定人员，定标准"。"定项目"就是在班前会充分研究当天的每一项工作，确保细节到位；"定时间"就是每天对本班组重点工作明确完成时间、验收时间，并

把操作内容、施工单位记录在案,以备考核;"定人员"就是具体工作确定具体负责人员,同时确定技术骨干参与到监督过程中;"定标准"就是严格操作规程和安全环保标准,确立工作项目标准,做到有标准可查。"一考核"是指重点工作与业绩考核挂钩,确保每一项工作和每一个细节工作完成及时到位。

(2)安全环保标准化。以创建"标准化岗位、标准化现场、标准化操作"为主线,与标杆岗位建设、五型班组建设等创建活动有机结合。制定了岗位标准、现场标准、设备标准、标准操作法四个制度,用视觉展示、操作图册、制度汇编等形式固定下来,形成标准化建设的文化习惯,形成了"用制度管人,照制度办事,事事讲标准,人人讲规范"的日常行为。

(3)班组面貌家庭化。通过一张班组全家福、一个办公桌上的绿色植物、一个温馨的读书角、一条充满诗意的健康理念,让整个班组工作室散发出家的气息。用班组成员的照片形成"照片墙",营造家的气氛,使班组成员有了"不是家而胜于家"的温暖。

(4)"技法"创新,文化提升。采取"四个一"、"金点子"活动法。"四个一",即一卡、一条、一奖、一册。为班组成员发放"金点子"建议卡,提出的"金点子"被采纳并取得实效的,按照业绩考核细则进行奖励,并汇集成册。班员陶建立针对加热炉弯头和管束表面的金属易被锈蚀的问题,提出的"金点子"建议有效地避免了炉体内凝结冷凝水对炉体的腐蚀。班员陈斌考虑到卸油台所卸油密度、挥发性等因素,提出的"金点子"经过实施后最大限度地减少了原油轻质组分的挥发浪费,提高了卸油过程的安全指数。"金点子"工作法被采油厂命名为"江龙班"工作法。

开展"四小"活动创新法,即"小点子、小创造、小经验、小革新"活动,是建设班组文化的重要能成部分。2010 年,在更换消防系统泡沫液过程中,使用班组自己改装的齿轮泵,22 吨泡沫液 8 小时完成更换,工效提高 3 倍。在新建反应罐施工前,提出将内部旋流器改在反应罐外,被设计方采纳。2011 年,在金属膜过滤器施工中,提出了流程改造,为今后清污、检修打下基础。几年来,班组收集整理小点子、小创造、小经验、小革新 50 余项,取得经济效益 200 多万元。

广泛推广"四个经常"工作法。班员董明辉是中国石油天然气集团公司劳动模范,从日常巡检中提炼出"四个经常"工作法,即设备温度经常测、重点区域经常看、工艺流程经常想、操作规律经常记。这"四个经常"大大地提高了小班巡检的质量和现场操作水平,得到了大家的一致认可,被采油厂命名为"董明辉工作法"。此项工作法每年可节约设备维护费、电费近 10 万元。

(5)建班建家,文化"铸魂"。班组提出"在一线发挥班组长作用,在岗位塑造班组长形象"的工作思路,在班组愿景的指引下,班组长对每个员工的个人能力进行具体分析，帮助每个员工建立个人愿景。江龙班组将日常工作与严格的管理规范相结合，形成了具有江龙班特色的"班规"、"班约"、"班守则"。班规是文明礼貌是必需的，严格要求也是应该的；遵纪守法是必需的，兑现考核也是应该的；爱班如家是必需的，互相关爱也是应该的；追求创新是必需的，讲求回报也是应该的。班约是用微笑去面对每一项工作；在工作中亮一手过硬的本领；记下安全管理的每个要求；诚心与兄弟单位做好每次沟通；用心为每位班员提供帮助。班守则是上班早一点，下班迟一点；着装规范点，待人热情点；工作主动点，要求高一点；现场勤跑点，检查严格点；技能进步点，办法多一点。同时，经过班组成员广泛讨论，形成了一个安全约定，即必须执行安全管理；必须规范安全行为；必须遵守操作规程；必须实现安全目标。

班组注重文化产品的收集和整理。将近年来有关班组成员的感言、亲情家信、文化成果汇集成册，形成"班书"；把班组成员的工作剪影、生活点滴、家庭写真汇集成集，形成班组大家庭的"班画册"；把"四小"、"金点子"成果，汇集成"金点子成果集"；把班组成员中先进报道、命名文件、荣誉证书汇集成"创先争优成果集"，供大家学习。

2012年江龙班所在的联合站荣获"全国工人先锋号"称号。

经验分享 19

挑战采收率极限
——玉门油田

玉门油田老君庙作业区开发75年，日产油量稳定在450吨，自然递减率控制在12.89%，综合含水率38年基本保持不变，采收率达41.96%，创造了中国石油发展史上的奇迹。采油四工区就是其中的一个明星。

"只有技术的进步，没有报废的油田"。这不仅是老君庙人始终坚持的开发理念，更是每一名员工坚定不移的信念。近年来，四工区通过精细油藏认识，不断向老油田采收率极限发起挑战。很多技术、方法、措施并非四工区的"专利"，但四工区却将其效果发挥到了极致，这要归功于四工区的三大法宝。

法宝一：一流示范团队。

"学习理论领在前，技术革新冲在前，工作务实干在前，困难危险顶在前，利益待遇让在前，关爱员工想在前。"站在鲜红的"党员示范井"牌匾前，这庄严的誓言又在603岗位长申莉君的耳边回响。这是四工区每一名共产党员的郑重承诺，也是每一名共产党员的行为准则。据了解，党员人均承诺事项3个以上，落实率达到了100%，每年党员干部开投井、连接井口、突击抢险30井次以上，解决生产难题

200多个。

四工区还通过"党员传帮带"、"党员身边无事故、无违章"、建立党员责任区、"争当表率挂五星"等系列活动,树立了"一名党员就是一面旗"的榜样形象,成为作业区劳模人数最多、党员作用突出的采油工区。

在党员的带动下,员工间形成了勤学、勤问、勤实践的浓厚学习氛围,先后有12名青年员工在油田、作业区举办的各类技术比武中获得一、二、三等奖,两名80后员工当上了岗位长。工区员工取得技术革新成果8项,许玉江和肖建兵研制出的"螺旋千斤撑杆"便是其中一项,使用这种撑杆更换阀门平均每口井用时减少135分钟,不仅降低了水井管理难度,还降低了员工劳动强度,提高了工作效率。

法宝二:一流基础管理。

工区全力推行"四位一体、五型班组、六大体系"为主要内容的"四五六"新型班组管理模式。对陈旧的设备、老化的流程、腐蚀的管网进行了改造,优化了生产工艺流程,提高了基础设施利用率和安全系数,使老油田基础工作跨上了新台阶。

工区员工结合工作实际,自己总结出了建设"五型"班组的"五字箴言",即"练"出来的学习型、"禁"出来的安全型、"护"出来的清洁型、"抠"出来的节约型、"夸"出来的和谐型。经过全体员工的共同努力,工区所有的生产岗位全部建成了"五型"班组,有3个岗位被油田命名为"标杆五型岗位",其中一个岗位还被甘肃省总工会授予"先进班组"。

工区在构建班组建设长效机制过程中,采取了一系列富于个性、特色鲜明工作方法。先后推行了生产管理"定人、定井、定产量、干部挂片"的"三定一挂"制度。安全教育"破三不",即破除不知道、不记得、不习惯。员工当班"四清楚",即工作任务清、风险隐患清、作业程序清、产量费用清。当班工作"五做到",即巡检无漏点、操作无失误、资料无差错、接点无泄漏、安全无事故。积极开展油水井现场管理标准化和"争创标准化井场"等竞赛活动,实现了"上标准岗、干标准活、交标准井"的工作目标,工区连续12年安全生产无事故,多次被油田、作业区评为安全生产先进单位。

法宝三:一流特色文化。

在井多人少摊子大、员工劳动强度大的情况下,工区以"保障原油生产、维护和谐发展"为己任,提出亲情关怀、责任关怀、能力关怀、环境关怀目标,开展了以"团队学习文化"为主要内容的家园文化建设,巩固和深化"有事大家议、有活大家干、有困难大家帮、有成果大家分享"为主要内容的"干油泉团队"文化。在19号等偏远岗位实施绿色工程,建设环境宜人的生产生活环境,岗位院内种植了花草树木,员工自己动手撰写字画,雕刻在捡来的石头上,或装裱后挂在岗位、队部会议室,用自己的双手营造了家的温馨。建立工区员工小档案,对每位员工及其家庭成员的情况,坚持做到"八清楚、八必到",建立"四访四谈"、"员工三了解"工作制度,开展"三跟踪"走访,慰问困难员工。三年多来,共走访员工家庭166户,解决员工群众反映的问题54个,为员工办实事好事343件。这些让员工看得见、摸得着的实事、小事,使员工群众真真切切感受到了组织的关心和集体的温暖。

多年来,四工区上下大力弘扬和传承"特别能吃苦、特别能战斗"、"艰苦创业、无私奉献"等为核心的"干油泉"精神,努力打造符合时代特点的先进班组团队文化,用先进团队文化凝聚力量引导班组建设,创造出了无愧于前人的新成绩,工区连续三次被中国质量协会石油分会授予"优秀质量管理小组",采油二班被中国石油天然气集团公司授予"中国石油先进班组",603采油岗位先后荣获"中国石油企业精神教育基地"、"中国石油奖章"、"全国女职工建功立业标兵岗"、"全国五一劳动奖状"等上百项荣誉。

参 考 文 献

[1] 石继亭．石油企业文化建设与管理制度创新．石油大学学报(社会科学版),2005,21(02)：37-39.
[2] 董红．浅析石油企业文化建设．经济师,2006(07):119-120.
[3] 任立伟．浅谈企业文化构建与核心竞争力的关系．企业文化,2010(6):55-56.
[4] 郭春良,郑钊,吴娟．企业文化构建中存在的问题．合作经济与科技,2009(18):33-34.
[5] 邵海清．创新企业文化构建核心竞争力．商场现代化,2010(30):322-323.
[6] 宋涵,聂云楚．杰出班组长的提升篇．深圳:海天出版社,2004.
[7] 彼得·德鲁克.21世纪的管理挑战．朱雁斌,译．北京:机械工业出版社,2009.
[8] 彼得·德鲁克．德鲁克管理思想精要．李维安,王世权,刘金岩,译．北京:机械工业出版社,2009.
[9] 蒋巍巍．打造高绩效团队．北京:中国电力出版社,2013.
[10] 王前师．如何打造高效团队．广州:广东旅游出版社,2013.
[11] 陆建军．团队精神．北京:中华工商联合出版社,2010.
[12] 余世维．有效沟通．北京:北京联合出版公司,2012.
[13] 陈传明,周小虎．管理学．北京:清华大学出版社,2008.
[14] 斯蒂芬 P 罗宾斯,蒂莫西 A 贾奇．组织行为学．孙健敏,李原,黄小勇,译．北京:中国人民大学出版社,2012.
[15] 邢群麟,姚迪雷．办事艺术全知道．北京:华文出版社,2010.
[16] 戴尔·卡耐基．卡耐基沟通的艺术与处世智慧．王红星,编译．北京:中国华侨出版社,2012.
[17] 郑一群．沟通无限:让沟通没有距离．北京:地震出版社,2011.
[18] 俞文钊．现代激励理论与应用.2版．北京:东北财经大学出版社,2014.
[19] 郭朝阳,何燕珍．管理学概论．北京:科学出版社,2000.
[20] 安·布鲁斯．如何有效激励员工．黄家慧,译．北京:清华大学出版社,2005.
[21] 道格拉斯·勒尔顿．不抱怨的世界．韩晓秋,译．南京:江苏人民出版社,2014.
[22] 余世维．赢在执行．北京:中国社会科学出版社,2005.
[23] 沃格·罗比特．执行没有任何借口．增德国,译．北京:中国言实出版社,2001.
[24] 华业．落实高于一切．北京:石油工业出版社,2007.
[25] 姜汝祥．真正的执行．北京:新华出版社,2005.
[26] 吴能文．落实力就是战斗力．北京:新世界出版社,2008.
[27] 吕国荣．决定执行力的49个细节．北京:企业管理出版社,2004.
[28] 邱宝林．央企真相．太原:山西教育出版社,2011.
[29]《石油员工安全心理健康知识读本》编写组．石油员工安全心理健康知识读本．北京:石油工业出版社,2011.
[30] 伊夫·阿达姆松．压力管理．方蕾,译．哈尔滨:黑龙江科学技术出版社,2011.
[31] 李娟娟．心理学情绪控制．北京:中国法制出版社,2014.

[32] 刘晓明,金宏章,孙文影,等．高校老师工作压力．北京:中国轻工业出版社,2010.
[33] 张日昇．箱庭疗法．北京:人民教育出版社,2006.
[34] 王洪见,汪发元．石油企业管理新论．北京:石油工业出版社,2014.
[35] 江苏省省级机关法制宣传教育办公室．防范职务犯罪法律读本．南京:南京师范大学出版社,2010.